21世纪
高等院校法学系列精品教材

行政法学

（第六版）

胡建淼　江利红　著

中国人民大学出版社
·北京·

作者简介

胡建淼：中央党校（国家行政学院）专家工作室领衔专家，一级教授、博士研究生导师。兼任中国法学会常务理事兼学术委员会委员，中国法学会行政法学研究会顾问，最高人民法院特邀咨询员和案例指导工作委员会委员，最高人民检察院专家咨询委员，北京市人大代表和北京市人大法制委员会成员，北京市法官检察官惩戒委员会主任。

1957 年出生于浙江省宁波市，1989 年毕业于中国政法大学研究生院行政法专业，1993 年起享受国务院政府特殊津贴，1995 年获首届“全国十大杰出青年法学家”称号，1997 年入选全国百千万人才工程人员。曾任杭州大学副校长、浙江大学副校长、浙江工商大学校长、国家行政学院法学部主任。1990 年以来，曾到美国斯坦福大学、英国爱丁堡大学、澳大利亚西澳大学、德国基尔大学、法国马赛大学等作过访问学者或学术交流。自 1987 年来，共出版《行政法学》《行政诉讼法学》《法律适用学》等著作九十余部，发表论文百余篇。

2011 年 3 月 28 日在中央政治局讲解《推进依法行政和弘扬社会主义法治精神》。

江利红：华东政法大学教授、博士研究生导师，上海高校特聘教授（东方学者）；兼任上海市软科学研究基地主任、科技创新法治保障研究院院长、信访制度比较研究中心主任，上海涉侨法律服务研究与交流中心主任。

1977 年 12 月出生于浙江省衢州市，曾先后在中国政法大学获得宪法学与行政法学硕士、博士学位。现为华东政法大学法律学院教授；兼任中国行为法学会理事、中国法学会行政法学研究会理事、中国法学会财税法学研究会理事、上海市信访学会副会长等学术职务，中国人民大学宪政与行政法治研究中心、日本比较法研究所等研究机构的研究员，上海市普陀区、松江区等政府的法律顾问。主要研究方向为行政法学和行政诉讼法学。在国内外出版《行政过程论研究》《行政收费法治化研究》《現代中国の統治機構と法治主義》等专著、译著十余部，主持完成国内外各类课题研究百余项，在国内外期刊上公开发表论文百余篇。

第六版修订说明

本教材自2010年1月第一版出版以来，承蒙各高校广大教师和学生的厚爱，被广泛作为大学本科生教材、研究生入学考试参考书等。在本教材第五版（2022年7月）出版之后，我国的行政法理论研究和政府法治建设又取得了显著的发展。

2022年10月，习近平总书记在中国共产党第二十次全国代表大会上作报告，要求转变政府职能，优化政府职责体系和组织结构，深化行政执法体制改革，全面推进严格规范公正文明执法，强化行政执法监督机制和能力建设，严格落实行政执法责任制和责任追究制度，完善基层综合执法体制机制。2023年2月，党的二十届二中全会审议通过了《党和国家机构改革方案》，要求以习近平新时代中国特色社会主义思想为指导，以加强党中央集中统一领导为统领，以推进国家治理体系和治理能力现代化为导向，坚持问题导向，统筹党中央机构、全国人大机构、国务院机构、全国政协机构，统筹中央和地方，深化重点领域机构改革，推动党对社会主义现代化建设的领导在机构设置上更加科学、在职能配置上更加优化、在体制机制上更加完善、在运行管理上更加高效。2023年3月，习近平总书记在第十四届全国人民代表大会第一次会议上的讲话强调，要积极发展全过程人民民主，坚持党的领导、人民当家作主、依法治国有机统一，健全人民当家作主制度体系，实现人民意志，保障人民权益，充分激发全体人民的积极性主动性创造性。2023年8月，国务院办公厅印发了《提升行政执法质量三年行动计划（2023—2025年）》（国办发〔2023〕27号），要求以提升行政执法质量和效能为目标，着力提高行政执法队伍能力素质，规范行政执法行为，完善行政执法体制机制，强化行政执法监督问责，全面推进严格规范公正文明执法，防止不作为乱作为，更好保护人民群众合法权益，维护公平竞争市场秩序，加快推进法治政府建设。2024年2月，国务院发布《关于进一步规范和监督罚款设定与实施的指导意见》，要求严格规范和有力监督罚款设定与实施，强化对违法行为的预防和惩戒作用，提升政府治理能力，严格规范公正文明执法，提升企业和群众的满意度。2024年5月，中共中央办公厅、国务院办公厅印发《关于加强行政执法协调监督工作体系建设的意见》，对加强新时代行政执法协调监督工作作出系统部署，要求持续完善监督制度、严格落实监督职责、不断创新监督方式，充分发挥行政执法监督对行政执法工作的统筹协调、规范管理、指导监督、激励保障作用。

在立法方面，2022年7月以来，《反电信网络诈骗法》《黄河保护法》《预备役人员法》《无障碍环境建设法》《对外关系法》《外国国家豁免法》《爱国主义教育法》《粮食安全保障法》《关税法》《学位法》等法律的制定，以及《农产品质量安全法》《妇女权益保障法》《畜牧法》《对外贸易法》《野生动物保护法》《反间谍法》《海洋环境保护法》《公司法》《保守国家秘密法》等法律的修改，特别是《立法法》《行政复议法》《国务院组织法》的修订，对我国行政法律制度和行政法治实践产生了重要的影响。2023 年 3 月修改的《立法法》进一步明确了立法工作的指导思想，强调立法应当符合宪法的规定、原则和精神，倡导和弘扬社会主义核心价值观，适应改革需要，坚持和发展全过程人民民主，尊重和保障人权，保障和促进社会公平正义。2023 年 9 月，第十四届全国人大常委会第五次会议对《行政复议法》进行了全面修订，通过调整行政复议管辖体制、扩大行政复议范围、优化行政复议前置范围、方便人民群众申请行政复议、完善行政复议审理程序、设置行政复议委员会、优化行政复议决定体系、加大行政复议决定的执行监督力度，充分发挥行政复议作为化解行政争议主渠道的作用。2024 年 3 月修订的《国务院组织法》增加了关于国务院性质、地位的规定，明确了国务院工作的指导思想，进一步完善了国务院的职权、组成人员、机构及其职权、会议制度等的相关规定，增加了国务院依法全面正确履行职能的制度措施。

上述党和国家有关法治政府建设工作的战略部署以及相关立法、司法解释的制定和修订，对于今后我国法治政府建设的行政法治实践具有重要的推动作用。为了适应行政法治实践发展的需要，我们以行政体制改革过程中采取的各项措施以及相关立法、司法解释的内容为依据，在吸收行政法学界近几年来相关研究成果的基础上，对本教材进行再次修订。

2024 年 8 月

目　录

第一编　行政法基础理论

第二编　行政法律关系的主体

第一编

行政法基础理论

“行政法学”这一法学术语中包含了“行政”“行政法”“行政法学”这三个行政法学最基本的概念，本编将依次对这些基本概念分别进行阐述。在此基础上，本编将探讨作为法律部门之一的行政法的定位、特征、存在形式以及作为法学学科之一的行政法学的研究对象、研究方法、体系等，继而分析行政法的理论基础与基本原则。

第一章　行政与行政法

行政法与行政的关系密切，行政法是指“有关行政的国内公法”，因此，定义“行政”的概念是确定行政法的概念、性质、对象、范围等方面的前提。

第一节　行政的概念

“行政”这一用语在政治学、行政学、行政法学等学科以及人们的日常生活中被广泛使用。对于该用语，人们从不同的角度赋予其不同的含义。但行政法学上的“行政”概念与其他学科并不完全相同，具有行政法上的特殊意义。

一、行政概念的产生

“行政”一词在我国古已有之，例如，《纲鉴易知录》中曾记载“召公、周公行政”，其意为执行政令、推行政务，但这种“行政”与近现代意义上的行政概念并不完全相同。近现代意义上的行政概念的产生以分权理论的提出、“权力分立”原则的确立为前提，即行政从国家权力中分离而产生。但在封建国家时期，由于不存在近现代意义上的分权，国家统治权作为一个整体由皇帝或国王所掌握，虽然在官僚集团内部也存在着一定的分工，但并没有形成近现代意义上的行政或行政权。

最早提出分权思想的是古希腊哲学家亚里士多德，他认为“一切政体都有三个要素”，即议事、行政、审判。[①] 其后，洛克在《政府论》中认为“立法权与执行权往往是分立的”[②]。在此基础上，孟德斯鸠明确提出“每一个国家有三种权力：（一）立法权力；（二）有关国际法事项的行政权力；（三）有关民政法规事项的行政权力”[③]，即立法权、行政权、司法权的分立。这种“权力分立”的思想决定了资本主义的国家制度，现代资本主义的国家制度就是以此为基础建立的。当然，“权力分立”仅仅是一种理想的状态，在现实中严格意义上的“权力分立”是不可能存在的，特别是随着现代行政的发展，行政机关的职能不断扩大，而且兼有部分立法与司法的职能，“三权”之间出现融合趋势。与此相对应，我国作为社会主义国家，实行“议行合一”的人民代表大会制度，否定“三权”之间的分立，而承认国家职能的分工。但无论是“权力分立”还是国家职能分工，行政权作为一种相对独立的国家权力由此而确立。

---

① 参见［古希腊］亚里士多德：《政治学》，吴寿彭译，214－215页，北京，商务印书馆，1965。

② ［英］洛克：《政府论》，下篇，叶启芳、瞿菊农译，90页，北京，商务印书馆，1964。

③ ［法］孟德斯鸠：《论法的精神》，上册，张雁深译，155页，北京，商务印书馆，1961。

二、有关行政概念的理论

在行政法学中，有关行政的概念大致可分为消极说与积极说，其中的积极说又可分为实质说以及形式说。

（一）消极说

1. 消极说的主要观点

消极说以“权力分立”理论为基础，认为行政权是从国家权力中排除立法权与司法权的部分，行政是指国家活动中除了立法、司法之外的事项，故又被称为“控除说”“排除说”“除外说”“蒸馏说”等。

鉴于行政的复杂性、多样性以及易变性，消极说认为不可能，也没有必要明确行政的内容，而且明确行政的实质性内容往往容易导致过度地承认行政的法律特殊性，因此，首先定义国家权力中较为明确的“立法”与“司法”的概念，进而以“行政权＝国家权力－立法权－司法权”的公式得出行政的范围，并以此作为行政的定义。

2. 消极说的问题

现代行政复杂多样，具体确定行政权的内容极为困难，因此，以消极说作为行政的定义是较为便利的方法，不仅可以毫无遗漏地概括行政的范围，而且可以适应现代行政不断变革的需要。可以说，现在大多数的行政法理论依据该学说来定义行政的概念。

但消极说也存在一定的问题：首先，从积极说的观点来看，消极说并没有从正面定义行政的概念，并不具有作为“定义”的作用。其次，消极说与“权力分立”原则在近代欧洲确立的历史过程相一致，该观点最适合定义从绝对主义国家向近代国家发展、“权力分立”原则确立初期的行政的概念。当时，“三权”之间的界限清晰，而且，行政权在内容方面也被限定于维持秩序等“消极行政”领域，行政的范围比较容易界定。但随着现代行政职能的不断扩大，行政同时兼有立法（行政立法）与司法（行政裁决、行政复议等）的部分功能，“三权”之间呈现融合趋势，因此，以消极说来界定行政的概念并不妥当。

（二）实质说

1. 实质说的主要观点

与消极说回避行政权的实质内容相对，实质说试图通过概括行政的一般性特点来明确行政的内容。这种观点以行政的实质意义为标准，故又被称为“实质意义上的行政概念”。例如，日本行政法学者田中二郎认为“行政是指在法之下受法的规制，为积极地实现国家目的全体统一的、连续的、形成性的国家活动”①。其中“国家目的”是指“福利国家”，国家以极力振兴发展社会全体、提高人民福祉为目的。② 因此，这种实质说又被称为“国家目的实现说”。该定义中所谓的“在法之下受法的规制”是指，立法权以制定一般性的抽象的法作为其基本职能，行政权在立法权制定的法律之下活动。所谓“积极性”“统一性”“连续性”“形成性”的特点是针对司法权的被动性、消极性、独立性等特点而提出的。可见，实质说不仅从正面描述行政的一般特性，而且注重在与立法、司法相比较的基础上概括行政的特性。

---

① ［日］田中二郎：《行政法総論》，22页，东京，有斐阁，1957。

② 参见［日］田中二郎：《要説行政法新版》，4页，东京，弘文堂，1972。

此外，各学者也从不同的角度积极地定义行政的概念，由此形成了“原本或拟制事务说”“社会管理职能说”“公共事务处理说”“公共服务目的说”“目的实现说”“公益实现说”“现实实现说”等新的实质说。“原本或拟制事务说”认为，行政是指“原本的以及拟制的公共事务的管理或实施”。其中“原本的公共事务”是指“在本质上自然具有公共性的事务，即与社会成员全体或大多数利害相关的被社会正当化的事务”，而“拟制的公共事务”是指“在政治过程中经过一次性的政策决定所拟制的公共事务”①。“社会管理职能说”认为，如果拆除现行法律制度的框架，行政在本质上并不属于国家活动，而是“社会管理职能”，而作为行政法对象的行政被认为是国家活动之一，这意味着社会管理职能向国家的集中。②“公共事务处理说”认为，行政是指与人民直接产生关系的，民事、刑事司法以外的公共事务的处理。③ 该观点的特点在于并不将行政作为权力性行为，而是作为公共事务的处理或社会管理的活动。“公共服务目的说”认为，现代行政最终都是以为公民提供公共服务作为目的的作用，为了宪法理念的具体化，应当这样理解行政并构建行政法理论。④ 此外，“目的实现说”认为“行政是积极实现国家目的的活动”；“公益实现说”认为“与司法是以适用法律为目的的活动相对，行政是以实现公益为目的的活动”；“现实实现说”认为“行政不仅仅是判断性活动，而且是现实、具体地实现国家目的的活动”⑤。

2. 实质说的问题

实质说从不同的视角积极地定义行政的概念，对于明确行政的特性等具有重要意义。但问题在于现实的行政活动极其复杂多样，实质说中所概括的行政的一般特性并不能统一地说明所有行政的特征。例如在前述田中二郎有关行政的定义中，以“积极性”“统一性”“连续性”“形成性”作为行政的特性也存在着以下问题：第一，行政未必都具有“积极性”，如行政许可、行政裁决、行政复议等具有被动性；第二，对于“统一性”，行政活动有时也不受上级机关的指挥、命令，统一性在各行政活动中也存在着某种程度的不同；第三，对于“连续性”，并非所有的行政行为之间都具有连续性，行政行为有时独立被作出，与其他行政行为之间的联系并不紧密；第四，对于“形成性”，立法也具有通过法律的制定形成特定社会关系的积极。可见，由于现实行政的复杂性，很难概括出适合所有行政领域的特性。

（三）形式说

1. 形式说的主要观点

实质说着眼于行政内容的实质来定义行政的概念，而形式说从国家统治结构出发，认为国家机关分为立法机关、行政机关、司法机关，各机关各司其职，其中行政机关所进行的活动就是行政。因此，可以将行政定义为“行政机关所进行的活动”，这又被称为“形式意义上”或“组织意义上”的行政概念。

2. 形式说的问题

形式说以进行活动的国家机关为标准定义行政的概念，在现实中简便易行。但问题在

① ［日］手島孝：《行政概念の新構成》，载《法政研究》，1968年第35卷第1号，43页。

② 参见［日］远藤博也：《行政法Ⅱ（各論）》，8页，东京，有斐阁，1977。

③ 参见［日］小早川光郎：《行政法上·Ⅰ》，14页，东京，弘文堂，1993。

④ 参见［日］原田尚彦：《行政法要論》，全订第6版增补版，11页，东京，学阳书房，2005。

⑤ ［日］远藤博也：《行政法学の方法と对象について》，载［日］雄川一郎等编：《田中二郎先生古稀記念集公法の理論》，下·Ⅰ，1619页，东京，有斐阁，1976。

于，行政机关所进行的活动并非都属于行政的范围，例如，行政立法具有立法性质，行政裁决和行政复议具有司法性质等，而且，各级人民代表大会及其常务委员会、各级人民法院和人民检察院虽然在形式（组织性质）上分别属于立法机关、司法机关，但其在进行组织内部管理时与行政机关的组织内部管理并无本质上的差异，也属于实质意义上的行政范畴。此外，随着现代行政的发展，进行行政活动的主体并不限于传统意义上的行政机关，而扩展到具有行政管理职能的公共组织或社会团体，如公立高校、各种职业协会或行业组织等。而形式说将这些实质意义上属于行政范畴的活动都排除于行政概念之外，并不符合行政的现实情况。

二、行政的概念

由以上对消极说、实质说、形式说的分析可见，各种有关行政的定义都存在一定的问题，仅仅从一种角度来定义行政是失之偏颇的。为此，我们可以结合上述实质说与形式说来定义行政的概念，即行政法上的行政首先应当指行政机关的活动，它是行政机关为实现国家的目的和任务而行使执行、指挥、组织、监督等诸职能的活动。但是行政法上的行政又不能限于行政机关的活动，某些非行政机关的组织所为的活动也受行政法规则支配。所以，行政法上的“行政”概念应当以形式意义上的行政为主体，以实质意义上的行政为补充。

在这种原则的指导之下，我们可以对行政的概念进行如下定义，即行政法上的行政是指行政机关等行政主体为积极实现公益目的，依法对国家事务和社会事务进行的组织、管理、决策、调控等活动。该定义包括以下含义：第一，行政的主体是行政主体，以行政机关为主，此外还包括法律、法规授权的组织等，由此克服形式说的缺陷；第二，行政的目的是实现公共利益；第三，行政必须依法进行，在法律之下，受到法律的控制；第四，行政的内容包括对国家事务和社会事务进行的组织、管理、决策、调控等活动。

四、行政的特征

从上述行政的概念来看，行政法上的行政具有如下特征。

（一）法律性

行政的法律性主要表现在两个方面：其一，行政是执行法律的活动，这是由行政与立法的关系决定的。从“权力分立”或者权力分工的理论来看，立法机关制定法律，而行政机关执行法律，因此，行政又被称为“执法活动”。而从法律制度来看，我国《宪法》第 85 条和第 105 条将国务院和地方各级人民政府定位为“国家权力机关的执行机关”。其二，从行政与法律的关系来看，《宪法》第 5 条要求一切国家机关都“必须遵守宪法和法律”，其中当然也包括行政机关，即行政机关必须依法进行行政活动。具体而言，行政的主体、内容、形式、程序等都必须依据法律的规定。这是法治主义对行政的要求。

（二）公益目的性

行政的公益目的性是指行政以公共利益的实现为目的，“国家及其他公权力主体的行为，不论是以公法或私法的形式为之，均应维护公共利益，始具有正当性及合法性”[①]。可见，维护公共利益是行政权力正当性及合法性的基础，而实现特定的公共利益是行政主体进行行

---

① 翁岳生主编：《行政法》，2 版，下册，163 页，北京，中国法制出版社，2002。

政活动的目的之所在。

（三）积极性

与奉行“不告不理”原则的司法相比，行政具有主动性、积极性的特点，即行政主体为了实现公共利益必须积极、主动地行使职权。行政职权对于行政主体而言，既是权利，也是义务。在法定条件下，行政主体不仅可以行使职权，而且必须行使职权，否则就构成渎职（不作为违法）。在现实中，行政的积极性表现为两种情形：首先，对于法律规定必须依据职权作出的行政活动，行政主体在法律规定的条件成就时，必须依职权积极作出行政行为，如行政处罚行为等；其次，对于法律规定必须基于相对人的申请才能作出的行政活动，行政主体在相对人提出申请后，必须针对相对人的申请积极作出答复，而不得置之不理，如行政许可行为等。

（四）强制性

与平等主体之间基于意思自治原则协商一致而达成的民事行为相比，行政是由行政主体行使国家权力而进行的活动，代表了国家意志，并以国家政权的强制力为后盾。此即行政具有强制性，对于合法的行政活动，由国家强制力保障其执行，所有的组织和个人都必须遵守、执行。

第二节　行政法的概念

行政法的定义不仅直接表明行政法的调整对象、调整方法，而且直接影响行政法学的研究目的、对象及方法的确定。因此，确定行政法的概念是行政法学研究的逻辑起点。

一、行政法的概念界定

在我国，有关行政法的定义，可以说是“众说纷纭，没有统一说法”[①]。这些观点从不同的角度对行政法进行定义，例如：从行政法的功能来看，可以将行政法定义为“关于控制政府权力的法”[②]；从行政法调整对象的角度界定，将行政法定义为“调整行政关系和基于行政关系而产生的监督行政的关系的法律规范体系”[③]；从行政法的内容出发，认为行政法是“有关国家行政管理法律规范的总和”[④]；从行政法的结构出发，将行政法界定为“关于行政组织、行政管理活动和行政救济的行政法律规范的总称”[⑤]；等等。

法律是调整社会关系的工具，每一个法律部门都有各自的调整对象与调整方法。法律部门又称为部门法，是运用特殊调整方法调整一定种类社会关系的法律规范的总和。现行法律规范，由于调整的社会关系及其调整方法不同，可分为不同的法律部门，凡调整同一类社会关系的法律规范的总和，就构成一个独立的法律部门。因此，在确定各部门法的概念时，必须明确其调整对象与调整方法。

---

① 许崇德、皮纯协主编：《新中国行政法学研究综述》，32－42页，北京，法律出版社，1991。

② ［英］威廉·韦德：《行政法》，徐炳等译，5页，北京，中国大百科全书出版社，1997。

③ 罗豪才主编：《现代行政法的平衡理论》，10页，北京，北京大学出版社，1997。

④ 胡建淼主编：《行政法教程》，15页，北京，法律出版社，1996。

⑤ 陈安明、沙奇志：《中国行政法学》，18页，北京，中国法制出版社，1992。

基于上述认识，我们可以将作为部门法之一的行政法定义为“调整行政过程中行政关系以及监督行政关系的公法规范的总称”。该定义的具体含义包括：第一，行政法的调整对象是行政过程中的行政关系以及监督行政关系；第二，行政法在性质上属于公法，以公法方式作为其调整方法。

二、行政法的调整对象

（一）行政法调整对象的特点

民法的调整对象是平等的民事主体之间的人身关系和财产关系，而行政法的调整对象是行政过程中的行政关系以及监督行政关系。与民事关系相比，行政法的调整对象具有以下特点：第一，行政法的调整对象是行政过程中发生的各种关系，与行政活动直接相关；第二，行政法并非调整行政过程中所有的关系，而是其中的行政关系与监督行政关系；第三，行政法调整的各种关系中必然有行政主体的参与；第四，行政法调整的各种关系中，各方主体的地位并非平等的，而是由一方主体行使公权力，对另一方主体进行行政管理、行政救济或行政监督，体现了行政法调整对象的权力性特点。

（二）行政法调整对象的类型

行政法调整的对象包括行政关系与监督行政关系两种类型。

1. 行政关系

行政关系是指行政主体代表国家依法行使行政管理权限过程中与相对人、行政主体内部的组织或其工作人员之间发生的社会关系。根据行政关系的主体之间是否具有隶属关系，可以将行政关系分为外部行政关系与内部行政关系。

（1）外部行政关系。

外部行政关系是指行政主体代表国家依法行使行政管理权限过程中与相对人之间发生的管理与被管理关系，因此又被称为“行政管理关系”。在该关系中，行政主体为实现行政管理的目的，行使行政管理权限，针对相对人作出各种行为，直接或间接影响相对人的权利、义务。外部行政关系是行政法最主要的调整对象。

（2）内部行政关系。

内部行政关系是指行政主体在其内部与各行政机关、其他组织及其工作人员之间发生的组织关系。国家行政权作为统一的权力在现实中必须分配给各级行政机关行使，而行政机关中必须配备工作人员具体行使行政权，因此，在各行政机关之间以及行政机关与其工作人员之间就形成了各种组织关系。组织关系虽然不直接影响相对人的权利、义务，但也必须依法进行，受行政法的调整。此外，在行政实践中为了行使行政权的便利，有时还进行行政授权或行政委托，此时，授权机关与被授权组织、委托机关与受委托者之间的关系也属于内部行政关系，由行政法进行调整。

2. 监督行政关系

监督行政关系是指国家立法机关、国家监察机关、司法机关、上级行政机关、专门行政监督机关以及公民、法人和其他组织依法对行政主体的行政活动进行监督而发生的各种社会关系。行政的目的是实现特定的公共利益，为此，法律赋予行政主体以行政权力，并以国家强制力保障行政活动的实施。但行政权力的违法行使很容易损害相对人的合法权益，为此，对行政主体的行政活动必须进行监督。目前，在我国的国家权力监督体系中，有权对行政活动进行监督的主体包括国家立法机关、国家监察机关、司法机关、上级行政机关、专门行政监督机关等具有行政监督权限的国家机关。此外，相对人在特定情况下也可以成为行政监督的主体，例如在行政救济关系中，相对人认为其合法权益受到行政主体作出的行政行为的侵犯，向行政救济主体申请救济，由行政救济主体对其申请予以审查并作出决定，由此发生的各种关系也受行政法的调整。

三、行政法的公法性质

行政法学理论以公私法二元化为基础。公私法二元论认为，公法是有关权力关系的法律，私法是有关平等关系的法律，由此区分公法与私法两个法律体系，并将民法、商法等作为私法，而将宪法、行政法等作为公法。

作为公法的行政法调整的是行政权之间或行政权与个人权利之间的关系，涉及公共利益与个人利益之间的关系，因此，适用不同于民法的公法原理。行政法的公法特性决定了行政法调整方式的特殊性：与民法中平等、自愿的调整方式相比，行政法的调整方式存在着公共利益与公权力的因素。具体而言，行政法注重保障行政权的优越性与保障相对人的合法权益，即为了确保公正且确实地实现行政目的，一方面对于行政权的发动通过法律进行拘束，另一方面在法律关系的形成过程中保障行政权意思的优越性。①

（一）行政法的权力特殊性

行政法的权力特殊性在于行政权在行政关系中的优越性，这种优越性主要表现在行政权在国家权力体系中与其他国家权力之间的关系以及在行政关系中与相对人的关系上。从行政法学理论来看，体现行政权优越性的理论主要有行政行为的公定力理论、特别权力关系理论、司法权界限论与行政机关首次判断权理论等。从行政法律制度来看，保障行政权优越性的具体制度主要有行政优先权制度、行政受益权制度、行政强制执行制度、诉讼不停止执行制度等。

（二）行政优越性的依据

承认行政权优越性的理由在于为了实现行政的公共利益目的，即为了迅速且适当地实现行政目的而赋予行政权以特殊的优越性。在民事法律关系中，根据当事人对等原则，法律关系的内容原则上在当事人的自由合意的基础上形成，当事人在民事法律关系中的权利、义务完全对等。但在行政活动中，为了实现公共利益的目的，有时必须采取紧急性的强制性措施，此时如果按照当事人对等原则依据当事人之间的合意确定法律关系的内容，则不能顺利实现行政目的。而且，即使行政活动的目的本身能够立足于当事人对等原则通过当事人之间的合意而实现，在行政上承认意思形成的绝对自由有时反而会损害相对人的利益。因此，即使是对于基本以合意方式缔结的行政契约，为了保障公共利益的实现，也有必要承认行政主体一方具有特殊的解约权、监督权等优先权。从这种观点来看，在行政活动中应当赋予行政机关单方性地拘束相对人意思的权力，承认行政权相对于相对人的优越性。正是由于行政权的这种优越性以实现公共利益为目的，具有优越性的行政权又被称为“公权力”，与行政权

---

① 参见［日］田中二郎：《行政法総論》，209－210页，东京，有斐阁，1957。

有关的法律则被称为“公法”。

（三）行政优越性的对应

为了保障行政目的（公共利益）的实现，行政法赋予行政权以优越性。但同时为了保障相对人的合法权益，行政法对行政权的行使进行了严格的控制，并注重对相对人合法权益的特别保障。要求行政主体必须依法行政，即事先以立法的形式规定了行政活动的主体及其权限、内容、形式、程序等；要求行政主体严格依据法律规定行使行政职权，并由有关国家机关或社会组织、个人对行政活动的合法性进行监督。在行政活动侵犯相对人的合法权益时，为相对人提供各种救济的途径。这是行政法最核心的部分，有观点甚至因此将行政法称为“控制行政权的法律”。

第三节 行政与行政法的关系

行政法是有关行政的法律，其中不仅涉及“行政”与“法”两个概念，而且涉及这两者之间的关系。一般而言，行政与行政法的关系可以概括为“依法行政”，但具体而言，行政与行政法存在着如下关系。

一、行政与行政法的先后关系

行政与行政法的关系首先涉及两者之间的先后关系。有关行政与行政法的先后关系，在行政法学界存在着两种观点的对立，即“行政法先于行政”的观点与“行政先于行政法”的观点，以及作为这两种对立观点折中的“区分确定说”。

（一）“行政法先于行政”的观点

该观点认为“行政法先于行政”，其理由主要在于：第一，对依法行政原则进行逻辑推理的结果。依法行政原则是指行政机关必须依据法律进行行政活动，在这种意义上，行政法先于行政而存在，只有事先存在法律，行政才得以进行。也即先存在的是行政法而非行政，行政与行政法的关系只能是行政法先于行政而存在。[①] 第二，行政活动区别于相对人行动的理论依据。行政活动作为一种国家活动，是由行政机关所进行的具体行动，行政活动之所以与相对人的行动相区别，是因为存在赋予行政机关或其他行政主体资格的法律规范，如果不以这些法律规范的存在作为理论上的前提，就不能在理论上将“行政”这一活动从相对人的个别性行动中区分出来。[②] 可见，人类的行动被称为“行政”是行政法规范的结果，如果没有行政法的规范，行政这一事实是不可想象的。在这种意义上，行政法先行于行政。[③] 第三，行政法学与行政学的关系。行政法学教科书在确定行政法的概念时，通常首先规定行政的概念，然后将行政法规定为“有关行政的法”。其实这种顺序是错误的。[④] 行政学在逻辑

① 参见［日］柳瀬良幹：《元首と機関》，254 页，东京，有斐阁，1969。

② 参见［日］藤田宙靖：《行政と法》，载［日］雄川一郎、塩野宏、園部逸夫编：《現代行政法大系 1 現代行政法の課題》，3 页，东京，有斐阁，1983。

③ 参见［日］柳瀬良幹：《行政学と行政法学》，载《公法研究》，1952 年第 14 号，113 页。

④ 参见［日］柳瀬良幹：《元首と機関》，253 页，东京，有斐阁，1969。

上应当以行政法学为前提，行政法学在逻辑上先行于行政学。[①]

（二）“行政先于行政法”的观点

该观点认为“行政先于行政法”，其理由主要在于：第一，对于法治主义的逻辑推导。法治主义是指以法律的合理性来抑制行政恣意的原理，在这种意义上，行政先于法律而存在，即性质上原本恣意的行政的存在是前提，“合理的法律”在事后对理论上或事实上先行的行政进行规制。[②] 第二，行政法教学上的理由。行政法学教科书的通例是先介绍行政的概念，而后将行政法定义为“有关行政的国内公法”。第三，从历史沿革来看，行政并不以法律规范的存在作为前提，在近代法治国家之前，行政独立于法律而存在。即使在法治国家中，在事实上也存在着并非依法作出的行政活动。

（三）“区分确定说”的观点

该观点认为，在行政法中应当区分权限规范（组织规范或组织法）与行为规范（行为法），权限规范无论形式如何，也不论是在警察国家还是在法治国家中都存在，是将行政机关的行为作为国家行为而产生效力的前提条件。但现在的问题并非相关权限规范的有无，而是以权限规范的存在作为前提的、作为国家行为或活动标准的法律是否必要的问题。对此，在法治国家中被要求的法律是作为行为规范的法律。组织规范或组织法是行政存在的逻辑前提，而行为规范或行为法是对于行政从法治主义的要求出发进行的规制。可见，该观点反对从行政法整体上论及行政法与行政的先后关系，而主张首先对行政法进行分类，在各部分行政法中分别承认“行政法先于行政”与“行政先于行政法”的观点。该观点认为，“行政法中，也可以考虑权限规范、组织规范或组织法与行为规范或行为法的区别”[③]，即将行政法分为行政组织法与行政行为法。在此基础之上，将“行政法先于行政”的观点看成是有关“行政与组织规范”的问题，即在行政组织法中承认“行政法先于行政”的观点；将“行政先于行政法”的观点看成是有关“行政与行为规范”的问题，即在行政行为法中承认“行政先于行政法”的观点。这种区分的体系至今仍为现代行政法学所继承。[④] 其中，将行政真正作为国家行政的法律规范是组织规范（行政组织法），而根据法治主义的要求对行政给予制约的法律规范是行为规范（行政行为法）。从这种意义上看，行政活动不论是法律活动还是事实活动，作为国家活动，其组织规范的先行存在是必要的。例如有学者认为，为了将某一行政活动作为国家活动而归属于国家，不论该行政活动是法律上的活动还是事实上的活动，都必须存在组织规范。[⑤]

二、行政与行政法的逻辑关系

根据行政活动对相对人权益的侵害程度以及法对行政的控制程度，可以将“行政与行政

---

① 参见［日］柳瀬良幹：《行政学の対象》，载［日］大西芳雄等编：《公法学の諸問題渡辺宗太郎博士還暦記念》，310页，东京，有斐阁，1956。

② 参见［日］藤田宙靖：《行政と法》，载［日］雄川一郎、塩野宏、園部逸夫编：《現代行政法大系1現代行政法の課題》，2页，东京，有斐阁，1983。

③ ［日］田中二郎：《法律による行政の原理》，7－12页，东京，酒井书房，1954。

④ 行政法学总论一般被分为行政组织法、行政行为法与行政救济法三部分。

⑤ 参见［日］塩野宏：《行政指導》，载［日］田中二郎等编：《行政法講座》，第6卷·行政作用，19页，东京，有斐阁，1966。

法的关系”分为三种形态，即“法的执行”“法的授权”“法的限制”[①]。

（一）法的执行

“法的执行”是指对相对人课予义务、限制自由等侵害相对人权益的行政活动。由于这类行政活动直接涉及相对人的权益，法律必须进行严格的规制，不仅要求必须依据法律，对于其内容原则上法律也应当规定一般性的标准。法律是抽象性的规范，而行政是执行法律的活动，行政活动有时又被称为“执法活动”。但此处的“法的执行”是指有可能侵害相对人权益的行政活动必须严格地依据法律，受到法律的规制。

（二）法的授权

“法的授权”是指规定行政权限的法律授予行政主体某种程度上自由判断的权能，针对的是授予相对人权利或其他利益的行政活动。在法律授权的范围内，行政主体享有一定的自由裁量权，但其前提是必须得到法律的授权，而且裁量只能是在法律授权的范围内。

（三）法的限制

“法的限制”针对的是不需要作为行政规范的法律的明示性根据而可以直接作出的行政活动，但在法律上必须予以其一定的限制。一般针对授益性的行政活动，例如，行政奖励、行政补助等给付行政，在没有法律依据的情况下也可以实施，但在一定事项上受到法律的限制。

可见，根据各种行政活动对相对人权益的侵害程度的不同，行政法对行政的控制程序也不同：对于侵害性行政的要求是“法的执行”，即必须严格地依据行政法进行；对于裁量性行政的要求是“法的授权”，即在法律授权范围内进行；对于授益性行政的要求是“法的限制”，即并非必须依据法律，但受到法律的限制。

三、行政法对行政的控制

行政法对行政具有积极与消极功能。积极功能是指行政法赋予各个行政活动以法律根据，该功能的反面即表示没有法律根据或违反法律规定的行政活动违法；而消极功能是指拘束行政活动的功能，即对于相对人权利或利益的保护功能。第一种功能是“发动机”，第二种功能是“刹车装置”[②]。这两种功能分别代表了法律对于行政的控制的不同方式。法律对于行政的控制具有确保行政活动合法性、保障相对人的权利或自由免受行政权侵害的功能，其具体的手段或方法由行政活动的内容或形式决定。[③] 传统行政法学理论以“依法行政”为基本原则，要求行政机关必须依据法律履行行政职能，以行政法律规范对行政活动进行全面控制。在这种意义上，行政法学以明确有关行政的活动在何种情况下“合法”或“违法”，以保障为了实现公共利益的行政顺利运行为首要课题。[④] 但随着现代行政范围的扩大以及对象的复杂化，这种严格的控制并不利于行政目的的实现。对此，有学者认为，法律与其说是作为国家政策的具体表现而抑制行政，不如说具有通过行政授权将既存的行政活动限制于该

---

① ［日］田中二郎：《行政法総論》，30－32页，东京，有斐阁，1957。

② ［日］石川敏行：《基本論点行政法》，67页，东京，法学书院，1997。

③ 参见［日］市原昌三郎：《行政の統制》，载［日］雄川一郎、高柳信一编：《現代法4現代の行政》，96页，东京，岩波书店，1966。

④ 参见［日］下山二瑛：《現代行政法学の基礎》，3页，东京，日本评论社，1983。

法律框架内，进而命令并促进行政发挥其作用的功能。这种行政与法的关系的变化在形式上意味着法律对行政的拘束或多或少地趋于缓和，在注重法律对行政活动的限制功能时，要求尽可能将行政活动的要件或形式予以定型化、统一化、明确化。但为了更好地发挥行政的功能，必须扩大行政裁量的范围，允许形式多样的合目的性活动，而且，可以不依据法律的具体规定直接进行行政指导。[①] 可见，随着现代公共行政中行政职能的扩大化、复杂化，法律对行政的控制的方式也应当进行相应的变革。

---

① 参见［日］雄川一郎：《現代における行政と法》，载［日］雄川一郎、高柳信一编：《現代法 4 現代の行政》，10 页，东京，岩波书店，1966。

第二章　行政法

行政法是调整行政过程中行政关系以及监督行政关系的公法规范的总称，是我国法律体系中三大基本法律部门之一，在我国社会主义法律体系中具有极其重要的地位。本章将探讨行政法的目的、定位、特征、类型、存在形式与效力范围等。

第一节　行政法概论

一、行政法的目的

行政法的目的是指行政法所期望实现的目标，是在确立行政法律制度时预设要实现的目标。在行政法学界，对于行政法的目的存在着“保障相对人权益”“控制行政权”“保障与监督行政权”等争议。对此，可以从行政法律制度的相关规定来分析，例如，《行政处罚法》第 1 条规定：“为了规范行政处罚的设定和实施，保障和监督行政机关有效实施行政管理，维护公共利益和社会秩序，保护公民、法人或者其他组织的合法权益，根据宪法，制定本法。”《行政许可法》第 1 条规定：“为了规范行政许可的设定和实施，保护公民、法人和其他组织的合法权益，维护公共利益和社会秩序，保障和监督行政机关有效实施行政管理，根据宪法，制定本法。”可见，我国行政法立法采用了多重目的兼顾的原则，赋予每部行政法律以多重目的。一般而言，我国的行政法律目的基本包含以下三种。

（一）公共利益目的

行政以公益为目的，“行政主体所为之行政行为，不论以公法或私法方式为之，必须以达成公共利益为目的”[①]。可见，保障公共利益的实现是行政法的目的。行政法的公益目的体现为：一方面，行政主体是公共利益的代表，行政法保障其为实现公共利益而进行的行政活动，具体而言，行政法保障行政机关有效地进行国家行政管理，为行政机关行使职权提供依据和条件，在行政过程中确保行政权的优越性，并要求相对人服从行政权的管理，促使相对人积极履行行政义务；但另一方面，行政法也要求行政权的行使必须符合公共利益，即行政法以公共利益作为标准来限制行政主体的行政活动，确保行政主体的行政活动与公共利益目的相一致。

（二）控权目的

控权中的“权”是指行政权力，行政法的控权目的是指行政法规范、监督、控制行政权力的目的。行政权以实现公益为目的，但在现实中，行政权存在着滥用的可能性，为此，行

① 城仲模主编：《行政法之一般法律原则》（一），362 页，台北，三民书局，1997。

政法通过对行政活动的主体、内容、形式、程序等进行严格的规定，要求行政主体必须依法行政，同时加强对行政活动的监督，对于违法的行政活动通过法定途径采取措施并追究责任，确保行政活动的合法性。

（三）保权目的

保权中的“权”是指相对人的权益，保权目的是指行政法保障相对人的合法权利和利益的目的。为了保障公益目的的实现，行政法赋予行政权优越性，并要求相对人必须服从行政权的管理，切实履行行政义务。但行政权的违法行使往往会侵犯相对人的合法权益，为此，行政法为相对人的权益提供了特殊的保护。具体而言，首先，对行政活动规定严格的法律要件，进而对其进行监督，在控制行政权的同时保障相对人的权益；其次，在行政过程中赋予相对人参与权等程序性权利，为相对人提供在行政过程中陈述意见、表达意愿的机会；最后，在行政权侵犯相对人的权益时，为相对人提供行政复议、行政诉讼等事后性救济的机会。

二、行政法的定位

法律体系是一国由各个部门法组成的法律规范的整体，各个部门法之间独立但相互配合，共同构成一国的法律体系。那么，作为其中的部门法之一的行政法在国家法律体系中如何定位，与其他部门法的关系如何呢？对此，可以认为：行政法是我国法律体系中的基本部门法之一，与作为“母法”的宪法以及同为基本部门法的民法、刑法等关系密切。

（一）基本部门法

首先，行政法是一个独立的部门法，在宪法之下，不隶属于任何其他部门法而独立存在。行政法具有独立的部门法的地位是因为其调整对象以及调整方法的独立性。与民法调整的以平等为特征的民事关系不同，行政法调整的对象是行政关系和监督行政关系，以命令、服从为特征。此外，在调整方法上，与民法中以平等主体之间的意思自治作为调整民事关系的方法不同，行政法以强调行政权在行政过程中的优越性以及对行政权的特殊控制、对相对人权益的特殊保护等为特征的公法方法对行政关系和监督行政关系进行调整。

其次，行政法是我国基本的部门法之一。所谓基本部门法是指一国法律体系中第一层次的部门法。在我国，除了宪法处于根本大法的地位外，行政法、民法和刑法同属于三大基本部门法。

（二）行政法与宪法

宪法是一国的根本大法，任何法律、法规都必须遵从宪法的规定，行政法当然也不能例外。但行政法与宪法的关系除了这种根本法与部门法的关系外，与民法、刑法相比较，行政法与宪法的关系更为接近。首先，两者的调整对象与调整方法具有接近性，宪法规定了国家的基本政治制度，而行政法在此基础上规定了行政组织制度、行政权力的行使及监督等。其次，宪法具有高度的抽象性，宪法规范的实施有赖于行政法的具体化，因此，可以认为行政法是“宪法的具体化”，甚至是“小宪法”。而相对于宪法的稳定性，行政法又被称为“动态宪法”或“行动中的宪法”。此外，鉴于行政法与宪法的关系密切，我国目前在法学教育学科设置上将宪法学与行政法学合并，设立为一个法学二级学科。

行政法是有关为了实现在宪法规范的框架内由立法者选择的具体法律目的的技术的法律。① 可见，行政法与宪法在价值上存在着一定的关联性，但行政法并非从宪法性价值的具体化中机械地推导出来的，行政法本身具有一定的能动性，反过来影响宪法的事例也并不少见。对此，德国行政法学鼻祖奥托·迈耶甚至提出"宪法消逝、行政法永存"的名言，奥托·迈耶针对德国当时的《魏玛宪法》在国家构造的运行中并不起实际作用而由行政法支撑行政体制运行的状况，认为行政法具有技术性，可以不依赖于宪法而存在。但是，并不能仅仅从字面含义去理解该论断，行政法被称为"具体化的宪法"，宪法中有关宪法原理或原则的规定多数较为抽象，一般需要通过行政法律规范加以具体化。同时，行政活动必须遵守宪法中的规定及宪法原理，不仅受到其限制，而且从中得到正当性或正统性的支撑。

（三）行政法与民法、刑法

行政法与民法、刑法都是宪法之下的基本部门法，相互独立，但又相互关联。例如：《民法典》第二编第二章第一节规定的不动产登记所涉及的登记机构的构成、权限、职责等具有行政组织法的性质，不动产登记行为属于行政行为的范畴；《刑法》第 258 条规定的重婚罪必须以二次结婚为前提条件，但对于是否属于结婚的认定必须根据国务院制定的《婚姻登记条例》（属于行政法规）来认定，婚姻登记也是一种行政行为；《刑法》第 155 条规定的走私禁止进口物品罪中所指的"禁止进出口物品"必须按照海关总署发布的《中华人民共和国禁止进出境物品表》（海关总署令第 43 号）（属于部门规章）进行认定，而认定是否属于禁止进出境物品也是一种行政行为；等等。

此外，特别值得注意的是行政诉讼法与民事诉讼法的关系。日本在 1948 年制定的《行政事件诉讼特例法》其实只是民事诉讼法的"特别法"，其后在 1962 年制定的《行政事件诉讼法》第 7 条规定，行政诉讼"对于本法中未规定的事项，依据民事诉讼之例"。由此在日本行政法学界，有学者将行政诉讼视为民事诉讼的"特例"，甚至也有学者进而将行政法推定为民法的"特别法"。而在我国，1982 年制定的《民事诉讼法（试行）》第 3 条第 2 款规定："法律规定由人民法院审理的行政案件，适用本法规定。"在 1989 年制定《行政诉讼法》之后，行政诉讼作为与民事诉讼相并列的三大诉讼之一的地位得到确立。1999 年 11 月 24 日通过的最高人民法院《关于执行〈中华人民共和国行政诉讼法〉若干问题的解释》（已废止）第 97 条也规定："人民法院审理行政案件，除依照行政诉讼法和本解释外，可以参照民事诉讼的有关规定。"2014 年 11 月 1 日修正后的《行政诉讼法》第 101 条规定："人民法院审理行政案件，关于期间、送达、财产保全、开庭审理、调解、中止诉讼、终结诉讼、简易程序、执行等，以及人民检察院对行政案件受理、审理、裁判、执行的监督，本法没有规定的，适用《中华人民共和国民事诉讼法》的相关规定。"可见，行政诉讼制度在整体上经历了一个脱离民事诉讼而得以独立的过程，但即使在行政诉讼制度独立的今天，其在一定程度上仍然依赖着民事诉讼制度而存在，即除《行政诉讼法》所规定的特殊诉讼规则外，可以适用《民事诉讼法》中的相关规定。在这种意义上，也可以将行政诉讼视为民事诉讼的"特例"。

---

① 参见［日］塩野宏：《公法と私法》，228 页，东京，有斐阁，1989。

三、行政法的特征

在民法、刑法、行政法三大法律部门中，行政法是最为“年轻”的部门法。行政法作为一个独立的法律部门，与民法、刑法等传统法律部门相比较，无论是在形式上还是在内容上，都具有自己的特点。

（一）形式特征

1. 欠缺统一性法典

由于行政的广泛性、复杂性、多样性、专业性以及易变性等特点，制定一部统一的行政法典极为困难，因此，在形式上，行政法没有统一的法典，而是散见于各种法律、法规、规章中，表现为数量众多、形式各异的规范性文件。当然，在某些领域已经制定了部分统一的小型法典，例如《行政处罚法》《行政许可法》《行政复议法》《行政诉讼法》《国家赔偿法》等。在此基础上，我国正在起草“行政程序法”。在行政法法典化不可能的情况下，“行政程序法”可以起到部分行政法法典的作用，这是因为相对于行政实体法的多样性而言，各行政领域共通的行政程序较多。此外，2017 年 3 月 15 日第十二届全国人民代表大会第五次会议通过了《民法总则》。2020 年 5 月 28 日，第十三届全国人民代表大会第三次会议表决通过了中华人民共和国第一部以“典”命名的法律即《民法典》。为此，有学者提议借用《民法总则》和《民法典》的立法技术制定“行政法总则”。这为行政法法典化带来了希望，但目前来说实施起来还存在相当大的困难。

2. 数量众多、表现形式多样

与民法、刑法的法律形式较为单一、法律文件数量有限相比，行政管理内容的广泛性和立法主体的多元性决定了行政法律规范的数量众多。行政法涉及的领域广泛，而且，从立法层次来看，行政法除了法律、法规和规章以外，更多地表现为行政机关内部制定的规范性文件。因此，行政法规范的表现形式多样、数量众多，居各部门法之首。

（二）内容特征

1. 内容广泛

行政法是有关行政的法，而现代行政的范围广泛，涉及政治、军事、外交、经济、科技、文化、体育、卫生、教育、公安、民政、建设等领域。这种作为行政法对象的行政的广泛性决定了行政法内容的广泛性。

2. 内容的相对易变性

法律必须具有一定的安定性，而不能朝令夕改。但由于经济社会经常处于不断的变动中，具体的行政关系也具有一定的变动性，因此，行政法也必须经常废除、修改或者重新制定，以适应现实行政发展的需要。在我国现阶段进行行政体制改革的情况下，行政法的易变性更为突出。

3. 兼具行为规范与裁判规范的性质

在民事法律关系中，当事人之间适用意思自治的原则，民法本身并不直接拘束私人的行为，作为国家法的民法是在当事人之间产生纠纷时法院判断的基准即裁判规范。与此相对，行政法在第一性上并不具有作为裁判规范的含义，而是拘束行政机关本身。行政法对于行政主体来说是行为规范，同时对于法院来说是裁判规范。此外，作为公法的行政法是主权者

（人民以及代表人民的代表机关）要求形成、变更、消灭特定实体权利义务关系的表现，行政机关及相对人必须依据这种法律规范进行活动，在这种意义上，行政法具有行为规范的性质。[①] 而且，从本质上说，行政法首先是行为规范，其次才是裁判规范。

4. 行政实体法和行政程序法的融合

民法与刑法基本上是实体法，与其相对应的程序法分别是民事诉讼法与刑事诉讼法，可见在这些部门法中实体法与程序法的区分较为明确。但在行政法中这种区分却不明确，例如对于《行政诉讼法》性质的认定，《行政诉讼法》虽然总体上被认为是程序法，但其中也包含有关行政违法的判断标准（第 70 条）等实体性规范。此外，《行政许可法》中不仅规定了行政许可的设定、实施机关、费用、监督检查、法律责任等实体法规范，还专门设置了第四章“行政许可的实施程序”，用以规定行政许可的程序性规范。

四、行政法的类型

按照不同的标准，可以把行政法分为不同的类型。而不同的类型划分，在行政法的研究上各有其不同意义。一般而言，行政法可以划分为以下类型。

（一）实体行政法和程序行政法

根据行政法规范性质的不同，可以将行政法划分为实体行政法和程序行政法。实体行政法是规范行政法主体（行政主体与行政相对人）的实体性权利、义务的行政法规范的总称。其中的实体性权利、义务是指决定行政关系或监督行政关系的当事人能否进入某一具体行政法关系的资格以及其在具体行政法关系中的地位的权利、义务。程序行政法是为保证行政法主体实体性权利、义务的实现而设定的程序性行政法规范的总称，根据其规范的程序在行政过程中所处的阶段的不同，又可以分为一般行政程序法和行政诉讼法。

实体行政法和程序行政法具有不同的功能，所遵循的法律原则也各不相同。但是，如上所述，行政法的特征之一就在于行政实体法和行政程序法的融合，因此，在现行法律中，两者的区分并非泾渭分明，而是往往共存于同一法律甚至法律条文之中。

（二）内部行政法和外部行政法

根据行政法调整对象的不同，可以将行政法分为内部行政法和外部行政法。内部行政法是调整行政机关之间、行政机关与其工作人员之间等内部关系的法律规范的总和。外部行政法是调整作为管理者的行政主体与作为被管理者的公民、法人或者其他组织之间等外部行政关系的法律规范的总和。内部行政和外部行政虽然都有行政主体作为一方参加者，但它们所遵循的原则和实现的方式各不相同，因而法律对这两种行政关系的调整方式也有所不同。

（三）行政组织法、行政行为法、行政救济法

根据行政法规范的事项的不同，可以将行政法学总论分为行政组织法、行政行为法、行政救济法三部分，行政组织法是有关行政组织的设置、编制、权限、公务员的录用及管理的法律规范的总称；行政行为法是有关行政处罚、行政许可等行政行为的设定、实施及法律责任等的法律规范的总称；行政救济法是有关在行政行为违法侵害相对人权益时通过提起复议、诉讼或者赔偿请求予以救济的法律规范的总称。

---

① 参见［日］高柳信一：《公法・行政行為・抗告訴訟》，载《公法研究》，1969 年第 31 号，117 页。

（四）各部门行政法

根据行政法涉及领域的不同，可将行政法分为经济行政法、文化行政法、公安行政法、民政行政法、军事行政法、外事行政法等部门行政法。这种划分方法可以使研究者针对各领域、各行政部门法进行更为细致、与行政实践结合更为紧密的研究。

除此之外，还可以从其他角度将行政法分为中央行政法与地方行政法、平时行政法与应急行政法、积极行政法和消极行政法等。这些分类为行政法的研究提供了诸多的视角，有助于行政法研究的不断深入。

第二节　行政法的存在形式

行政法的存在形式，即行政法的具体表现形式，是指行政法规范的存在形式或行政法规范的载体，又被称为“行政法的法源”[①]。不同国家行政法的存在形式不同，例如，法国行政法大多来源于最高行政法院的判例，而我国作为具有成文法传统的国家，行政法也主要采用成文法形式，因此，行政法的存在形式主要是指行政法的成文法形式。

一、行政法的成文法形式

成文法是指由具有立法权限的国家机构根据法定程序制定和发布的具体系统的法律文件。在我国，行政法主要以成文法形式表现，主要包括宪法、法律、行政法规、地方性法规、行政规章等。这些成文法形式又被称为行政法的正式法律渊源。

（一）宪法

宪法是国家的根本大法，其中涉及行政的规定是行政法的基本原则与根本规范。例如我国《宪法》第 3 条规定的“民主集中制”，第 5 条规定的“依法治国”“法治国家”等，都是行政法的基本原则。此外，《宪法》第三章第三节有关国务院的条文（第 85 条至第 92 条）以及第三章第五节有关地方各级人民政府的条文（第 105 条至第 110 条）更是直接规定了有关各级人民政府的组织规范。

（二）法律

法律是指由作为国家最高权力机关的全国人民代表大会及其常务委员会制定的规范性法律文件，是在效力上仅次于宪法的法律规范。其中，全国人民代表大会制定的是基本法律，如《国务院组织法》《行政诉讼法》《行政处罚法》等；全国人民代表大会常务委员会制定的是基本法律以外的法律，如《行政许可法》《公务员法》《行政复议法》等。除了这些在整体上具有行政法性质的法律外，还有一些法律的部分条文属于行政法律规范，例如，《国家赔偿法》中的第二章“行政赔偿”（第 3 条至第 16 条）、《地方各级人民代表大会和地方各级人民政府组织法》中的第四章“地方各级人民政府”（第 61 条至第 88 条）。此外应当注意的是，行政法的存在形式并不局限于公法，民法、商法等规范也可以成为行政执法的依据。习近平总书记在 2020 年 5 月 29 日主持中央政治局就“切实实施民法典”举行的集体学习时强

---

① 在法学界使用“法源”一词者较多，但学界对“法源”存在着不同的理解，主要包括法存在形式说、法原动力说、法原因说、法制定机关说、法前规范说、法事实说等观点，此处是指“法存在形式说”意义上的法源，为避免歧义，直接采用“存在形式”的用语。

调，“各级政府要以保证民法典有效实施为重要抓手推进法治政府建设，把民法典作为行政决策、行政管理、行政监督的重要标尺，不得违背法律法规随意作出减损公民、法人和其他组织合法权益或增加其义务的决定”。可见，《民法典》在总体上属于民法，但是其中的个别条文属于行政法律规范，例如《民法典》第212条规定了不动产登记机构的职责，属于行政组织法的内容，第243条规定了土地、房屋和其他不动产的征收，属于行政行为法的内容，第66条规定登记机关应当依法及时公示法人登记的有关信息，属于行政程序法的内容，可见，这种个别性规范也是行政法的存在形式。

（三）行政法规

行政法规是指作为国家最高行政机关的国务院为领导和管理国家各项行政工作，根据宪法和法律制定的有关政治、经济、教育、科技、文化、外事等各类法规的总称。根据《宪法》第89条第1项的规定，制定行政法规是国务院的一项专有职权，是国务院为了实现对全国经济、社会、文化等各方面的有效管理的一种手段。因此，绝大部分行政法规在整体上均具有行政法性质，例如《旅行社条例》（国务院令第550号）、《军服管理条例》（国务院令第547号）、《草原防火条例》（国务院令第542号）、《税收征收管理法实施细则》（国务院令第666号）等。国务院制定的行政法规主要包括尚未由全国人大及其常委会制定行政法律的规范（授权立法）与根据行政管理的需要自主制定的管理性的规范（职权立法）两种类型。此外，由于行政法规与法律相比较，制定程序更为简单、迅速，针对紧急事态以及对策尚未成熟的情况，往往由国务院先制定行政法规，例如针对“三鹿奶粉事件”对社会造成的影响，国务院于2008年10月9日制定了《乳品质量安全监督管理条例》（国务院令第536号）。其后，在2009年2月28日，全国人大常委会制定了《食品安全法》（2015年、2018年、2021年三次修订）。

（四）地方性法规、自治条例和单行条例

地方性法规是指由省、自治区、直辖市以及设区的市、自治州的人民代表大会及其常务委员会根据本行政区域的具体情况和实际需要，在不同宪法、法律、行政法规相抵触的前提下制定的规范性法律文件的总称。地方性法规在内容上涉及政治、社会、经济、文化等各个方面，其中有关行政管理的部分属于行政法律规范，如《湖南省行政执法条例》《山东省行政复议条例》《重庆市行政执法责任制条例》《杭州市道路交通安全管理条例》《宁波市河道管理条例》等。

自治条例和单行条例是指由实行民族区域自治的自治区、自治州和自治县的人民代表大会依照《宪法》《民族区域自治法》和其他法律规定的权限，结合当地的政治、经济和文化特点而制定的规范性法律文件的总称。自治条例和单行条例规定了民族自治区域的特殊事项，其中涉及地方自治机关的组织以及地方行政管理事务的部分属于行政法律规范，如《都安瑶族自治县自治条例》《甘孜藏族自治州施行〈中华人民共和国民法典〉婚姻家庭编的变通规定》等。

（五）行政规章

行政规章包括部门规章和地方政府规章两大类。部门规章是指国务院各部、各委员会、中国人民银行、审计署和具有行政管理职能的直属机构以及法律规定的机构，根据法律和国务院的行政法规、决定、命令，在本部门的权限范围内，制定的规定、办法、实施细则等规范性文件的总称，如国家发展改革委制定的《政府制定价格成本监审办法》、公安部制定的《计算机病毒防治管理办法》等。除了国务院各部门单独制定规章外，在涉及多部门管辖权的行政管理领域，各相关部门也可以联合制定规章，如国家发展改革委、工业和信息化部、住房城乡建设部、交通运输部、水利部、农业农村部、商务部、国家市场监管总局等八部门联合发布的《招标投标领域公平竞争审查规则》等。地方政府规章是指由省、自治区、直辖市和设区的市、自治州的人民政府根据法律、行政法规、地方性法规，按照规定程序所制定的普遍适用于本地区行政管理的规范性文件的总称，如安徽省人民政府制定的《安徽省行政规范性文件管理办法》、宁波市人民政府制定的《宁波市东钱湖水域管理办法》等。

行政法学界对于行政规章是否属于行政法的存在形式争议较大，《立法法》等相关法律并没有明确规定行政规章是否属于“法”的范畴。《行政诉讼法》规定，人民法院审理行政案件应当以法律和行政法规、地方性法规为“依据”，同时“参照”行政规章（第 63 条）。可见，行政规章与法律、行政法规、地方性法规之间确实存在着一定的差异。但《立法法》第四章第二节（第 91 条至第 97 条）专门规定了规章的制定主体、规范对象、制定程序等，可见，《立法法》将规章作为“法”的一部分进行了规范。而且，《行政处罚法》与《行政许可法》中规定规章可以设定一定形式的处罚（警告、通报批评或者一定数额罚款）或临时性的行政许可（仅限于省级地方人民政府制定的规章）。由此也可以推导出这些法律将行政规章作为行政法的存在形式的结论。事实上，行政规章是日常行政管理的重要依据，其数量繁多、适用范围广泛。

此外，设区的市之下的县级市、县、自治县、区、乡、镇等人民政府以及各级地方人民政府的职能部门发布的规范性文件是否属于行政法的存在形式在行政法学界也颇受争议，主流理论将这些规范排除在行政法存在形式之外。《立法法》虽然没有明确予以否定，但由于《立法法》中没有涉及这些规范性文件，因而，可以认为《立法法》是将这些规范排除于“法”的范畴之外的。此外，《行政处罚法》《行政许可法》《行政强制法》规定这些规范性文件不得设定任何形式的行政处罚、行政许可、行政强制，《行政诉讼法》也没有将这些规范性文件作为法院审理案件的依据，说明这些法律也否认这些规章以下的规范性文件是行政法的存在形式。

（六）决议、决定、命令、通知等文件

各级人民代表大会及其常务委员会作出的有关“本行政区域内的政治、经济、教育、科学、文化、卫生、生态环境保护、自然资源、城乡建设、民政、社会保障、民族等工作的重大事项”的决议或决定，对该区域内的行政管理具有普遍约束力，属于行政法的存在形式。例如，2004 年 6 月 28 日，天津市人民代表大会常务委员会通过了《关于停止执行天津市地方性法规设定的若干行政许可事项的决定》，决定 28 件该市地方性法规所设定的 58 项行政许可事项自 2004 年 7 月 1 日起停止执行。

国务院除了制定行政法规外，有时也发布决定、命令、指令等，其中具有可执行性的部分属于行政法的存在形式。例如《国务院关于取消第一批行政审批项目的决定》（国发〔2002〕24 号）直接撤销了 789 项行政审批项目。当然，并非国务院所有的决议都是行政法的存在形式，而是其中具有可执行性的部分，但如果仅仅是指导性的部分，则不属于行政法的存在形式。例如《国务院关于加强节能工作的决定》（国发〔2006〕28 号）仅仅是加强节能工作的倡议与目标，没有具体可执行的部分，故不属于行政法。

此外，中共中央和国务院联合发布的文件以及国务院有关部门和有关社会组织联合发布的文件也是我国行政法特有的表现形式，例如，全国“扫黄打非”工作小组办公室、新闻出版署、财政部、公安部、国家版权局于2000年颁发的《对举报“制黄”、“贩黄”、侵权盗版和其他非法出版活动有功人员奖励办法》等。

（七）法律解释

法律解释是对法律、法令条文的含义所作的进一步说明或补充，可以分为有权解释和无权解释。无权解释是指由学者等进行的解释，不具有法律效力，不属于行政法的存在形式；有权解释是指由法定机关进行的法律解释，法定机关包括全国人大常委会、最高人民法院、最高人民检察院、国务院及其主管部门，省、自治区、直辖市人大常委会，省、自治区、直辖市人民政府主管部门等。根据1981年6月10日第五届全国人大常委会第十九次会议通过的《关于加强法律解释工作的决议》的规定，有权解释大致可分为立法解释、司法解释、行政解释与地方解释。第一，立法解释。凡属于法律、法令条文本身需要进一步明确界限或作补充规定的，由全国人大常委会进行解释或用法令加以规定。第二，司法解释。凡属于法院审判工作中具体应用法律、法令的问题，由最高人民法院进行解释；凡属于检察院检察工作中具体应用法律、法令的问题，由最高人民检察院进行解释。第三，行政解释。不属于审判和检察工作中的其他法律、法令如何具体应用的问题，由国务院及主管部门进行解释。第四，地方解释。凡属于地方性法规条文本身需要进一步明确界限或作补充规定的，由制定法规的省、自治区、直辖市人大常委会进行解释或作出规定；凡属于地方性法规如何具体应用的问题，由省、自治区、直辖市人民政府主管部门进行解释。这些有权解释中涉及行政法的部分属于行政法的存在形式，例如最高人民法院《关于适用〈中华人民共和国行政诉讼法〉的解释》等。

（八）国际条约或协定

国际条约或协定是指两个或两个以上的国家在政治、经济、文化、军事等方面规定相互间权利和义务的各种协议的总称。行政法是有关行政的国内公法，而国际条约或协定属于国际法，但是，国际条约或协定一旦签订并获得全国人大常委会批准后，就对我国具有拘束力，其中内容涉及国内行政管理的部分也属于我国行政法的存在形式。例如，1982年批准的《中华人民共和国和美利坚合众国领事条约》中规定了领事馆的设立、馆长的任命、领事的职权、护照和签证的颁发等，2001年批准的《劳动行政管理公约》中规定了劳动行政管理机构的职责等，这些规定都属于行政法律规范。

二、行政法的不成文法形式

不成文法渊源是指法律习惯、法律原理或原则、法院判例、行政先例等法的表现形式，与上述成文法相比，又被称为非正式法律渊源。我国是实行成文法的国家，由于不成文法的抽象性、不明确性，历来对其抱有怀疑的态度。严格来说，在我国，不成文法并非行政法的存在形式。但近年来，在我国法学发展、判例累积以及借鉴外国不成文法的经验的基础上，逐渐开始重视不成文法的作用，并将其作为行政执法与行政审判的依据之一。虽然我国的行政不成文法尚未成熟，但作为一种趋势，以下形式的不成文法必将得到进一步的发展。

（一）行政惯例

行政惯例是指在有关行政法领域的社会生活或行政运营上，持续多年的习惯得到了人们的法律确信，作为法律规范而被承认，因此又被称为行政领域的“习惯法”。但惯例或习惯法与习惯不同，惯例是一定区域的人们长期形成的习惯，已经得到人们的确信。例如，我国少数民族地区存在着很多独特的风俗习惯，其中与行政相关的部分属于行政法的存在形式。特定习惯形成行政惯例必须具备以下条件：第一，该习惯必须长期存在，并得到民众的认可、确信；第二，该习惯不得违反成文法的规定或行政法的基本原则，惯例作为行政法的存在形式，仅起到补充成文法不足的功能，而不能替代或推翻成文法；第三，惯例的适用范围往往具有一定的民族或地域等限定，对于适用于较大范围的惯例，应当及时将其转化为成文法形式。

（二）行政案例

判例是指法院对特定案件的判决构成的先例，在该法院或下级法院以后遇到相同的案件时，按照该先例进行判决。判例是由法院在审判具体案件过程中发现、总结出的法律规则，与法院对法律进行解释的司法解释不同，被称为“判例法”。判例法强调“遵循先例”原则，我国虽然没有采用英美法系这种判例的先例拘束主义，并不存在严格意义上的“判例”，但是，近年来我国的法院越来越重视案例在审判中的作用，典型性案例对于法院审理案件具有一定的参照意义。例如，在“田某诉北京科技大学拒绝颁发毕业证、学位证行政诉讼案”中，法院的判决确认了该案件属于行政诉讼，对其后的类似案件产生了重要影响，虽然没有法律的明文规定，但法院一般将这类案件作为行政诉讼案件审理。为了进一步发挥案例的作用，最高人民法院指定中国应用法学研究所自 1992 年开始负责编辑了《人民法院案例选》等案例丛书并要求法官加强学习。2010 年 7 月和 2010 年 11 月最高人民检察院和最高人民法院分别发布了《关于案例指导工作的规定》，并在此基础上，定期发布了数批指导性案例，要求各级检察院和人民法院在办理或者审判类似案件时应当“参照”。可见，我国虽然并非英美法系式的判例法国家，案例并非正式的法律渊源，但是，行政案例在我国的行政审判实践中发挥着越来越重要的作用。

（三）行政法律原则

“Principle of law” 在日本经常被翻译为法理、条理或事理，在我国一般称为“法律原则”。行政法律原则是指在行政法律体系中作为法律规则的指导思想、基础或本源的，综合的、稳定的法律原理和准则，是行政法律解释的基本原理，在欠缺行政法律规范时具有补充法律的作用。行政法律原则包括两种类型：其一是指一般法律原则，例如平等原则、比例原则、信赖保护原则、正当程序原则、行政责任原则等；其二是指从成文法中推导出的法律原则，例如各行政法律规范所规定的法律目的、法律原则等。

第三节　行政法的效力范围

行政法[①]的效力体现为行政法一经制定、实施，对行政机关与相对人都具有的拘束力，行政机关和相对人必须遵守。如果相对人违反行政法，行政机关有权依法追究其违法行为的法律责任；如果行政机关违反行政法侵害相对人的权利、利益，相对人可以申请行政复议或

① 本部分的“行政法”特指行政成文法。

提起行政诉讼等方式进行救济，并追究行政机关的违法责任。行政法的效力范围是指行政法适用的范围，具体包括空间上的效力范围、时间上的效力范围以及各行政法之间的效力等级关系。

一、行政法效力的空间范围

行政法效力的空间范围，是指行政法在哪些地域范围内具有法的拘束力。一般而言，全国人大及其常委会、国务院、国务院各部委等中央国家机关制定的行政法的效力涉及全国的范围，省、自治区、直辖市以及设区的市、自治州的人大及其常委会、人民政府制定的行政法的效力涉及该区域的范围。但如果具体行政法律规范所规定的事项仅仅涉及部分地区或者其本身明确规定仅适用于部分地区的，则该行政法效力的空间范围为该部分地区。例如，《国家级自然保护区范围调整和功能区调整及更改名称管理规定》由当时的环保总局制定并由国务院批准，理应适用于全国，但其第 3 条明确规定“本规定适用于国家级自然保护区”的范围调整、功能区调整以及更改名称等，即该规定效力的空间范围仅限于“国家级自然保护区”。

二、行政法效力的时间范围

行政法效力的时间范围，是指行政法从何时起生效、至何时止失效以及行政法是否具有溯及既往的效力。

（一）行政法的生效时间

行政法的生效时间是指行政法开始发生法律效力的时间。一般而言，各行政法都在法律条文的最后“附则”部分明确规定该法的生效时间，例如：1996 年 3 月 17 日制定的《行政处罚法》第 64 条规定：“本法自 1996 年 10 月 1 日起施行。”2021 年 1 月 22 日第十三届全国人民代表大会常务委员会第二十五次会议对《行政处罚法》进行修订后，该法第 86 条又规定：“本法自 2021 年 7 月 15 日起施行。”可见，生效日期一般是在公布日之后的某一时间，这是为了使人们在事前有充分的时间了解该法的内容，但有时也规定发布时间即为其生效时间。例如，2010 年 3 月 16 日由人力资源和社会保障部颁布的《人力资源社会保障行政复议办法》（人力资源社会保障部令第 6 号）第 59 条规定：“本办法自发布之日起施行。”此外，也有一些行政法规定“文件下达之日起”“文到之日起”执行，例如《四川省地方企业技术改造暂行管理办法》规定：“本规定从文件下达之日起执行。”《外国专家局、财政部关于外国经济专家接待工作的若干规定》规定：“本规定自文到之日起执行。”但“文件下达之日”的含义不够明确，包含文件发布之日以及文件到达之日的含义，而“文到之日”也并不确定，各执行机关接收到文件的日期可能并不相同，容易引起争议，因此，这两种生效时间的规定方式不宜采用。而且，为了在行政法制定后给执法者以及守法者以熟悉、了解、准备的时间，《行政法规制定程序条例》第 29 条和《规章制定程序条例》第 32 条都规定，除了涉及国家安全、外汇汇率、货币政策的确定以及公布后不立即施行将有碍行政法规或者规章施行的，可以自公布之日起施行外，行政法规和规章应当自公布之日起 30 日后施行。

法律文件应当明确规定其生效时间，在现实中，有些行政法并没有明文规定生效时间，对此，按照惯例可以将其发布之日视为生效时间。

（二）失效时间

一般而言，行政法仅规定该法的生效时间，只要不出现特别的事由，该法将持续有效。这种“特别的事由”具体包括以下情形。

1. 撤销

《立法法》第 107 条规定，法律、行政法规、地方性法规、自治条例和单行条例、规章在具有超越权限、下位法违反上位法规定、规章之间对同一事项的规定不一致而经裁决应当改变或者撤销一方的规定、规章的规定被认为不适当而应当予以改变或者撤销、违背法定程序等情形之一时，有权机关应当依照法定权限予以改变或者撤销。被撤销的行政法，应当视为自始不具有法律效力。

2. 废止

由于行政法律关系的不断发展，行政法也需要适应新的形势而不断进行修改或重新制定。在重新制定了新的行政法之后，原行政法即被废止。除个别废止的情况以外，还有一种集中废止的情形。例如，2007 年，为了更好地适应加快建设法治政府、全面推进依法行政的要求，国务院对截至 2006 年年底的行政法规共 655 件进行了全面清理。经过清理，国务院决定对主要内容被新的法律或者行政法规代替的 49 件行政法规，予以废止。例如，1982 年 4 月 13 日国务院制定的《公证暂行条例》已被 2005 年 8 月 28 日全国人大常委会制定的《公证法》代替了，但《公证法》并没有规定《公证暂行条例》的废止，因此，国务院通过法规的集中清理，确认该条例废止。

此外，在新的行政法制定之后并没有在其条文中明文规定原行政法的废止时，根据“新法优于旧法”的原则，原行政法也被认为失去了效力。

废止不同于撤销，其区别在于：第一，撤销的原因在于原行政法违法，而废止的原因在于制定了新法；第二，废止不具有溯及力，即被废止的行政法自废止之日起不再具有法律效力，但它在废止之日前的法律效力并不受到影响，而撤销是行政法自始无效。

3. 宣布失效

宣布失效是指由有关机关发布某行政法自何时起丧失效力的声明，以此来终结该行政法的效力的形式。例如，2008 年 1 月 15 日，国务院经过对行政法规的清理，决定对适用期已过或者调整对象已经消失，实际上已经失效的 43 件行政法规，宣布失效。

宣布失效与废止相比，在结果上相同，即今后都丧失了效力，而之前的效力不变。但两者产生的原因不同，废止是由于新法的制定而使得旧法被代替了，而宣布失效并不存在新法制定的问题，而是由于适用的期限已经超过了或者调整的对象已经消失，继续维持其效力已经不具有意义了。例如，1988 年 9 月 22 日国务院制定的《筵席税暂行条例》，由于“调整对象已消失，实际上已经失效”，1990 年 5 月 19 日国务院制定的《外商投资开发经营成片土地暂行管理办法》，由于“适用期已过，实际上已经失效”，最终都由国务院在 2007 年集中清理法规时宣布失效。

值得注意的是，由于适用的期限已经超过了或者调整的对象已经消失，该法其实已经自动失效了，即使没有有权机关的宣布，其效力也已经丧失，宣布的行为只不过是更为明确地宣告而已。例如上述《外商投资开发经营成片土地暂行管理办法》，当适用期过了后，即使国务院不宣布其失效，其效力也已经终结。

4. 因修改的部分失效

上述失效都是针对整部行政法而言的，一旦被撤销、废止、宣布失效，整部行政法中的所有条文都丧失效力。但在现实中，有时仅某行政法中的个别条文不再适应新形势的需要，为此可以仅仅修改个别条文，由此使得被修改的部分内容或条款失效，而不影响其他条文的效力。

（三）溯及既往的效力

《立法法》第104条规定："法律、行政法规、地方性法规、自治条例和单行条例、规章不溯及既往，但为了更好地保护公民、法人和其他组织的权利和利益而作的特别规定除外。"可见，行政法一般不具有溯及既往的效力，只有当溯及既往能够更好地保护相对人的权益，并且具有溯及既往适用的特别规定时，行政法才具有溯及既往的效力。

三、行政法的效力等级

行政法的效力等级又称为"行政法的位阶"，是指行政法的正式法律渊源之间所存在的不同的效力等级次序，上位法的效力等级高于下位法的效力等级，因此，在不同等级的行政法律规范发生冲突时，应当选择适用高等级的法律规范。这被称为"上位法优于下位法"原则。

根据《立法法》第98条至第102条的规定，行政法的效力等级依次是宪法、法律、行政法规、地方性法规、地方政府规章，而部门规章与地方性法规、部门规章与地方政府规章具有同等效力，在各自的权限范围内施行。自治条例和单行条例（依法）、经济特区法规（根据授权）可以对法律、行政法规、地方性法规作出变通规定，但变通规定仅适用于该区域。

值得注意的是，行政法效力等级的意义在于当行政法律规范发生冲突时，可以依据"上位法优于下位法"原则选择适用。但在行政法律规范没有发生冲突时，并不一定要依据"上位法优于下位法"原则进行选择适用。事实上，由于下位法往往比上位法更为细致、具体，因而在行政实践中，适用下位法的情况更为多见。

第三章　行政法学

行政法学是有关行政法的学问，以公私法二元论为基础，在方法论上采用对行政法律规范的规范分析、价值分析、实证分析等法学方法，通过对有关行政的法律现象的考察，形成了包括总论与各论的行政法学体系。

第一节　行政法学与公私法二元论

从行政法学的形成过程来看，公私法二元论是行政法学之所以能够脱离于民法学而形成独立学科的理论基础。此外，公私法二元论在行政法学的产生、行政法学对象的划分、行政法律关系或行政活动适用的法律规范的选择、诉讼程序的选择等方面具有重要意义。

一、公私法二元论

（一）公私法二元论的概念

公私法的划分源于古罗马法，古罗马法区分公法和私法，其中，“公法涉及罗马帝国的政体，私法则涉及私人利益”[①]。而大陆法系继承并发展了该理论，并将其运用于法律实践。例如在法国，公共行政与私活动、公法与私法的区分涉及行政法院与普通法院之间在诉讼案件管辖权方面的划分。[②] 国家与社会的分离甚至对立是公私法二元论产生的根源，即公私法二元论以“国家”与“社会”的二元对立为出发点。所谓公私法二元论是指承认公权力的特殊性即行政的意思相对于相对人而言具有单方的优越性，以及对行政权法律规制的特殊性的理论，在承认这种特殊性的领域不得适用私法的规定。[③] 承认公私法二元论并非基于过去的政治性理由，而是在于行政权与私人之间的关系不同于私人相互之间的关系的特性，为了公共利益这一行政目的的实现，必须采用特殊的法律构造，公私法二元论的维持就是基于这种法律技术上的要求。[④]

（二）公私法二元论的内容

传统公私法二元论的内容包括：第一，与私法是规范对等当事人之间的法律相对，公法是规范行政主体与私人之间支配关系的法律。该理论最大的法律技术性特点在于作为一方当事人的行政主体意思的优越性。第二，即使在适用私法的领域，除法律有特别规定或者在解释法上排除公法的适用外，从公益的观点出发也可以适用公法的原理和规定。第三，公法秩

---

① ［古罗马］查士丁尼：《法学总论》，张企泰译，5－6页，北京，商务印书馆，1989。

② 参见王名扬：《法国行政法》，548－559页，北京，中国政法大学出版社，1988。

③ 参见［日］中西又三：《行政法Ⅰ》，改订版，48页，东京，中央大学通信教育部，2003。

④ 参见［日］田中二郎：《行政法総論》，209页，东京，有斐阁，1957。

序在法律秩序中与私法秩序具有共同性，从法律技术来说，诚实信用原则等适用于私法秩序的一般性法律原理对于公法秩序同样适用，在这点上完全不存在区别。可见，存在着公私法混合关系。[①]

（三）公私法的区分标准

有关公私法划分的标准有主体说（认为法律关系当事人一方或双方是国家或公共团体的法是公法）、权力说（认为对法律关系的一方当事人承认是公权力行使的法是公法）、利益说（认为以规范公益为目的的法是公法）、生活关系说（认为有关人类政治生活的法是公法）等。[②]

1. 主体说[③]

主体说具体又可以分为旧主体说与新主体说。旧主体说将规范国家或公共团体至少作为一方当事人的法律关系的法律称为公法，将规范私人之间法律关系的法律称为私法。可见，旧主体说采用的是形式意义上的行政的概念，在现实中以国家或公共团体作为一方或双方当事人的法律关系还包括物品买卖等关系，规范这种关系的法律原则上是私法。可见该区分标准并非绝对的。

而新主体说将以权利或义务的归属主体作为"高权性权力担当者"即行政主体的法律称为公法，将对潜在的或现实的人课予义务或赋予权利的法律称为私法。可见，私法是对于所有人都适用的一般法，而公法是仅仅有关"高权性权力担当者"即行政主体的权利、义务的法律，因此，公法是一种特别法。该观点有时又被称为"特别法说"或"修正的主体说"。可见，新主体说针对旧主体说的问题进行了修正，认为即使是私人之间的法律关系也有可能适用公法。

2. 权力说

权力说根据法律规范性质的不同，将有关不对等关系的法律即对于当事人一方承认公权力行使的法律称为公法，将有关对等关系的法律称为私法。因此，权力说又被称为"性质说""从属说"等。权力说将公法关系认定为一种上下不对等的关系，但是，在私法中也存在着以不对等关系为内容的法律关系，而在公法中的行政契约涉及的却是对等的法律关系。可见，以法律关系是否对等为标准区分公私法也并非绝对的。

3. 利益说

古罗马法学家乌尔比安最初就是以不同利益为根据首次提出对公私法的划分。利益说根据法律规范目的的不同，将为了实现公共利益的法称为公法，将为了实现私人利益的法称为私法。但法律规范人们共同的生活秩序，因此，私法也有可能是为了公共利益。在现实中并不存在纯粹为了公益或私益的法律，而且宪法也承认公权力存在的目的是保护个人的利益。此外，由于公益概念的抽象性，有时并不能明确区分公益与私益。

4. 生活关系说

生活关系说认为，规范站在国家或公共团体成员的立场上形成的生活关系以及国家或公

---

① 参见［日］室井力、塩野宏：《学習行政法 1》，14 页，东京，有斐阁，1978。

② 参见［日］高田敏：《行政法——法治主義具体化法としての》，改订版，60 页，东京，有斐阁，1994。

③ 以下参见［日］室井力：《公法と私法の区別》，载［日］成田頼明编：《行政法の争点》，新版，22 页，东京，有斐阁，1989。

共团体站在其原本的立场上形成的政治生活关系等的法律是公法，而规范站在除此之外的立场上形成的社会性的、私人性的民事生活关系的法律是私法。[①] 但在现实中法律规范往往涉及多种生活关系，因而该理论在判断标准上并不明确。

与上述公私法区分的标准相关，在理论上，有关公法界定标准的观点又可分为形式性公法说与实质性公法说。形式性公法说是指以形式性标准区分公私法，具体包括上述的主体说与权力说；而实质性公法说是指以法律规制的目的或规制对象等实体性的差异为标准区分公私法，包括上述的利益说与生活关系说。[②] 值得注意的是，上述有关公私法之间的区分标准都是针对公法或私法某一方面的特征，而各种区分的标准并非排他的，因此，在现实中可以综合运用这些标准。

二、公私法二元论的行政法学意义

公私法二元论对于行政法学具有重要意义。具体而言，公私法二元论不仅是行政法学脱离民法学而成为独立学科的理论基础，而且对于划分行政法学的对象、决定行政上法律关系或行政活动适用的法规、决定诉讼程序的选择等都具有重要意义。[③]

（一）行政法学形成的理论基础

从行政法学的形成过程来看，行政法学最初被包含于民法学之中，而正是由于行政法具有公法的特性，不能适用私法的原理，产生了必须形成适合于行政法特性的公法原理的必要性，并最终使得行政法学脱离民法学而成为独立的学科体系。因此，可以将公私法二元论视为行政法学形成的理论基础。

（二）行政法学对象范围的界定

对于行政法学对象范围的界定，一般在区分行政法学与其他法学特别是私法学之间关系的基础上，形式地或从逻辑上将适用私法的行政法律现象排除于行政法学的对象范围之外，在这种意义上的行政法就是指有关行政的国内公法。可见，公私法的区分是界定行政法学对象范围的前提。

（三）适用法律的选择与解释

行政法律规范与民事法律规范分别属于公法与私法，因此，在确定某一法律关系所应当适用的法律规范时，首先确定该法律关系的公法属性或私法属性，然后再选择适用公法或私法。可见，对于具体的事项应当适用何种法律的问题，应当以公私法的区分作为前提，即对于公法事项必须适用公法规范。可见，公私法的区分是选择适用法律的前提。

此外，由于行政法领域不存在一般性的法典，公私法的二元划分有助于解决行政法的法律解释、运用上存在的问题。

（四）选择诉讼程序的标准

在我国的诉讼制度上存在着行政诉讼与民事诉讼的区别，在现实中为了选择诉讼程序，必须首先确定涉及的法律关系的公法或私法属性，对于属于公法关系的案件应当适用公法并

---

① 参见［日］桜井昭平、西牧誠编：《行政法》，5版，11页，东京，法学书院，2005。

② 参见［日］白石健三：《公法関係の特質と抗告訴訟の対象》，载《岩松三郎裁判官還暦記念・訴訟と裁判》，422－435页，东京，有斐阁，1956。

③ 参见［日］芝池义一：《行政法総論講義》，4版，19页，东京，有斐阁，2001。

选择公法上的救济途径即行政诉讼，反之，应当适用私法并选择私法上的救济途径即民事诉讼。可见，在救济方式的选择上，公私法二元论是选择民事诉讼或行政诉讼的基础。

三、行政法学中的公法原理

正是由于公私法二元论对于行政法学具有上述重要意义，在行政法学中也就形成了独特的公法原理。公私法的区分是在西欧近代法治主义的背景下提出的，其历史背景是“国家”与“社会”的分离乃至对立，在行政法中就体现为“行政主体”与“相对人”的划分甚至对立。与民法属于市民社会法不同，行政法涉及具有公共权的“国家”，因此，行政法应当属于独立于民法等私法的公法，适用特殊的公法原理与规则。

从行政法作为行政所特有的法而形成的过程来看，行政法是基于保障行政权的优越地位的政治性要求而产生的。但时至今日，要求明确在实质上区分有关行政活动的法律关系与私人之间的法律关系的技术性理由，即在法治主义原理的基础上通过法律拘束行政活动的同时，为了保障行政目的的实现，对于行政活动承认其与私人活动所不同的特殊的法律价值或法律效力，该理由也是行政法理论的基础。[①] 私人之间的法律关系是私法上的法律关系，原则上通过在法律上具有对等地位的当事人之间的自由意思交涉而形成法律关系，法律的直接规制是例外。但是，对于行政法律关系的合理处理存在着当事人对等或私人自治所不能适用的情况。行政是以多数的人或物作为相对方的、追求多种行政目的的活动，必须全体一致地运行。为了有效达成该目的，通常必须承认行政主体具有不同于相对人的法律地位。另外，要求通过对于这种处于优越地位的行政权的活动直接以法律进行规制，来保障相对人的权利、利益。这被称为“公法原理”。

四、公私法二元论的问题及其相对化

公私法二元论以“国家”与“社会”的二元分离为基础。但在我国，这种基础并不存在。而且，随着现代行政的发展，公私法出现了相对化的趋势。

建立在传统公私法二元论基础上的行政法学基础理论过分强调行政法的公共性，强调公共利益与个人利益、行政主体与相对人的对立，并以行政主体的行政行为为中心构建行政法学体系，相对人的行为被包摄于行政行为之中，从而忽视了相对人独立的法律地位及其能动的作用。

在行政实践方面，随着现代社会的发展，公共行政的职能范围随之扩大，而行政活动的手段也根据管理对象要求的不同日益呈现多样化与复杂化。在现代行政过程中，新公共管理理论得以应用。该理论是在传统的公共管理理论基础上吸收私营部门的一些管理理论与管理方法而形成与发展起来的，在这一理论的指导下，公共行政部门除了采用传统的权力性管理手段之外，还将私管理方式和手段运用于公共行政领域，例如行政指导、行政协议、行政奖励、行政调解、行政资助等带有契约、指导、协商、鼓励、帮助等私法性质、权力色彩较淡的非强制性手段被广泛运用，而这些非强制性的手段与传统行政法学所关注的权力性规制行政不同，被称为“给付行政”。给付行政随着福利国家理念的提出应运而生，其运用使得公

---

① 参见［日］雄川一郎：《現代における行政と法》，载［日］雄川一郎、高柳信一编：《現代法 4 現代の行政》，16－17 页，东京，岩波书店，1966。

私法的领域趋于统一，因为给付行政是一种以直接增进公共利益为目的的非权力性行政，其目的具有公法性质而行为形式则表现为具有私法特征。因此，给付行政是一个公、私法混存的领域。行政法学界对于给付行政的公私法性质及其法律适用存在着争议。[①] 这是现代公共行政发展促使公私法相互交融，使传统行政法学理论失去了公私法二元化的基础而带来的问题。

其实，公法与私法的区别并无超越时空的法律本身的本质性区别，只不过是在特殊的政治、经济、社会基础上基于实际上的需要而产生并发展起来。公法与私法二元区分的由来，是承认国家（特别是行政）区别于一般私人的特殊地位，基于与此相关的特殊法律规制的政治要求而产生的。因此，可以说如果没有该要求，国家与私人一律应当受共同法的支配（以往的英美法系国家就是如此），公法与私法的区别也就不存在了。近年来出现了私法公法化与公法私法化的相互渗透现象，这是由于以往平等的、自由的、私人利益的法律领域渗透进了支配的、公共利益的倾向。[②]

第二节 行政法学概述

行政法学作为法学的一个部门，以对行政法的体系性认识作为目的，以明确各历史阶段的行政法规范的内容与含义、整理各规范相互之间的关系、研究支撑行政法规范的法律理论为使命。[③]

一、行政法学的概念

行政法学是以行政法以及与行政相关的社会关系为研究对象的一门法律学科。作为一门独立的法律学科，行政法学主要研究行政法产生和发展的规律，行政法的本质、内容和形式，行政法的地位和作用，国家行政管理关系以及这种关系中的当事人的地位，由此确立行政法的原则、原理和理论体系。

二、行政法学的对象

从行政法学的形成过程来看，行政法学是基于其公法特性独立于民法学而形成的。行政法学作为一门独立的学科，其主要的特点在于其以确保对行政的控制、保障相对人的权利或利益为目的，以有关行政的公法现象为对象。

（一）公私法二元论与行政法学的对象

在传统行政法学理论中，行政法被定义为“有关行政的国内公法”，而根据公私法二元论，对于行政法学对象范围的界定，一般在区分行政法学与其他法学特别是私法学的基础上，在形式或逻辑上将适用私法的行政法律现象排除于行政法学的对象范围之外，在这种意义上的行政法就是指有关行政的国内公法，即只有适用公法规范的行政法律现象才是行政法学的研究对象。

---

① 参见［日］田中二郎：《行政法》，全订第 2 版，下卷，135－136 页，东京，弘文堂，1964。

② 参见［日］田中二郎：《新版行政法》，全订第 2 版，上卷，72－76 页，东京，弘文堂，1974。

③ 参见［日］田中二郎：《新版行政法》，全订第 2 版，上卷，40 页，东京，弘文堂，1974。

（二）现代行政的发展与行政法学对象的扩展

随着现代行政的发展，行政领域不断扩大，公私法二元论出现了融合趋势。现代行政不仅仅是单纯的权力性行政活动，从非权力性行政活动增多的现状来看，以公私法二元论为基础的传统行政法学理论在法律技术上仅仅以公法的手段、形式作为行政法学的对象，舍弃了非权力性行政活动这一重要部分[①]，忽视了非权力性行政活动在现代社会中的作用以及对其进行控制的法律理论，造成了行政“向私法的逃避”正当化。[②] 因此，现代行政法学不能仅仅局限于公私法二元论，其研究对象的范围较为广泛，为此，必须修正以有关行政的公法作为行政法学的观点，有关行政的私法也属于行政法学的研究领域。[③] 行政法学以客观地认识行政法现象、明确法律实践为课题，因此，行政法学的对象并不限定于实定法的框架内，而是以所有有关行政的法律现象作为对象。[④]

从我国现实行政的发展来看，自改革开放以来，随着经济的高速发展与行政体制改革的进行，我国的公共行政得到了迅速的发展。在行政实践方面，随着现代社会的发展，公共行政的职能范围随之扩大，而行政活动的手段也根据管理对象要求的不同日益呈现多样性与复杂性。面对着现代公共行政的发展，行政法学的对象范围也不断扩大。

三、行政法学的实践性

行政法学是有关行政过程中的公法现象的学问，以现实行政中的各种公法关系为对象。行政法学不仅探讨行政法学的基础理论、一般原则等理论，而且考察现实行政过程，是一门具有实践性的应用法学。行政法学的这种实践性主要表现为行政法学理论对于行政法律制度、行政实务、行政诉讼判例的影响，以及行政法律制度、行政实务、行政诉讼判例对于行政法学理论的要求这种互动关系。

（一）行政法学与行政法

行政法学是有关行政法的学问，可见，行政法是行政法学的研究对象。如果将行政法限定在法律规范的层面，行政法学理论与行政法律制度关系密切，行政法学理论不仅以行政法律制度为对象，而且对行政法律制度也产生实际的影响，指导行政法律制度的构建、修改等。另外，行政法律制度以行政法学理论作为基础，例如，行政强制执行制度以行政行为的执行力理论为基础，撤销诉讼以及诉讼不停止执行以行政行为的公定力理论为基础，行政诉讼的起诉期限以行政行为的不可争力理论作为基础，行政诉讼的被告以行政主体概念为标准，行政诉讼的受案范围以具体行政行为的概念为标准，等等。

（二）行政法学理论与行政实务

行政法学理论与行政实务相互影响的情形可以分为以下三种：第一，行政法学理论与司法活动的交错。在与裁判的关系上，行政法律解释学一般以裁判中的法律适用为重点，以为法官在裁判纷争时提供可以依据的法律理论为目的。此时，行政法学理论以弥补实定法的欠

---

① 参见［日］成田頼明：《非権力行政の法律問題》，载《公法研究》，1966年第28号，145页。

② 参见［日］室井力：《公法と私法の区別》，载［日］成田頼明编：《行政法の争点》，新版，22－25页，东京，有斐阁，1989。

③ 参见［日］成田頼明：《非権力行政の法律問題》，载《公法研究》，1966年第28号，145页。

④ 参见［日］杉村敏正：《行政法概説総論》，38页，东京，有斐阁，1979。

缺，提供适合于现代社会的解释法理论为“第一使命”。第二，行政法学理论与行政活动的交错。行政法规大部分由行政机关执行，因此，行政法学理论必须对应于行政过程中的法律适用。但从现代行政的实际状态来看，保守的对应很难为现代行政提供与其相适应的法律理论。为此，现代行政法学理论在对应现实行政需要的基础上，应当超越近代行政法学的框架，为行政实务提供现代性的法律理论与法律技术。第三，行政法学理论与立法活动的交错。原本的法律解释学以立法已经制定的实定法规为素材构建理论体系，因此，理论具有从属于立法的性质。但是，由于行政法规多数是在行政法学理论体系之下制定的，在行政法领域，有时也从理论的角度指出实定法规的技术性缺陷及不统一性，促进法令的制定或改正。① 对于行政法学理论与行政实务的关系，特别应当注重行政法学理论对于行政实务的规范、引导作用以及行政实务的发展对于行政法学理论的影响。

四、行政法学与相邻学科的关系

作为行政法学对象的行政法律现象复杂多样，对其的考察涉及政治学、行政学、法学以及社会学等诸多学科，因此，在以行政法学的方法进行研究时，也应当关注行政法学与这些相邻学科之间的关系。

（一）行政法学与行政学

行政法学作为法学的一个部门，以法令的解释、法律体系的明确作为主要的任务，因此，行政法学的特色是具有以法令为基础提醒“应当做什么”的规范学的性质。而行政学作为政治学的一个部门，特别以分析官僚制为中心而发展，在此应当重视对于现实行政活动实际状态的把握，舍弃追求规范性的要求。② 行政法学与行政学的区分主要体现为考察对象与考察方法的不同：第一，在考察对象上：行政法学是考察行政法律规范的科学，而行政学是考察行政这一事实的科学。第二，在考察方法上：行政法学以传统的法学方法为基础，强调对特定行政行为的合法性考察，注重各行政行为之间的独立性，而对行政组织和行政行为之间的关联性并不关注。与此相对，行政学主要分析现实行政的组织与功能，明确其相互关联、作用方法、存在条件等；其对象涉及行政运营与行政环境，其中的行政运营以行政的任务、组织、决定过程，调整或协力过程，人、事、物的手段，财政、监督等为内容，而行政环境包括政党、公民、公民团体或业界团体等团体、法院等其他国家机关、媒体等。行政运营可能引起行政环境的变动，而行政环境对于行政运营提出各种要求。行政学着眼于行政运营与行政环境之间的相互作用。行政学具有作为“行政的社会学”的性质，重点在于行政在现实中所发挥的作用。③

行政法学与行政学都涉及对行政现象的考察，具有密切关联。行政法学在研究对行政权运行过程进行法律规制时也必然涉及对行政事实的考察；而在以行政学方法进行考察时，也不能忽视规制行政的行政法律规范。在这种意义上，必须承认两者的关联。行政法学不仅仅是行政法解释学，除重视立法学、政策学之外，对现实行政活动实际状态的分析也是不可或

① 参见［日］原田尚彦：《行政法における学説と実務》，载《ジュリスト》，1982年第756号，79页。

② 参见［日］大橋洋一：《行政法——現代行政過程論》，2版，17页，东京，有斐阁，2004。

③ 参见［日］大橋洋一：《行政法学の構造的変革》，277页，东京，有斐阁，1996。

缺的。如果从这样的问题意识出发，行政学与行政法学的融合是不可避免的。[①]

（二）行政法学与民法学

从方法论来看，传统行政法学在总论中模仿民法上的法律行为理论，将属于公法领域的行政主体的各种行为以一个统一的概念进行把握，在此基础上进行体系性的考察。这个概念就是“行政行为”概念，在此基础上形成的理论即“行政行为理论”[②]。可见，传统的行政法学参照民法学的方法构建行政法学中的公法秩序，由此形成的公法秩序中形成了与民法秩序中的权利、义务体系相并列的公权利、公义务体系。行政法学在努力明确该权利义务体系的公法属性的同时，提出了作为与民法的法律行为相对应的“行政行为”概念，并立足于行政行为的合法性原理、意思优越性原理，强调行政法相对于民法的特殊性。[③] 也即传统的行政法学以民法的权利义务体系为范本而构建行政行为体系，并与民法上的权利、义务主体相对应构建行政法律关系中的行政主体与相对人理论。

（三）行政法学与法社会学

如上所述，行政法学与行政学相关联，而为了在行政法学与行政学之间架起联系的桥梁，法社会学的研究是必不可少的。法社会学原本是探究、认识对应于一定的法律规范的现实或事实等法律现象的科学，但是，行政法中法社会学的研究对象并非单纯的现实的“活法”，其重要的对象是：第一，在与尚未实现的行政法律规范的关系上行政现实的状况，例如，法律的纠正、改革的各条件或阻碍因素等；第二，要求新的行政法律规范的社会现实的状况，例如，行政程序法立法化的要求与条件的分析等。围绕着现实行政，需要探索的内容有很多，但是，行政法中的法社会学是以一定的行政法律规范为视点而选择应当作为研究对象的部分现实。[④] 而在对行政法进行法社会学分析时，应当关注对于政策制定过程的实证研究。作为法社会学的研究，要求构筑行政法规执行体系以及通过自治体层次的实验构建法律制度。[⑤] 因此，必须关注政策制定过程的实证研究，重视行政法学与行政学或法社会学的连接。有关行政的实证研究在行政学以及法社会学中已经充分进行，因此，行政法学与行政学以及法社会学的连接对于行政法学的发展具有重要意义。[⑥]

（四）行政法学与其他学科

行政法学不仅应当构建适合于社会实际状态的解释论或立法论，而且在法律体系化之前为了了解现实中的法律状况，必须了解作为法律对象的社会的实际状况以及人类的活动原理与心理。如果不了解人类活动，就不能构建规范人类活动的法律。[⑦] 可见，行政法学不仅与行政学、社会学、政治学相关，而且与经济学、心理学等有关人类活动的学科相关。

---

① 参见［日］手島孝：《行政学と行政法学》，载［日］手島孝：《総合管理学序説：行政からアドミニストレーションへ》，71页以下，东京，有斐阁，1999；［日］大橋洋一：《行政法学の構造的変革》，275页以下，东京，有斐阁，1993。

② ［日］小早川光郎：《行政行為概念の意義》，载［日］成田頼明编：《行政法の争点》，新版，54页，东京，有斐阁，1989。

③ 参见［日］塩野宏：《行政過程とその統制》，5页，东京，有斐阁，1989。

④ 参见［日］兼子仁：《行政法総論》，7页，东京，筑摩书房，1983。

⑤ 参见［日］阿部泰隆：《政策法学の基本指針》，36－38页，东京，弘文堂，1996。

⑥ 参见［日］大橋洋一：《対話型行政法学の創造》，306页，东京，弘文堂，1999。

⑦ 参见［日］阿部泰隆：《行政の法システム》，新版，上卷，44页，东京，有斐阁，1997。

（五）行政法学的学际化

有关行政的社会科学包括宪法、政治学、政策科学、经济学、行政学、法哲学、行政法学等相关科学，但是在以往的研究中，这些学科之间的交流几乎没有。[①] 在传统行政法学中，较少涉及政治学、行政学、经济学、财政学、法哲学等领域的问题，但近年来随着法律经济学分析等方法的增多，逐渐导入了学际性规范论的框架。今后进一步加深行政法学与邻近学科之间的联系和交流是必不可少的，即行政法学应当采用“学际化”或者是跨学科的视野。[②]

第三节 行政法学的方法

方法是在特定的学术领域成立的基础上进行研究的各种手段。站在特定的学术领域，在与其他学术领域特别是相邻接的学科区分的基础上，明确该学科认识的对象或在性质上的特点是为了形成特定学术领域的方法。行政法学属于独立的法学学科，因此形成了较为独立的行政法学方法。

一、行政法学中的“法学方法”

（一）行政法解释学

传统行政法学运用对于行政法律规范进行规范分析、价值分析、实证分析等方法，其依据的是19世纪后期在德国形成的“法学方法”的分析视角，被作为以往国家学方法的对立而出现，其中舍弃了政治学的视点、社会学的分析、文化的洞察等，转化为纯粹的法学考察，其结果是行政法学被限定于法律解释或法律技术分析的深化、法律体系的构建、合法性的维持等视野。因此，行政法学一般被限定于行政法解释学。法律解释学是指为了对认定的事实适用法律、推导出一定的结果，以该实定法为中心，根据支撑该实定法的法律原理、原则、立法者的意思等确定实定法的规范性含义的活动。[③] 行政法的解释与其他法律解释相比较存在着一定的特殊性，产生这种特殊性的根据在于行政法律规范本身、作为行政法律规范对象的事实以及行政法规的解释适用者三方面。

从法学方法论的发展来看，法学方法论经历了一个从德国萨维尼的概念法学，到耶林的目的法学，再到当代评价法学的发展轨迹。而从行政法解释学的解释方法来看，同样经历了从概念法学到自由法学等非概念法学的发展。

（二）概念法学方法

概念法学是19世纪德国主流的法律解释学理论，该理论从文义上机械地理解行政或裁判中的“三段论法律构造”，从既存的法律体系出发逻辑地推导出对具体法律案件的判断，行政人员或法官仅仅发挥着对具体事实适用特定法律规范的作用，因此，这种法律适用必须以法律体系的完整性为前提。在解释法律或作出法律规范判断时存在的对于其中的法律概念的认识是最主要的，根据对法律概念的认识的不同，作为法律解释结果的判断也不相同，因

① 参见［日］山村恒年：《行政法分野における実務と学説》，载《法律時报》，2007年第79卷第1号，41页。

② 参见［日］大橋洋一：《インフォーマル法治国》，载《公法研究》，1995年第57号，212页。

③ 参见［日］田中成明：《現代法理論》，235页，东京，有斐阁，1984。

此，在法律解释时，首先必须对法律概念进行正确认识。为了正确认识法律概念，必须采用适当的方法。而概念法学就是正确认识法律概念的方法论。①

这种“概念法学”是以制定法的完善为前提，以规范分析为主要方法，通过对法律条文的规范解释来考察法学的理论构成，站在依该理论性标准进行解释的演绎性立场上的法学方法论，其中包括注重法律条文字面解释的法国式的注释法学与注重法教义的体系性整理及逻辑关系明确化的德国式的法教义学。

（三）非概念法学方法

与概念法学的解释方法相对立，19世纪后期至20世纪初出现了自由法运动，提倡自由法学的解释方法。自由法学学者认为，法律解释并非对法律的逻辑性操作，而是解释者价值判断的活动，因此，解释者必须承担对于解释结果的责任。这是对在法律解释的名义之下追求解释者个人的价值判断而将这种结果的责任转嫁给法律的传统概念法学的批判。② 在该学派看来，既然法律是由人制定的，在规范现实的社会关系的个别具体事例中就不可避免地产生法律的缺陷，在法律条文的法律规范与现实的社会关系之间产生不适合的情况。通过形式逻辑的技术性操作，以制定法的形式填补这些法律缺陷，在本质上是法律的“变更”。而对现实的社会生活正确地规范秩序是法律的本质功能，为了对不断发展的社会生活规范正确的秩序，必须通过赋予法律解释以法律创造的功能，使成文法本身不断发展。因此，法律解释并非对制定法的条文的形式逻辑解释，而是必须适合于社会秩序这一目的的“目的论”的解释，而且，法源不仅仅是成文法，还包括社会习惯与法律原理。

与这些非概念法学相比，以往的概念法学“固守”制定法的文言，采用逻辑演绎的方法致力于确定法律的规范性内容。而非概念法学认为法律解释的本质在于发现对具体社会关系进行适当规范的法律，制定法仅仅是其中的一个线索。③ 概念法学主张根据法律规定的文言客观、严格地解释法律，而非概念法学主张脱离于法律条文的规定，根据“社会情况的考虑”“正义目的的增进”“利益的衡量”“健全的常识”“结果的合理”等发现“自由法”“活法”“内在于事物本质的法”“自然法”等，由此来解释、适用法律条文。除狭义的自由法学外，非概念法学还包括目的法学、利益法学、社会法学等。④

行政法以现实的行政为对象，因此，行政法应当是能够适用于现实行政的现行法律规范。但是，行政法与现实行政之间并不一致，促使行政的实际状态向正确的方向纠正、改革的行政法律规范才具有作为“行政法”受到研究、探索的意义。⑤ 也即行政法除了适应现实行政外，还具有在价值上引导现实行政的作用。为此，行政法学的研究并不能局限于对实定的行政法规的规范或实证分析，而必须进行目的论或价值论的考察。

---

① 参见［日］佐々木惣一：《法上の概念の認識方法論と警察の例》，载《公法杂志》，1932年第2卷第2号，40页。

② 参见［日］渡辺洋三：《法解釈論争の意義と内容》，载《法社会学と法解釈学》，3页，东京，岩波书店，1959。

③ 参见［日］甲斐道太郎：《法の解釈と実践》，38页，东京，法律文化社，1977。

④ 参见［日］一円一億：《法の適用》，载《法解釈の理論——恒藤先生古稀祝賀記念》，85页，东京，有斐阁，1960。

⑤ 参见［日］兼子仁：《行政法総論》，6页，东京，筑摩书房，1983。

二、行政法学方法论的特征

行政法学方法论以行政法律关系中的权利义务关系为对象，以法治国思想或依法行政原理为基础，以行政实定法律制度为前提，强调公私法的区分及公法关系的特殊性，注重保障行政权的优越性。[①]

（一）以行政法律关系中的权利义务关系为对象

大陆法系的行政法学是在德国行政法学特别是奥托·迈耶的行政法理论的影响下形成的，其运用的方法就是法学方法。这种行政法学方法与私法学方法一样从法学的观点出发，将不同法律主体之间的法律关系作为对象，将基于行政行为所产生的行政主体与相对人之间的法律关系即行政法上的权利义务关系进行考察。这种法律关系并非赤裸裸的权力支配关系，而是一方当事人对于另一方当事人具有法律上的权利或负有法律上的义务的关系。由于以不同法律主体之间的关系作为问题，官僚制的生理与病理等行政学的对象被作为法律主体一方内部的问题而排除于行政法学的讨论对象之外。此外，由于从法学的观点出发将权利义务关系作为对象，对于现今流行的行政指导等，因不对相对方课予义务而原则上并不作为讨论的对象，仅仅例外地在其产生法律性问题时才讨论。

（二）以法治国思想或依法行政原理为基础

法学方法不仅使行政活动成为法学考察的对象，而且，对于法治国家的构成也具有重要意义。法学方法使行政法学得以成立，同时，行政法学又有助于在实定法律制度上形成法治国家。行政法学与行政法关系密切，以至于经常被混淆，两者都是法治国思想的产物，其中最重要的是将行政主体与相对人的关系作为法律关系处理，这种法律关系的理论前提是：第一，虽然对其范围存在着各种观点以及制度规定，但行政活动必须基于法律的根据、服从法律上的要件而进行，即依法行政原理；第二，行政主体也是法律主体的一方，有时称为“行政机关”“公法人”等；第三，相对人对于行政主体也具有权利，被称为“公权利”理论；第四，行政活动以行政行为等方式进行，即行政行为理论，关于其范围、程序等存在着各种观点以及制度规定，但在理论上必须服从司法审查。这种依据法学方法的理论，在性质上以法律上的权利义务关系作为对象，基本上以实定法律制度的存在为前提，其所具有的抽象性质，有助于实定法律制度的形成。以公权论或裁量论的发展为例，基于法治国思想的法学方法在理论上与实践中都存在着不可否定的价值。但是，法治国思想本身具有德国式的特殊性质，未必具有普遍性，法学方法虽然有助于实定法律制度的形成，但由于受到实定法律制度的限制，并不作为直接讨论的对象。此外，基于法治国思想的法学方法还存在着使行政全面服从法律、对于行政完全以法学方法考察、对于行政上的法律关系承认特殊性的方法极其独特等问题。

法学方法是法治国思想的产物，以依法行政原理为基础，但法治国思想与依法行政原理并不具有超越时代或社会的普遍适当性，例如，依法行政原理就是德国行政法学中的特殊原理。法学方法以实定法律制度的存在为前提，对于新的事态来说只不过是事后的手段。当然，法学方法通过承认社会权的存在等方法促进新制度的形成，但对于利害冲突的制度化是

---

① 以下参见［日］远藤博也：《行政法学の方法と对象について》，载［日］雄川一郎等编：《田中二郎先生古稀記念集公法の理論》，下·Ⅰ，1640－1643页，东京，有斐阁，1976。

困难的。

（三）以行政实定法律制度为前提

作为传统行政法学对象的行政法是“作为制度的行政”“作为制度的法律”，其中所采用的法学方法被认为是这种制度内在的逻辑。行政法学是实定行政法的解释论，不可否认这种实定法解释的必要性与法学方法所具有的重要性。但实定法律制度要求的是静态法律秩序的存在，在个别纷争的解决中存在着唯一正确的法律解释，作为制度内在逻辑的法学方法将这种制度的要求作为自身的要求，希望构建在所有情况下都追求正确解答的自我完结性的解答体系。即使在实定法规没有明确给予解答的情况下，也强制性地从实定法律制度中找出解答，而且为了这种操作的便利，创造了理论体系以及工具性概念。

行政法学以实定行政法律制度作为研究对象，在对实定行政法解释时，以实定法律制度的存在为前提，但在学术研究中，这种前提并非无条件、无限制的。对于研究行政法律制度的法学侧面的行政法学来说，现在必须以行政法律制度存在方式本身、社会管理功能制度化的方式等作为研究对象。其理由在于：第一，作为行政目的的公共性内容的多样性、复杂性；第二，与此相伴的行政过程的复杂化；第三，与这些相关联的行政控制或权利救济方式的复杂化。

（四）强调公私法的区分及公法关系的特殊性

传统行政法学通过法律概念构成行政法上基本制度的框架，同时通过承认行政法上的法律关系与私法上法律关系不同的特殊性构成行政法理论；通过以法律关系为对象，将实定法律制度作为与相对人的权利、义务相关的一定限度内具有法律意义的事项而构成理论，同时在该法律关系上必须承认行政法上的特殊性；通过承认这种与私法不同的特殊性进行行政法理论的体系化，这是公私法二元论的基础，也是行政法理论的中心。

通过承认与私法上法律关系不同的特殊性而进行的理论化、体系化并不必然意味着提供了解答的体系。在实定法上不提供与通过适用私法法规的解决不同的解答就不能形成行政法。通过制定《行政诉讼法》确立独立于民事诉讼、刑事诉讼的行政诉讼制度，基于这种实定法上的特殊规定而承认行政法的特殊性，但如果不存在实定法的特殊规定，就不存在特殊固有的行政法。而如果不对对象本身承认特殊性，作为实用法法律解释学的特殊部门的行政法学就没有存在的理由。可见，特殊的实定法律制度、特殊的解答体系、行政法学的成立是三位一体的。但这种观点在现代行政日益扩大化、复杂化的情况下并不适合。传统行政法学是解释法学，在与私法学的比较上必须强调其特殊性，但现代行政法学中公私法的区分逐渐相对化，现代行政法学应当在与行政学的比较上证明其存在的理由。

现代行政法并没有将法律技术的公私法区分作为其理论体系化的基础，例如，国家赔偿法将赔偿请求权作为私权，而土地收用法等所规定的损失补偿请求权等属于公权。对此，日本学者田中二郎曾提出“管理关系”论，但该理论作为解答的体系并不完全或不具有完结性。近些年来出现的行政契约论、形式性行政行为论、行政私法的概念等说明行政法并非有关行政的公法，特别是在法律技术意义上的公法。

此外，随着行政手段的多样化，产生了“向私法逃逸”或“向行政指导逃逸”的现象，行政活动的法律手段或法律形式多种多样，有时存在着互换的可能，有时也发生竞合或融合。法律技术意义上的公法手段、公法形式只不过是于行政制度下在行政过程中所采用的一种法律手段或法律形式，例如，行政行为并非行政过程中的唯一形式，但在理论上往往将行政行为或行政行为的本质作为行政制度的基础，而此外的行为形式在理论上并没有被适当地定位。

法学方法将行政主体与相对人的关系作为法律关系，并承认这种法律关系的特殊性，但在承认特殊性时，存在着各种不同的层次，可见，这种特殊性根据方法的不同而异。法学方法在法律技术的理论构成方面，借用了法律关系、权利义务、法律要件事实等概念，因此，行政行为也是法律要件事实，这种在借用概念的基础上承认特殊性的方法并不妥当。

（五）注重保障行政权的优越性

日本的行政法理论着眼于国家活动的“前法律性”基础，对于特定领域中的国家行为先验地承认其权力支配的性质，并以该权力性作为前提构成行政法的解释理论。在传统学说中，国家在本质上是统治团体，将基于认为并不存在欠缺权力的国家这种朴素的政治学认识的国家形象作为先行事实而承认，这种认识被直接反映到法律解释之中。①

三、行政法学方法论的发展

传统行政法学被限定于法律解释学，即通过对法律条文的规范解释来考察法学的理论构成，站在依该理论性标准进行解释的演绎性立场上的法学方法论。可见，该方法论关注的仅仅是如何在行政过程中适用法律的解释技术问题。但随着现代公共行政的发展，要求现代行政法学的视野必须拓宽到法律制定过程等领域，为此，有学者提出必须在传统行政法解释学的基础上提倡行政法学与其他社会科学的结合，综合运用法律解释学、法社会学方法论、法政策论等方法考察行政法。

第四节　行政法学的体系

行政法是有关行政的公法，在体系上首先可以将行政法学划分为总论与各论两部分，在此基础上，行政法学总论又可划分为总则（基础理论）、行政组织法、行政行为法与行政救济法，而行政法学各论又可划分为公安行政法、税务行政法、财政行政法、经济行政法、文化行政法、卫生行政法等部门行政法。

一、行政法学总论与各论的划分

现代行政复杂多样，行政法律规范也相应地呈现杂乱的状态，具体包括公安法、土地法、环境法、开发法、资源能源法、劳动法、社会保障法、经济法、教育法、财政法、公企业法、税务法、消费者法、信息法、医药法、卫生法、灾害法、行政组织法、地方自治法、公务员法等法律，这些法律都具有反映各自领域特殊性的特有原理、体系、方式与方法，因此，有必要研究各行政领域的特有行政法，并在此基础上构建整个行政法体系，这属于行政法学各论的研究对象。但是，在各种行政活动之中又存在着某种程度上共通的法律原理或手法，这属于行政法学总论的研究对象。

行政法学以有关行政的法律现象作为对象，对该对象的考察存在着两种视角。其一是以

---

① 参见［日］原田尚彦：《訴えの利益》，97－98页，东京，弘文堂，1979。

各个行政活动所具有的规范性含义或规范性理论构造作为标准，将这些行政活动分为各种类型分别进行说明。这是对行政活动在横向上的分类，通常被作为“行政法学总论”而论述。其二是着眼于行政活动的社会功能，对行政活动进行分类整理的方法。这是对行政活动在纵向上的分类，通常被作为“行政法学各论”而论述。[①] 可见，行政法的总论与各论就如民法中的总则与分则的关系，由于在实定的行政法上并不存在一部统一的行政法典，因而行政法学总论部分对于整个行政法律制度来说具有类似于“行政法总则”的作用。

二、行政法学总论的体系

行政法学注重从横向上概括地考察各行政领域中的法律现象，由此形成了行政法学总论。从传统行政法学总论的体系上看，传统行政法学以公私法的二元划分为基础，以行政权为中心，围绕着行政权将行政法学总论部分划分为行政组织法（行政权的权限与主体）、行政行为法（行政权的行使）、行政救济法（对被行政权侵害者的救济）三部分，其中的行政行为法是核心部分。

（一）行政法学总论的意义

行政法在现实中尚不存在统一的行政法法典，而有关行政法律制度的法律复杂多样，因此，行政法学总论是各行政法律制度的一般性原则或规则，事实上发挥着如民法总则的功能，即行政法学总论中的一般性原则或规则统率、指导各行政法律制度的构建。而且，从法学教育的角度来看，行政法律规范极其繁多，作为初学者并不能逐一学习这些难以计数的规范。因此，以这些行政法律规范为基础的基本观点和充分被展示的法律构造即行政法学总论的学习，向学习者提供了一般法理的工具。对于公众而言，对行政法学总论的认识能够起到在行政的全体领域进行推测的作用。

（二）行政法学总论的体系

传统行政法学总论的体系由行政组织法、行政行为法、行政救济法三部分构成。其中，行政组织法解决的是由谁来进行行政活动的主体资格问题，在行政法律制度上以国家或地方的行政组织法、各行政机关的设置法、公务员法等为对象，其内容包括行政组织法与公务员法；行政行为法是解决行政主体如何进行行政活动的问题，在行政法律制度上以种类繁多的有关行政活动的法律为对象，其内容主要包括行政行为的定型化理论、效力论、裁量论、瑕疵论等；而行政救济法是解决在行政活动违法侵害相对人的权利或利益时如何救济相对人的权利或利益或者纠正违法的行政活动的问题，在行政法律制度上以《行政复议法》《行政诉讼法》《国家赔偿法》等法律为对象，其内容主要包括行政复议、行政诉讼、行政赔偿等。可见，行政组织法是有关行政主体的设置、职权、内部组织的法律，行政行为法是有关特定行政活动的内容、形式、程序的法律，行政救济法是在行政活动违法时对相对人的权益进行救济的法律，这三部分是一个相互关联的整体，共同构成行政法学的总论。当然，在行政法学总论的体系中，三者并非完全并列的，而是以行政行为法为中心。

三、行政法学各论的体系

在我国，早期的行政法学研究比较重视对于行政法学各论的研究，例如：王珉灿主编的

① 参见［日］今村成和：《現代の行政と行政法の理論》，17页，东京，有斐阁，1972。

《行政法概要》[①] 将行政法体系分为绪论、总论、分论三个部分，其中的分论部分概述了军事、公安、国民经济、教科文卫体等部门行政法；应松年、朱维究主编的《行政法学总论》将行政法学分为总论与分论，将分论又划分为军事、外事、民政、公安、司法、经济和文教等部分[②]；皮纯协主编的《中国行政法教程》专设一编“部门行政法综论”[③]；等等。其后，出现了专门研究部门行政法的著作，将部门行政法划分为组织与人员管理法（包括组织管理法与人员管理法）、宏观调控法、专业经济管理法、政务管理法和公共事务管理法（包括科教文管理法、劳动和社会保障管理法、自然资源管理法）5 种类型。[④] 此外，也有学者将部门行政法划分为交通行政法、税务行政法、土地行政法、海关行政法、民政行政法、教育行政法与卫生行政法。[⑤]

总体而言，我国的行政法学研究主要集中于行政法学总论部分，而对行政法学各论部分的研究并不充分。与此相对，日本的行政法学界对行政法学各论的体系划分提出了各种意见，这些划分行政法各论的标准与体系值得我国行政法学借鉴，例如：美浓部达吉在《日本行政法》（下卷）中将行政法学各论划分为警察法、保护及控制法、公企业及公物法、公用负担法、财政法、军政法。[⑥] 而杉村章三郎在《行政法要义》（下卷）中将行政法学各论分为包括公物法与公用负担法的行政物权法、租税法、财政法、警察行政法、经济行政法、文化行政法。[⑦] 田中二郎在《新版行政法》中将行政法的各论归纳为警察法、规制法、公企业法、公用收用法、财政法、公物法。[⑧] 成田赖明在《现代行政法》中认为行政行为法由秩序行政与给付行政构成，秩序行政又被称为“消极性秩序行政”“秩序整顿行政”等，包括警察行政、经济控制、地域整顿等；给付行政又被称为“积极行政”，包括供给、社会保障、资金助成等。[⑨] 田村悦一在《行政法Ⅲ》中将行政法学各论分为警察行政法、环境保全行政法、开发行政法、消费者保护行政法、公共设施法。[⑩] 小高刚在《行政法各论》中将行政法学各论分为生活秩序行政法（警察法、经济行政法、公企业法、消费者保护行政法）、开发行政法、环境保全行政法（自然环境保全法、历史文化环境保全法、灾害防止法、公害规制法）、公用负担法、公共设施法（包括公共财产管理法）。[⑪] 可见，行政法学各论的体系在学界还存在着争议，但一般都是按照行政领域的不同进行划分的。从我国现实的行政领域来看，行政领域涉及国家政治、经济、文化和社会生活的各个方面，具体包括国防、外交、国家安全、公安、国民经济、土地、矿产、交通、城建、房屋、工商、税务、海关、新闻、出版、文教、卫生、环保等领域，由此可以将行政法学各论分为公安行政法、交通行政法、工商行政法、税务行政法、资源行政法、民政行政法、土地行政法、海关行政法、教育行政

---

① 参见王珉灿主编：《行政法概要》，目录，北京，法律出版社，1983。

② 参见应松年、朱维究主编：《行政法学总论》，106 页，北京，工人出版社，1985。

③ 皮纯协主编：《中国行政法教程》，5 页，北京，中国政法大学出版社，1988。

④ 参见张正钊、李元起主编：《部门行政法研究》，目录，北京，中国人民大学出版社，2000。

⑤ 参见王景斌、崔卓兰：《部门行政法学》，目录，北京，北京大学出版社，2005。

⑥ 参见［日］美濃部達吉：《日本行政法》，下卷，目录，东京，有斐阁，1940。

⑦ 参见［日］杉村章三郎：《行政法要義》，全订版，下卷，目录，东京，有斐阁，1967。

⑧ 参见［日］田中二郎：《新版行政法》，全订第 2 版，目录，东京，弘文堂，1974。

⑨ 参见［日］成田頼明等：《現代行政法》，目录，东京，有斐阁，1968。

⑩ 参见［日］田村悦一：《行政法》，Ⅲ·作用法，目录，东京，日本评论社，1982。

⑪ 参见［日］小高剛：《行政法各論》，目录，东京，有斐阁，1984。

法、文化行政法等各部门行政法。

四、行政法学总论与各论的良性循环

（一）行政法学总论与各论的关系

在行政法学中，总论与各论的关系就如同民法典中的总则与分则的关系，因此，在行政法学中，对总论与各论的研究都是不可或缺的。行政法学总论是指各种行政法学各论中共同的部分，对于总论的考察必须在具体考察各行政法个别领域的基础上，发现共同的原则或规则，由此丰富行政法学总论的内容。此外，行政法学总论部分的原则或规则适合于各行政法学各论部分，对各论部分的行政法律制度构建具有指导意义。当然，各论部分存在着自身的独特性，因此，在适用总论的原则或规则时，必须结合各论部分的特点。

（二）行政法学总论与各论的良性循环

在行政法学中对有关行政的现象进行考察时，存在着两种视角：其一是以各行政活动所具有的规范性意义或规范理论性构造作为标准，将各种行政活动分类为各种行为类型进行说明；其二是着眼于行政活动的社会功能，对各种行政活动进行分类整理。前者是行政法的总论部分，后者是行政法的各论部分，两者共同组成了行政法理论体系的核心部分。现代社会行政功能的增大主要是指行政活动社会功能的增大，主要涉及行政法的各论部分，但对于行政法学总论也必然产生一定的影响。[①] 可见，行政法学总论与各论部分存在着一定的相互促进的良性循环关系。但是，行政法学研究，以往绝大部分集中在总论部分，而对各论部分的研究并不充分，尚未开拓之处较多。即使对于特殊行政领域已经进行的研究，也没有顾及该特殊领域的特殊性。而且，对于特殊领域的研究并没有向一般性理论回归。[②] 也即行政法学总论与各论部分的良性循环系统尚未完全形成。

---

① 参见［日］今村成和：《現代行政と行政法の理論》，载《公法研究》，1968年第30号，118页。

② 参见［日］相原良一：《“法の支配”の原理と行政の実現——水産行政論研究のために》，载《公法研究》，1968年第30号，172页。

解为依法行政或法治行政原理。至于依法行政原理与法治主义的关系，有时将两者在同种意义上使用，但严格来说，法治主义是较为广泛的概念，而依法行政原理是法治主义在行政法平面上的“投影”，在这种意义上，可以将依法行政原理视为“行政法治主义”。而法治主义意味着立法、司法、行政等国家活动都必须依法进行。可见，法治主义除了作为行政法治主义的依法行政原理外，还包括作为立法法治主义的“根据宪法立法的原理”与作为司法法治主义的“依据法律裁判的原理”。法治主义的目的是以法律的合理性抑制统治者的恣意，因此，依法行政原理的目的是以法律的合理性抑制行政承担者的恣意，以此保障相对人的合法权益。[①]

三、法治主义的阶段与行政法的形成

法治主义以人权保障为目的，要求依法进行国家活动，因此，法治主义不仅要求依法行政，而且要求依法司法、依法立法。但从法治主义产生、发展的历史沿革来看，对各种国家权力限制的阶段不同，根据先后顺序大致可以区分为三个阶段。[②]

（一）“依法裁判”阶段——法治主义的萌芽期

在法治国家形成之前，在启蒙主义的影响下，依法裁判原则已经形成。在19世纪形成并展开的行政法学表明依法裁判原则在法治国家形成之前就已经形成。在该阶段，承认裁判权的独立性，国王不得介入裁判的思想已经形成，被称为“大权判决的废止”。但此时行政法尚未形成。

（二）“依法行政”阶段——法治主义的形成期

在法治国家形成时期，依法行政原理无论是在理论上还是在制度上都已经形成。通过近代宪法的制定，在要求必须根据法律裁判的同时，要求行政必须依据法律进行。以该原理为基础，形成了拘束行政机关权限行使的行政法与保障依法行政的行政裁判法，由此在制度上确立了依法行政制度。法治主义可以说由此而确立，而行政法也因此而形成。

（三）“对立法内容的拘束”阶段——法治主义的成熟期

在上述法治主义的形成阶段，依法行政或依法裁判的原理仅仅要求行政与司法必须根据法律而进行，对于法律本身的内容却没有任何要求，由此产生了当法律内容违反基本人权原则时，即使严格地依据法律进行行政活动或作出司法裁判也同样会造成侵害人权等结果。因此，在法治主义的成熟期，为了避免行政通过“依法”的手段进行自我目的化而产生的问题，法治主义要求实现对立法内容的拘束。这种意义上的法治主义通常被称为“实质法治主义”，即法治主义除了要求行政机关必须依法行政外，还规定了保障相对人基本人权的要求，要求法律必须以基本人权保障为目的，立法的内容不得侵害基本人权。

从上述法治主义发展的阶段来看，法治主义与行政法之间具有同步性，即“依法行政”阶段是法治主义与行政法的形成期，“对立法内容的拘束”阶段则是法治主义与行政法的成熟期。

---

① 参见［日］藤田宙靖：《行政法Ⅰ·総論》，4版，50页，东京，青林书院，2005。

② 以下参见［日］高田敏：《法治主義の概念と動向》，载《公法研究》，1995年第57号，123页；［日］高田敏：《行政法——法治主義具体化法としての》，改订版，3-4页，东京，有斐阁，1994。

第四章　行政法的理论基础

行政法的理论基础是指贯穿于整个行政法理论和行政法律制度，行政法所赖以存在的基础性理论，其揭示了各行政法理论与行政法律制度之间的内在联系，并对各种行政法现象的解释、行政法理论的研究以及行政法律制度的构建具有指导意义。但学界对于行政法的基础理论存在着争议，从行政法的作用、范围、本质、目标等角度可以对行政法的基础理论进行不同的理解。

第一节　法治主义——行政法的理论基础

法治主义以法治国思想为基础，体现了“以法律的合理性抑制行政的恣意性”的理念。而在行政法学中，法治主义就表现为依法行政原理，即要求行政活动必须依法进行。这是行政法赖以存在的基础，也是行政法学的基本原理。

一、法治国与法治国家的理念

近代行政制度的确立与法治国思想的提出是近代意义上的行政法得以成立的前提条件。行政法在法治国家中成立，可见，法治国的思想或观念是行政法学成立的基础。

法治主义以法治国为基础而成立。“法治国”一词来源于德语中的“Rechtsstaat”，最初在1920年左右的日本出现。在用语形成之初，存在着两种不同的理解：一种理解是法治国是“法”与“治国”的合成词，而另一种理解是法治国是“法治”与“国”的合成词。[①] 这种认识上的差异同时也带来了治国观念的实质性不同。如果将法治国认为是由“法”与“治国”所合成的词，则意味着将法律作为治国的手段，即“以法治国”。而如果将法治国认为是由“法治”与“国”所合成的词，则法治国不仅意味着“以法治国”，还包含以法制约国家权力、保护相对人的权益等理念，可以称其为法治国家。而从法治国概念的形成过程来看，最初仅仅将法治国概念作为一种治国理念，后期才在法治国家的意义上使用法治国的概念，但两者都包含法治主义的观念。

二、法治主义的概念

法治主义的用语与法治国用语不同，并非来自对德语词的直接翻译，而是由日本行政法学鼻祖美浓部达吉在对照德国行政法学概念的基础上创立，意指法治国主义、法治国思想或法治国原理。可见，在含义上，法治主义与法治国大致相同。法治国可以分为形式性法治国与实质性法治国，而法治主义也可以分为形式法治主义与实质法治主义。一般将法治主义理

---

① 参见［日］高田敏：《法治主義の概念と動向》，载《公法研究》，1995年第57号，102－103页。

四、行政法的理论基础与法治主义

（一）法治主义与行政法互为前提关系

近现代意义上的行政法的特征是对行政权恣意的控制，以法治主义中的“以法律的合理性抑制行政的恣意性”为理念；此外，通过法律对行政权进行控制只有在法治国家中才可能成立或存在，因此，法治国家或法治主义是行政法成立或存在的基础。另外，从法治主义的提出过程与行政法的形成过程来看，法治主义以自由主义与民主主义为基本理念，自由主义是指对于行政活动的法律安定性要求，民主主义是指对于行政活动的民主控制要求①，而对于行政活动的法律安定性要求与民主控制要求都只有在行政法律制度形成后才能实现，可见，法治主义的提出以行政法的形成为前提。因此，从历史沿革来看，可以说法治主义与行政法是互为前提而形成的。

（二）行政法的理论基础——法治主义

我国自改革开放以来，在参照各国行政法学理论的基础上逐渐形成了具有中国特色的行政法学基础理论。发展至 20 世纪 90 年代，以“平衡论”的提出为契机，在中国行政法学界引发了“平衡论”“管理论”“控权论”“公共权力论”“服务论”“公共利益本位论”等行政法学基础理论之间的争论，争论的结果是带动了中国行政法学基础理论的发展，但至今尚未确立统一的行政法学基础理论。

国务院于 2004 年 3 月 22 日发布了《全面推进依法行政实施纲要》，确立了建设法治政府的目标，明确规定了全面推进依法行政的指导思想和具体目标、基本原则和要求、主要任务和措施。2014 年 10 月 23 日，党的十八届四中全会审议通过了《中共中央关于全面推进依法治国若干重大问题的决定》，在该决定中，提出了“深入推进依法行政，加快建设法治政府”的要求。2024 年 7 月 18 日审议通过的《中国共产党第二十届中央委员会第三次全体会议公报》要求进一步全面深化改革要总结和运用改革开放以来特别是新时代全面深化改革的宝贵经验，贯彻坚持党的全面领导、坚持以人民为中心、坚持守正创新、坚持以制度建设为主线、坚持全面依法治国、坚持系统观念等原则，强调“深入推进依法行政”。习近平总书记要求，坚持依法治国、依法执政、依法行政共同推进，法治国家、法治政府、法治社会一体建设。其中，法治政府建设是全面依法治国的重点任务和主体工程，要用法治给行政权力定规矩、划界限，规范行政决策程序，加快转变政府职能，推进严格规范公正文明执法。可见，“依法行政”与“法治政府”是我国行政法的指导思想、目标与基本原则，因此，笔者认为可以将法治主义或者依法行政原理作为我国行政法的理论基础。与民法的私人自治原则相对应，行政法以法治主义特别是依法行政原理作为基本原理，行政法学理论以该原理为基础，通过事先以立法的形式为各种行政行为设定一定的法律要件，要求行政机关在进行行政活动时必须遵守这些法定要件，在行政活动违反法律规定时可以通过事后的救济措施认定无效或予以撤销，以确保法治主义的实现。可见，法治主义不仅是行政法学的基本原则，而且是构建整个行政法学体系的基础。

---

① 参见［日］藤田宙靖：《行政法入門》，39 页，东京，有斐阁，2005。

五、法治主义的内容

法治主义是行政法赖以存在的基础，是行政法的基本原理。但法治主义的形态因时、因地而异，其模式大致可分为德国型“依法行政”与英美型“法的支配”[①]。在确定法与行政的关系时，一般要求遵守法治主义原则。但对于法治主义的内容，存在着依法行政原理与法的支配原理两种不同的观点。“依法行政”与“法的支配”都是对公权力行使进行法律控制的原理，但历史背景与内容各不相同。[②]

（一）依法行政原理

“依法行政”是指由立法机关事前对行政活动加以明确的法律规制，当行政活动与相对人之间产生纷争时，由法院基于事前制定的法律判断行政活动是否适当。该原理在德国等大陆法系国家的行政法中，以立法机关对行政活动的事前控制与裁判机关的事后控制作为行政法存在的基础性要件，故该原则有时又被称为法治国家或法治主义。

（二）法的支配原理

法的支配原理在确定行政活动与法律规范的关系方面，与依法行政原理相比，运用了不同的方法，即对于行政活动并不设置事前的特别法律规制，而是当行政活动与相对人之间产生纷争时，由法院根据与私人之间基本相同的法律原则判断行政活动是否适当。这源自英国古典的法的支配理论。

第二节　依法行政原理

法治主义有广义与狭义之分，广义上的法治主义包括对立法、司法、行政的要求，即依法立法、依法行政、依法裁判，而狭义的法治主义就特指对行政的要求，即依法行政。依法行政原理要求行政活动必须依法进行，是大陆法系行政法学的基本原理。

一、依法行政原理的含义

在法国、德国等大陆法系国家，为了保障行政的合法性、保护相对人的权益，通过由立法机关事先规定法律规范的方法对行政活动进行事前控制，要求行政机关必须依据、遵守立法机关所规定的法律进行行政活动。这被称为依法行政原理。可见，在依法行政原理中，承认立法权相对于行政权的优越性，要求行政机关对立法机关承担行政责任。由此可以从依法行政原理中引申出国会中心主义与行政责任主义两个原则。国会中心主义是指依法行政原理要求行政机关的活动必须依据并遵守立法机关制定的法律，通过立法权对行政权的控制确保行政的正当性以及相对人的权益。可见，该原则强调立法权相对于行政权的优越性。而行政责任主义是指行政活动必须依据法律、遵守法律，在违反法律时必须承担相应的责任。

在我国，依法行政原理是指行政主体必须依法行使行政职权，违反法律规定时必须承担相应的法律责任。依法行政原理中的“法”是指广义上的法律，具体包括宪法、法律、法规以及规章。

---

① ［日］高田敏：《行政法——法治主義具体化法としての》，改订版，14页，东京，有斐阁，1994。

② 参见［日］高田敏：《近代における“法の支配”理論と“法治国”理論》，载《公法研究》，1959年第20号，58页。

传统的消极行政走向积极行政，因此，很难要求所有的行政活动都必须遵守依法行政原理中的法律完全保留原则。随着非权力性行为的不断增多，依法行政原理中的法律保留原则不能仅仅以权力性的侵害行政作为对象，对于非权力性行为也必须考虑保障其合法性的相应措施。可见，现代行政的发展要求行政法学的理念实现从形式法治主义到实质法治主义的转变。

（三）实质性依法行政原理的确立

德国、日本在第二次世界大战前已经确立了形式性依法行政原理，行政机关严格依照法律条文的规定进行行政活动，但是，由于行政机关严格执行的是法西斯主义的“恶法”，其结果当然不可能真正维护和保障人权。因此，现代行政法不仅要求行政在形式上必须依法行政，而且对依法行政中的“法”也作出了严格要求。与形式性依法行政原理中的“法”是指制定法不同，实质性依法行政原理中的“法”是指“自然法”，是超越制定法的符合客观、正义的法。这种实质性依法行政原理要求规范行政的法律的内容必须具有正当性，即法律的内容必须尊重公民的基本人权以及适当地衡量公共利益与私人利益。这种观点原本由德国、日本在反省第二次世界大战前法西斯体制下行政权的存在方式的基础上提倡，现已被各国普遍接受。

实质性依法行政原理首先要求法律内容的正当性，这是对立法机关的要求，但是，对于是否承认行政机关的法律审查权、行政机关是否可以拒绝适用自己认为不具有正当性的法律，却存在争议。从实质性依法行政原理的含义来看，在法律的内容侵害基本人权或违反宪法规范时，行政机关应当拒绝适用。但行政法学理论一般并不承认行政机关的法律审查权。例如我国《立法法》第106条规定，“地方性法规与部门规章之间对同一事项的规定不一致，不能确定如何适用时，由国务院提出意见，国务院认为应当适用地方性法规的，应当决定在该地方适用地方性法规的规定；认为应当适用部门规章的，应当提请全国人民代表大会常务委员会裁决”“部门规章之间、部门规章与地方政府规章之间对同一事项的规定不一致时，由国务院裁决。根据授权制定的法规与法律规定不一致，不能确定如何适用时，由全国人民代表大会常务委员会裁决”。可见，行政主体在行政过程中发现地方性法规与部门规章之间、部门规章之间、部门规章与地方政府规章之间、授权性法规与法律之间存在冲突时，应当先提请有权机关裁决后，才能作出相应的行政行为。但对于行政主体在行政过程中发现作为依据的法律不合理时应当如何处理，《立法法》并没有作出明确的规定。此外，《公务员法》第60条规定：“公务员执行公务时，认为上级的决定或者命令有错误的，可以向上级提出改正或者撤销该决定或者命令的意见；上级不改变该决定或者命令，或者要求立即执行的，公务员应当执行该决定或者命令，执行的后果由上级负责，公务员不承担责任；但是，公务员执行明显违法的决定或者命令的，应当依法承担相应的责任。”该规定可以引申为：当公务员认为依据的法律规范错误时，可以向有权机关提出修改或撤销的意见。

值得注意的是，国务院在2004年3月22日发布的《全面推进依法行政实施纲要》中针对依法行政提出了6项基本要求，其中不仅要求“合法行政”，而且要求“合理行政”。“合理行政”中的“理”可以被认为是独立于制定法的自然法，即要求行政活动必须符合公平、正义等理性。由此可以将该纲要中的“依法行政”视为实质性的依法行政原理。

第三节　依法行政原理的内容

对于依法行政原理的具体内容，德国行政法学鼻祖奥托·迈耶提出了“法律支配三原则”，即“法律的法规创造力”（Rechtssatzschaffende Kraft des Gesetzes）、“法律优位”（Vorrang des Gesetzes）、“法律保留”（Vorbehalt des Gesetzes）三原则。“法律的法规创造力”是指作为实质性立法的“法规”必须采取法律的形式，只有法律才能创制“法规”；“法律优位”是指违反法律的行为违法，任何行政机关的行为都不得违反法律；“法律保留”是指剥夺公民权利或限制公民自由的行政行为必须具有法律的根据。但值得注意的是，上述“法律支配三原则”是奥托·迈耶在20世纪初提出的，在一个多世纪后的现今，其并不完全适合现代行政法，需要加以修正。

一、法律的法规创造力原则

法律的法规创造力又被称为法规创制力，是有关行政法律规范本身的原理，即创造“法规”是法律固有的权力。可见，该原理在原本意义上并非有关行政与法律关系的原理，但在形式意义上理解行政时，该原理适用于法律与行政立法的关系。在这种意义上，该原理意味着行政权不能独立于法律制定法规，行政立法制定的法规命令必须以法律为根据而制定。①对于其中“法规”（Rechtssatz）的含义在理论上存在着三种理解：广义上的法规是指所有的法律规范；狭义的法规是指与个别性的、具体性的行政行为或裁判判决相对的，具有一般性、抽象性的法律规范；最狭义的法规是指有关公民权利、义务的法规。② 通说一般采用最狭义说，认为法律的法规创造力是指只有法律才可以规定拘束公民权利、义务的规范。

但是，法律的法规创造力中的“法律”是一个历史性的概念，在奥托·迈耶提出“法律支配三原则”时，“法律”就是指国家权力机关制定的狭义上的法律。但在现代社会，随着行政立法的扩张，行政立法也取得了部分“法规创造力”，例如，我国的行政法规与行政规章就可以创设部分行政处罚、行政许可等，而这些行政处罚、行政许可直接拘束相对人的权利、义务。可见，法律的法规创造力原则在现代社会并不严格，其中的“法律”是广义上的法律。从我国的立法体系来看，具有法规创造力的法律具体包括宪法、法律、行政法规、地方性法规以及规章。

二、法律优位原则

法律优位是指以法律的形式表示的国家意思处于其他的国家活动的上位③，因此，除宪法外，法律优越于其他的国内法律规范以及行政机关与司法机关的行为。可见，该原则意味着行政行为不得违反法律的规定。该原则通过在近代宪法中采用权力分立主义而成立，是依据法律拘束行政的最低限度。立法活动是作为人民代表者的议会（人民代表大会）的意思表

---

① 参见［日］高田敏等：《行政法学の現状と課題——戦後30年の日本の行政法学》，载《法学セミナー》，1978年第4号，11页。

② 参见［日］石川敏行：《基本論点行政法》，27页，东京，法学书院，1997。

③ 参见［日］高田敏等：《行政法学の現状と課題——戦後30年の日本の行政法学》，载《法学セミナー》，1978年第4号，11页。

示，而行政活动并非人民代表者的意思。因此，当行政活动与法律相冲突时，法律优先于行政活动，违反法律规定的行政活动无效。在这种意义上，法律优位又被称为法律优先。

我国《立法法》第 99 条第 1 款规定："法律的效力高于行政法规、地方性法规、规章。"这体现了法律优位原则。此外，《立法法》第 101 条还作出了两种例外性的规定：第一，自治条例和单行条例依法对法律、行政法规、地方性法规作变通规定的，在本自治地方适用自治条例和单行条例的规定；第二，经济特区法规根据授权对法律、行政法规、地方性法规作变通规定的，在本经济特区适用经济特区法规的规定。在这两种特殊的情况下，自治条例、单行条例和经济特区法规优先于法律而适用，但这并没有违反法律优位原则。对于民族自治立法，《宪法》第 116 条规定："自治区的自治条例和单行条例，报全国人民代表大会常务委员会批准后生效。自治州、自治县的自治条例和单行条例，报省或者自治区的人民代表大会常务委员会批准后生效，并报全国人民代表大会常务委员会备案。"也即必须得到上级立法机关的批准民族自治立法才能生效。而且，经济特区法规必须根据"授权"才能作出变通规定。"批准""授权"使得民族自治立法与经济特区法规在实质上具备了法律的性质，因此，即使作出变通规定，也不违反法律优位原则。

三、法律保留原则

（一）法律保留原则的定义

法律保留是指对于特定的事项否定行政权的自由性，而将法律的规定作为行政权发动的要件。法律保留原则要求行政活动必须依据法律，具备了法律上的根据才可以进行行政活动，可见，法律保留原则是在法律优位原则基础上的原则。

（二）法律保留的范围

法律保留所针对的对象并非所有的行政活动，行政法学界对于依法行政原理中法律保留原则的范围有不同的理解，存在着侵害保留说、全部保留说、权力保留说、社会保留说、本质及重要事项保留说等学说。①

1. 侵害保留说

侵害保留说认为，限制公民自由或财产权的权力性行政或规制行政必须具有法律的根据，故又被称为规制保留说或干涉保留说。侵害保留说仅仅要求侵害公民的自由或财产的行政活动，如租税、警察活动等，必须具有法律根据，而辅助金的交付、行政指导等非侵害性的行政活动则不需要法律的根据。② 但是，该学说也认为，即使在进行非侵害性或授益性的行政活动时，为了明确行政活动的标准、给予相对人以预测的可能性、确保法律安定性，有时也可以由法律加以明确规定，但这仅仅是立法政策的问题。

该学说认为，以授益为目的而对相对人作出行政活动时不需要法律的根据，或者说即使没有法律的根据也可以对相对人进行授益性的行政活动。对于这种观点，有学者批判认为，该观点与现代宪法中议会（全国人民代表大会）的最高权力机关的地位并不相符。侵害保留说涉及对立法权范围的限制，这种学说在君主制被废除、议会（全国人民代表大会）作为立法机关成为最高国家机关的现行宪法下已经丧失了正当性。也有观点认为现实中授益性的行

---

① 参见［日］中西又三：《行政法 1》，改订版，28－33 页，东京，中央大学通信教育部，2003。

② 参见［日］田中二郎：《行政法総論》，32 页，东京，有斐阁，1957。

政活动大多数仍由法律来规定，因此，该学说已经失去了实际作用。此外，也有批判观点认为从切实保障相对人权利、利益的角度来看，该学说并不适当。

2. 全部保留说

针对侵害保留说中存在的问题，全部保留说在批判的基础上认为应当扩大法律保留的范围，要求使相对人的权利、义务发生变动的所有行政活动都必须具有法律根据，因此又被称为民主的法律保留或无限制的法律保留。侵害保留说涉及对立法权范围的限制，但从现代宪法中议会（全国人民代表大会）的地位来看，议会（全国人民代表大会）的立法应当涉及一切行政活动，而且，所有的行政活动必须有法律的根据。

但也有学者以经济领域的行政指导以及自治体中“纲要行政”的展开为基础，从现代行政所应当具备的功能以及积极性、责任性的观点出发，对全部保留说提出了批判[①]，认为该学说存在着对行政活动限制过度、不符合现实的行政运营以及责任行政要求的问题。

3. 权力保留说

权力保留说认为，行政权在进行权力性活动即相对于相对人具有单方性优越效力的活动时，必须存在法律的根据，但在进行非权力性活动时，则不需要法律的规定。权力性活动是私人之间不存在的活动，对此必须要求存在法律上的根据，以抑制行政的恣意。由于权力性活动在多数情况下具有侵害的机能，因此，权力保留说具有与侵害保留说相一致之处，但权力保留说又认为行政活动即使在具有授益机能时也必须存在法律根据，在这点上与侵害保留说相比，要求具备法律根据的范围被扩展了，依法行政也涉及了更为广泛的范围。对于非权力性活动，该观点认为不需要法律的根据，因此在全部保留说、社会保留说下成为问题的、没有法律根据的行政活动被允许，在这点上权力保留说适合现代行政运营。可见，该学说采用的是介于侵害保留说与全部保留说之间的折中说，又被称为部分保留说或折中说，认为必须具有法律根据的是在实质上影响相对人的权利、义务的权力性行政活动，即要求运用权力性手段的行政活动必须具有法律的根据。

但是，也有观点认为：在现代行政法中，即使是对于非权力性活动，有时为了实现行政目的也规定了特别的要件、效力或对行政权课予进行一定行为的义务。在这种意义上，权力保留说与侵害保留说存在着相类似的问题。

4. 社会保留说

社会保留说认为，对于侵害性行政行为当然要求必须存在法律的根据，但对于在侵害保留说下不需要法律根据的授予私人利益的授益性行政活动，特别是对于其中相当于社会权实现的部分，从宪法的观点来看，必须制定法律进行限制。而且，该观点发展后进一步认为，对于行政对相对人进行的各种给付、授予利益的活动，随着相对人依赖程度的增高，在如果没有这种行政活动相对人的生活就将难以维持的情况下，为了承认相对人对于这些活动的权利主张，也必须要求这些行政活动具有法律的根据。其实，该学说是对作为公民宪法基本权利的社会权的具体化。为了实现、保障公民的社会权，法律的规定当然是必不可缺的。可见，该学说在这点上具有合理的一面。而且，为了防止在给付行政中行政的恣意、保护相对人的权利，应当尽可能地制定法律加以限制。

但是，对于给付行政，依据该学说就意味着如果没有法律的规定或根据就不能进行行政

① 参见［日］成田頼明：《非権力行政の法律問題》，载《公法研究》，1966年第28号，157－158页。

活动，因此，有批判观点认为该学说对行政活动限制过多，不符合现实的行政运营以及责任行政的要求。

5. 本质及重要事项保留说

该学说认为，进行行政活动时的本质性标准或重要事项必须由法律来规定其根据。但何为“本质的”或“重要的”事项并不明确，有学者将其理解为有关基本人权的事项，认为与基本人权相关的事项，特别是在限制基本人权的情况下必须存在法律的规定或根据。与侵害保留说相比，该学说不仅在侵害的情况下，在对基本人权进行积极性活动时也要求必须具有法律上的根据。可见，该学说具有与社会保留说相类似的内容。

但是，当然不能认为全部的法律关系都与基本人权相关或者全部的权利、利益都具有作为基本人权的含义。在这种意义上，也有观点认为该学说对于行政活动在哪些领域必须具有法律根据的问题并没有直接提供明确的标准。

（三）我国的法律保留制度

根据对法律保留中“法律”的不同理解，可以将法律保留原则分为狭义与广义两个不同的层次。狭义的法律保留中的法律就特指国家权力机关制定的法律，即特定事项只能由狭义上的法律规定，是严格意义上的法律保留。而广义的法律保留中的“法律”是广义上的法律。在我国，广义上的法律包括宪法、法律、行政法规、地方性法规、部门规章、地方政府规章，即这些立法都可以制定有关特定事项的规范。但立法存在着效力等级的不同，针对不同位阶的立法，法律保留的范围也不同，由此形成了我国法律保留的体系。

1. 狭义的法律保留

根据《宪法》第 62 条第 3 项和《立法法》第 10 条第 2 款的规定，“制定和修改刑事、民事、国家机构的和其他的基本法律”属于全国人民代表大会的职权，即刑事的、民事的、国家机构的和其他的基本制度属于全国人民代表大会制定基本法的法律保留事项。这是比一般法律保留更为严格的基本法的法律保留。

根据《宪法》第 67 条第 2 项和《立法法》第 10 条第 3 款的规定，“制定和修改除应当由全国人民代表大会制定的法律以外的其他法律”是全国人大常委会的职权。《立法法》第 11 条规定：“下列事项只能制定法律：（一）国家主权的事项；（二）各级人民代表大会、人民政府、监察委员会、人民法院和人民检察院的产生、组织和职权；（三）民族区域自治制度、特别行政区制度、基层群众自治制度；（四）犯罪和刑罚；（五）对公民政治权利的剥夺、限制人身自由的强制措施和处罚；（六）税种的设立、税率的确定和税收征收管理等税收基本制度；（七）对非国有财产的征收、征用；（八）民事基本制度；（九）基本经济制度以及财政、海关、金融和外贸的基本制度；（十）诉讼制度和仲裁基本制度；（十一）必须由全国人民代表大会及其常务委员会制定法律的其他事项。”可见，上述 11 种事项是立法层面上法律保留的事项。但该法第 12 条又规定，上述 11 种事项尚未制定法律的，全国人民代表大会及其常务委员会有权作出决定，授权国务院可以根据实际需要，对其中的部分事项先制定行政法规，但是有关犯罪和刑罚、对公民政治权利的剥夺和限制人身自由的强制措施和处罚、司法制度等事项除外。可见，法律保留的事项又可分为绝对保留事项与相对保留事项。所谓的“绝对保留事项”是指必须由狭义的法律规范的事项，而不得授权其他国家机关立法规范，包括“有关犯罪和刑罚、对公民政治权利的剥夺和限制人身自由的强制措施和处罚、司法制度等事项”；“相对保留事项”是指在法律保留事项中可以授权国务院制定行政法规进行规范的事项，包括上述 11 种事项中除绝对保留事项之外的事项。

2. 广义的法律保留

广义的法律保留不仅包括狭义法律的保留事项，而且包括行政法规、地方性法规、部门规章、地方政府规章的保留事项。例如，我国《行政处罚法》第 10 条至第 16 条，《行政许可法》第 14 条至第 17 条，《行政强制法》第 10 条、第 13 条分别规定了法律、行政法规、地方性法规、部门规章、地方政府规章等各种不同层级的立法有关行政处罚、行政许可、行政强制措施、行政强制执行的设定权。此外，《立法法》第 72 条、第 82 条、第 91 条、第 93 条分别规定行政法规、地方性法规、部门规章、地方政府规章的立法权限。这些立法权限范围内的事项可以被视为各级立法的保留事项。

第四节　依法行政原理与法的支配原理

与大陆法系的行政法学中采用依法行政原理相对，英美法系以法的支配为基本原理。依法行政原理与法的支配原理都属于法治主义，都要求行政必须依法进行，但两者在对法律内容的要求等方面存在着差异。

一、法的支配原理

法的支配[①]原理是英美法中的概念，来源于英国著名法学家戴雪所提出的“法治三原则”。该原理的提出有特殊的历史背景，而且即便是同样坚持该原理的英国与美国，在对该原理的理解上也并不完全相同。[②]

（一）法的支配原理的历史沿革与发展

法的支配原理原本是英国在 19 世纪后半叶提倡的理论，认为行政也应当服从私人之间的法律规范即普通法，关于行政活动的裁判控制也应当由普通法院进行，并不存在仅仅适用于行政活动的法律规范。这意味着在普通法之下的法律平等。在该理论提倡的时代，以行政活动为对象的议会制定法较少。

而现在这种以行政活动为对象的议会制定法很多，与依法行政原理一样，法律对于行政活动具有事前控制机能。在对行政活动的裁判控制方面，英国、美国并不存在大陆法系式的行政裁判所，但也并非全部行政案件都受到普通法院的全面、直接的控制，例如在英国建立了行政裁判制度，而在美国则建立了行政程序和司法审查制度，采用了实质性证据法则。

（二）法的支配原理的内容

英美法系中法的支配原理包括以下三层含义。第一，“恶法非法”：形式上由议会制定的法律如果侵害相对人的基本人权，行政不得依据该法律进行活动。在这种意义上，法的支配原则是一种实质法治主义。第二，“司法权对行政权的控制”：根据法的支配原理，裁判权由普通司法法院统一掌握，司法权对于行政权具有裁判权限。第三，“正当法律程序”：根据法的支配原理，对行政权的控制的重点在于对行政程序的控制。行政主体在进行行政活动之

① “Rule of law”在国内经常被翻译为“法治”。为了区别于一般意义上的法治主义，此处采用“法的支配”的用语，该用语在日本行政法学中经常在与大陆法系的“依法行政”进行比较时被使用。

② 以下参见［日］中西又三：《行政法 1》，改订版，7 页以下，东京，中央大学通信教育部，2003。

前，作为事前程序，必须听取利害关系人的意见等。

（三）法的支配原理的类型

法的支配原理是在英美法系国家所采用的共同原理，但具体含义及侧重点不完全相同。在英国“法的支配”意味着自然正义，即任何人不得作为有关自己的问题的法官，判断时应当听取对立利害关系人双方的辩解等。而在美国“法的支配”意味着“法律正当程序”，即辩解机会的保障、法定证据调查的必要性、基于事实的判断等。这种法的支配原理不仅要求行政机关依据法定职权确定或者评价事实，而且还要求必须听取利害关系人意见，满足利害关系人的正当程序的请求。

二、依法行政原理与法的支配原理的区分

法治主义是行政法学的基本原则，根据对“法”的理解的不同，可以分为“依法行政”与“法的支配”两种类型。德国等大陆法系国家坚持依法行政（Gesetzmassigkeit der Verwaltung）原理，而英美法系国家坚持法的支配（rule of law）原理。[①] 这两种法治主义的类型在对法律内容的要求以及对程序法的要求等方面存在着差异。

（一）对法律内容的要求

依法行政原理要求行政权的发动必须基于法律、服从法律，因此，依法行政原理是规范法律与行政的关系的原理。但形式意义上的依法行政原理并不涉及法律的内容，有关法律的内容的限制由宪法的其他规定来进行。而与此相对，法的支配原理除了具有上述法治主义的内容外，对法律的内容也提出了要求，即要求法律必须以禁止侵害个人自由或权利的最小限度（例如人身自由、信仰自由、意见表达自由等）作为内容。

（二）对程序法的要求

在依法行政原理的场合下，行政机关在作出判断时不要求与该判断利害相关的关系人的参与，而由专门行政机关依职权确定并评价事实，以此为基础进行行政判断。在这种意义上，法的支配原理对行政活动添加了新的要求，即程序法的要求。[②] 而从英美法系的历史传统来看，其历来重视从程序的角度来控制行政。可见，英美法系中程序法的发达与坚持法的支配原理存在着一定的关联性。

三、依法行政原理与法的支配原理区分的相对化

上述区分其实是形式性依法行政原理与法的支配原理，而在现代行政法中，形式性依法行政原理已经逐渐转换为实质性依法行政原理，宪法的最高法规性、对基本人权的尊重、对法院作用的尊重、正当程序的要求等法的支配原理中的要素，被吸收到实质性依法行政原理的要求之中，依法行政原理与法的支配原理的内容基本相同。例如，现在大陆法系的行政法对于行政判断在多数情况下保障听取相对方等意见的机会，虽然采用的并非与美国或英国完全相同的形式，但可以认为法的支配原理的内容被实质性地吸收了。

法的支配原理有时被认为是指“行政必须服从具有保护个人权利的实质性内容的法律”的

---

① 参见［日］雄川一郎：《現代における行政と法》，载［日］雄川一郎、高柳信一编：《現代法 4 現代の行政》，4 页，东京，岩波书店，1966。

② 参见［日］中西又三：《行政法 1》，改订版，10 页，东京，中央大学通信教育部，2003。

原理，这与实质性依法行政原理并没有差异。可见，法的支配原理与吸收了程序要求的实质性依法行政原理并不能明确区分。当然，在各自使用这两个概念时，有时反映了各自法系的特点，由此产生了侧重点不同的效果，例如，在解释法治主义时，依法行政原理比法的支配原理更为适合。[①] 但总体而言，现代意义上的实质性依法行政原理与法的支配原理可以通用。

第五节 依法行政原理与行政裁量的规制

根据依法行政原则，所有的行政活动必须依据法律进行，但鉴于行政活动的特性，也不得不在一定的法律框架内承认行政活动或判断的自由，这被称为“行政裁量”。由于法律并没有对行政裁量加以严格的限制，因而在实践中存在着对于裁量行为如何进行合法性规制的问题。

一、行政裁量的概念与类型

（一）行政裁量的概念

即使在严格的依法行政原理之下，鉴于行政活动的特性，也不得不在一定的法律框架内承认行政活动或判断的自由，这被称为“行政裁量”。裁量与羁束相对，羁束行政行为是指法律明确规定了行政行为的范围、条件、程度、方法等，行政机关没有自由选择的余地，只能严格依照法律作出的行政行为。而行政裁量是指行政主体在法律规定的范围内或在法律未加规定的情况下，基于行政目的、相关法律的精神以及具体情况自行判断、自行选择进行行政活动。

（二）行政裁量的类型

传统行政裁量理论认为，根据法院是否能够审查裁量行为的合法性，可以将裁量行为分为羁束裁量行为与自由裁量行为。对于羁束裁量行为应当明确行政权应当遵守一定的界限，超越该界限行使行政权即违法，应当确保对其的司法控制，以保护相对人的权利或利益。因此，对于羁束裁量行为可以进行司法审查，而自由裁量行为被排除于司法审查的范围之外。

二、行政裁量与依法行政的关系

依法行政的原意是要求行政主体的所有行政活动都必须依法进行、符合法律，但在现实的行政过程中，由于行政法律关系复杂多变，由法律无一遗漏地进行规范是不可能的，即存在着许多法律没有涉及之处，因而所有的行政活动都必须依据法律进行也是不可能的。为了确保行政的顺利运行，行政机关在法定的职权范围内，有时可以凭借其自身合理判断而作出决定，这就是“行政裁量”。

行政是“法的实现”“法的执行”，但并非所有的行政都是单纯地执行法律中规定的事项，而是行政必须具有法的根据或基础，通常为实现行政目的，依法赋予行政广泛的自由裁量的余地。随着行政领域的复杂化、专业化，法律不可能规范所有的行政活动，而且，由于行政的灵活性与法律的稳定性的矛盾，法律不得不为行政活动留下更为广泛的自由裁量空间，而这些行政自由裁量的领域并不遵从严格意义上的依法行政。

---

① 参见［日］高田敏：《法治主義の概念と動向》，载《公法研究》，1995 年第 57 号，119 页。

三、依法行政原理对行政裁量的要求

奥托·迈耶的“法律支配三原则”由美浓部达吉引进到日本后，结合行政的裁量理论，形成了有关依法行政原理对行政裁量要求的“美浓部三原则”：第一原则是侵害相对人的权利、命令其负担或限制其自由的行政行为在任何情况下都不得是自由裁量行为；第二原则是为相对人设置新的权利以及其他对相对人赋予利益的行政行为，除了法律特别赋予相对人以要求该利益的权利的情况外，原则上属于自由裁量行为；第三原则是不直接产生影响相对人权利、义务的效果的行为，除了法律特别加以限制外，原则上属于自由裁量行为。[①] 可见，美浓部达吉以侵害保留原则为依据，以是否侵害相对人的权利、利益为标准界定行政裁量的范围，即将侵害相对人权利、利益的行政行为绝对地排除于行政裁量的范围之外，而将授益性行政行为或对相对人的权利、利益不产生实际影响的行为界定为行政裁量的范围。该观点在 20 世纪初被提出，适合当时行政法的要求。但在现代行政法中，随着行政裁量领域的不断扩大，依法行政原理对行政裁量的要求趋于缓和。

四、行政裁量的规制

行政裁量理论与立法、司法在两个方面相互关联：第一，在行政活动的事前阶段，应当考察行政裁量与立法的关系；第二，在行政活动的事后阶段，应当考察行政活动与司法的关系。[②] 前者涉及对行政裁量的立法规制，后者主要涉及对行政裁量的司法审查。

（一）行政裁量的立法规制

从依法行政原理来看，希望规范行政权的法律尽可能严格。法律规定严格，对行政行为的要件、内容、效力予以明确化，不承认行政权判断或行动的余地，将行政权限于执行法律的“羁束”状态。但是，现实行政对象具有复杂性、多样性、专门技术性以及对将来的预测性等，而法律的文言具有抽象性，因此，有时也不得不承认行政权判断或行使的余地。在承认裁量的情况下，只要行政权的行使在该范围内进行，即使产生合目的性、适当与否的问题，也不产生违法性问题，因此，即使对该行政权的行使不服，也不得寻求裁判的救济。可见，裁量的问题是有关依法行政原理与司法国家原理的行政法现象根本的问题，而且，从救济相对人权利、利益的观点来看也是至关重要的问题。

根据传统的行政法学理论，行政裁量属于行政权，司法权的本质是通过法律的解释、适用解决具体的纷争，而行政权的本质并非适用法律，而是实现公共利益，因此，在法律将公共利益的判断权授予行政机关时，行政机关可以基于自己的裁量权对于何种事项属于公共利益进行独立的判断，这种裁量权的行使被排除于司法审查的范围之外。[③] 但是，这种从行政权的本质论一般性地推导出行政裁量的合法性的方式，并不符合现代行政法中实质性依法行政原理的要求。行政机关依据法律的授权进行行政裁量，行政裁量在形式上或实质上受到该授权法的拘束。因此，从实质性依法行政原理的要求来看，行政裁量是该授权法基于一定合

---

① 参见［日］美濃部達吉：《行政裁判法》，152 页，东京，千仓书房，1929。

② 参见［日］芝池義一：《行政法総論講義》，4 版，69 页，东京，有斐阁，2001。

③ 参见［日］室井力、芝池義一、浜川清：《コンメンタール行政法Ⅱ行政事件訴訟法・国家賠償法》，2 版，315 页，东京，日本评论社，2006。

理的理由而特别承认的，并非行政机关在原本的性质上就具有裁量权。[①]

随着我国法治建设的推进，近年来特别关注对行政裁量的立法规制，不仅体现在对相关法律、法规、规章在制定过程中的科学性和技术性要求，而且也要求在实施法律的过程中进一步完善行政执法的裁量基准。党的二十大报告强调“健全行政裁量基准”。2019 年制定的《优化营商环境条例》第 35 条、第 60 条要求细化量化政务服务标准，压缩自由裁量权，健全行政执法自由裁量基准制度，合理确定裁量范围、种类和幅度，规范行政执法自由裁量权的行使。2021 年修订的《行政处罚法》第 34 条规定，行政机关可以依法制定行政处罚裁量基准，规范行使行政处罚裁量权。2023 年国务院办公厅印发的《提升行政执法质量三年行动计划（2023—2025 年）》要求建立健全行政执法标准规范，全面落实行政裁量权基准制度，加强行政裁量权基准的动态管理和备案审查。

（二）行政裁量的司法审查

行政裁量在法学上通常是指行政机关具有判断的余地、判断的自由。但是，在行政法学中提及的行政裁量，一般是指在就某行政活动在审判中产生争议的情况下，当行政机关作出的判断与法院的不同时，法院必须尊重行政判断。也即对于行政机关的判断与司法机关的判断的关系，在裁量问题上以行政机关的判断为优先。作为其根据的“规范的授权理论”认为，行政裁量的本质是法律授权给行政机关的判断余地或自由，在立法机关通过立法表达了该事项应当尊重行政机关的判断的意思的情况下，法院必须予以尊重。[②] 可见，传统行政裁量理论区分行政机关是否具有裁量权的实际意义在于判断对行政机关所作出的行政行为进行司法审查的可能性。在裁量被肯定的情况下，在该范围内不涉及司法审查的问题，因此，确定了裁量性也就明确了司法审查的可能性。但在现代各国的行政诉讼法中，一般都在一定程度上承认对行政裁量的司法审查权。例如，根据我国《行政诉讼法》第 70 条的规定，对于“超越”、“滥用”裁量权以及“明显不当”的行政裁量，人民法院可以判决撤销。具体包括事实认定错误、违反法律的目的或动机不正当、违反平等原则、违反比例原则等情形。从审查方式来看，具体包括：第一，实体性审查，是指着眼于行政裁量的结果，对其实体性违法进行审查的方法，即对于经过行政裁量所作出的行政行为，审查该行为的作出是否超越了行政机关的职权或违反了法律的目的等。第二，程序性审查，是指审查行政机关在作出行政行为之前所进行的事前程序。按照正当法律程序原则，即使在行政裁量权的范围内，行政机关作出特定行为时也必须依据正当的法律程序，在违反该法律程序时，法院可以进行审查并认定为违法。第三，判断过程审查，是指着眼于行政裁量判断过程的合理性的审查方式。在行政机关应当进行比较考虑或价值考虑的情况下，审查其是否考虑了应当考虑的要素或价值、是否考虑了不应当考虑的要素或价值、是否存在过度评价等不正当考虑，从多角度审查行政裁量的合理性。

---

① 参见［日］室井力：《別冊法学セミナー・基本法コンメンタール・行政救済法》，303 页，东京，日本评论社，1986。

② 参见［日］大橋洋一：《対話型行政法学の創造》，69 页，东京，弘文堂，1999。

第五章 行政法的基本原则

前述的法治主义以及依法行政原理是行政法的理论基础，该理论基础进一步具体化，形成贯穿于整个行政法的基本准则，即行政法的基本原则。学界对行政法基本原则的内容存在争议，但笔者认为，以依法行政原理为基础，可以将行政合法性原则与行政合理性原则作为行政法的基本原则。其中，行政合法性原则体现了形式性依法行政原理的要求，而行政合理性原则体现了实质性依法行政原理的要求。

第一节 行政法基本原则概述

法律原则是指在一定法律体系中作为法律规则的指导思想、基础或本源的综合的、稳定的基本准则，而行政法基本原则就是指行政法体系中最基本的法律原则，对于行政法理论与实践都具有重要意义。

一、行政法基本原则的概念

行政法的基本原则是指贯穿于整个行政法之中，对于行政法理论，行政法律、法规的制定与执行以及行政救济具有指导意义的基本准则。行政法基本原则反映了各种行政法律制度的内在联系，体现了行政法律规范的基本精神与基本的价值观念。

二、行政法基本原则的意义

行政法基本原则是贯穿于行政法理论与行政法律规范的基本准则，是在有关行政的法律关系中所有的法律关系主体都必须遵守的行为准则，对于行政法理论、行政法律规范的制定、实施等都具有重要意义。

（一）理论意义

在理论上，行政法基本原则与行政法的理论基础直接相关，体现了行政法的基本精神和价值目标，对于行政法一般原则的确定以及其他行政法理论的构建具有指导意义。

（二）实践意义

行政法基本原则的实践意义主要体现在对行政法律制度的意义与对行政法律规范实施的意义两方面。

1. 对行政法律制度的意义

对行政法律制度的意义主要体现在以下方面：第一，行政法基本原则直接决定了行政法律制度的基本性质、内容和价值取向，是行政法的法律精神最集中的体现，因而构成了整个行政法律制度的基本价值观。第二，行政法基本原则是行政法律制度内部和谐、统一的重要保障。行政管理领域和行政活动的广泛性、多样性和复杂性的特点，决定了行政法律规范的广泛性、复杂性与多样性，行政法基本原则体现了各种行政法律规范的内在联系，使各种分散的行政法律规范得以形成统一的行政法律制度，从而有助于行政法律制度的统一、协调与稳定。第三，行政法基本原则对于行政法律制度的构建、修改等具有指导意义，指导立法者根据行政现实的需要构建新的行政法律制度或对原有行政法律制度进行修正。

2. 对行政法律规范实施的意义

对行政法律规范实施的意义主要体现在以下方面：第一，行政法基本原则指导行政法律规范在适用过程中的法律解释和法律推理。由于行政法律现象的复杂性以及行政法律规范的多样性，行政法律规范的实施也是一个复杂的过程，而行政法基本原则可以协调和统一行政法律规范的实施过程。第二，行政法律规范并不能完全应对现实行政的复杂多变，此时，行政法基本原则具有弥补法律漏洞、补充法律不足之处的作用。第三，对于行政法律规范没有明确规定的行政裁量事项，可以适用行政法基本原则进行规范，从而确保行政裁量的合理性。

三、行政法基本原则的定位

从行政法基本原则与行政法理论基础、行政法一般原则、行政法律规范的关系来看，行政法基本原则以行政法理论基础为依据，贯穿于整个行政法律规范体系之中，对具体的行政法律规范起着指导和统率的作用。可见，从产生的渊源来看，顺序依次是行政法理论基础、行政法基本原则、行政法一般原则、行政法律规范，即前者分别是后者的基础，而后者分别是前者的具体化。

（一）行政法基本原则与行政法理论基础的关系

行政法的理论基础是行政法得以成立、赖以存在的基础，而行政法基本原则是行政法律规范的基本准则，两者是不同层次的概念。但是，行政法理论基础与行政法基本原则也具有密切关联，具体而言，行政法理论基础是行政法基本原则产生的基础与依据，行政法基本原则是行政法理论基础的具体化。

（二）行政法基本原则与行政法一般原则

根据在行政法中所处地位的不同，可以将行政法的原则分为基本原则与一般原则。其中，基本原则是指贯穿于整个行政法之中的根本原则，而一般原则是指体现在部分行政法之中的法律原则，或者虽然也与基本原则一样贯穿于整个行政法之中，但在层次上属于基本原则下位的法律原则。可见，行政法基本原则与一般原则的层次不同，一般原则必须以基本原则为根据，同时也是基本原则的进一步细化。

（三）行政法基本原则与行政法律规范的关系

从行政法基本原则的概念可以看出：第一，行政法基本原则不是独立于行政法律规范之外，而是贯穿在行政法律规范之中的，而行政法律规范以行政法基本原则为基础，其中体现着行政法基本原则；第二，行政法基本原则的地位或效力高于行政法律规范，对具体的行政法律规范起着指导和统率的作用，行政法律规范的制定必须以行政法基本原则为依据，其内容必须体现行政法基本原则的精神；第三，行政法的基本原则必须通过行政法律规范体现出来，行政法律规范是行政法基本原则的具体化、法律化。

行政法基本原则不同于具体的行政法律规范，前者在效力层次上比后者高。行政法律规范是行政法的最小细胞，它的制定必须与行政法基本原则相一致，其内容必须体现行政法基本原则的精神。如果两者不一致，必须修改行政法律规范，而不是修改行政法基本原则。行政法基本原则离不开具体行政法律条文，没有后者，前者便因失去表现形式而无法被反映出来。然而，行政法基本原则并非全由法律条文直接表达，大多原则存在于条文“背后”。

四、行政法基本原则的确定标准

学界对于行政法基本原则的确定存在着争议，但一般认为行政法基本原则应当按照以下标准确定。

（一）普遍性

普遍性指行政法基本原则是贯穿于整体行政法之中的基本准则，必须是各行政法领域或各种行政法律规范所应当共同遵守的准则，而不仅仅是某一部分行政法律规范或行政法的某一领域所特有的准则。也即从适用范围来看，行政法基本原则必须能够适用于整个行政法领域。

（二）特殊性

特殊性指行政法基本原则必须是行政法领域所特有的准则，而并非与其他领域所共有的原则。例如法律面前人人平等，以事实为依据、以法律为准绳等原则是所有法律领域都必须遵守的基本原则，在行政法中当然也必须遵守，但并非行政法所特有的基本原则。行政法基本原则必须与行政法的特性相结合，反映行政法的特点。例如，行政法中的行政行为存在着公权力的要素，因此，行政法中存在着与民事法律中的自愿、平等原则有所不同的法律原则。

（三）基本性

在行政法中存在着多种原则，行政法基本原则必须是其中最基本的原则。基本性是行政法基本原则与一般原则的区分标准。判断行政法原则是否属于基本原则的标准就在于该原则是否能够体现行政法的基本精神，能否构成一般原则的原则。

第二节　行政法基本原则的内容

根据上述行政法基本原则的确立标准，从行政法治主义与依法行政原理中可以推导出行政法的基本原则，即行政合法性原则与行政合理性原则。

一、行政法基本原则与依法行政原理

学界对于行政法基本原则的确定存在着争议，例如，各学者分别认为以下原则是行政法基本原则：依法行政原则[①]；合法性原则与合理性原则[②]；依法行政原则与协调原则[③]；责任

---

① 参见陈新民：《行政法学总论》，53-64页，台北，三民书局，1995。

② 参见罗豪才主编：《行政法学》，53-64页，北京，中国政法大学出版社，1996。

③ 参见罗豪才主编：《行政法论》，26页，北京，光明日报出版社，1988。

行政原则、行政合法性原则、行政合理性原则[1]；合法性原则、合理性原则、应急性原则[2]；行政法治原则、行政公正原则、行政公开原则、行政效率原则[3]；依法行政原则、信赖保护原则、比例原则[4]；等等。可见，学界对行政法基本原则的内容存在争议，但一般都将依法行政原则或者从依法行政原则中推导出的行政合法性原则与行政合理性原则作为行政法基本原则。

如第四章所述，法治主义以及依法行政原理是行政法的理论基础，该理论基础进一步具体化，形成贯穿于整个行政法的基本准则，即行政法的基本原则。在这种意义上，依法行政既是行政法的理论基础，也是行政法的基本原则，但作为理论基础的依法行政与作为基本原则的依法行政在内涵上存在着不同之处。作为行政法理论基础的依法行政原理是指行政法以该原理为基础，通过事先以立法的形式为各种行政行为设定一定的法律要件，要求行政机关在进行行政活动时必须遵守这些法定要件，在行政活动违反法律规定时，可以通过事后的救济措施认定其无效或予以撤销，以此确保法治主义的实现；而作为行政法基本原则的依法行政原则是指对行政活动的要求，即要求行政活动必须依法进行。可见，依法行政原则以依法行政原理为基础，是依法行政原理的具体化。而根据依法行政原理中对“法”的理解的不同，可以将其分为形式意义上的依法行政原理与实质意义上的依法行政原理，与此相对应，依法行政原则也可以划分为行政合法性原则与行政合理性原则。在这种意义上，笔者认为，可以将行政合法性原则与行政合理性原则作为行政法的基本原则，其中，行政合法性原则体现了形式性依法行政原理的要求，而行政合理性原则体现了实质性依法行政原理的要求。

二、行政合法性原则

（一）行政合法性原则的含义

行政合法性原则是指行政主体必须依据法律进行行政活动，不得违反法律，行政主体对于其违法行为必须承担相应的法律后果。

（二）行政合法性原则的内容

行政合法性原则具体包括以下内容：第一，行政主体必须合法，即进行行政活动的主体必须是依法具有行政职权的行政主体，能够以自己的名义作出行使职权的行为，并由自己承担相应的法律后果；第二，行政主体必须依据法律进行行政活动，依据的法律包括实体性法律与程序性法律；第三，行政主体在违法进行行政活动时必须承担相应的法律责任，体现行政法权责一致的原则。

（三）行政合法性原则与依法行政原理的关系

行政合法性原则要求行政主体必须严格地按照法律规定作出行政行为，对于行政主体作出的行政行为，要求必须主体合法、内容合法、形式合法与程序合法。对于违法的行政行为，规定不发生法律效力或者可以由有权机关撤销，并要求行政主体必须承担相应的法律责

---

① 参见张树义主编：《行政法学新论》，51－62页，北京，时事出版社，1991。
② 参见罗豪才主编：《行政法学》，31－35页，北京，北京大学出版社，1996。
③ 参见姜明安主编：《行政法与行政诉讼法》，44－54页，北京，北京大学出版社、高等教育出版社，1999。
④ 参见马怀德主编：《行政法与行政诉讼法》，38页，北京，中国法制出版社，2000。

任。在这种意义上，如果将行政合法性原则中的“法”视为制定法，可以将行政合法性原则认为是形式意义上的依法行政原理在行政法基本原则中的体现。

三、行政合理性原则

（一）行政合理性原则的含义

国务院在2004年3月22日发布的《全面推进依法行政实施纲要》将“合理行政”作为依法行政的基本要求之一：除要求行政必须合法外，还要求行政机关实施行政管理应当遵循公平、公正的原则，平等对待相对人，行使自由裁量权应当符合法律目的并排除不相关因素的干扰，采取的措施和手段应当必要、适当，避免采用损害当事人权益的方式进行行政管理等。可见，现代的依法行政观念不仅要求行政活动具有合法性，还要求行政活动具有合理性。与行政合法性原则同属于依法行政原理的行政合理性原则也是行政法的基本原则。在这种意义上，行政合理性原则是指要求行政主体的行政活动必须适当，符合公平、正义等理性的原则。

（二）行政合理性原则与依法行政原理的关系

行政合理性原则要求行政主体不仅应当依据法律进行行政活动，而且要求行政主体的行政活动必须符合公平、正义等客观理性。如果将行政合法性中的“法”视为制定法，则可以将行政合理性中的“理”视为自然法，自然法是指超越于实在法的、客观存在的公平、正义等永恒的价值观念或规则。因此，可以将行政合理性原则视为依法行政中的“法”的要求，在这种意义上，行政合理性原则是实质意义上的依法行政原理在行政法基本原则中的体现。

值得注意的是，在我国行政法学界，一般将行政合理性原则的适用范围仅仅局限于行政裁量[①]，认为在行政裁量领域，不存在相应的法律规定，因此由行政合理性原则进行规制。但笔者认为，即使在存在法律明确规定的羁束行政领域，行政活动除了遵守相关的法律规范外，也还应当遵守行政合理性原则，即行政活动不仅应当合法，而且应当合理、适当。

（三）行政合理性原则的内容

行政合理性原则的内容是指其中的“理”的内容，自然法、客观理性等概念过于抽象，在行政法中一般认为“理”主要包括以下内容：

1. 行政目的

行政的目的是实现公共利益，因此，行政活动必须与行政目的相一致。例如，我国《宪法》第10条第3款规定：“国家为了公共利益的需要，可以依照法律规定对土地实行征收或者征用并给予补偿。”对此，有学者提出了行政法的“公益原则”。所谓公益原则，是指行政主体所为之行政行为，不论以公法方式或私法方式为之，必须以达成公共利益为目的。[②]

2. 法律精神或法律目的

法律精神或法律目的是体现在法律规范之中的宗旨或希望通过法律规范达到的目标等，是法律规范产生的更深层次的渊源。但法律规范往往不能完全表达法律精神或法律目的，因

---

① 参见任中杰主编：《行政法与行政诉讼法》，41页，北京，中国政法大学出版社，1997。

② 参见城仲模主编：《行政法之一般法律原则》（一），362页，台北，三民书局，1997。

此，当欠缺有关行政活动的规范时，可以直接引用相关法律的法律精神或法律目的进行规范。

3. 法律价值或原则

法律价值是指体现在、蕴藏在法律中的价值要素和价值需求，主要包括自由、正义、公平、公正、效率、秩序、安全等。行政法律价值不仅影响行政法律制度的构建，而且在具体的行政活动中可以指引行政主体和行政相对人的行为，使其沿着预设的行政法法律价值所指引的方向活动，从而对行政活动起到一定的规制作用。

4. 客观规律

客观规律是指客观事物发展过程中的本质联系，其特点在于客观规律的存在和发生作用都不以人的意志为转移，因此，行政活动除须合法外，还必须遵守客观规律。这在法律规范中也有体现，例如，《宪法》第 9 条第 2 款规定“国家保障自然资源的合理利用”，第 10 条第 5 款规定“一切使用土地的组织和个人必须合理地利用土地”，其中的“合理”就是指符合客观规律。

四、行政合法性原则与行政合理性原则的关系

行政合法性原则与行政合理性原则之间的联系表现为：第一，两者同为从依法行政原理中引申出的行政法基本原则，从形式与实质两个方面共同构成依法行政原理的基本要求；第二，两者同为对行政活动的要求，特定行政活动必须同时遵守这两种原则，违反其中任一原则都必须承担相应的法律责任。

但两者也并不完全相同，其区别如下：第一，判断标准不同，行政合法性原则的判断标准是制定法，而行政合理性原则的判断标准是公平、正义等客观理性；第二，对行政活动要求的程度不同，行政合法性原则要求行政活动合法，而行政合理性原则要求行政活动合理，一般是在合法基础上的合理，从这种意义上来说，行政合理性原则是比行政合法性原则更为严格的要求，是在行政活动合法基础上的进一步要求；第三，与依法行政原理的关系不同，行政合法性原则体现了形式性依法行政原理的要求，而行政合理性原则体现了实质性依法行政原理的要求；第四，违反原则的法律后果不同，行政主体违反行政合法性原则进行行政活动的，构成行政违法，而行政主体违反行政合理性原则进行行政活动的，构成行政不当；第五，在行政诉讼中的适用范围不同，行政合法性原则完全适用于行政诉讼，是行政诉讼中法院进行判决的主要依据，而行政合理性原则在行政诉讼中的适用范围较小，根据《行政诉讼法》第 70 条的规定，仅限于“超越职权”、“滥用职权”和“明显不当”的情形。

第三节　行政法一般原则

行政法的法律原则并不局限于上述行政合法性原则与行政合理性原则，但其他法律原则都是在这两种基本原则之下的法律原则，因此，相对于基本原则被称为“一般原则”。可以被视为行政法基本原则进一步具体化的法律原则，主要包括以下原则。

一、比例原则

（一）比例原则的概念

自 19 世纪以来，德国首创的比例原则已被很多国家接受，逐渐成为现代行政法的基本原则之一。比例原则又称为平衡原则[①]，“是一种目的和手段间的考量，简而言之，就国家一切措施之目的和为达到目的所采取手段而产生对人民负担间的考量”[②]。从比例原则在行政法学中所扮演的角色来看，可称为行政法中之“帝王条款”[③]，由此可见比例原则对于行政法的重要性。比例原则是指行政机关作出行政行为时，应当全面考虑衡量作为行政目的的公共利益和行政行为涉及的相对人权益，采取对相对人权益造成限制或者损害最小的行政行为，并且使行政行为造成的损害与所追求的行政目的相适应。[④] 比例原则源于对正义价值的理解，其意义在于平衡行政行为作出过程中的各方利益，防止立法或行政活动过分偏离正义价值的立法与行政决定，特别是要在具体个案中具体地平衡公共利益与相对人权益的冲突。

（二）比例原则的内容

一般认为比例原则包括妥当性、必要性和均衡性三个子原则。这三个子原则之间存在着递进关系，因此这种理解比例原则的观点又被称为“三阶理论”。

1. 妥当性原则

妥当性原则，又称为适当性原则，即要求行政主体所采取的手段能够达到所追求的目的。妥当性原则是从“目的取向”来规范行政权力与其行使主体所采取的措施之间的比例关系。如果一项行政权力的行使、一个行政行为的实施不是为了达到法定目的，或者达不到法定目的，则违反了妥当性要求，从而违反了比例原则。这就要求行政主体在作出行政行为时，必须考虑手段与目的是否相冲突。当然，这种判断并不是纯粹的主观判断，必须结合当时的环境和条件，是在客观基础上的判断。

2. 必要性原则

必要性原则，也称不可替代性原则，即要求行政主体作出行政行为，为了达到法定的行政目的时，如果有多种措施可供选择，则应采取给相对人造成最小侵害的措施。也就是说，如果要达到行政目的，已经没有任何其他的能给相对人造成更小侵害的措施来取代该项措施了。可见，必要性原则适用于行政行为达到行政目的有多种措施可供选择的情形，如果手段是唯一的，也就不存在必要性的问题。必要性原则是从“法律后果”来规范行政权力与其行使主体所采取的措施之间的比例关系。必要性是从“经验的因果律”来考虑诸种手段之间的选择问题，也就是要依据以往的经验与学识的累积，对所追求的目的和所采取的手段之间的相当比例进行判断，保证所要采取的手段在诸种可供选择的手段中是最温和的、侵害最小的，我们俗话说的“杀鸡焉用牛刀”，讲的就是这个道理。[⑤]

---

① 参见于安：《德国行政法》，29－32 页，北京，清华大学出版社，1999。

② 蔡震荣：《行政法理论和基本权利之保障》，104 页，台北，五南图书出版公司，1992。

③ 陈新民：《中国行政法学原理》，45 页，北京，中国政法大学出版社，2002。

④ 参见马怀德主编：《行政法与行政诉讼法》，78 页，北京，中国法制出版社，2000。

⑤ 参见余凌云：《论行政法上的比例原则》，载“中国人民大学复印报刊资料”《宪法学、行政法学》，2002（5），56 页。

3. 均衡性原则

目的与手段之间仅符合妥当性、必要性的要求还是不够的，因为行政行为的实施不可避免地会引起双方利益甚至多方利益之间的冲突，这就要求必须在价值层面考量和权衡各方的利益。均衡性原则，又称为法益相称性原则或狭义比例原则，要求行政主体行使行政权力时，所采取的措施与其所达到的目的之间必须合比例或相称。也就是说，一项行政措施虽然为达到行政目的所必要，但如果其实施的结果给相对人带来的损害超过实现行政目的所带来的价值，那么，该项行政权力的行使就违反了均衡性原则。因此，行政主体在行使某项行政权力之前，必须在实现行政目的所能够获得的利益与将会给相对人造成的损害之间进行权衡，只有在证明行政行为所能实现的价值大于其所侵害的相对人利益时才能实施，反之，则不能实施。对此，德国学者曾举过一个通俗的例子：警察为了驱赶樱桃树上的小鸟，已别无他法而只得用大炮时，虽可达到驱鸟的目的，手段也实属必要，但使用大炮的后果不堪设想，所以违反了比例原则而不得为之。[①] 可见，比例性或相称性是从行政行为的“价值取向”上，通过利益衡量的方法来规范行政权力行使的目的与其行使主体所采取的措施之间的比例关系。

为了实现特定的行政目的（公共利益），行政机关必须选择运用一定的行政手段。而比例原则以行政手段与行政目的的关系为核心，强调行政手段与行政目的之间应当存有一定的比例关系，行政手段必须适合于行政目的，不可以为达到目的而不择手段。上述妥当性原则、必要性原则与均衡性原则分别从“目的取向”“法律后果”“价值取向”上规范行政手段与其行政目的之间的内在关联，三者各有侧重而又相互衔接，共同构成了比例原则的主要内容。

比例原则的“三阶理论”是有顺序性的，即要求在具体运用比例原则时，先考察行政行为手段与目的之间的妥当性，再选择对相对人利益损害最小的手段来实现行政目标，最后还必须对各方的利益进行总体上的考虑，考察行政行为所能实现的目标的价值是否高于其对相对人的合法权益损害的价值。但是，这三个原则的界分并非绝对的，而是相互包含的关系。在内容本质以及适用顺序上，似乎不必采取绝对严格的界分论。从这种意义上来说，“三阶理论”仅仅是一种一般原则性的思维方式而已。[②] 因此，在具体个案的适用上不见得必须按部就班，甚至审查的次序也可以颠倒。

（三）比例原则在我国的应用

国务院于2004年3月22日颁发的《全面推进依法行政实施纲要》中首次强调行政机关“所采取的措施和手段应当必要、适当；行政机关实施行政管理可以采用多种方式实现行政目的的，应当避免采用损害当事人权益的方式”，从而对行政机关的管理方式明确提出了适用比例原则的要求。在立法上，《行政处罚法》第5条第2款规定：“设定和实施行政处罚必须以事实为依据，与违法行为的事实、性质、情节以及社会危害程度相当。”《行政强制法》第5条规定：“行政强制的设定和实施，应当适当。采用非强制手段可以达到行政管理目的的，不得设定和实施行政强制。”《优化营商环境条例》第59条第1款规定：“行政执法中应当推广运用说服教育、劝导示范、行政指导等非强制性手段，依法慎重实施行政强制。采用

---

① 参见陈新民：《中国行政法学原理》，44页，北京，中国政法大学出版社，2002。

② 参见陈新民：《德国公法学基础理论》，下册，373页，济南，山东人民出版社，2001。

非强制性手段能够达到行政管理目的的，不得实施行政强制；违法行为情节轻微或者社会危害较小的，可以不实施行政强制；确需实施行政强制的，应当尽可能减少对市场主体正常生产经营活动的影响。”这些规定都体现了比例原则的要求。通过这些法律规范的制定，我国的行政法中逐渐了确立比例原则。但是，明文规定“比例原则”的法律条文还没有出现，比例原则在我国行政法中的应用范围还不够广泛，为此必须扩大比例原则的适用范围。此外，必须注意的是，比例原则的标准具有很大的主观性，衡量比例原则涉及主观的价值判断，有可能会因人、因事而异。对此，德国有些行政法学家甚至认为比例原则会使平等权、法律安定性及确定性原则遭到伤害，会造成法律的不安定。① 为此，对于比例原则的运用有必要加以一定的限制，主要的方法是进一步细化比例原则的理论构成，明确选择手段与目的关系的标准，以避免比例原则运用的主观随意性。

二、信赖保护原则

（一）信赖保护原则的概念

《民法典》第 7 条规定：“民事主体从事民事活动，应当遵循诚信原则，秉持诚实，恪守承诺。”在民法中，诚实信用原则被称为“帝王条款”，是指当事人在民事活动中必须具备诚实、善意的内在状态，恪守诺言，诚实不欺。该原则的适用不限于民法领域，而且适用于其他法律领域。在行政法领域，诚实信用原则要求行政活动中的有关当事人必须遵守诚实信用的道德规则，特别强调对相对人的保护和对行政主体的要求，而被进一步发展为信赖保护原则。信赖保护原则是指为了确保行政管理活动的稳定性与连贯性，保护相对人对行政权力正当、合理的信赖，行政主体不得随意变更或撤销已经生效的行政行为，如果因公共利益确需改变或撤销原行政行为的，对于由此给相对人造成的损失应当给予相应的补偿。

（二）信赖保护原则的理论基础

对于信赖保护原则的理论基础，学界存在着以下几种观点：第一，诚实信用说，认为行政行为是公权力行使的行为，相对人基于对国家及其公权力合法性的信任，相信该行政行为的效力，对此，行政主体必须诚实守信，对于已经作出的行政行为不得随意变更，否则，必须承担法律责任；第二，法律安定说，认为相对人基于对行政行为的信任，对其工作、生活行为具有明确的预期，由此形成公共的安全与社会的稳定，因此，为了维护公共安全、社会稳定，必须保护相对人的这种信任，否则，公共秩序甚至整个社会将处于不稳定的状态；第三，行政行为效力说，认为行政行为具有不可变更力，行政主体不得撤销、变更已经作出的行政行为；第四，基本权利说，认为信赖保护源于宪法上的基本权利的保护，行政主体不得随意变更行政行为而侵害相对人的基本权利。

上述观点从不同角度阐述信赖保护原则的理论基础，都具有一定的合理性。其实，信赖保护原则的理论基础未必是唯一的，可以是上述理论合力的结果。

（三）信赖保护原则的要件

从信赖保护原则的结构来看，其包含以下三个要件。

① 参见陈新民：《德国公法学基础理论》，下册，387 页，济南，山东人民出版社，2001。

1. 信赖基础

在行政过程中，行政主体行使公权力进行行政活动，相对人基于对公权力的信任而对该行政活动产生信赖。可见，信赖保护的基础是行政主体进行的行政活动，这种行政活动不仅包括狭义上的行政行为，还包括行政活动中其他形式的行为，例如行政指导等。

2. 信赖表现

行政主体所进行的行政活动仅仅是相对人产生信赖的基础，而相对人是否产生信赖必须存在外部表现，主要体现为相对人基于对行政活动的信赖而作出了某种活动，包括特定行为或不行为。此外，相对人的这种信赖表现必须是基于对特定行政活动的信赖，即信赖表现与特定行政活动之间存在着因果关系。

3. 信赖值得保护

信赖表现仅仅表明相对人基于对行政活动的信赖而进行了一定的行动，但并非所有的信赖表现都值得保护，对于信赖表现的程度存在一定的要求，要求信赖表现必须达到一定的实质性标准，即达到值得保护的程度。但是否“值得保护”的判断具有主观性，对此应当根据具体情况进行综合判断。

（四）信赖保护的方式

从保护的方式来看，信赖保护又可分为两种类型：第一，要求行政主体不得随意变更或撤销已经生效的行政行为，这被称为“存续性保障”或“事实保障”；第二，因公共利益确需变更或撤销原行政行为的，对于由此给相对人造成的损失应当给予相应的补偿，这被称为“价值保障”。一般而言，应当以事实保障为原则，只有在因公共利益的需要而不得不变更或撤销原行政行为时，才可适用价值保障。

（五）信赖保护原则在我国的应用

信赖保护原则于第二次世界大战后在德国首先被提出，现已发展成为现代行政法的一项重要原则。党的二十大报告强调要“弘扬诚信文化，健全诚信建设长效机制”，其中也包括对政府诚信的要求。在我国，于 2003 年 8 月 27 日颁布的《行政许可法》首次引进了该原则，于第 8 条规定：“公民、法人或者其他组织依法取得的行政许可受法律保护，行政机关不得擅自改变已经生效的行政许可。行政许可所依据的法律、法规、规章修改或者废止，或者准予行政许可所依据的客观情况发生重大变化的，为了公共利益的需要，行政机关可以依法变更或者撤回已经生效的行政许可。由此给公民、法人或者其他组织造成财产损失的，行政机关应当依法给予补偿。”此后，国务院在 2004 年 3 月 22 日发布的《全面推进依法行政实施纲要》将“诚实守信”作为依法行政的基本要求之一，要求“行政机关公布的信息应当全面、准确、真实。非因法定事由并经法定程序，行政机关不得撤销、变更已经生效的行政决定；因国家利益、公共利益或者其他法定事由需要撤回或者变更行政决定的，应当依照法定权限和程序进行，并对行政管理相对人因此而受到的财产损失依法予以补偿”。2015 年 12 月，中共中央、国务院印发了《法治政府建设实施纲要（2015—2020 年）》，提出“到 2020 年基本建成职能科学、权责法定、执法严明、公开公正、廉洁高效、守法诚信的法治政府”的总目标，其中把“诚信”作为法治政府基本要求之一。此外，在该纲要中，还要求“发挥政府诚信建设示范作用，加快政府守信践诺机制建设。加强公务员诚信管理，建立公务员诚信档案”。2016 年 12 月 22 日，国务院发布《关于加强政务诚信建设的指导意见》（国发

〔2016〕76号），要求加强政务诚信建设，充分发挥政府在社会信用体系建设中的表率作用，进一步提升政府公信力，推进国家治理体系和治理能力现代化。2019年制定的《优化营商环境条例》要求持续推进政务诚信建设，特别强调地方各级人民政府及其有关部门应当履行向市场主体依法作出的政策承诺以及依法订立的各类合同，不得以行政区划调整、政府换届、机构或者职能调整以及相关责任人更替等为由违约毁约。因国家利益、社会公共利益需要改变政策承诺、合同约定的，应当依照法定权限和程序进行，并依法对市场主体因此受到的损失予以补偿。2021年8月，中共中央、国务院印发了《法治政府建设实施纲要（2021—2025年）》，要求建设"廉洁诚信"的法治政府，加快推进政务诚信建设。健全政府守信践诺机制。建立政务诚信监测治理机制，建立健全政务失信记录制度，将违约毁约、拖欠账款、拒不履行司法裁判等失信信息纳入全国信用信息共享平台并向社会公开。建立健全政府失信责任追究制度，加大失信惩戒力度，重点治理债务融资、政府采购、招标投标、招商引资等领域的政府失信行为。由此可见，信赖保护原则在我国行政法中已经初步确立。

三、公开、公平、公正原则

全心全意为人民服务的根本宗旨决定了法治建设必须以追求公平正义作为核心价值追求。习近平总书记要求坚持把以人民为中心作为本质要求，牢牢把握社会公平正义这一法治价值追求，努力让人民群众在每一项法律制度、每一个执法决定、每一宗司法案件中都感受到公平正义。在我国各行政法中，一般将公开、公平、公正作为基本原则，例如，《行政处罚法》第5条第1款规定："行政处罚遵循公正、公开的原则。"《行政许可法》第5条第1款规定："设定和实施行政许可，应当遵循公开、公平、公正、非歧视的原则。"公开、公平、公正的含义各不相同，但三者之间具有密切的联系。

（一）公开原则

公开原则要求行政主体对于自己的行为及所掌握的信息，除依法应当保密的外，必须向相对人或社会公布。公开的内容包括：行政法规、规章等规范性文件；行政会议、决议、决定；行政决定以及行政决定所依据的法律、事实、理由；行政机关在履行职责过程中制作或者获取的，以一定形式记录、保存的信息；等等。我国《宪法》第27条第2款规定："一切国家机关和国家工作人员必须依靠人民的支持，经常保持同人民的密切联系，倾听人民的意见和建议，接受人民的监督，努力为人民服务。"而公开是进行监督的前提，为此，国务院在2007年4月5日颁布了《政府信息公开条例》（2019年修订），要求行政机关及时、准确地公开政府信息，并明确规定了政府信息公开的范围、方式、程序等。此外，各单行法对公开原则也有明确的规定，例如，《行政处罚法》第5条规定：行政处罚遵循公开的原则。对违法行为给予行政处罚的规定必须公布；未经公布的，不得作为行政处罚的依据。《行政许可法》第5条第2款规定："有关行政许可的规定应当公布；未经公布的，不得作为实施行政许可的依据。行政许可的实施和结果，除涉及国家秘密、商业秘密或者个人隐私的外，应当公开。"

（二）公平原则

《宪法》第33条第2款规定："中华人民共和国公民在法律面前一律平等。"此项规定体现在法律中即为公平原则，《民法典》第 6 条规定："民事主体从事民事活动，应当遵循公平原则，合理确定各方的权利和义务。"在行政法中也同样存在公平原则，具体包括相对人之间的公平原则以及相对人与行政主体之间的公平原则。首先，公平原则要求行政主体在对待各方相对人时，应当同等情况同等对待、不同情况区别对待。例如，《行政许可法》第 5 条规定，设定和实施行政许可应当遵循公平、非歧视的原则，符合法定条件、标准的，申请人有依法取得行政许可的平等权利，行政机关不得歧视任何人。其次，公平原则还要求行政法必须体现行政主体与相对人之间的公平，具体要求行政法适当限制行政权力，加强对行政权的监督机制，在行政活动中充分保障公民的权利，包括听取相对人的意见，为相对人提供充分的参与机会和完善的救济途径等。例如，《行政处罚法》第 7 条第 1 款规定："公民、法人或者其他组织对行政机关所给予的行政处罚，享有陈述权、申辩权；对行政处罚不服的，有权依法申请行政复议或者提起行政诉讼。"

（三）公正原则

党的二十大报告强调要"全面推进严格规范公正文明执法"。公正是社会主义法治的价值追求，其最初的含义是"任何权力必须公正行使，对当事人不利的决定必须听取他的意见"，要求任何人或团体在行使权力可能使别人受到不利影响时必须听取对方意见，每一个人都有为自己辩护和防卫的权利，任何人或团体不能作为自己案件的法官。而在行政法中，公正原则是指行政主体在行政过程中不得存在偏见、专横武断，必须客观、公正地进行行政活动。具体要求有：行政主体在作出行政决定前必须听取相对人以及利害关系人的意见，具有利害关系的行政主体工作人员必须回避，行政决定必须根据案件事实客观、公正地作出等。例如，《行政处罚法》第 5 条规定，行政处罚遵循公正的原则，设定和实施行政处罚必须以事实为依据，与违法行为的事实、性质、情节以及社会危害程度相当。

四、效率原则

效率原则是指要求行政主体的行政活动必须以较小的经济耗费获取最大的社会效果的原则。党的二十大报告要求"提高行政效率"。《宪法》第 27 条第 1 款规定："一切国家机关实行精简的原则，实行工作责任制，实行工作人员的培训和考核制度，不断提高工作质量和工作效率，反对官僚主义。"但在行政法中，效率原则不仅要求适用于行政主体，也要求提高相对人的行为效率，即要求行政活动必须注重行政主体的行政效率与相对人的行为效率。例如，《行政许可法》第 6 条规定："实施行政许可，应当遵循便民的原则，提高办事效率，提供优质服务。"国务院在 2004 年 3 月 22 日发布的《全面推进依法行政实施纲要》中将"高效便民"作为依法行政的基本要求之一，要求"行政机关实施行政管理，应当遵守法定时限，积极履行法定职责，提高办事效率，提供优质服务，方便公民、法人和其他组织"。其中的"高效"是指提高行政效率，而"便民"是指提高相对人的行为效率。法治建设必须践行全心全意为人民服务的根本宗旨，以不断推进人民的美好生活作为法治改革与创新的逻辑起点。2015 年 12 月，中共中央、国务院印发了《法治政府建设实施纲要（2015—2020 年）》，提出"到 2020 年基本建成职能科学、权责法定、执法严明、公开公正、廉洁高效、守法诚信的法治政府"的总目标，其中把"廉洁高效"作为法治政府基本要求之一。此外，该纲要还要求：深化行政审批制度改革，提高行政效能，激发社会活力；创新行政管理方式，完善政府绩效管理；切实保证决策效率；改革行政执法体制，减少层次、整合队伍、提高效率；科学配置行政强制执行权，提高行政强制执行效率；等等。2021年8月，中共中央、国务院印发了《法治政府建设实施纲要（2021—2025年）》，要求建设“智能高效”的法治政府，健全政府机构职能体系，推进政府机构职能优化协同高效。这些要求都体现了行政法的效率原则。

值得注意的是，上述行政法原则并非泾渭分明，例如，比例原则与公平、公正原则、信赖保护原则与公正原则、狭义比例原则与效率原则以及公平与公正原则等之间存在着重合的部分。而且，上述原则仅仅从不同的侧面说明了行政法中的一般规则，但行政法的一般原则并不局限于上述原则。根据角度的不同，对行政法一般原则的认识也可能不同，这也是学界对于行政法原则存在争议的原因之所在。此外，也有学者将上述行政法一般原则定位为行政法基本原则①，其实，基本原则与一般原则存在着层次上的区别，上述原则都以行政合法性原则与行政合理性原则为基础，是从行政法基本原则中派生出的法律原则，因此，应当定位为行政法一般原则。

---

① 例如，将信赖保护原则、比例原则作为行政法基本原则，参见马怀德主编：《行政法与行政诉讼法》，38页，北京，中国法制出版社，2000；将公正原则、公开原则、效率原则作为行政法基本原则，参见姜明安主编：《行政法与行政诉讼法》，44页，北京，北京大学出版社、高等教育出版社，1999；等等。

第二编

行政法律关系的主体

传统行政法学总论一般被划分为行政组织法学、行政行为法学、行政救济法学三部分，其中，行政组织法学探讨行政活动主体的资格、权限、内部组织及其构成要素（人、财、物）等问题。行政主体是实施行政行为的主体，因此，一般在行政法学总论中首先应当探讨行政主体理论或行政组织法。行政主体与相对人都是行政法律关系的主体，行政主体为了实现公共利益目的而被法律赋予优越权，对于行政主体依法作出的行政行为，相对人负有忍受、服从、配合的义务，但在现代行政法中，越来越重视相对人在行政活动中的能动地位以及参与作用。因此，本编不仅论述行政主体理论以及行政组织制度，也探讨相对人在行政法律关系的地位与作用。

第六章　行政法律关系理论

行政法律关系理论主要研究行政法律关系中各方当事人的权利、义务以及各方当事人之间的关系。传统行政法律关系理论采用“行政主体与相对人二元论”，强调行政权的特殊性与优越性，注重确保行政主体的优越地位。但现代行政法律关系理论提倡构建相对人与行政主体相对等的法律地位，在鼓励相对人积极参与行政过程的基础上，构建“公私协动”的行政模式以及对话型的行政法学理论。

第一节　行政法律关系概论

行政法关系是指经过行政法调整之后、具备了权利义务内容的社会关系，包括行政法律关系和监督行政法律关系。其中的行政法律关系是行政法中最主要的法律关系，围绕着该概念形成的行政法律关系是指现实行政过程中的各种行政关系经行政法调整而形成的权利义务关系。行政法律关系的概念是行政法学的基本范畴之一，而行政法律关系中各当事人的权利、义务也是行政法学主要的研究内容之一。

一、行政法律关系的概念

在行政活动中形成了各种行政关系，这些关系经过行政法的调整具有了权利义务的内容，由此产生了行政法律关系。可见，行政法律关系是指行政过程中的行政关系经过行政法的调整，在行政过程中的各种主体之间形成的权利义务关系。该概念的定义中包含了行政法律关系的三个构成要素，即行政法律关系的主体、内容和客体。

（一）行政法律关系的主体

行政法律关系主体即行政法律关系当事人，是指在具体的行政法律关系中享受权利、承担义务的当事人，主要包括行政主体和行政相对人。其中，行政主体是指在行政法律关系中依法以自己名义实施行政管理并独立承担法律责任的组织，包括国家行政机关以及法律法规授权的组织；与行政主体相对应的当事人即行政相对人，是指在行政法律关系中被国家行政机关或法律法规授权的组织依法实施行政管理的被管理方及相关的利害关系方，包括自然人、法人和其他组织。

值得注意的是，行政机关虽然具备成为行政主体的资格，但并非在任何场合都是行政主体，必须根据各行政法律关系的具体情况具体分析。例如，公安机关在治安处罚过程中是行政主体，而在申请建造办公大楼的规划许可和建筑许可时，与公司申请建造厂房的立场一样，处于行政相对人的地位。

（二）行政法律关系的内容

行政法律关系的内容是指行政法律关系当事人在该关系中所享有的权利和承担的义务。

这种权利和义务对于行政主体而言，也可以表述为行政职权与行政职责，当然，这并非行政组织法上一般意义的行政职权与行政职责，而是在各行政法律关系中行政主体具体的行政职权与行政职责。行政相对人在行政法律关系中的权利主要包括参与权、知情权、个人隐私保护权、行政监督权、行政救济权等权利，承担的相应义务主要包括遵守法律法规、服从行政命令、协助行政管理等义务。

（三）行政法律关系的客体

行政法律关系的客体是指行政法律关系的内容即当事人的权利和义务所共同指向的对象，包括人身、行为和财物。其中：人身是指人的身体以及与人的身体密不可分的人格与身份，在行政管理过程中有时可以直接以行政相对人的人身为对象，例如行政拘留、强制医疗等；行为指行政法律关系主体的作为和不作为，既包括行政主体的行为，也包括相对人的行为；财物指具有使用价值和价值的物质资料，包括有形的物质财物与无形的精神财物（如专利权、商标权和著作权等）。

二、行政法律关系的特征

与民事法律关系平等、等价、有偿的特点相比较，行政法律关系在主体与内容上具有如下特征。

（一）主体特征

1. 行政法律关系的主体至少一方是行政主体

从主体的不同来看，行政法律关系包括行政主体与行政相对人之间（如行政处罚机关与被处罚人之间）、行政主体之间（如行政处罚机关与协助其调查取证的其他行政机关之间）、行政主体与公务员之间的权利义务关系，无论是何种行政法律关系，其主体中至少有一方是行政主体（行政机关或法律法规授权的组织），纯粹在行政相对人之间不可能产生行政法律关系。这是因为在行政法律关系中存在着“公权力行使”的因素，只有一方当事人（行政主体）对另一方当事人（行政相对人）行使公权力而产生的法律关系才是行政法律关系。如果不具有这种公权力行使的因素，而是基于自由、平等的协商产生的法律关系就属于民事法律关系。可见，行政主体的存在，是发生行政法律关系的前提条件。

2. 行政法律关系主体之间地位具有不对等性

正是由于上述“公权力”因素的存在，行政法律关系主体之间的地位并不完全相同。在行政法律关系中，行使公权力的行政主体相对于行政相对人具有优越性，始终处于行政法律关系的主导地位，即双方地位具有不对等性。这种不对等性体现在三方面：第一，行政法律关系的产生、变更或消灭一般仅仅根据行政主体的单方意思表示，而不以双方主体的意思表示一致为必要条件。例如，行政机关可以单方面决定对某人处以一定数额的罚款，而无须得到被处罚人的同意。① 第二，行政主体行使公权力以国家强制力作为保障，为保证行政法律关系的实现，当相对方拒绝履行义务时，行政主体可以自行行使强制权，强制对方履行。反之，当行政主体不履行或违法履行职责时，行政相对人只能通过申诉或诉讼程序来解决，并不具有自行救济的能力。而且，对于行政主体的违法或不当行为，在有权机关确认该行为违

① 当然，也存在例外，例如，行政协议必须由行政主体与行政相对人协商一致才能生效。

法或不当之前，不停止执行，行政相对人也不得抵抗。第三，行政主体在履行职务时享有行政优益权，即为保证行政职权的有效行使，国家赋予行政主体及其工作人员某些职务上或物质上的优惠条件，包括职务上的各种“特权”（行政优先权）与物质上的各种保障（行政受益权）。

（二）内容特征

1. 行政法律关系的内容法定

民事法律关系适用意思自治原则，其中的权利、义务一般由当事人约定，当事人也可以根据自己的意愿舍弃自己的权利。而行政法律关系适用依法行政原则，当事人的权利、义务一般由行政法律规范预先规定，而不能由当事人双方互相协商约定，当事人也不得随意放弃权利或转让义务，而只能依据行政法律规范的规定享有权利或承担义务。根据依法行政原则，是否作出行政行为以及作出何种类型的行政行为，应当由行政主体依据法律和具体事实来决定，而不能通过行政主体与相对人的协商确定。例如，公安机关对盗窃者作出处以 10 日拘留的决定，对此，双方不得通过协商改处 5 日拘留或者以罚款代替。

2. 行政法律关系中行政主体的权责统一

行政主体必须依据行政法律规范的规定作出行政行为，行政法律关系中的权利、义务对于行政主体而言是行政职权与行政职责，行政主体对于这种行政职权或行政职责并不能自由处分，即不能像民事权利那样自愿放弃，否则就是行政失职。在行政组织法中，行政主体的行政职权与行政职责是一致的，权力即意味着责任，两者并非泾渭分明，而是交叉、重叠。可见，在行政法律关系中，行政主体的职权与职责、权力与责任相互渗透，具有统一性。例如，公安机关对盗窃者处以行政拘留 10 日的处罚，相对于该盗窃者，行政拘留是公安机关的权力，但相对于失窃者或国家，行政拘留是公安机关的责任，可见，行政拘留对于公安机关而言既是权力，也是责任。只要发生了特定的法律事实，行政主体不仅有权，还必须依法作出相应的行政行为。

三、行政法律关系的形成、变更与消灭

（一）行政法律关系的形成、变更与消灭概述

行政法律关系并非一成不变的，而是随着现实行政过程的推进形成、变更和消灭。行政法律关系的形成是指在行政法律关系主体之间形成权利义务关系；行政法律关系的变更是指行政法律关系要素的变更，包括主体的变更、客体的变更与内容的变更；行政法律关系的消灭是指行政法律关系权利、义务的消灭，包括主体的消灭、客体的消灭与内容的消灭。

（二）行政法律关系形成、变更与消灭的前提

行政法律关系的形成、变更与消灭需要具备一定的条件，包括法律规范与法律事实两个方面。

1. 行政法律规范

行政法律规范是行政法律关系形成、变更与消灭的法律依据。在现代行政法中，根据法治主义的要求，由立法对一定的行政法律关系进行预设，预先规定特定行政法律关系主体的权利、义务等内容，由此在法律上设定了特定行政法律关系的一般模式。当特定法律事实发生时，适用该法律规定的有关特定行政法律关系的一般模式而形成具体的行政法律关系。可

见，行政法律规范是形成行政法律关系的前提。

与民事法律关系的内容可以由双方当事人自由协商不同，行政法律关系中各当事人的权利、义务往往由法律明确规定，因此，行政法律规范对于行政法律关系而言具有特殊的意义，即预先确定了特定行政法律关系的内容，而且一般不允许行政法律关系的各方当事人通过协商改变该内容。

2. 行政法律事实

行政法律规范仅仅在法律上预设了特定行政法律关系的内容，该预设的内容要成为现实的行政法律关系，必须在现实中发生法律所规定的特定的行政法律事实。行政法律事实是指行政法律规范所规定的，能够引起行政法律关系形成、变更或消灭的客观行为或现象，是联系行政法律规范与行政法律关系的中介。可见，行政法律事实具有如下特点：第一，行政法律事实是由行政法律规范所事先规定的、具有特定法律意义的特定事实；第二，行政法律事实是一种客观的行为或现象，具有客观性，纯粹主观的心理活动或现象并不能成为法律事实。根据行政法律事实的性质的不同，可以将其分为两种类型。

（1）行政法律行为。

行政法律行为是指行政主体或相对人作出的具有行政法上的属性与意义，能够引起行政法律关系形成、变更或消灭的意志性行为。该定义包含以下三个要素：第一，行政法律行为的主体包括行政主体与行政相对人，两者都可以作出特定的行政法律行为；第二，行政法律行为是在行政法上具有特定属性与法律意义的行为，即行政法律规范所确认的、能够发生法律上效力的行为，包括合法行为与违法行为；第三，行政法律行为是一种意志行为，具有内在的意志，即行为的主观方面的动机、目的以及认知能力等要素，意志包括善意与恶意；第四，行政法律行为是一种行为，其意志必须外在地表现为客观的行动。

（2）行政法律事件。

行政法律事件是指由行政法律规范规定的，不以当事人的意志为转移的，能够引起行政法律关系形成、变更或消灭的客观事实。该定义包含以下要素：第一，行政法律事件是由行政法律规范规定的事实，具有引起行政法律关系形成、变更、消灭的法律意义；第二，与行政法律行为具有意志性不同，行政法律事件与当事人的意志无关；第三，行政法律事件是客观事实。根据事实性质的不同，行政法律事件可以分为社会事件与自然事件，前者如社会革命、战争、动乱等，后者如自然灾害、自然人的死亡等。

值得注意的是，行政法律事实虽然是行政法律关系形成、变更与消灭的前提条件，但与行政法律关系未必是一一对应的，有时一个行政法律事实可能引起多个行政法律关系的形成、变更或消灭，而有时也可能是由多个行政法律事实引起一个行政法律关系的形成、变更或消灭，此时，多个行政法律事实所构成的整体被称为“事实构成”。

四、行政法律关系的类型

根据不同的标准，对行政法律关系可以进行不同的分类。例如，根据行政法关系中主体的不同，可以将行政法律关系分为行政主体与行政相对人之间、行政主体之间、行政主体与公务员之间的行政法律关系。此外，根据行政法律关系中当事人之间关系的不同，行政法律关系还可以被划分为内部行政法律关系和外部行政法律关系两大基本类型。内部行政法律关系是指双方当事人均为行政机关或隶属行政机关的行政法律关系，上述的行政主体之间、行政主体与公务员之间的关系都属于内部行政法律关系。内部行政法律关系的主体都属于国家行政系统，因而属于国家行政系统内部的法律关系，反映了国家行政系统内部的分工、管理与监督等。而外部行政法律关系是指国家行政机关和法律法规授权组织在行政管理过程中行使行政职权，与作为行政相对人的个人、组织所发生的法律关系。内部行政法律关系和外部行政法律关系区分的意义在于两者分别适用不同法律原则与行政法律规范，不得交叉适用。这被称为"交错无效原则"。

传统行政法学将行政法律关系区分为外部行政法律关系与内部行政法律关系，并分别适用不同的法律原则。对于外部行政法律关系，强调行政主体与行政相对人的二元对立；对于内部行政法律关系，则以特别权力关系为由将行政内部行为排除于行政法学的研究对象之外。

第二节　行政主体与相对人的关系

在行政法律关系理论中，最核心的内容是有关行政主体与行政相对人的关系问题。传统行政法学以公私法二元论为基础，在法律关系中采用"行政主体与相对人二元论"，强调行政权的特殊性与优越性。

一、行政主体与相对人二元论

根据当事人之间关系的不同，行政法律关系被划分为内部行政法律关系与外部行政法律关系。而行政法学注重于对外部行政法律关系的考察，将外部行政法律关系中的行政主体与相对人置于对立的位置。行政主体是指在行政法律关系中具有行政管理权限、对相对人进行行政管理的一方当事人，在行政法律关系中具有特殊的权力性与优越性，而相对人是指与行政主体一方相对立的、处于被管理地位的公民、法人或其他组织。相对于"行政主体"的称呼，相对人有时甚至被称为"行政客体"[①]，表明相对人完全处于消极、被动的被管理地位，由此构建了行政主体与相对人之间的二元论。

公私法二元论在政治学或社会学上体现为国家与社会的二元论，在行政法律关系上体现为行政主体与相对人的二元论。传统行政法学理论强调公益优先原则与行政权的优越性，由此造成了行政法律关系中行政主体与相对人的二元对立。因此，对于行政主体与相对人二元论与公私法二元论的关系，一般认为后者是前者的理论基础，而前者是后者的具体体现。行政主体概念的使用在方法论上极其巧妙，该概念原本用于称呼在行政法律关系中承担行政的一方主体，据此可以直接推导出"行政主体＝非私法主体＝公法主体"的等式。[②] 而行政相对人是与公法主体相对的"私法主体"，有时又被直接称为"私人"。

二、行政主体与相对人二元论的相对化

行政法律关系是指在相对立的权利主体之间一方对于相对方具有某种权利，而相对方负有对应的义务的关系，但该法律关系以行政主体为中心，相对人的地位被忽视或者轻视。随

---

① 行政主体与行政客体的用语仅仅是在行政法学上具有技术性、为了方便而使用的术语，与两者之间的价值评价毫无关系。参见［日］杉村敏正：《行政法概説総論》，改订版，70－71页，东京，有斐阁，1973。

② 参见［日］岡田雅夫：《行政法学と公権力の観念》，160页，东京，弘文堂，2007。

着现代公共行政的发展，公私法领域相互交融，现代行政法学不仅赋予相对人与行政主体对等的地位，而且通过鼓励相对人参与行政活动等方式充分发挥相对人在行政过程中的积极作用，行政主体与相对人的二元对立关系逐渐相对化。在此基础上，“公私协动论”“对话型行政法”等观点也已经被提出。

三、行政主体的优越性及其理由

（一）行政主体的优越性

传统大陆法系的行政法理论将行政法界定为公法，行政法的公法属性主要体现为行政主体的优越性以及行政行为的权力性、强制性特征。行政主体的优越性是指在行政法律关系中，行政主体相对于相对人具有优越地位，行政主体具有命令权、强制权，而相对人负有服从的义务。从这种意义上来说，行政法律关系是不对等者之间的关系，行政主体对于相对人来说是在法律上具有优越地位的主体。而相对于行政主体的优越性，相对人处于防御公权力侵犯的被动地位。

（二）行政主体优越性的理由——公益优先原则

行政主体在行政法律关系中具有这种优越性的理由在于“公益优先原则”。行政活动以公益为目的，行政主体代表公共利益而行使职权，因此，行政主体在法律地位上优先于仅仅代表个人利益的相对人。当行政主体所代表的公共利益与相对人的利益相冲突时，根据利益衡量原则一般承认行政主体所代表的公共利益优先。

第三节　特别权力关系理论

与外部行政法律关系中强调行政主体与相对人的二元对立不同，对于内部行政法律关系，传统行政法学理论认为，由于并不影响外部相对人的权利、利益，而仅仅涉及行政主体内部的关系，因此，应当适用不同于外部行政法律关系的法律原理。在此基础上形成了特别权力关系理论。① 该理论源于 19 世纪的德国，是传统行政法学的基础理论之一。

一、传统特别权力关系理论

传统行政法学理论根据是否属于法律调整将行政主体与相对人的关系分为法律关系与事实关系，而以法律关系主体的隶属关系或者行政权力的作用范围为标准，将行政法律关系划分为内部行政法律关系与外部行政法律关系。不具有法律依据的事实行为则作为法外现象被排除于行政法的视野之外，而对于内部行政法律关系与外部行政法律关系则分别采取不同的合法性要求与救济方式，这源于传统的特别权力关系理论。

传统的特别权力关系学说源于 19 世纪的德国，由当时著名的行政法学家拉班德、奥托·迈耶等提出。特别权力关系是指在特定行政领域内，为达到行政目的，在公民与国家之间所建立的加强公民对国家从属性的关系，例如学校、监狱、公务员等管理领域中的关系。按照行政法的传统观念，国家与普通公民之间存在一般权力关系，在这种关系中国家行使公

---

① 内部行政法律关系与特别权力关系并不完全相同，但两者之间存在密切联系。

权力要受到“法治原则”的支配，行政主体必须遵循法律保留、法律优先等依法行政的原则。而在特别权力关系中，双方当事人之间形成的是一种特别的内部关系，从而否定了一般性权利救济的可能性，其“特别”之处在于其被排除于法治主义原则之外。因此，特别权力关系又被称为“法治国家的丛林”或“法治国家未被开拓的领域”。针对行政机关与公务员、公立学校与学生、监狱与犯人等之间的特别权力关系，行政主体可以自行规定调整该特别权力关系的规则，无须法律授权即可对相对一方作出侵害性行为。由于相对一方的权利、利益受到一定的限制，即使合法权益遭受行政主体的非法侵害，也只能按照特别权力关系内部规则所规定的途径进行内部性救济，而不得请求外部性的司法救济。例如，我国的《行政诉讼法》和《公务员法》仍然坚持特别权力关系理论，将对公务员的行政处分等排除于行政诉讼的救济范围之外。

传统特别权力关系理论主要适用于公务员的勤务关系、营造物的利用关系、在监关系、对特许事业者的国家监督关系、公共行会的关系等方面。例如，根据《行政诉讼法》第 13 条第 3 项的规定，公民、法人或者其他组织对于“行政机关对行政机关工作人员的奖惩、任免等决定”不服而提起诉讼的，人民法院不予受理。

二、特别权力关系理论的发展

随着第二次世界大战后实质法治主义在各国行政法中的确立，学界对传统的特别权力关系理论也提出了各种批判，在此基础上提出了各种修正特别权力关系理论的观点。[①] 例如，德国行政法学者乌勒提出了“基础关系与管理关系理论”，即将特别权力关系细分为基础关系与管理关系，基础关系是指设定、变更、终止相对人身份（例如公务员任命、免职、命令退休或学生入学许可、退学、开除）以及财产上（例如加薪、减薪、退休、抚恤）的关系，而管理关系是指行政机关为达到行政上的目的，指示其公务员作为组织的一部分而完成机关内部勤务的关系。特别权力关系理论仅仅适用于管理关系，而不能适用于基础关系。此后，鉴于基础关系与管理关系之间界限的不明确性，1972 年德国联邦宪法法院通过司法判例提出了“重要性理论”，“重要性”是由所规范事物的内容、范围、比例等是否对整体（人民或各该权力关系）具有重要的意义来决定的，而基本人权的保障是决定是否具有“重要性”的最关键因素。只要特别权力关系中的行为涉及基本权利的重要事项，即应受法治国原则的支配。因此，不仅是基础关系事项应以法律规定，即便是管理关系中涉及人权的“重要事项”，也应以法律规定，而且应接受法院的司法审核。此外，日本行政法学者兼子仁提出的“特殊法论”认为，所谓的特别权力关系多数是依据当事人自治决定的“自治性法律关系”，例如，公务员的勤务关系只不过是根据公务员的身份对劳动契约进行修正的特别劳动契约关系，在通过形式性的行政行为设定或变更关系的方面可以理解为其具有公法契约的性质。[②]

随着这些观点的提出，特别权力关系理论的适用范围越来越小，甚至有学者提出应当完全废除特别权力关系理论。但从各国行政法的实践来看，特别权力关系理论在一定程度上仍然适用。

---

① 以下参见王成栋、刘雪梅：《特别权力关系理论与中国行政法》，载罗豪才主编：《行政法论丛》，第 6 卷，109 页，北京，法律出版社，2003。

② 参见［日］兼子仁：《行政法と特殊法の理論》，283－284 页，东京，有斐阁，1989。

三、特别权力关系的救济

特别权力关系理论认为，公务员与其所属的行政机关之间的关系、服刑人员与其所在的监狱之间的关系、学生与其所属公立学校之间的关系等属于特别权力关系，这些关系的主体之间发生的纷争属于组织成员与组织之间的内部纠纷，应当通过内部设置的申诉、控告等途径解决。即使组织作出的行为有可能侵害其成员的权益，事先也无须以法律的明文规定作为依据，事后也不得通过向法院提起诉讼的方式进行救济，而只能通过内部途径救济。可见，在特别权力关系的领域内，传统的法治主义被排除在外。

对于特别权力关系理论，也有学者从法治主义的角度出发进行批评。从现代行政法来看，在这些特别权力关系的领域都制定了相应的法律，例如公务员法、教育法、监狱法等，应通过法制化将这些领域纳入法治主义的适用范围之内。随着特别权力关系理论在现代行政法理论中受到了质疑，对于特别权力关系的司法救济在现代法治主义下也成了可能。因此，对于特别权力关系是否属于行政诉讼受案范围的判断不应当受到传统特别权力关系理论的影响，其标准与其他的行为相同，应当以是否直接、具体地影响行政相对人的权利、利益为标准。例如，在我国法院的判决中已经承认了对于公立大学对学生作出的退学处分、不予录取决定、不准予毕业或者拒绝颁发学位证书等行为可以提起行政诉讼。

第四节　行政相对人

在行政活动过程中，行政主体行使行政职权、对外作出决定，必然有一个承受的对象，这个对象被称为行政相对人，即在行政法律关系中与行政主体相对应的一方当事人。可见，行政法律关系中管理一方的当事人是行政主体，而被管理一方的当事人便是行政相对人。

一、行政相对人的概念

行政相对人是指行政法律关系中与行政主体相对应的另一方当事人，即处于被管理地位的组织和个人，包括我国公民、法人或其他组织以及我国境内的外国人、无国籍人、外国组织。作为行政法律关系的主体，行政相对人在行政法律关系中享有一定的权利，并承担一定的义务。

行政相对人是一个法学概念，而非法律用语，在《行政处罚法》《行政许可法》《治安管理处罚法》《行政复议法》《国家赔偿法》等法律中一般使用“公民、法人或者其他组织”的用语。但是，通过 2014 年 11 月的修改，《行政诉讼法》第 25 条第 1 款使用“行政行为的相对人”概念代替了旧法中的“公民、法人或者其他组织”，由此，“相对人”也成为法律术语。而且，在《行政诉讼法》中，采用的狭义“相对人”的概念，仅指行政行为所直接针对的人，而把“其他与行政行为有利害关系的公民、法人或者其他组织”排除在外。而在行政法学理论上，一般采用广义的相对人概念。广义的相对人概念是指在行政法律关系中与行政主体相对应的一方当事人，包括与行政行为具有利害关系的公民、法人或者其他组织。当然，在现实行政过程中并非所有的公民、法人和其他组织都是行政相对人，只有在具体的行政法律关系中与行政主体的行政活动具有利害关系的公民、法人和其他组织才是行政相对人。根据这种“利害关系”的不同，广义的行政相对人又可以分为直接行政相对人与间接行政相对人。直接行政相对人是指行政主体作出的行政行为所直接指向的组织或个人，例如行政许可中的许可申请人。直接行政相对人与狭义上的相对人概念一致，相当于《行政诉讼法》第 25 条第 1 款所规定的“相对人”的概念。而间接行政相对人是指行政主体作出的行政行为在主观上并没有直接指向，但因该行为的客观结果利益受到影响的组织或个人，相当于《行政诉讼法》第 25 条第 1 款所规定的“其他与行政行为有利害关系的公民、法人或者其他组织”，例如，行政许可中有可能受到许可项目污染的周边居民。由于这种利害关系是间接的，间接行政相对人有时也被称为“行政第三人”或“利害关系者”，例如《行政许可法》称之为利害关系人。

二、行政相对人的法律地位

相对人的法律地位是相对人权利和义务的综合体现，因传统行政法律关系以行政主体为中心，相对人法律地位受到忽视，甚至被赋予了“客体”的地位。① 在传统行政法学中，根据公私法二元论的观点，行政法律关系中行政一方被称为“行政主体”，而同属于行政法律关系主体的相对人却被称为“行政客体”，可见，在传统行政法学理论中相对人仅仅是接受行政主体活动支配的被动主体。“行政主体”与“行政相对人”这种概念表明，在公法领域掌握主动权的是作为“公共利益管理者”的行政主体，相对人与行政主体的关系并不对等，只不过是通过提出申请等方式以附带的形式对行政过程产生影响，例如纳税申报、许可申请或者申请的撤回等。但在现实中，相对人在行政过程中并非毫无作用，例如有学者就提出了相对人的“公法行为”的概念。② 此外，行政主体概念中的“主体”一词体现了行政主体在行政法律关系中的优越地位，而行政主体的概念与行政客体的概念相对应，但将行政相对人称为行政客体显然是不适当的。因此，有学者认为应当使用“行政体”的概念代替传统的行政主体概念③，以达到在名称上体现行政法律关系双方当事人之间的平等地位。

行政相对人作为行政法律关系的一方当事人，必须服从作为另一方当事人的行政主体的管理，但行政相对人也并非完全处于被支配的地位，在行政法律关系中也发挥着积极、能动的作用。现代行政法学认为相对人具有与行政主体平等的主体地位，强调相对人的参与，注重充分发挥相对人在行政过程中的积极作用，使行政主体与相对人在合意基础上共同实现行政目的。在行政过程的各个阶段，相对人与行政主体的权利、义务分配并不完全相同，但从整体上看，在整个行政过程中相对人与行政主体的权利、义务对等，相对人本身的权利与义务在整个行政过程中也对等。行政过程并非仅仅是行政主体单方面进行行政活动的过程，除行政主体外，行政相对人或利害关系人等也都正式或非正式地介入行政过程中。在传统行政法学中，相对人的行为往往被认为不具有行政法上的法律效力，其在行政过程中的作用被忽视。但现代公共行政强调公共行政的服务精神，这使行政主体与相对人的对立关系相对化。现代公共行政注重和相对人的对话与合作，倾向于运用以相对人的同意为基础的行为形式，如行政契约、行政指导等。在这些行政活动过程中，并非行政主体单方面作出行政行为，相

① 参见［日］塩野宏：《行政法Ⅰ行政法総論》，4 版，237 页，东京，有斐阁，2004。

② 参见［日］田中二郎：《新版行政法》，全订第 2 版，上卷，110 页，东京，弘文堂，1974。

③ 参见［日］芝池義一：《行政法総論講義》，4 版，3 页，东京，有斐阁，2001。

对人也参与其中，其作出的行为也具有重要的法律意义。因此，现代行政法必须将“行政主体”与“相对人”的二元对立关系相对化，尽可能地促进公民积极参与行政活动的整个过程，包括事前对行政立法、决策过程的有效参与，事中对行政决定、执法过程的有效参与，事后对行政监督、救济过程的有效参与等。相对人参与整个行政过程有利于控制行政权的滥用和逾越，保障相对人的合法权益，也是“权利制约权力”原则实现的途径。

党的二十大报告强调要坚持以人民为中心的发展思想，维护人民根本利益，增进民生福祉，不断实现发展为了人民、发展依靠人民、发展成果由人民共享，让现代化建设成果更多更公平惠及全体人民。习近平法治思想特别强调法治建设应当坚持以人民为中心，坚持法治为民服务理念。从这种意义上来说，现代行政法学不仅应当考察与规范行政主体在行政活动过程中所进行的各种行为形式，而且，也应当将相对人在行政活动过程中作出的行为纳入行政法学的视野，全面、动态地予以考察与规范。从这个意义来说，现代行政法学中的相对人与行政主体处于平等的法律地位，相对人的行为在行政过程中发挥着重要的作用。

三、行政相对人的权利、义务

传统行政法学在探讨行政法律关系中相对人的权利时，以公权利理论与反射利益理论作为理论基础。在现代行政法学中，这两种理论都被认为存在着一定的问题，但对行政法仍有一定的影响。因此，下面首先探讨这两种理论，然后论述行政法律关系中相对人的权利、义务。

（一）公权利理论

公权利有时又被称为“公权”（并非指公共权力），是指行政相对人在公法或行政法上的权利。该概念以传统行政法学中的公私法二元论为基础，产生于19世纪后半期的德国，是作为当时占据支配地位的公权利否认论（即在行政法中否认存在着公民个人相对于国家的权利的观点）的对抗理论而形成的，主要是指通过行政裁判保护的相对人在行政实体法上的权利。在这种意义上，公权利在对抗行政权而确立相对人权利上具有重要的历史意义。从公共利益的观点来看，公权利具有与私法上的权利所不同的特殊性。例如，选举权等参政权、工资受给权或公物利用权等受益权、争诉权以及各种自由权等，从与公共利益的关联性出发，被禁止或限制转让、继承、抵押、放弃等，并强调权利的相对性。

鉴于现代行政中公私法领域的融合趋势，公私法的区分也逐渐相对化，因此，在现代行政法学中，公权利理论并非绝对的，但并不能以此否认行政法律关系中相对人权利的特殊性。

（二）反射利益理论

传统行政法学区分由行政主体代表的公共利益与行政相对人的个人利益，将伴随着现实行政活动而产生的相对人的利益称为相对人对于行政主体所具有的“公权利”，即公法或行政法上的权利。在行政法专门为了公共利益而规定国家或相对人的行为时，在结果上使得相对人作为反射效果而在事实上所得到的利益被称为“反射利益”。可见，反射利益是指法律的规定以专门保护公共利益为目的，法律的适用使个人受益，即属于公共利益反射的利益，而被排除于行政诉讼所保障的权利之外。例如，通过消费者保护法所保护的一般消费者的利益只不过是该法律保护公共利益的结果所产生的反射利益，而并非一般消费者的法律利益。

反射利益理论在理论上的基础主要有：第一，行政法的公益目的性原则，即行政法一般以保护或实现公益为目的，只有在存在特别法律规定时才以保护个人利益为目的；第二，公共利益与个人利益的区别论，即公共利益是超越特定个人利益的总体利益，与个人利益具有不同的性质，甚至相互对立；第三，公益保护的行政专属性，即公益的具体保护或实现是专属于行政权本身的任务。① 在这种观念下，反射利益理论认为个人的反射利益应当被一般性的公共利益消解，但这种理论仅仅适用于现代性的生存权等人权尚未确立的时代，在现代法治主义确认人权保障原则的情况下，个人利益也作为法律利益而得到承认。可见，反射利益理论体现了公益的过度扩张，从而制约了对于相对人权利或利益的法律救济。

（三）行政相对人在行政法律关系中的权利、义务

行政相对人的法律地位具体体现为在行政法律关系中相对人所享有的权利与负担的义务。根据权利、义务对等原则，行政相对人享有的权利与负担的义务应当对等，而且，行政相对人享有的权利与行政主体负担的义务、行政相对人负担的义务与行政主体享有的权利之间也存在着对应的关系。

1. 行政相对人的权利

行政相对人的权利是指行政法律规范所规定或确认的，在行政法律关系中由行政相对人享有，并与行政主体的义务相对应的各种权利，主要包括申请权、参与权、了解权、批评建议权、申诉控告权、检举权、陈述权、申辩权、申请复议权、提起行政诉讼权、行政赔偿请求权、抵制违法行政行为权等。

2. 行政相对人的义务

行政相对人的义务是指行政法律规范所规定的对行政相对人必须作出一定行为或不得作出一定行为的约束。义务根据行政法律规范而产生，并由国家强制力保障其履行，相对人违反法律义务时应当承担法律责任。与相对人的权利相对应，相对人的义务主要包括服从行政管理的义务、协助公务的义务、维护公益的义务、接受行政监督的义务、提供真实信息的义务、遵守法定程序的义务等。

当然，在行政活动过程中所产生的法律关系主体双方的权利、义务不是固定不变的，而是呈现出主体双方实体与程序、权利与义务相互变动的复杂过程，涉及两种不同性质的权利与义务的更替。② 通过这种程序与实体、权利与义务分配上的相互转化，最终求得双方当事人权利、义务的完全对等。

四、行政相对人的参与

传统行政法学理论中，相对人处于防御公权力侵犯的被动地位，而在现代行政法学中相对人应当处于积极参与行政过程的能动地位。参与权是行政相对人的一项程序性权利，是指相对人通过各种途径参与行政过程，并以适当的方式影响行政主体的行为，以保障相对人自己合法权益的权利。党的二十大报告强调要“发展全过程人民民主，保障人民当家作主”。全过程人民民主是社会主义民主政治的本质属性，不仅体现在协商民主、基层民主等方面，

① 参见［日］田中二郎：《新版行政法》，全订第2版，上卷，84页，东京，弘文堂，1974。

② 参见朱维究、阎尔宝：《程序行政行为初论》，载《政法论坛》，1997（3），89页。

而且也体现为在行政过程中相对人的参与。例如，我国《宪法》第 41 条规定了公民在行政过程中具有的申诉权、控告权、检举权、行政赔偿请求权等参与权利；《立法法》第 74 条规定了行政法规在起草过程中听取社会公众意见的程序，《价格法》第 23 条规定了价格听证程序，《行政处罚法》第五章第四节（第 63 条至第 65 条）规定了处罚的听证决定程序，《行政许可法》第 46 条及第 47 条规定了许可听证程序等。这些参与权利和参与程序的规定，为相对人参与行政过程提供了机会，但从参与的程度以及参与的效果来看，还存在着明显的不足。对此，希望在以后出台的行政程序法中进行具体规定，扩大相对人参与行政过程的范围，并确保相对人参与的法律效果。

在确保相对人参与的基础上，实现“公私协动”，即由于作为行政目的的公共利益与相对人的个人利益相一致，在行政过程中行政主体与相对人应当相互协助，共同实现公共利益与个人利益。在行政过程中，行政主体在作出行政行为之前，有时也要求以听证会等方式听取相对人的意见，虽然是否听取意见最终还是由行政主体决定，但行政主体也不得无视相对人的意见，可见，相对人在行政过程中起到了一定的作用。这种行政过程体现为行政主体与行政相对人的对话过程。在此基础上，有学者提出“对话型行政法的构建”，主张构建提高相对人地位的法律构造，确保、充实行政主体与相对人的对话，通过对话防止或解决行政过程中的纷争，确保在实现公共利益的同时实现相对人的个人利益。

可见，随着现代行政中公私法领域的相对化，行政主体与相对人之间的对立关系也应当进一步缓和。现代行政法学应当在鼓励行政相对人积极参与行政过程的基础上，构建“公私协动”的公共行政模式以及对话型的行政法学理论。

第七章　行政主体理论

行政主体是在行政法律关系中具有行政职权而对相对人作出特定行为的一方当事人。传统行政法学采用行政主体与相对人二元论，保障行政主体的权力性与优越性，由此使行政主体成为行政法学中的核心概念之一。因此，探讨行政主体的概念、职权、权限等也就成为行政法学的重要内容之一。

在此基础上，现代行政过程论提倡构建行政过程中相对人与行政主体相对等的法律地位，在鼓励相对人积极参加行政过程的基础上，构建"公私协动"的公共行政模式以及"对话型行政法"的体系。

第一节　行政主体的概念

行政主体的概念是行政法学中的基础性概念之一，我国行政法学界在参照法国、德国、日本等大陆法系国家的行政法学的基础上，引进了"行政主体"概念。但是，我国的行政法学界对于行政主体的含义存在着不同的理解。

一、行政主体的概念概述

（一）外国行政法中行政主体的概念

行政主体概念的提出是宪法理论中的"国家法人说"在行政法学理论中发展的结果，"国家法人说"认为国家是相对于民事法人的公法人，国家具有一定的组织、拥有一定的财产，并具有统治权，在法律上是享有权利、承担义务的主体，具有法律上的人格①，体现在行政法中，即具有行政职权的行政机关是在行政法律关系中享有权利、承担义务的法律主体，因此称为"行政主体"。

在法国，行政主体是实施行政职能的组织，即享有实施行政职务的权力，并负担由于实施行政职务而产生的权利、义务和责任的主体②，包括国家、地方团体以及公务法人。在德国，行政主体是指在行政法上享有权利、承担义务，具有一定职权并可设置机关以便行使，借此实现行政任务的组织体③，包括国家与公法人，而公法人又包括公法社团、公共营造物、被授权者等。在日本，行政主体是指在行政法律关系当事人中具有进行行政的权能的一

① 对此也有观点表示反对，认为国家是特殊的民事权利主体，但非法人。在我国，持这种观点的学者较多。

② 参见王名扬：《法国行政法》，38 页，北京，中国政法大学出版社，1988。

③ 参见吴庚：《行政法的理论与实用》，154 页，台北，三民书局，1992。

方[①]，是行政权的主体或统治权的主体[②]，包括国家与公共团体，而公共团体又包括地方公共团体、公共组合、营造物法人等。可见，大陆法系国家都将国家作为行政主体，而隶属于国家的各级行政机关或行政机构一般并不具有行政主体的资格。

（二）我国行政法中行政主体的概念

在我国，行政主体的概念存在着争议，但一般认为，行政主体是指依法享有行政职权，能够以自己的名义行使行政职权并独立承担责任的组织。该定义包括以下含义：第一，行政主体依法享有独立的行政职权，行政职权是行政主体的核心内容；第二，行政主体能够以自己的名义对外行使行政职权，并对相对人作出特定行政行为；第三，行政主体对于自己行使行政职权而作出的行政行为独立地承担法律责任，依法享有、承担行政法律关系中的权利、义务；第四，行政主体是组织，而非个人。根据该定义，我国的行政主体主要包括行政机关与法律法规授权的组织。行政主体是一个学术概念，在实定法上，一般直接称为"行政机关"。例如《行政诉讼法》第 26 条第 1 款规定"作出行政行为的行政机关是被告"，第 2 条第 2 款又规定"行政行为，包括法律、法规、规章授权的组织作出的行政行为"。可见，在《行政诉讼法》中，行政机关概念基本等同于行政主体概念。

（三）我国行政法中行政主体概念的问题

与外国行政法中的行政主体概念相比较，我国行政法中的行政主体概念存在着特别之处。在外国的行政法中，一般认为行政机关并不能以自己的名义行使行政职权或独立承担法律责任，而是代表国家行使行政职权，并由国家承担法律责任。例如，在国家赔偿时，承担赔偿责任的主体是国家，而非具体行使行政职权、作出违法侵害行为的行政机关。但在我国，却将各级政府以及政府部门等行政机关都作为行政主体，认为这些行政机关具有以自己的名义行使行政职权并独立承担法律责任的资格。例如，《行政诉讼法》第 26 条第 1 款规定，"作出行政行为的行政机关是被告"。但是，根据《国家赔偿法》的规定，作出侵害行为的行政机关是赔偿义务机关，而赔偿的费用由各级财政负担，即国家才是行政赔偿的主体。可见，在我国的行政法律制度中，对于有关行政机关是否可以作为行政主体，存在着相互矛盾之处。

此外，随着行政改革的进行，特别是近年来"简政放权"的推进，原本由行政机关所垄断的行政职能发生分化，许多职能向非国家公权力组织转移，从而使得部分社会公共组织在一定领域获得了公共权力，行使公共职能。对于这些公共组织，我国行政法使用"法律法规授权的组织"进行概括，但从组织的性质来看，这些公共组织并非行政系统的组织，因此，出现了"行政组织"与"行政主体"概念的不对应性。

（四）行政主体概念的界定

"行政主体"的概念除了与"行政组织"关系密切外，与行政诉讼中的被告资格也具有很大的关联。我国的行政法学一般将两者等同对待。而日本的行政法学将行政主体限定为国家与公共团体，将行政机关排除在行政主体的概念之外，但日本的《行政事件诉讼法》将行

---

① 参见［日］藤田宙靖：《行政法Ⅰ·総論》，4 版，14 页，东京，青林书院，2005。

② 参见［日］田中二郎：《新版行政法》，全订第 2 版，上卷，26 页，东京，弘文堂，1973。

政机关作为被告，由此产生了概念上的混乱。① 对此，有观点认为，行政主体、行政机关的概念在行政行为法中与行政组织法中并不完全相同。例如，对于行政主体的概念，盐野宏认为存在着行政组织法与行政行为法两种不同层次上的含义，对于行政组织法上的行政主体，如果以国家与社会的复杂关系为前提，由国家赋予其存在的目的，承认其业务本身并非国家行政事务的法人人格的存在在逻辑上并非不可能。因此，“特殊法人—行政主体论”“政府关系法人论”等具有一定的意义。更确切地说，以对社会有用的业务的存在为前提，在将其认定为行政事务的基础上，国家为了实现该业务而委托给其他法人时，应当承认其行政主体的资格。② 传统行政法学以原本行政行为法中的“行政法＝公法体系论”的方法作为自己的方法论，由此将其考察对象定位于“行政主体＝公法人”。而上述理论切断了这种关系，在行政组织法上采用了新的方法论。③ 这种“新的方法”也可以成为解决目前我国行政法中行政主体概念混乱问题的借鉴。

二、行政主体与相关概念辨析

行政主体与行政法主体、行政组织、行政机关、行为主体、公务员等概念相关，必须加以区分。

（一）行政主体与行政法主体

行政法主体即行政法律关系主体，是指受行政法调整和支配，在行政法律关系中享有权利和承担义务的组织或个人。可见，行政法主体概念的内涵与外延比行政主体宽泛，行政主体是行政法主体的一部分。

（二）行政主体与行政组织

严格地说，行政组织是行政学上的概念，包括各种行政机关以及行政机关内部的各种行政机构。其中，只有行政机关才可以在具体行政法律关系中成为行政主体，行政机构在没有得到法律法规授权的情况下不能成为行政主体。而且，行政主体并不仅限于行政组织中的行政机关，还包括法律法规授权的组织，例如，公立高校不属于行政组织，但在法律法规授权时，可以成为行政主体。可见，行政主体与行政组织存在着部分交叉。

（三）行政主体与行政机关

行政机关的概念有广义与狭义之分：广义上的行政机关就是指行政组织，包括各级人民政府及其内部的各行政机构。狭义上的行政机关是指依法能够以自己的名义代表国家对外行使行政职权并独立承担其法律后果的行政组织。可见，狭义的行政机关在行政法律关系中可以成为行政主体。但行政主体与行政机关并非完全相同：第一，行政主体是个法学术语，在法律理论论述时使用，而行政机关是个法律术语，在法律规范中可以直接使用。相对而言，行政机关概念的使用范围较为广泛，在行政学、行政法学以及行政法律规范中普遍使用，而行政主体概念一般仅仅适用于行政法学的论述中。第二，行政主体不仅仅是指行政机关，还

① 2004年《行政事件诉讼法》修改后，规定由行政机关所属的国家或公共团体作为被告，由此实现了行政诉讼被告由“行政机关主义”向“行政主体主义”的转变。

② 参见［日］塩野宏：《特殊法人に関する一考察》，载［日］竹内昭夫编：《現代商法学の課題：鈴木竹雄先生古稀記念》，上卷，391页，东京，有斐阁，1975。

③ 参见［日］岡田雅夫：《行政法学と公権力の観念》，168页，东京，弘文堂，2007。

包括法律法规授权的组织。第三，行政机关只有在具体的行政法律关系中才有可能成为行政主体，一般状态下，行政机关仅仅表明了一种组织状态，只有当行政机关行使或不行使行政职权，发生特定的行政法律关系时，行政机关才有可能成为行政主体。此外，值得注意的是行政机关有时也可以以行政相对人的身份出现在行政法律关系当中。

（四）行政主体与行为主体

行为主体是指不以自己的名义，也不需要自己承担行为的法律后果，但直接、具体地实施行政行为的组织或个人。例如，某行政机关的内部机构行使该行政机关的行政职权，以该行政机关的名义，作出特定行政行为，产生的法律后果由该行政机关承担。此外，在行政委托时，由被委托者以委托者的名义实际行使委托者的行政职权，并由委托者承担法律后果。其中的内部机构与被委托者都是行为主体，而行政机关与委托者是行政主体。

（五）行政主体与公务员

公务员是指依法履行公职、纳入国家行政编制、由国家财政负担工资福利的工作人员，是依法以行政主体名义行使行政权的自然人。而行政主体是一种组织，而非个人。在现实中，公务员是行政主体的构成人员，以行政主体的名义行使行政主体的职权，并由行政主体承担法律后果。[①] 可见，在行政法律关系中，公务员有可能成为行政主体的组成人员，但公务员并不能成为行政主体本身。

三、行政主体的类型

根据不同的标准，可以对行政主体进行不同的分类。

（一）外部性行政主体与内部性行政主体

按照行政主体的行政职权范围的不同，可以将行政主体分为外部性行政主体与内部性行政主体。外部性行政主体是指具有对外行政管理权限，向相对人作出行政行为的主体，具体包括行政机关与法律法规授权的组织；而内部性行政主体是指具有组织内部的管理权限，对本组织内部进行监督、管理行为的主体，例如审计机关、上级行政机关等。但两者的界限并非绝对的，同一行政机关在不同情况下有可能分别成为外部性行政主体或内部性行政主体。

（二）职权性行政主体与授权性行政主体

根据行政职权的来源不同，可以将行政主体划分为职权性行政主体与授权性行政主体。

1. 职权性行政主体

职权性行政主体是指依照宪法和组织法的授权，在成立之时就具有行政职权并获得行政主体资格的组织，即具有独立法律地位的国家行政机关。职权性行政主体的行政职权随组织的成立而形成，而无须其他组织授予。具体包括：（1）国务院；（2）国务院各部、各委员会、直属机构，例如公安部、教育部、国家税务总局、海关总署、审计署等国务院组成部门；（3）地方各级人民政府，包括省级、市级、县级、乡镇级人民政府；（4）县级以上地方各级人民政府职能部门；（5）县级以上地方人民政府的派出机关，主要包括省级人民政府经

① 如果公务员本身具有过错，行政主体在承担行政责任后，可以行使追偿权，依法追究其公务员个人的法律责任，但这种责任与行政主体的责任并不相同。

国务院批准设立的派出机关——行政公署以及市辖区、不设区的市人民政府经上一级人民政府批准设立的街道办事处。

2. 授权性行政主体

授权性行政主体是指依据具体的法律、法规、规章[①]授权而行使特定行政职权的组织。与职权性行政主体在成立时的一般性授权不同，授权性行政主体是在特定的行政法律规范中被特别地授予特定行政职权，其范围仅限于授权规范的明文规定，通常比较具体且有限。

第二节 行政主体的职权

行政主体的职权即行政职权，是行政权具体化的结果。行政法的目的在于保障行政主体行政职权行使的合法性和合理性，可见，行政职权是行政法学的核心概念之一。2015 年 3 月，中共中央办公厅、国务院办公厅印发了《关于推行地方各级政府工作部门权力清单制度的指导意见》，要求地方各级政府及政府各部门对自己的行政职权进行清理，制作本级政府以及本部门的权力清单和责任清单。2015 年 12 月，中共中央、国务院印发了《法治政府建设实施纲要（2015—2020 年）》，要求“大力推行权力清单、责任清单、负面清单制度并实行动态管理。在全面梳理、清理调整、审核确认、优化流程的基础上，将政府职能、法律依据、实施主体、职责权限、管理流程、监督方式等事项以权力清单的形式向社会公开，逐一厘清与行政权力相对应的责任事项、责任主体、责任方式”。党的二十大报告强调要“深化党和国家机构改革，坚持和完善中国特色社会主义制度、推进国家治理体系和治理能力现代化”，对于行政组织，要求“转变政府职能，优化政府职责体系和组织结构，推进机构、职能、权限、程序、责任法定化，提高行政效率和公信力”。2023 年 3 月，中共中央、国务院印发《党和国家机构改革方案》，把深化党和国家机构改革作为推进国家治理体系和治理能力现代化的一项重要任务，按照坚持党的全面领导、坚持以人民为中心、坚持优化协同高效、坚持全面依法治国的原则，深化党和国家机构改革。在此基础上，地方各级政府及各部门必须分门别类全面彻底梳理行政职权，逐项列明设定依据；对没有法定依据的行政职权，应及时取消；依法逐条逐项进行合法性、合理性和必要性审查；在审查过程中，要广泛听取基层、专家学者和社会公众的意见；公布权力清单；积极推进责任清单。

一、行政权与行政职权

（一）行政权

行政权又被称为“行政权力”，是指国家行政机关依法执行法律法规、管理国家事务和社会公共事务的权力。该定义包括以下含义：第一，行政权享有的主体是国家行政机关；第二，行政权是国家行政机关依法享有的权力，行政权来源于宪法和法律的授予，是一种法定权力；第三，行政权的内容是执行法律法规、管理国家事务和社会公共事务；第四，行政权

---

① 授权性行政主体在行政法律规范中经常被称为“法律、法规授权的组织”，例如，《行政许可法》第 23 条、《行政处罚法》第 19 条的规定，但 2000 年最高人民法院《关于执行〈中华人民共和国行政诉讼法〉若干问题的解释》（已废止）第 20 条规定为“法律、法规或者规章授权”的组织，2014 年 11 月修正后的《行政诉讼法》第 2 条第 2 款规定了“法律、法规、规章授权的组织”，2018 年 2 月最高人民法院《关于适用〈中华人民共和国行政诉讼法〉的解释》第 20 条规定为“法律、法规或者规章授权”的组织。可见，在新法的规定下，规章授权的组织也可以成为行政主体。

是国家政权的组成部分，是一种权力，而非权利，行政权作为权力的特点是其具有强制性，当相对人不服从行政权时以国家强制力加以保障。

（二）行政权与行政职权

行政权是指国家行政机关所具有的进行行政管理的权力，是作为一国行政权力的总体，其往往与立法权、司法权相对应而使用。但在现实行政过程中，只有将这种作为整体的权力分配到各具体的行政机关才可能实施。因此，经过行政组织法以及各特别的法律法规的授权，各行政机关或法律法规授权的组织分别享有特定的行政权力，即行政主体的职权。在理论上，一国所有的行政主体的职权总和就是该国的行政权。可见，行政职权是被分配到具体行政机关的行政权，是行政权的具体化。行政权与行政职权之间是总体与部分、抽象与具体的关系。

二、行政职权的概念

行政职权是依法赋予具体行政主体的国家行政权，包括各行政主体实施国家行政管理活动的资格及权能。可见，行政职权是指行政主体依法所享有的进行国家行政管理活动的权力，是作为整体的行政权经过行政组织法的分配，授予各行政主体享有的具体的行政权。由该定义推出行政职权的如下特性：第一，主体特定性，行政职权是行政主体所享有的权力，行政主体以外的其他组织或个人不具有行政职权；第二，行政权的属性，行政职权属于行政权，是行政权转化的具体形式，而非立法权或司法权；第三，内容特定性，行政职权是进行国家行政管理的权力，其内容涉及国家行政管理的各领域；第四，法定性，行政职权的获得必须通过宪法或法律、法规的授权，行政职权是行政主体依法享有的行政权。

三、行政职权的特征

行政职权作为一种国家权力，与行政相对人的权利相比，具有如下特征。

（一）强制性

行政职权作为一种国家权力，以国家强制力为后盾。因此，行政相对人必须服从行政主体依据行政职权而作出的行为，如果不服从，行政主体可以自行强制执行或者申请人民法院强制执行。

（二）单方性

在行政过程中，行政主体一般依据行政职权单方面作出行政行为，而无须与行政相对人协商。在这种意义上，行政职权不是以行政相对人的意志为转移的权利，而是行政主体单方决定的权力。当然，在行政过程中行政主体也必须认真听取相对人的意见，但是在听取意见的基础上如何作出行政行为的决定权仍由行政主体掌握。

（三）优益性

为了确保行政职权的有效行使，法律、法规在赋予行政主体行政职权的同时，授予行政主体及其工作人员以职务上或物质上的优惠条件。这被称为“行政优益权”。其中，职务上的优惠条件又被称为“行政优先权”，物质上的优惠条件又被称为“行政受益权”。根据我国现行立法，行政优先权主要包括获得社会帮助权、公务受特别保护权、职权行为有效推定权等；行政受益权包括由国家预算负责提供行政主体的办公场所、办公用房、办公设备、办公用品以及工作人员的工资等行政经费，为行政主体行使行政职权提供必要的物质保障。

（四）责任性

行政职权之所以具有上述强制性、单方性、优益性，是为了便于行政职权的行使以及行政目的的实现，但对于行政相对人而言，其权益也有遭受行政主体违法行为侵害的危险。为此，法律、法规在授予行政主体行政职权的同时，也规定了行政主体的责任，要求行政主体不得放弃、让渡、转移其行政职权，当法定事由出现时必须行使其行政职权，当行使行政职权违法时必须承担相应的法律责任，从而体现了权力性与责任性的统一。从这种意义上来看，行政职权又可以称之为"行政职责"，是权力与责任的统一体。因此，行政法在赋予行政主体以行政职权时，必须同时规定其责任。例如，《规章制定程序条例》第 5 条第 2 款规定，制定规章，应当体现行政机关的职权与责任相统一的原则，在赋予有关行政机关必要的职权的同时，应当规定其行使职权的条件、程序和应承担的责任。

四、行政职权的内容

行政职权的内容又被称为"行政权能"，是指法律赋予行政主体为完成行政任务可采取的方法、手段和措施，例如行政处罚权、行政许可权、行政强制权等，其具体内容因具体行政主体的不同而异。一般而言，行政职权主要包括如下内容。

（一）行政立法权

行政立法权是指行政主体制定和公布行政规范的权力，又被称为行政主体的抽象行政行为，具体包括：国务院制定行政法规的职权；国务院部委、职能机关等制定部门规章的职权；省级人民政府、设区的市、自治州的人民政府制定地方政府规章的职权；县级以上各级人民政府规定行政措施的职权；各级行政机关依法发布具有普遍约束力的决定和命令的职权；等等。

（二）行政许可权

行政许可权是指行政主体根据公民、法人或者其他组织的申请，经过依法审查准予其从事特定活动的权力。此处的行政许可权是指行政许可的实施权，而行政许可的设定权其实属于立法权和行政立法权。

（三）行政命令权

广义的行政命令权是行政主体强制性地要求行政相对人作出或不得作出特定行为的权力，具体包括狭义的行政命令权和行政禁止权。狭义的行政命令权是指行政主体强制性地要求行政相对人必须作出特定行为的权力；而行政禁止权是指行政主体强制性地要求行政相对人不得作出特定行为的权力。

（四）行政形成权

行政形成权是指行政主体通过自己的行政行为使行政法律关系产生、变更和消灭的权力。

（五）行政处罚权

行政处罚权是指有关行政机关依法对违反行政管理秩序的公民、法人或者其他组织，以减损权益或者增加义务的方式予以惩戒的权力。

（六）行政强制权

行政强制权是指行政主体依法对有关人员采取强制手段的权力，包括即时强制权与强制执行权。

（七）行政确认权

行政确认权是指行政主体对业已存在的、客观的行政法律关系加以明确的行政行为权。行政确认的功能在于使原本就客观存在的行政法律关系明晰化，而不能改变业已存在的行政法律关系。一般通过证明、公证、确权等行为形式来体现。

（八）行政裁决权

行政裁决权是指行政主体以“中间人”身份决断与行政管理职能相关的民事纠纷的权力。

（九）行政复议权

行政复议权是指行政主体接受行政相对人的复议申请，审查行政主体行为的合法性与合理性，作出复议决定的权力。

以上仅仅是行政职权内容的部分列举，而非全部。行政职权还包括行政检查权、行政调查权、行政奖励权、行政物质帮助权、行政计划制订权、行政协议签订权、行政指导权等。此外，并非任一行政主体都具有上述行政职权，一般某一特定行政主体仅具有上述行政职权中的一项或几项权力。

五、行政职权的授权与委托

从行政组织法来看，在行政主体依法获得行政职权之后，各行政主体的行政职权是固定的。但基于现实行政的需要，行政主体有时在客观上不能或不方便自己行使行政职权，而将行政职权授予或委托其他法律主体行使，从而体现了行政职权的运动状态，具体包括行政授权和行政委托两种形式。

行政授权与行政委托都是由其他法律主体代替行政主体行使行政职权的行为，但两者在以下方面存在着不同：

（一）行为的名义与效果的归属不同

行政授权涉及行政职权的转移，即行政职权由原行政主体转移给被授权组织，因此，在行政授权后，被授权组织可以以新行政主体的身份、以自己的名义对外行使该行政职权，并承担该行为的法律效果。而行政委托仅仅将行政职权暂时交由受委托者行使，行政职权的归属并没有改变，即行政委托后，受委托者不能以自己名义，而只能以作为委托人的行政主体的名义行使受委托的行政职权，并由行政主体承担该行为的法律效果。

（二）被授权者与受委托者的性质不同

行政授权转移了行政职权的归属，创设新的行政主体，被授权者行使行政职权时，既是行为主体，也是责任主体。而行政委托后，受托者并没有获得行政职权的归属，仅仅作为行为主体行使行政职权，而责任主体仍然是作为委托人的行政主体。因此，两者在行政诉讼中的地位也不相同：在因行政授权而提起的行政诉讼中，被授权者是诉讼的被告，而在因行政委托而提起的行政诉讼中，由于受委托者不是行政主体，不能成为诉讼的被告，仍由作为委托人的行政主体作为诉讼的被告。

（三）法律限制的程度不同

由于行政授权涉及行政职权的转让，相对于行政委托而言，对行政相对人的影响更大，因此，法律限制的程度也较高。例如法律对于行政授权的被授权者的资格要求比行政委托的受委托者的资格要求更为严格；此外，法律对行政授权的条件和程序的要求一般来说比对行政委托的条件和程序的要求更为严格。

第三节 行政授权

一般情况下，行政职权由行政组织法等法律在设置行政机关的同时授予其特定的行政职权，但有时基于现实行政的需要，行政主体在客观上不能或不方便自己行使行政职权，在法律、法规的允许下，行政主体可以将自己享有的部分或全部行政职权转授给有关行政主体的内部机构或其他组织，此即为行政授权。

一、行政授权的概念

行政授权的概念在学界存在着争议，有观点认为行政授权是指法律和法规将行政权力授予有关组织的行为；也有观点认为行政授权是指依法享有行政职权的行政主体将自己行政职权的全部或部分转让给有关组织的行为；还有观点认为行政授权包括上述两种授权行为。第一种观点中的授权实际上是授权性行政主体获得行政职权的方式，例如《行政许可法》第23条规定："法律、法规授权的具有管理公共事务职能的组织，在法定授权范围内，以自己的名义实施行政许可。"与职权性行政主体一样，这种授权是行政职权原始取得的一种方式，在本质上属于立法授权。[①] 而行政授权的本质在于行政主体的授权，体现的是行政主体在依法获得行政职权之后行政职权的流转状态。在这种意义上，行政授权是在立法授权之后的二次授权。例如，《证券法》第7条规定："国务院证券监督管理机构依法对全国证券市场实行集中统一监督管理。国务院证券监督管理机构根据需要可以设立派出机构，按照授权履行监督管理职责。"证券监督管理是国务院证券监督管理机构的行政职权，但国务院证券监督管理机构可以将该项职权授权给其设立的派出机构。当然，行政主体的授权必须依法进行，即只有在法律、法规规定可以授权的情况下，行政主体才可以进行行政授权。在这种意义上，行政授权与"法律法规的授权"存在着共同之处。但"法律法规的授权"包括两种方式：一种是直接授权，即法律、法规通过明确的规定将特定行政职权授予特定组织，例如《治安管理处罚法》第91条规定，"警告、五百元以下的罚款可以由公安派出所决定"，也即将警告、五百元以下罚款的处罚权授予公安派出所。另一种是间接授权，即法律、法规规定特定行政主体在特定情况下可以授权给特定组织，例如，《证券法》第46条第2款规定："证券交易所根据国务院授权的部门的决定安排政府债券上市交易。"政府债券的发行是国务院的职权，但国务院可以依据该规定授权其他部门行使。这两种授权都是属于广义上的立法授权，狭义上的立法授权是指由立法进行的直接授权，而上述的间接授权其实是行政授权，因此，法律、法规虽然规定了特定行政主体可以进行授权，但必须经过特定行政主体作出授权行为后

---

① 法规、规章属于行政立法，在本质上具有立法的性质，在这种意义上也可以将依据法规、规章的授权列入立法授权的范畴。

才能实现行政授权。

根据以上分析，我们可以将行政授权定义为，依法享有特定行政职权的行政主体依法将自己行政职权的部分或全部转让给其他组织的行为。该定义包括以下含义：第一，授权主体必须是依法享有特定行政职权的行政主体；第二，行政授权必须依法进行，法律、法规允许行政主体进行授权是行政授权的依据与合法性的基础；第三，被授权者是特定组织，而且，被授权者必须具备行使特定行政权限的条件，否则，将影响行政职权的行使；第四，行政授权是将行政主体的部分或全部职权进行转授，授权的范围必须小于或等于行政主体自身所依法享有的行政职权的范围，越权授权者无效；第五，行政授权是行政主体单方面的行为，行政主体在法定情况下依法将自己的部分职权授予特定组织，被授权者一般必须接受；第六，行政授权的结果是被授权的组织获得该行政职权，可以以自己的名义行使该职权，同时承担相应的法律后果。

党的二十大报告强调要“深化行政执法体制改革”，“完善基层综合执法体制机制”。2021 年修订的《行政处罚法》第 24 条规定，省、自治区、直辖市根据当地实际情况，可以决定将基层管理迫切需要的县级人民政府部门的行政处罚权交由能够有效承接的乡镇人民政府、街道办事处行使，并定期组织评估。决定应当公布。承接行政处罚权的乡镇人民政府、街道办事处应当加强执法能力建设，按照规定范围、依照法定程序实施行政处罚。这种将行政执法权“下放”到基层的形式也属于行政授权，使得原本不具有行政执法权限的乡镇人民政府、街道办事处在“下放”事项范围内获得了特定的行政执法权限。乡镇人民政府、街道办事处据此可以以自己名义行使“下放”的行政执法权限，作出相应的行政行为。

二、行政授权的类型

按照不同的标准，可以将行政授权划分为以下类型。

（一）特定授权与概括授权

根据授权范围的不同，行政授权可以分为特定授权与概括授权。特定授权是指行政主体依法将自己的特定职权授予特定组织的行政授权，所授职权的范围较小，内容特定；而概括授权是指行政主体依法将自己的部分或全部职权概括性地授予特定组织的行政授权，所授职权的范围较大，内容抽象。为了实现对行政授权的监督、控制，现代行政法一般不承认概括授权，而要求行政授权的内容必须具体、明确。

（二）口头授权与书面授权

根据授权形式的不同，行政授权可以分为口头授权与书面授权。口头授权是指以口头方式进行的行政授权，而书面授权是以正式文件或文字指令方式作出的行政授权。由于行政授权的结果是特定组织获得行政职权，为慎重起见，一般应当以书面方式进行授权，但在特殊情况下，例如因发生紧急事件而来不及以书面方式授权时，可以以口头方式进行授权，但在事后应当以书面方式进行确认。

（三）单独授权与共同授权

根据授权主体数量的不同，行政授权可以分为单独授权与共同授权。单独授权是指由单一行政主体将其职权的一部分依法授予其他组织的行为，是最为常见的行政授权。但除单独授权外，在某行政职权涉及多个行政主体时，还存在由数个行政主体共同授权的情况，这被称为“共同授权”。例如，2018年修订的《节约能源法》第19条第1款规定：“生产者和进口商应当对列入国家能源效率标识管理产品目录的用能产品标注能源效率标识，在产品包装物上或者说明书中予以说明，并按照规定报国务院市场监督管理部门和国务院管理节能工作的部门共同授权的机构备案。”

三、行政授权的原则

行政授权涉及行政职权的转移，必须依法进行。具体而言，行政授权必须遵守以下原则。

（一）授权法定原则

行政主体依法获得行政职权，因此，在没有得到法律、法规许可的情况下，不得自行将该职权授予其他组织，而只有在法律、法规明确规定的情况下才可以授权。

（二）授权范围限定原则

行政主体所进行的行政授权必须是自己依法所享有的部分行政职权，而不得超越自己的权限进行授权。

（三）授权内容确定原则

行政主体所授职权的内容、范围应当确定，不得过于抽象。行政授权的目的是完成特定的行政目的，必须根据该特定行政目的确定授权的内容与范围。

（四）禁止转授原则

行政授权是为了更好地完成行政目的，为此需要被授权组织具备一定的条件，因此，一般要求被授权组织必须自己履行该职权，而不得再次授权给其他组织。

（五）授权监督原则

行政主体对被授权组织负有监督其依法行使所授职权的权利与义务，在被授权组织违法行使被授职权时，作为授权者的行政主体必须予以纠正。

四、行政授权的法律要件

根据授权法定原则，行政授权必须依法进行。从有关行政授权的法律规范来看，行政授权应当符合以下法律要件。

（一）主体要件

行政授权涉及两方面的主体，作为授权者的行政主体应当是依法享有特定行政职权的行政主体，而作为被授权者的组织应当具备行使被授予的行政职权的条件，这些条件包括人员、技术、场所等方面的要求，必须适合于行使被授予的行政职权。被授权者一般以行政主体下属的行政机构或工作部门居多，有时也包括其他组织。

（二）内容要件

行政授权的内容是行政主体依法享有的行政职权的一部分，一般不允许将自己所有的权限进行授权，否则，该行政主体就失去了存在的意义。此外，授权的内容必须明确、具体，一般禁止概括授权。

（三）形式要件

行政授权一般应当以书面方式进行，在授权时填写授权书。在授权书中应当明确授权者与被授权者的基本情况、授权内容、授权时限等，并加盖行政主体的公章。

（四）程序要件

行政授权必须按照法定程序进行，一般包括行政授权行为与公告两个步骤。此外，行政主体在授权后应当对被授权者行使行政职权的行为进行监督。

第四节　行政委托

一般情况下，行政主体必须自行履行其依法享有的行政职权，但基于现实行政的需要，行政主体有时在客观上不能或不方便自己行使行政职权，在法律、法规的允许下，行政主体可以将自己享有的部分或全部行政职权委托给其他组织或个人以行政主体的名义行使，此即为行政委托。

一、行政委托的概念

行政委托是指为了实现特定行政目的的需要，行政主体依法将其职权的一部分委托给其他组织或个人行使的行为，委托之后，受委托者仍以行政主体（委托人）的名义对外行使行政职权，相应的法律后果仍由行政主体承担。与行政授权中被授权者获得行政职权不同，行政委托中的受委托者仅仅是代替行政主体行使行政职权，而行政职权的归属、对外行使的名义以及法律后果的承担都属于行政主体。可见，受委托者是行为主体，而行政主体才是责任主体。这与民法中的代理制度相类似。

从上述行政委托的概念分析，行政委托的特点在于：第一，行政委托的委托人是依法享有行政职权的行政主体；第二，受委托者是特定组织或个人，而且必须具备从事委托事项的条件；第三，行政委托必须依法进行；第四，行政委托的内容是行政主体所享有的行政职权的一部分，而不得超越行政主体的权限进行委托；第五，行政委托是一个双方法律行为，行政委托的成立必须以受委托人接受行政主体的委托为前提，但法定情况下，受委托的组织或个人一般必须接受委托；第六，行政委托成立后，受委托者必须以行政主体的名义对外行使行政职权，而不得对外以自己的名义行使行政职权；第七，受委托者行使行政职权的法律后果由行政主体来承担。

二、行政委托的依据

行政授权要求必须存在行政法律规范的明文规定，而对于行政委托是否也必须具备法律依据，学界存在着争议。从我国行政法的规定来看，行政委托的依据并没有统一的规定，有关的规定散见于各行政法律规范之中。例如，《行政处罚法》第 20 条规定，“行政机关依照法律、法规、规章的规定，可以在其法定权限内书面委托符合本法第二十一条规定条件的组织实施行政处罚”。《行政许可法》第 24 条规定，“行政机关在其法定职权范围内，依照法律、法规、规章的规定，可以委托其他行政机关实施行政许可”。根据这些规定，行政处罚权、行政许可权的委托必须存在法律、法规、规章的依据。但最高人民法院《关于适用〈中华人民共和国行政诉讼法〉的解释》第 20 条第 3 款规定，“没有法律、法规或者规章规定，行政机关授权其内设机构、派出机构或者其他组织行使行政职权的，属于行政诉讼法第二十六条规定的委托”。从该规定来看，即使在没有法律、法规或者规章的情况下，行政机关也可以进行“授权”，只不过这种“授权”被视为行政委托。这种不一致的规定是学界产生争议的原因所在。

从行政法理论来看，笔者认为：第一，从法律位阶来看，《行政处罚法》与《行政许可法》属于法律，而最高人民法院《关于适用〈中华人民共和国行政诉讼法〉的解释》属于司法解释，前者的效力明显高于后者；第二，从行政委托对相对人的影响来看，行政委托也必须依法进行，而不得任意而为；第三，从行政授权的“授权法定原则”来看，行政委托也应当遵循“委托法定原则”，即行政委托的进行必须以法律、法规、规章的明文规定为依据。此外，在单行法中，也有更为严格的规定，例如，《税收征收管理法实施细则》第 44 条规定，“税务机关根据有利于税收控管和方便纳税的原则，可以按照国家有关规定委托有关单位和人员代征零星分散和异地缴纳的税收”。其中“国家有关规定”的概念比较抽象，但《税收征收管理法》第 29 条规定：“除税务机关、税务人员以及经税务机关依照法律、行政法规委托的单位和人员外，任何单位和个人不得进行税款征收活动。”也即税收征收权的委托必须具有法律或行政法规的依据，对此，必须遵守更为严格的单行法的规定。

三、行政委托的原则

（一）委托法定原则

如上所述，行政委托应当具有法律、法规或者规章的依据，并且不得违反相关的规定。

（二）书面委托原则

作为委托人的行政主体必须以书面形式向受委托者出具委托书，并应当将受委托者、委托的内容和期限予以公告，以便于监督。例如，《税收征收管理法实施细则》第 44 条规定，“税务机关根据有利于税收控管和方便纳税的原则，可以按照国家有关规定委托有关单位和人员代征零星分散和异地缴纳的税收，并发给委托代征证书”。《行政许可法》第 24 条第 1 款规定，“委托机关应当将受委托行政机关和受委托实施行政许可的内容予以公告”。

（三）委托范围限定原则

行政主体所进行的行政委托必须是自己依法所享有的行政职权的全部或一部分，而不得超越自己的权限进行委托，即委托的权限应小于、至多等于行政主体自身的行政权限。受委托者也必须在委托权限范围内进行有关活动，不得超越委托权限的范围和幅度。

（四）委托权限内容确定原则

行政主体委托的职权的内容、范围应当确定，不得过于抽象或模糊。行政委托是为了便于完成特定的行政目的，因此必须根据该特定行政目的确定委托的内容与范围。

（五）禁止再委托原则

行政委托是为了更好地完成行政目的，为此需要受委托者具备一定的人员、技术等条件，因此，一般要求受委托者必须自己履行该职权，不得再次委托给其他组织。例如《行政处罚法》第 20 条与《行政许可法》第 24 条都明确规定“不得再委托”。

（六）委托监督原则

行政主体对受委托者负有监督其依法行使受委托职权的权利与义务，在受委托者违法行使受委托职权时，作为委托者的行政主体必须予以纠正。

四、行政委托的限制

行政委托是行政主体将行政职权委托特定组织或个人行使的行为，因此，法律对其进行了一定的限制。限制的内容主要包括对行政委托事项与受委托者资格的限制。

（一）行政委托事项的限制

并非所有的行政职权都可以委托其他组织或个人行使的，例如，《行政处罚法》第 18 条第 3 款规定："限制人身自由的行政处罚权只能由公安机关和法律规定的其他机关行使。"即限制人身自由的行政处罚权不得委托。根据委托法定原则，一般要求必须是法律、法规规定可以委托的事项才可以进行行政委托。

（二）受委托者资格的限制

行政委托是指在行政主体不能或不方便自己行使行政职权时，委托其他组织或个人以自己的名义行使职权。由于行政职权的特性，并非任何组织或个人都具备行使的能力，因此，行政法律规范在允许行政主体委托其他组织或个人行使行政职权时，往往对受委托者的资格进行一定的限制。而且，根据各种行政职权性质的不同，对受委托者的资格限制也不同。一般而言，行政职权的执行难度越大，对受委托者的资格要求（如专业性要求、人员配备要求等）也就越严格。从我国行政法的规定来看，并没有对受委托者的资格作出统一的规定，有关的规定散见于各行政法律规范之中。

《行政处罚法》第 21 条规定："受委托组织必须符合以下条件：（一）依法成立并具有管理公共事务职能；（二）有熟悉有关法律、法规、规章和业务并取得行政执法资格的工作人员；（三）需要进行技术检查或者技术鉴定的，应当有条件组织进行相应的技术检查或者技术鉴定。"可见，行政处罚权受委托者除了需要具备必要的人员与技术条件外，还必须具有管理公共事务职能。

《行政许可法》第 24 条第 1 款规定，"行政机关在其法定职权范围内，依照法律、法规、规章的规定，可以委托其他行政机关实施行政许可"。可见，行政许可只能委托给其他行政机关，而不能委托给企业单位、事业单位或个人。相关的规定还体现在与行政许可权有关的单行法之中，例如《森林法》第 57 条第 3 款规定："农村居民采伐自留山和个人承包集体林地上的林木，由县级人民政府林业主管部门或者其委托的乡镇人民政府核发采伐许可证。"即县级人民政府林业主管部门可以将该采伐许可权委托给乡镇人民政府行使。

《税收征收管理法》第 29 条规定："除税务机关、税务人员以及经税务机关依照法律、行政法规委托的单位和人员外，任何单位和个人不得进行税款征收活动。"其中规定受委托者是有关的"单位和人员"，例如委托"支付所得的单位或者个人"征收个人所得税。

第八章　行政组织法

行政组织是有关行政主体的组织，而行政组织法就是有关行政组织的法律，包括规范行政组织的设置、编制，行政权限的分配、行政组织内部管理等的规则。在传统的行政法学体系中，行政法学总论由行政组织法、行政行为法、行政救济法三部分构成，其中，行政组织法规范的是行政行为的主体。

第一节　行政组织

行政组织是行政学与行政法学共同的研究对象，但两者对行政组织研究的角度与侧重点并不相同。行政学侧重于研究行政组织的内部结构、外部环境以及运行机制等，而行政法学从法学的角度，侧重于研究行政组织的设置、职权、权限、责任等。

一、行政组织的概念

行政学认为，行政组织是指政府的组织结构和组织活动过程，同时也是政府行政管理的主体。行政组织在行政学上包含三层含义：第一，从静态考察行政组织机构的设置和权责划分的组织实体；第二，从动态考察行政组织功能的运行过程；第三，从心态考察行政组织中人员的意志和智能的组合。而在传统行政法学中，行政组织即国家行政机关，是指为了承担行政任务而由国家设置的，依法享有行政职权，从事国家和社会行政事务管理的中央或地方各级有关行政的组织，主要包括行政机关及其机构。但在现代行政中，随着民营化等行政改革的进行，某些社会公共事业组织在法律、法规的授权之下也可以行使部分行政职权，即出现了行政机关之外的行政组织。因此，现代行政法学中广义的行政组织包括国家行政机关与法律法规授权的组织。当然，这些法律法规授权的组织本身并不具有行政主体的资格，而仅仅在法律、法规授权的范围内享有部分行政职权，因此，并不属于严格意义上的行政组织。

此外，所谓“组织”是指对人和物按照一定的任务和形式进行有效的组合，因此，在行政组织中涉及对组织中的人（公务员）和物（公物）的配置、管理。在这种意义上，广义的行政组织不仅包括国家行政机关与法律法规授权的组织，还涉及作为行政组织的人的要素的公务员与作为物的要素的公物。

二、行政组织的设置

（一）行政组织的设置

在现代国家中，相对人的行政需求极其广泛、复杂多样，因此，应当如何构成行政组织是个问题。这当然必须综合考虑政治性与技术性要求。行政组织是对应于一国历史背景以及现实的政治性、经济性、社会性基础的特殊性，在调和这些政治、经济、社会要求的基础上，为了适当地满足各种行政需求且加以目的性、技术性的考虑而构成的。行政组织与国家统治构造密切关联，因此，政治性、理念性的观点是决定行政组织存在方式的重要因素，但同时行政组织负担着满足广泛且复杂的行政需求的使命，因此，合目的性、技术性的观点也不能忽视。在现实中必须以这些因素为标准，综合考虑一国的历史背景以及政治、经济、社会等条件确定行政组织的形态。①

（二）行政组织设置的原则

行政组织的设置应当严格地依据相关的行政组织法进行。《国务院行政机构设置和编制管理条例》第 4 条第 1 款规定："国务院行政机构的设置以职能的科学配置为基础，做到职能明确、分工合理、机构精简，有利于提高行政效能。" 2015 年 12 月，中共中央、国务院印发的《法治政府建设实施纲要（2015—2020 年）》，将"职能科学、权责法定"作为法治政府建设的标准之一，具体要求"优化政府组织结构。完善行政组织和行政程序法律制度，推进机构、职能、权限、程序、责任法定化。深化行政体制改革，优化政府机构设置、职能配置、工作流程，理顺部门职责关系，积极稳妥实施大部门制"。可见，行政组织的设置一般应当遵守以下原则。

1. 依法设置原则

行政组织的设置是设立特定组织而将特定行政职权分配给该组织的过程，根据组织法定原则，行政组织的设置必须严格地依照行政组织法的相关规定进行。

2. 行政目的原则

行政目的是行政组织存在的基础，行政组织必须根据实现特定行政目的的需要进行设置。行政组织本身并非目的，而是进行行政活动的手段，是承担为了实现行政目的的各种行政活动的组织。在理论上，行政组织作为为了实现行政目的而进行的行政活动的手段存在，因此，现代国家中行政膨胀、复杂化的要求及现实必然导致行政组织的膨胀与复杂化。而且，当传统的行政主体或行政组织不能应对新的行政需求时，就要求设置对应于这种行政需求或适应特定的行政目的及相关的行政活动的新的行政组织。②

3. 权责一致原则

在设置行政组织的同时，必须赋予该组织特定的行政职权，并规定其相应的行政职责。职权与职责相对应，行政权力对于行政组织而言，既是权利，也是义务，权责必须相一致，两者都是构成行政组织必不可少的要素。

4. 精简、效率原则

行政组织的设置除了必须依法进行之外，还应当符合效率原则。例如，我国《宪法》第 27 条规定了该原则。精简、效率原则要求行政组织的设置必须合理，行政组织内部的运行必须顺畅，并能促进行政组织之间的配合。

---

① 参见［日］田中二郎：《新版行政法》，全订第 2 版，中卷，1-5 页，东京，弘文堂，1976。

② 参见［日］室井力：《行政組織法総説》，载［日］雄川一郎、塩野宏、園部逸夫编：《現代行政法大系 7 行政組織》，2 页，东京，有斐阁，1985。

三、行政组织的类型

为了实现行政目的，必须按照一定原则来组织行政。从世界各国的行政组织制度来看，按照不同的标准，可以将行政组织划分为以下类型。[①]

（一）中央集权型与地方分权型

中央集权型是指国家的统治权集中于中央，作为国家的派出机关在地方设置相对应的机关，地方政府在组织上依附于中央政府，并不具有独立的地位。而地方分权型是指国家统治权尽可能分散于地方，在国家之下设置独立于国家的地方公共团体，并赋予其自治权。

（二）权力统合型与权力分散型

权力统合型是指基于权力的强化及一元化的要求，尽量将广泛的行政权集中统合于一个机关的方式，例如，美国的总统制以及日本明治前期的太政官制度等。权力分散型是指通过权力的相互牵制达到权力的均衡化，排除权力的集中，将行政权分散于相互对立的数个机关的方式，例如，将警察权限向各行政机关分散、合议制机关的设立等。权力统合型对应于行政统一、行政强有力运行的要求，而权力分散型对应于通过行政权的相互牵制防止权力的滥用，保障相对人的权利、自由。随着民主主义的发展，现代行政逐渐由权力统合型向权力分散型发展。

（三）议会内阁型与总统型

议会内阁型是指基于作为人民代表机关的议会的意思，选举执行机关，执行机关直接对议会、间接对公民负责，例如现代英国、日本的内阁制。在这种制度中，议会与执行机关实质上是一个整体，这使统一的行政能够顺畅进行。议会由多数党的政治势力确立，由多数党完全支配立法与行政，能够保持行政的安定，但也有可能带来独裁的危险。另外，如果议会中小党分立，议会势力不稳定，容易导致行政的不安定。

总统型是指议会与执行机关都是由公民直接选举产生，各自的职责不同而相互对立，基于各自的职务、权限，分别直接向公民负责，例如现行《日本国宪法》中地方公共团体的议会与行政首长。总统型是为了防止一种政治势力的独裁，通过相互牵制与调和，在保障行政公正的同时，通过在一定期间内保障执行机关的地位，维护行政的安定性，但是，当议会的多数派与执行机关的支配势力不同时，议会与执行机关相互对立，有可能妨碍行政的顺利运行。

（四）独任型与合议型

独任型是指由单独的公务员负责处理行政事务的方式，合议型是指由数名公务员通过合议处理行政事务的方式。独任型的优点在于能够明确责任之所在，确保事务的统一，迅速、适当地作出措施；而合议型的优点在于能够在公平地调和各种利害关系的基础上公正、慎重地作出判断。从行政的性质来看，原则上应当采用独任型，但为了确保判断的独立、公正以及公平地调和各种利害关系，有时也采用合议型，如日本的行政委员会制度等。

---

① 以下参见［日］田中二郎：《新版行政法》，全订第2版，中卷，5－12页，东京，弘文堂，1976。

四、行政组织的特性

现代行政极其复杂多样，行政组织是为了调整复杂多样的行政，为行政设置合理的、效率的组织，同时基于民主主义的要求，行政组织必须直接或间接地以民意为基础，服从民主的控制，明确其责任之所在。在这种意义上，行政组织具有如下特性。

（一）行政组织的统一性与阶层性

行政以实现统一的行政目的为目标，因此，承担行政任务的行政组织在整体上构成统一、完整的行政组织体系。在行政组织体系中存在着横向的平级关系与纵向的上下级关系。其中，上下级行政组织构成了上下阶层，上级行政组织通过直接的指挥或事后的监督等方法确保国家意思的统一，从而保障统一地实现行政目的。当然，有时为了保障判断的独立、公正，行政组织中也设置较为独立的组织，例如审计机关、行政复议机关等，但这些组织仍然是行政内部组织，并不完全独立，仅仅是相对于一般行政组织而言具有一定的独立性。

（二）行政组织的独任性与责任性

从行政的法律执行性特点来看，行政在多数情况下需要随机应变、迅速且适合时宜的措施，因此，独任制（首长制）较为适合于行政组织。但独任制容易导致独裁，因此，法律在赋予行政组织以行政职权的同时，规定了相应的行政责任。

（三）行政组织的专业性与技术性

现代行政活动复杂多样，而且具有专业性、技术性。为了确保行政组织能够实现行政目的，国家不仅要求合理、系统地设置各类行政机关，而且还通过招录、培训行政机关中的公务员，使其具备进行行政活动所必需的专业技能。因此，现代国家一般都设置了职业性的公务员制度。

（四）行政组织的民主性与合法性

虽然现代行政组织具有专业性、技术性，要求配备职业性的公务员，但现代行政组织不同于传统的“官僚机构”，它的组织层次与分工体系必须符合民主原则。现代行政被要求民主，因此，行政组织本身也被要求民主。这表现在：第一，行政组织直接或间接地以民意为基础，是反映民意的组织。例如，《宪法》第 3 条第 3 款规定：“国家行政机关、监察机关、审判机关、检察机关都由人民代表大会产生，对它负责，受它监督。”而根据《宪法》第 62 条的规定，国务院总理、副总理、国务委员、各部部长、各委员会主任、审计长、秘书长的人选都是由全国人民代表大会决定的。第二，为了确保行政组织的民主性，必须对行政组织进行民主的控制，明确对行政的责任体制。例如，《宪法》第 63 条规定了全国人民代表大会的罢免权。此外，在法治主义国家中，对于行政组织的民主性要求又表现为合法性要求。法律是由代表人民的代议机关（人民代表大会）制定的，在这种意义上，行政组织的合法性体现了其民主性。例如，《宪法》第 5 条要求一切国家机关都必须遵守宪法与法律。第三，作为行政组织构成人员的公务员不再以“官僚”自居，而以“公仆”的身份行使行政职权，以强调行政组织及其公务员的服务性质。

第二节　行政组织法理论

行政组织法是规范、控制行政组织的法律，是对行政主体内部进行规范的法律，在行政法中占据重要地位。

一、行政组织法的概念

行政组织法，简而言之，就是有关行政组织的法律。与行政组织的概念相对应，行政组织法的概念存在着狭义与广义之分。

（一）狭义行政组织法

狭义的行政组织法是指有关中央行政机关、地方行政机关、特殊行政组织（法律法规授权组织）的法律，其除了规定有关各行政机关的职能外，还规定各行政机关相互之间权限的分配、归属、联络、调整，权限行使的指挥、监督等，各行政机关分别承担各自的职能，为有效、合理地进行行政活动准备基础或条件。

（二）广义行政组织法

广义的行政组织法系有关中央行政机关、地方行政机关、特殊行政组织以及使得这些组织的活动成为可能的一切人的手段以及物的手段的法律的总称，具体包括：有关中央行政机关和地方行政机关的设置、废止、名称、构成、权限等的规定；有关作为人的手段的公务员以及其他工作人员的规定；有关作为物的手段的公物的规定。可见，广义的行政组织法在狭义的行政组织法的基础上，还包括有关作为人的手段的公务员的法律与有关作为物的手段的公物的法律。这些人的手段与物的手段都是构成行政组织的要素，行政组织与人的手段、物的手段的关系原本被作为内部管理关系，分别属于人的管理关系与物的管理关系。

在此，我们采用狭义的行政组织法概念进行论述。

二、行政组织法的内部规范性

行政组织法以规定有关各行政组织的权限分配以及各行政组织之间的关系作为主要内容，因此，必须与规定各行政组织如何作出行政行为的行政行为法不同，主要体现在行政组织法的规定仅仅涉及行政主体一方，而不直接涉及外部的行政相对人。[①] 从这种意义来看，行政组织法与行政行为法相比具有“内部规范性”，属于内部行政法。

行政组织法的规定必须使得各行政组织服从行政目的，合理、有效地发挥行政组织的行政职能，站在“合目的性”的立场上；对于各行政组织之间的相互联系、调整、权限的指挥、监督等，作为行政组织的内部问题，委任由行政组织自主处理。因此，对于权限的行使以及有关权限的指挥、监督，行政组织相互之间在解释上存在争议的，作为行政组织的内部问题，原则上应当由共同的上级行政组织进行判断或决定，而不允许司法权的介入。而与此相对，行政行为法规定行政主体对外应当如何作出行政行为，直接涉及外部的行政相对人，因此具有“外部规范性”，属于外部行政法。从保障行政相对人的合法权益的观点出发，根据法治主义与依法行政原理，与行政行为相关的法律上的争议必须由司法审查解决，在这点上，行政组织法与行政行为法在性质上存在着差异，被认为是行政组织法的特征之一。当然，行政组织法的内部规范性是相对的，通过行政活动，行政组织法也间接涉及行政相对人的权利、义务，因此，现代行政法认为，即使是行政组织的内部问题，特定情况下也允许司法权的介入，例如日本的住民诉讼、机关诉讼等。

---

① 行政组织法规定行政主体的行政职权后，该行政主体行使行政职权进行行政活动时涉及外部行政相对人的权利、义务，但这不是直接涉及，而是通过行政活动的间接涉及。

此外，依据特别权力关系理论，构成广义行政组织法一部分的公务员法与公物法规定了为有关行政目的服务的人的手段与物的手段的管理。公务员的人事管理与公物的设置管理原本作为行政组织的内部问题，由行政组织自主地处理，属于行政组织裁量的事项，司法机关不得介入。例如，我国《行政诉讼法》第13条第3项就将“行政机关对行政机关工作人员的奖惩、任免等决定”排除于行政诉讼的范围之外。但在现代行政法中，“特别权力关系理论”已经逐渐被否定，对于公务员法律关系与公物法律关系，在承认其行政法、组织法上的特殊性的同时，也应当逐步对这些关系提供司法救济的途径。

三、行政组织法考察的必要性

传统行政法学理论以特别权力关系为由将行政内部行为排除于行政法学的对象之外，但从现代行政法学的观点来看，行政内部运行过程也构成行政过程的组成部分，其合法性直接影响作为行政过程结果的行政行为的合法性，因此，必须将行政组织内部运行过程纳入行政法学的视野，并在与其他行为形式的关系上进行考察。

行政学注重考察现实行政的运行过程，将行政活动作为“阶层性组织的集团活动”进行分析。行政学的这种考察视角对于行政法学也具有借鉴和参考的价值，主要体现在：第一，行政机关是政策拟定和提议的主要承担者，随着行政领域的扩大，行政机关不断“侵食”立法功能，这促使了政治领域的行政化。另外，由于政治的利益统合功能低下，这种功能被委托给行政，在这种意义上，行政的政治化也在不断进行。可见，在传统的“权力分立”的框架下，行政的活动领域与功能正不断扩大。第二，随着行政领域的扩大，分析行政组织内部运行过程的必要性增大。在以传统“权力分立”为前提的行政机关与司法机关的关系上，行政机关被作为一元的责任体系，因此，对行政组织内部的考察并不充分。但随着行政对立法功能的“侵食”与利益统合功能的包摄，行政被转换为包括各种利益与价值的各种行为者的决定的场所，为此必须考察行政的内部过程。①

四、行政组织法的方法论意义

考察行政组织存在着三种视角：第一种是着眼于指导行政的政治原理的立场，第二种是着眼于基于行政技术的组织原理的立场，第三种是着眼于行政组织中的法律原理的立场。②这三种立场分别与政治学、行政学、公法学相对应。但是，即使这三种视角可以相对地区分，鉴于行政组织客观性的认识及实践性的要求，这些视角之间也具有密切的关联。③在国民主权的民主主义国家中，政治、行政往往被披上法的外衣，法律也具有被政治与行政限制的侧面。因此，从行政法学的视角对行政组织的研究是明确根据宪法及法律对行政组织规制的内容以及其中所贯彻的法律原理，同时，对于影响法律规范的内容与法律原理的行政组织的政治性与技术性也必须关注。④

---

① 参见［日］田辺国昭：《生活保護行政における最低生活基準の決定過程——決定ルールの構造とその転換》，载《法律時報》，1992年第64卷第10号，29页。

② 参见［日］杉村章三郎：《行政法の基本問題》，137页，东京，劲草书房，1949。

③ 参见［日］佐藤功：《行政組織法》，新版・增补，4-6页，东京，有斐阁，1990。

④ 参见［日］室井力：《行政組織法総説》，载［日］雄川一郎、塩野宏、園部逸夫编：《現代行政法大系7行政組織》，3页，东京，有斐阁，1985。

五、行政组织法的定位

行政法在体系上一般可以分为行政组织法、行政行为法与行政救济法。可见，行政组织法是行政法的重要组成部分。

（一）行政组织法与行政行为法

行政主体是行政行为的法律要件之一，为了有效进行行政活动，行政主体必须具有能够进行该活动的资格或权限，在进行该活动时作出有效的意思决定。可见，行政行为的主体要件是指为了有效进行行政活动，首先被要求的是该活动的主体具有法令上正当的权限，或者在组织上没有缺陷，能正常进行意思的形成。而行政组织法解决的就是由谁来进行行政行为的主体资格问题，以"行政主体理论"为中心，规定行政行为的主体的行政职权等问题，而行政行为法规范的是行政主体如何行使行政职权的问题，两者具有密切关联。一般而言，以行政组织法的组织设置、行政职权授予为前提，而行政行为法所规定的行政职权的行使是在行政组织法之后的行政组织如何活动的问题。因此，有关行政主体的行政组织理论可以说是行政行为理论的前提。

此外，行政组织法与行政行为法同属于行政法，因此，存在着共同的法律原理，如依法行政原理等，但也存在着不同的原理，例如，有关行政组织的法律关系往往被作为内部行政法律关系而被排除于司法审查的范围之外。

（二）行政组织法与行政救济法

行政组织法与行政救济法的关系主要体现在：第一，从现实行政过程来看，行政组织法、行政行为法与行政救济法三者存在着关联，即根据行政组织法设置行政组织，授予其行政职权之后，根据行政行为法的规定进行行政活动、作出行政行为，当行政行为违法侵害行政相对人的权利、利益时，根据行政救济法的规定对相对人提供救济。可见，与行政行为法相同，行政救济法也以行政组织法为前提。第二，《行政诉讼法》第 26 条第 1 款规定以"作出行政行为的行政机关"作为被告，而行政机关需要根据行政组织法进行确认，可见，行政诉讼被告的确定涉及行政组织法的规定。第三，《行政诉讼法》第 70 条第 4 项将"超越职权"作为行政行为违法的判断标准之一，而是否超越职权必须以行政组织法授予行政组织的行政职权为标准。

值得注意的是，对行政组织法不仅仅应当进行自身独立的静态考察，而且必须将行政组织法与行政行为法或行政救济法的关联纳入视野，在现实行政过程中对行政组织进行全面、动态的考察。

第三节　中国行政组织法

在我国，行政组织法是指关于行政组织的设置、地位、隶属关系、行政权限、行政责任以及运行机制等的规则。我国虽尚未制定统一的行政组织法，但涉及规范行政组织的单行法较多。

一、中国行政组织法的基本原则

宪法是国家的根本大法，其中规定了行政组织法的基本原则。

（一）行政组织法定原则

行政组织法是行政法的重要组成部分，也应当贯彻依法行政原理。行政组织法规定行政组织的设置、职权等内部性事项，但获得行政职权的行政组织进行行政活动必然影响行政相对人的权利、利益，因此，从保障相对人的权益出发，也应当对行政组织进行法律规制。例如，《宪法》第 5 条要求一切国家机关“都必须遵守宪法和法律”。

但是，在遵守行政组织法定原则的前提下，还应当注意行政组织的机动性、灵活性、效率性等特点。法律在对行政组织进行规制时存在着事实上的界限，行政组织的具体内容全部由法律规定在事实上是不可能的，但这并非承认行政组织具有独立于法律的行政权，而是必须承认行政组织裁量权的存在，这与行政组织法定原则并不冲突。

（二）民主集中制原则

根据《宪法》第 3 条规定，我国的“国家机构实行民主集中制的原则”。按照人民主权原理，国家的一切权力来自人民，行政组织权当然也不例外。但在现实中，人民很难直接行使国家权力，而通过选举国家权力机关以立法的方式间接行使国家权力。因此，民主集中制原则要求行政的组织必须依据法律，即通过法律对行政组织予以规范。在这种意义上，民主集中制原则与行政组织法定原则相一致。

对于民主集中制原则的内容，我国《宪法》第 3 条作出明确的规定，民主集中制体现在以下三个方面：第一，在人民代表大会与人民的关系上，各级人民代表大会都由民主选举产生，对人民负责，受人民监督。在人民代表大会的活动中，法律的制定和重大问题的决策，由人民代表充分讨论，实行少数服从多数原则，民主决定。对违反人民意志和利益的或不称职的代表，人民有权依照法定程序予以罢免。第二，在人民代表大会与其他国家机关的关系上，人民代表大会是国家权力机关，国家行政机关、监察机关、司法机关等都由人民代表大会产生，对它负责，受它监督。人民代表大会统一行使国家权力，但它所决定的事情不是自己直接去办，而是由国家的行政机关和司法机关去贯彻、执行。国家的行政机关，就是我们通常说的政府；国家的监察机关是指各级监察委员会；国家的司法机关包括人民法院和人民检察院。第三，在中央和地方国家机构的关系上，在中央的统一领导下，合理划分中央和地方国家机构的职权，充分发挥地方的主动性、积极性。

（三）组织效率原则

行政组织以有效地实现行政管理任务作为目的，但行政组织的存在与运行需要消耗一定的人、财、物等公共资源，由于资源的有限性，行政组织法必须合理配置行政职权，使有限的公共资源发挥更大的行政效能，提高行政组织的效率。为此，《宪法》第 27 条第 1 款规定：“一切国家机关实行精简的原则，实行工作责任制，实行工作人员的培训和考核制度，不断提高工作质量和工作效率，反对官僚主义。”同时，《宪法》第 27 条第 2 款还要求一切国家机关和国家工作人员“依靠人民的支持，经常保持同人民的密切联系，倾听人民的意见和建议”。行政组织在行使职权过程中，通过告知相对人、听取相对人的意见，在相对人理解的基础上获得相对人的协助，可以在方便相对人的同时提升行政组织的工作效率。这也是行政法的“高效便民”原则的体现。

二、中国行政组织法的存在形式

行政组织法是指规定行政组织的性质与地位、设置与权限、相互关系及基本工作制度和法律责任的法律规范的总称。我国目前还没有制定统一的行政组织法，行政组织法的存在形式主要包括宪法、规定行政组织基本制度的行政组织基本法、规定具体行政机关组织事项和具体职权的单行法以及有关的法规、规章。

（一）宪法

《宪法》第 3 条规定了“民主集中制”原则，第 5 条规定的“法治”原则涉及了行政组织法定原则，第 27 条规定了“精简原则”，由此确立了行政组织的基本原则。此外，《宪法》第三章第三节（第 85 条至第 92 条）规定了国务院的性质、地位、组成、任期、工作分工、职权、领导体制、与全国人民代表大会的关系等，第三章第五节（第 105 条至第 110 条）规定了地方各级人民政府的性质、地位、任期、职权、与政府之间的关系等。

宪法是国家根本法，具有最高法律效力。宪法有关国家机构的条款是有关行政组织的根本规范，是制定有关行政组织的法律的基本依据。

（二）行政组织基本法

行政组织基本法是指规定行政组织基本制度的专门性行政组织法，例如：《国务院组织法》规定了国务院的组织、职权、会议制度、组成人员的分工、各部委的设立等；《地方各级人民代表大会和地方各级人民政府组织法》规定了地方各级人民政府的地位、组成、任期、职权、责任制度、各工作部门的设置与管理、派出机关的设置等；《民族区域自治法》规定了民族自治地方政府的组成、自治权、与上级国家机关的关系等。有关行政组织的基本法集中规定了行政组织的基本制度，是宪法中有关行政组织条款的进一步具体化，构成了我国行政组织法的主要部分。但行政组织基本法并没有全面规定行政组织的各方面，为此，还需要结合有关行政组织的单行法的相关规定。

（三）涉及行政组织的单行法

除了上述专门规范行政组织的法律外，有关行政的单行法几乎都涉及有关行政组织的规定，因为行政组织是进行行政活动的主体，涉及行政活动时一般首先规定有关的行政组织。例如《审计法》规定了我国的审计制度，其中第 2 条规定，“国务院和县级以上地方人民政府设立审计机关”。《科学技术进步法》第 16 条规定了科学技术行政部门的职责。此外，《行政诉讼法》《行政复议法》《行政处罚法》等法律中也有涉及有关行政组织的规定。

（四）行政法规

行政法规是由国务院制定的规范性文件，而国务院是我国最高行政机关。为了统一领导全国的行政组织工作，国务院可以制定行政法规进行规范。例如，1997 年 8 月 3 日国务院发布《国务院行政机构设置和编制管理条例》，对国务院行政机构进行了较为全面的规范；2007 年 2 月 14 日国务院发布《地方各级人民政府机构设置和编制管理条例》，对地方各级人民政府的机构设置、编制管理等作出了较为全面的规定。此外，国务院有关机构改革的决定、通知等规范性文件也涉及对行政组织的规范。

（五）地方性法规、规章

地方性法规、地方政府规章可以规定有关本地区行政组织的规范，例如，《广东省行政机构设置和编制管理条例》《云南省机构编制管理条例》《北京市机构编制管理暂行办法》《浙江省人民政府行政机构设置和编制管理办法》等。此外，部门规章也可以规定本部门的组织规范，例如公安部发布的《公安机关督察条例实施办法》中规定了督察机构的设置、职权及督察人员的配备等。

三、中国行政组织法体系及其完善

（一）中国行政组织法体系

从上述行政组织法的存在形式来看，我国虽尚未制定统一的行政组织法，但各级立法也初步形成了我国行政组织法的体系。

1. 中央行政组织法体系

中央行政组织法体系是指规定国务院及其部门等中央行政组织的法律体系，除《宪法》作出的原则性规定外，还包括《国务院组织法》（2024年）、《国务院行政机构设置和编制管理条例》（1997年）、《国务院关于议事协调机构和临时机构设置的通知》（2003年）、《国务院关于机构设置的通知》（2023年）、《国务院关于部委管理的国家局设置的通知》（2023年）、《国务院工作规则》（2023年）等规范。

2. 地方行政组织法体系

地方行政组织法体系是指规定地方各级人民政府及其工作部门等地方行政组织的法律体系，除包括作出原则性规定的《宪法》外，还包括《地方各级人民代表大会和地方各级人民政府组织法》（2022年）、《民族区域自治法》（2001年）、《地方各级人民政府机构设置和编制管理条例》（2007年）等规范。此外，各地方针对本区域进行了有关行政组织的各种地方性立法，例如《广东省行政机构设置和编制管理条例》（2009年）、《安徽省行政机构设置和编制管理规定》（2014年）等。

3. 中央与地方行政组织共同规范体系

作为中央行政组织与地方行政组织共同规范的法律，在人员配置方面，制定了《公务员法》（2018年）；在财物配置方面，制定了《预算法》（2018年）、《政府采购法》（2014年）等。此外，各单行法中也有涉及中央与地方行政组织的规定。

（二）中国行政组织法体系的缺陷与完善

如上所述，我国的行政组织法体系已经初步形成，但尚未完善，具体体现在以下方面：第一，由于不存在统一的行政组织法，立法略显散乱，各种法律、法规之间欠缺衔接性；第二，规范不够细致，例如，1982年制定的《国务院组织法》仅11条，2024年修订完善后的《国务院组织法》仅20条，没有对国务院各组成部门、直属机构、办事机构、议事协调机构、国务院部委管理的国家局、国务院直属特设机构等进行组织法层面的规定，虽然在其后以条例、通知等形式规定了国务院各部门的组织规范，但各部门之间的规范缺乏统一性；第三，有关行政组织的立法层次太低，除《宪法》以及《国务院组织法》、《地方各级人民代表大会和地方各级人民政府组织法》等少数法律对行政组织作出原则性的规定外，行政组织法体系主要由行政法规、规章构成，即基本由行政组织系统内部进行规范。

针对以上行政组织法体系中存在的问题，今后应当从以下方面对行政组织法体系进行完善：第一，制定统一的“行政组织基本法”。在该法中，虽然并不能对所有的行政组织进行全面规范，但可以对行政组织设置的基本原则以及各行政组织之间的关系等作出原则性、总体性的规定，有利于行政组织法体系的统一。第二，进一步完善《国务院组织法》与《地方各级人民代表大会和地方各级人民政府组织法》。在《国务院组织法》中应当详细规定构成国务院的各部、各委员会、直属机构、办事机构、议事协调机构等的设置，各组织之间的权限分配、相互关系等，在《地方各级人民代表大会和地方各级人民政府组织法》中应当规定各级人民政府及其工作部门设置的一般原则，各级政府以及各级政府工作部门之间的权限分配、相互关系、纠纷解决等。第三，制定“中央与地方关系法”。《宪法》第3条第4款虽然对中央与地方之间的关系作出了“在中央的统一领导下，充分发挥地方的主动性、积极性的原则”的规定，但在现实中，中央与地方之间的关系存在着各种问题，因此，应当以法律的形式明确中央与地方的权限分配、相互关系以及纠纷解决等。第四，以上述有关行政组织的基本法为中心，制定与其相配套的规范。例如，针对各行政机构的设置制定各行政机构设置法，明确各行政机构的任务、主管事项、权限及内部主要机构设置等。

第四节　行政组织法的基本内容

上述我国的行政组织法体系详细规定了行政组织的设置、编制、人员/财物配置、行政职权、工作制度，行政组织之间的关系、行政组织之间纷争的解决机制、监督行政组织等基本内容。

一、行政组织的设置

规范行政组织的设置是行政组织法最主要的内容，包括规范各级人民政府及其工作部门的设置、行政组织编制、行政组织的人员配置、行政组织的财物配置等方面的规则。

（一）行政机关的设置

在我国，行政机关包括各级人民政府及其工作部门以及由各级人民政府设置的派出机关，其设置规则分述如下。

1. 各级人民政府的设置

根据《宪法》的规定，在省、直辖市、县、市、市辖区、乡、民族乡、镇设立人民政府（第95条），其中，省、自治区和直辖市的设置，由全国人民代表大会批准（第62条），自治州、县、自治县、市的建置由国务院批准（第89条）。

此外，根据《民族区域自治法》的规定，民族自治地方的政府包括自治区、自治州、自治县人民政府（第15条），民族自治地方的建立、区域界线的划分、名称的组成，由上级国家机关会同有关地方的国家机关，和有关民族的代表充分协商拟定，按照法律规定的程序报请批准（第14条）。

2. 政府工作部门设置

（1）国务院工作部门的设置。

根据《国务院行政机构设置和编制管理条例》的规定，国务院行政机构根据职能分为国务院办公厅、国务院组成部门、国务院直属机构、国务院办事机构、国务院组成部门管理的国家行政机构和国务院议事协调机构。国务院办公厅协助国务院领导处理国务院日常工作。国务院组成部门依法分别履行国务院基本的行政管理职能。国务院组成部门包括各部、各委员会、中国人民银行和审计署。国务院直属机构主管国务院的某项专门业务，具有独立的行政管理职能。国务院办事机构协助国务院总理办理专门事项，不具有独立的行政管理职能。国务院组成部门管理的国家行政机构由国务院组成部门管理，主管特定业务，行使行政管理职能。国务院议事协调机构承担跨国务院行政机构的重要业务工作的组织协调任务；国务院议事协调机构议定的事项，经国务院同意，由有关的行政机构按照各自的职责负责办理；在特殊或者紧急的情况下，经国务院同意，国务院议事协调机构可以规定临时性的行政管理措施。

国务院组成部门的设立、撤销或者合并由国务院机构编制管理机关提出方案，经国务院常务会议讨论通过后，由国务院总理提请全国人民代表大会决定；在全国人民代表大会闭会期间，提请全国人民代表大会常务委员会决定。国务院直属机构、国务院办事机构和国务院组成部门管理的国家行政机构的设立、撤销或者合并由国务院机构编制管理机关提出方案，报国务院决定。

（2）地方各级人民政府工作部门的设置。

根据《地方各级人民代表大会和地方各级人民政府组织法》第 79 条以及《地方各级人民政府机构设置和编制管理条例》第 9 条的规定，地方各级人民政府根据工作需要和优化协同高效以及精干的原则，设立必要的工作部门；地方各级人民政府行政机构的设立、撤销、合并或者变更规格、名称，由本级人民政府提出方案，经上一级人民政府机构编制管理机关审核后，报上一级人民政府批准，其中，县级以上地方各级人民政府行政机构的设立、撤销或者合并，还应当依法报本级人民代表大会常务委员会备案。

3. 派出机关的设置

根据《地方各级人民代表大会和地方各级人民政府组织法》第 85 条的规定，省、自治区的人民政府在必要的时候，经国务院批准，可以设立若干派出机关。县、自治县的人民政府在必要的时候，经省、自治区、直辖市的人民政府批准，可以设立若干区公所，作为它的派出机关。市辖区、不设区的市的人民政府，经上一级人民政府批准，可以设立若干街道办事处，作为它的派出机关。

（二）行政组织的编制

行政组织的编制是指有关行政组织的构成人员的数量和领导职数的定额，对于控制行政组织的人员数量、提高行政效率具有重要意义。

《国务院行政机构设置和编制管理条例》规定：国务院行政机构的编制依据职能配置和职位分类，按照精简的原则确定（第 17 条）。国务院行政机构的编制在国务院行政机构设立时确定。国务院行政机构的编制方案，应当包括下列事项：（1）机构人员定额和人员结构比例；（2）机构领导职数和司级内设机构领导职数（第 18 条）。

《地方各级人民政府机构设置和编制管理条例》规定：地方各级人民政府的机构编制工作，实行中央统一领导、地方分级管理的体制（第 4 条）。县级以上各级人民政府机构编制管理机关应当按照管理权限履行管理职责，并对下级机构编制工作进行业务指导和监督（第 5 条）。依照国家规定的程序设置的机构和核定的编制，是录用、聘用、调配工作人员、配备领导成员和核拨经费的依据。县级以上各级人民政府应当建立机构编制、人员工资与财政预算相互制约的机制，在设置机构、核定编制时，应当充分考虑财政的供养能力。机构实有人员不得突破规定的编制。禁止擅自设置机构和增加编制。对擅自设置机构和增加编制的，不得核拨财政资金或者挪用其他资金安排其经费（第 6 条）。

（三）人员配备

行政组织的工作人员是构成行政组织的人的要素，根据职位的不同，又可分为领导人员与一般工作人员。行政组织法对这些人员的职位、数额、配备程序等进行了规定。

1. 领导人员的配备

对于各级行政组织领导人员的职位，《宪法》第 86 条规定，国务院由下列人员组成：总理，副总理若干人，国务委员若干人，各部部长，各委员会主任，审计长，秘书长。《国务院组织法》第 12 条第 1 款规定："国务院组成部门设部长（主任、行长、审计长）一人，副部长（副主任、副行长、副审计长）二至四人；委员会可以设委员五至十人。"《地方各级人民代表大会和地方各级人民政府组织法》第 70 条规定："省、自治区、直辖市、自治州、设区的市的人民政府分别由省长、副省长，自治区主席、副主席，市长、副市长，州长、副州长和秘书长、厅长、局长、委员会主任等组成。县、自治县、不设区的市、市辖区的人民政府分别由县长、副县长，市长、副市长，区长、副区长和局长、科长等组成。乡、民族乡的人民政府设乡长、副乡长。民族乡的乡长由建立民族乡的少数民族公民担任。镇人民政府设镇长、副镇长。"第 82 条规定："各厅、局、委员会、科分别设厅长、局长、主任、科长，在必要的时候可以设副职。办公厅、办公室设主任，在必要的时候可以设副主任。省、自治区、直辖市、自治州、设区的市的人民政府设秘书长一人，副秘书长若干人。"

对于各级行政组织领导人员的产生办法，《宪法》第 62 条规定，国务院总理的人选由国家主席提名，国务院副总理、国务委员、各部部长、各委员会主任、审计长、秘书长的人选由国务院总理提名，由全国人民代表大会决定。《地方各级人民代表大会和地方各级人民政府组织法》第 11 条第 5 项规定，由县级以上的地方各级人民代表大会选举省长、副省长，自治区主席、副主席，市长、副市长，州长、副州长，县长、副县长，区长、副区长。第 50 条第 14 项规定，根据省长、自治区主席、市长、州长、县长、区长的提名，县级以上的地方各级人民代表大会常务委员会决定本级人民政府秘书长、厅长、局长、委员会主任、科长的任免，报上一级人民政府备案。

2. 一般工作人员的配备

《公务员法》对公务员的录用、考核、任免、升降、奖励、惩戒、培训、交流、辞职、退休等进行了详细规定，我们将在下一章中集中讨论。

（四）财物配备

必要的财物是构成行政组织的物的要素。为了保障行政组织有效地履行职务，行政组织法在设置行政组织的同时，保障行政组织在财物方面的需求。例如，政府预算确保了行政组织的财政需求，《预算法》规定，国家实行一级政府一级预算，设立中央，省、自治区、直辖市，设区的市、自治州，县、自治县、不设区的市、市辖区，乡、民族乡、镇五级预算（第 3 条第 1 款）。一般公共预算收入包括：（1）各项税收收入；（2）行政事业性收费收入；（3）国有资源（资产）有偿使用收入；（4）转移性收入；（5）其他收入（第 27 条第 1 款）。而《政府采购法》确保了行政组织在物的方面的需求：政府采购是指各级国家机关、事业单位和团体组织，使用财政性资金采购依法制定的集中采购目录以内的或者采购限额标准以上的货物、工程和服务的行为。其中，采购是指以合同方式有偿取得货物、工程和服务的行为，包括购买、租赁、委托、雇用等；货物是指各种形态和种类的物品，包括原材料、燃料、设备、产品等；工程是指建设工程，包括建筑物和构筑物的新建、改建、扩建、装修、拆除、修缮等；服务是指除货物和工程以外的其他政府采购对象（第 2 条）。政府采购应当严格按照批准的预算执行（第 6 条）。

二、行政组织的职权

行政组织法在设置特定行政组织的同时，必须赋予其特定行政职权，这也是行政组织法的核心内容。例如，《宪法》第 89 条规定了国务院 18 项职权；《地方各级人民代表大会和地方各级人民政府组织法》第 73 条规定了县级以上的地方人民政府 11 项职权，第 76 条规定了乡镇人民政府 7 项职权。此外，各单行法中往往也有涉及有关行政组织职权的规定。例如，《审计法》第三章对审计机关的职责（职权）进行了详细的规定，《森林法》第 9 条规定了国务院林业主管部门和县级以上地方人民政府林业主管部门对林业工作的管理权限，《行政复议法》第 4 条规定了行政复议机关的复议职权。

三、行政组织的工作制度

行政组织的工作制度是指行政组织进行行政管理的方式、方法，包括责任制度与会议制度等。

（一）责任制度——首长负责制

对于行政组织的责任制度，我国的各级人民政府均采用行政首长负责制。首长负责制是指各级政府及其部门的首长在民主讨论的基础上，对本行政组织所管辖的重要事务具有最后决策权，并对此全面负责。例如，《宪法》第 86 条第 2 款规定：“国务院实行总理负责制。各部、各委员会实行部长、主任负责制。”《地方各级人民代表大会和地方各级人民政府组织法》第 77 条规定：“地方各级人民政府分别实行省长、自治区主席、市长、州长、县长、区长、乡长、镇长负责制。省长、自治区主席、市长、州长、县长、区长、乡长、镇长分别主持地方各级人民政府的工作。”《民族区域自治法》第 17 条第 2 款规定：“民族自治地方的人民政府实行自治区主席、自治州州长、自治县县长负责制。自治区主席、自治州州长、自治县县长，分别主持本级人民政府工作。”

（二）会议制度

实行首长负责制可以提高行政管理的效率，避免行政组织之间相互推诿的现象，但首长负责制并非由首长单独作出决定，而是要求首长在进行民主讨论的基础上，最后进行决策。而民主讨论一般以会议形式进行，可见，会议制度与首长负责制是相配套的制度，各级行政组织的会议制度主要包括以下类型。

1. 国务院全体会议和国务院常务会议

《宪法》第 88 条第 2 款、第 3 款规定：“总理、副总理、国务委员、秘书长组成国务院常务会议。总理召集和主持国务院常务会议和国务院全体会议。”《国务院组织法》第 7 条规定：“国务院实行国务院全体会议和国务院常务会议制度。国务院全体会议由国务院全体成员组成。国务院常务会议由总理、副总理、国务委员、秘书长组成。总理召集和主持国务院全体会议和国务院常务会议。国务院工作中的重大问题，必须经国务院常务会议或者国务院全体会议讨论决定。”

《国务院工作规则》第 19 条、第 20 条规定：国务院全体会议由总理、副总理、国务委员、各部部长、各委员会主任、人民银行行长、审计长、秘书长组成，由总理召集和主持。国务院全体会议的主要任务是：（1）讨论、决定政府工作报告、国民经济和社会发展规划等重大事项；（2）部署国务院的重要工作。国务院全体会议根据需要可安排其他有关部门、单位负责人列席会议。国务院常务会议由总理、副总理、国务委员、秘书长组成，由总理召集和主持。国务院常务会议的主要任务是：（1）讨论需提请党中央审议、决定的重要事项；（2）讨论需提请国务院全体会议审议的重要事项；（3）讨论法律草案、审议行政法规草案；（4）讨论通过以国务院名义印发的重要规范性文件；（5）其他需提请国务院常务会议讨论、决定、通报的重要事项。国务院常务会议一般每月召开 2～3 次，如有需要可随时召开。根据会议议题可安排有关部门、单位负责人列席会议。

2. 国务院部委会议

《宪法》第 90 条规定，国务院各部部长、各委员会主任“召集和主持部务会议或者委员会会议、委务会议，讨论决定本部门工作的重大问题”。

3. 地方政府全体会议和常务会议

根据《地方各级人民代表大会和地方各级人民政府组织法》第 78 条的规定，县级以上的地方各级人民政府会议分为全体会议和常务会议。全体会议由本级人民政府全体成员组成。省、自治区、直辖市、自治州、设区的市的人民政府常务会议，分别由省长、副省长，自治区主席、副主席，市长、副市长，州长、副州长和秘书长组成。县、自治县、不设区的市、市辖区的人民政府常务会议，分别由县长、副县长，市长、副市长，区长、副区长组成。省长、自治区主席、市长、州长、县长、区长召集和主持本级人民政府全体会议和常务会议。政府工作中的重大问题，须经政府常务会议或者全体会议讨论决定。

四、行政组织之间的关系

行政组织具有整体的统一性，因此，在行政组织法中必须明确各行政组织之间的关系。

（一）上下级关系

行政组织之间的上下级关系是指在行政组织系统内基于层级制度而形成的纵向关系。例如，《宪法》第 89 条规定，国务院“统一领导各部和各委员会的工作”，“统一领导全国地方各级国家行政机关的工作”；第 108 条规定，县级以上的地方各级人民政府领导所属各工作部门和下级人民政府的工作，有权改变或者撤销所属各工作部门和下级人民政府的不适当的决定。《地方各级人民代表大会和地方各级人民政府组织法》第 83 条规定，省、自治区、直辖市的人民政府的各工作部门受人民政府统一领导，并且依照法律或者行政法规的规定受国务院主管部门的业务指导或者领导。自治州、县、自治县、市、市辖区的人民政府的各工作部门受人民政府统一领导，并且依照法律或者行政法规的规定受上级人民政府主管部门的业务指导或者领导。可见，上下级行政组织之间的关系包括领导关系、业务指导关系等。

（二）平级关系

行政组织的平级关系是指无隶属的行政组织之间的横向关系。平级关系的行政组织之间并无领导或指导关系，但存在着相互协助的关系。例如，《地方各级人民代表大会和地方各级人民政府组织法》第 84 条规定：“省、自治区、直辖市、自治州、县、自治县、市、市辖区的人民政府应当协助设立在本行政区域内不属于自己管理的国家机关、企业、事业单位进行工作，并且监督它们遵守和执行法律和政策。”《行政许可法》第 64 条规定：“被许可人在作出行政许可决定的行政机关管辖区域外违法从事行政许可事项活动的，违法行为发生地的行政机关应当依法将被许可人的违法事实、处理结果抄告作出行政许可决定的行政机关。”此外，平级行政组织之间还可能存在监督关系，例如，审计机关对隶属于同一政府的其他政府部门具有监督权。

五、行政组织之间争议的解决机制

行政权作为一个整体，在设置行政组织的同时被分配给各行政组织，但各行政组织之间的权限有可能存在争议。这种争议由于属于行政内部的纠纷而排除司法的介入，因此需要在行政内部寻找解决的机制，一般由争议双方的共同上级机关作为争议解决机关。例如，《行政处罚法》第 25 条规定，当行政机关之间对行政处罚的管辖权发生争议时，应当协商解决，协商不成的，报请共同的上一级行政机关指定管辖。《地方各级人民政府机构设置和编制管理条例》第 10 条第 2 款规定，行政机构之间对职责划分有异议的，应当主动协商解决。协商一致的，报本级人民政府机构编制管理机关备案；协商不一致的，应当提请本级人民政府机构编制管理机关提出协调意见，由机构编制管理机关报本级人民政府决定。

按照传统行政法学理论，行政组织之间的纷争不属于法律上的争议，而属于行政组织内部的争议。鉴于行政权与司法权的界限，一般认为应当由行政组织内部解决。但这种观点并非绝对的，例如，日本就存在利用诉讼解决行政机关之间争议的机关诉讼，日本《地方自治法》第 9 条规定的市町村界线划分诉讼、第 176 条第 7 款规定的有关地方公共团体行政首长与议会之间权限争议的诉讼、第 245 条之八第 3 款规定的代执行诉讼、第 251 条之五第 1 款规定的国家干预诉讼等。笔者认为，行政组织之间的争议虽然属于行政内部争议，但也间接影响相对人的权利或利益，因此赞成一定范围内的行政组织之间的争议可以利用司法途径进行解决。

第九章　公务员法

行政组织必须由一定的人员构成，因此，广义的行政组织法中包括对行政组织的人员进行规范的公务员法。为了规范公务员的管理，保障公务员的合法权益，加强对公务员的监督，1993 年 8 月 14 日，国务院颁发了《国家公务员暂行条例》，标志着我国公务员制度初步形成。在此基础上，第十届全国人民代表大会常务委员会第十五次会议于 2005 年 4 月 27 日通过了《公务员法》(2017 年 9 月 1 日第十二届全国人民代表大会常务委员会第二十九次会议修订、2018 年 12 月 29 日第十三届全国人民代表大会常务委员会第七次会议修订)。《公务员法》以公开、平等、竞争、择优、法治为理念，以监督约束与激励保障并重为原则，规定了公务员的条件、权利与义务、职务与级别、录用、考核、职务任免、职务升降、奖励、惩戒、培训、回避、工资保险福利、辞职辞退、退休、职位聘任、法律责任等具有中国特色的公务员制度。

第一节　公务员的概念与范围

我国公务员制度中，最具特色的是公务员的概念与范围不同于其他国家，而与我国政治制度的特点以及干部人事管理的现实情况相一致。

一、公务员的概念

公务员的概念按照公务员范围的大小大致可分为三类：第一，英国的公务员仅指中央政府中常务次官以下的所有文职人员，不包括由选举或政治任命产生的内阁成员及各部政务次官、政治秘书等政务官；第二，美国的公务员是指中央政府的所有公职人员，包括政务官与事务官，但适用国家公务员法规的只是事务官；第三，法国、日本的公务员是指中央和地方所有公职人员，但议会的工作人员、法院的法官、军事人员等不适用公务员法。而我国公务员法所规定的公务员的范围比上述国家的公务员范围宽泛得多。

根据《公务员法》第 2 条的规定，我国的公务员是指依法履行公职、纳入国家行政编制、由国家财政负担工资福利的工作人员。可见，判断是否属于公务员有三个标准：第一，“依法履行公职”，即依法履行公共职务、从事公务活动，而不是从事私人活动；第二，“纳入国家行政编制”，即纳入国家编制管理机关管理的机构序列的人员，不限于行政机关编制；第三，“由国家财政负担工资福利”，即由国家提供工资、福利以及退休待遇等保障。

二、公务员的范围

按照公务员概念中的三个界定标准，根据全国人大法律委员会关于 2005 年《公务员法》草案审议结果的报告以及《监察法》的规定，公务员的范围主要包括以下八类机关的工作人员：(1) 中国共产党机关的工作人员，包括中央和地方各级党委、纪委的专职领导成员，中央和地方各级党委工作部门和纪检机关的工作人员，街道、乡（镇）党委机关的工作人员。(2) 人大机关的工作人员，包括全国人大常委会委员长、专职副委员长、秘书长、专职常委，地方各级人大常委会主任、专职副主任、秘书长，专职常委，乡（镇）人大专职主席、副主席，各级人大常委会机关工作人员，各级人大专门委员会专职组成人员及办事机构工作人员。(3) 行政机关的工作人员，包括各级人民政府的组成人员，各级人民政府工作部门及派出机构的工作人员。(4) 政协机关的工作人员，包括政协各级委员会主席、专职副主席、秘书长，政协各级委员会工作机构的工作人员，政协专门委员会办事机构的工作人员。(5) 监察委员会的工作人员，包括各级监察委员会的组成人员，各级监察委员会内设机构和派出监察机构的工作人员、派出的监察委员。(6) 审判机关的工作人员，包括最高人民法院、地方各级人民法院的法官，审判辅助人员和行政管理人员。(7) 检察机关的工作人员，包括最高人民检察院、地方各级人民检察院的检察官，检察辅助人员和行政管理人员。(8) 民主党派机关的工作人员，包括 8 个民主党派中央和地方各级委员会主席（主委）、专职（驻会）副主席（副主委）、秘书长，中央和地方各级委员会职能部门和办事机构的工作人员。需要注意的是，在国家机关中的工勤人员不属于公务员。

三、公务员的分类

《公务员法》分别从横向与纵向两个方面对公务员进行了职位分类与职务级别分类。

（一）职位分类

职位分类是一种以工作职位为主要依据的人事分类制度。所谓“职位”，是指上级组织分配给工作人员的职务及应承担的相应责任。《公务员法》第 16 条规定，公务员职位类别按照公务员职位的性质、特点和管理需要，划分为综合管理类、专业技术类和行政执法类等类别。专业技术类是指在机关中承担专业技术职责，为实施公共管理提供直接的技术支持和保障的公务员职位类别；行政执法类是指在工商、税务、质检、环保等履行市场监管与社会管理职能的行政执法部门的基层单位的行政执法职位中设置的公务员职位类别；综合管理类是指除专业技术类、行政执法类以及其他职位类别以外的公务员职位类别。此外，国务院根据《公务员法》的规定，对于具有职位特殊性，需要单独管理的，可以增设其他职位类别。

（二）职务与职级并行

根据《公务员法》第 17 条至第 22 条的规定，国家实行公务员职务与职级并行制度，根据公务员职位类别和职责设置公务员领导职务、职级序列。领导职务层次又分为：国家级正职、国家级副职、省部级正职、省部级副职、厅局级正职、厅局级副职、县处级正职、县处级副职、乡科级正职、乡科级副职。公务员职级在厅局级以下设置。综合管理类公务员职级序列分为：一级巡视员、二级巡视员、一级调研员、二级调研员、三级调研员、四级调研员、一级主任科员、二级主任科员、三级主任科员、四级主任科员、一级科员、二级科员。公务员的领导职务、职级应当对应相应的级别。公务员的领导职务、职级与级别的对应关系，由国家规定。根据工作需要和领导职务与职级的对应关系，公务员担任的领导职务和职级可以互相转任、兼任。公务员的领导职务、职级与级别是确定公务员工资以及其他待遇的依据。

第二节　公务员身份的取得、变动与消灭

公务员的身份是指具备公务员资格的法律地位，是公务员以公职身份进行活动的基础，是公务员法的主要内容之一。《公务员法》详细规定了公务员身份的取得、变动、消灭的方式等。

一、公务员身份的取得

公务员身份的取得是指公民取得公务员资格的过程。《公务员法》第 13 条规定，公务员应当具备下列条件：（1）具有中华人民共和国国籍；（2）年满 18 周岁；（3）拥护中华人民共和国宪法，拥护中国共产党领导和社会主义制度；（4）具有良好的政治素养和道德品行；（5）具有正常履行职责的身体条件和心理素质；（6）具有符合职位要求的文化程度和工作能力；（7）法律规定的其他条件。除了上述条件外，不同类型的公务员以及从事不同事务的公务员还需要满足其他法律所要求的条件，例如：报考公务员的，还应当具备省级以上公务员主管部门规定的拟任职位所要求的资格条件；行政机关中初次从事行政处罚决定审核、重大行政执法决定的法制审核、行政复议、行政裁决、法律顾问的公务员还应当通过国家统一法律职业资格考试，获得相应的资格。

在具备上述条件的基础上，公民取得公务员身份的方式主要有以下四种。

（一）考任

考任是指国家通过公开组织公务员考试而录用公务员的制度。《公务员法》第 23 条规定，录用担任一级主任科员以下及其他相当职级层次的公务员，采取公开考试、严格考察、平等竞争、择优录取的办法。考试录用具有公开性、平等性和竞争性的特点，民族自治地方通过考试录用公务员时，依照法律和有关规定对少数民族报考者予以适当照顾。

（二）选任

选任是指按照法定的民主程序自下而上选举产生公务员的方式，一般适用于国家机关和政党机关等的主要领导人员，领导成员职务按照国家规定实行任期制。在我国，对于各级人民政府组成人员的录用一般采取选任方式。例如，《宪法》第 101 条规定，地方各级人民政府的正、副职领导人均由同级人民代表大会选举产生。《公务员法》第 41 条规定，选任制公务员在选举结果生效时即任当选职务；任期届满不再连任或者任期内辞职、被罢免、被撤职的，其所任职务即终止。考任注重的是公务员的专业能力，选任则更为关注录用方式的民主性。

（三）委任

委任是指按照法定的公务员管理权限自上而下任命公务员的方式，一般适用于国家机关和政党机关等的内设机构的领导人员和其他公务员，领导成员职务按照国家规定实行任期制。《公务员法》第 42 条规定，委任制公务员试用期满考核合格，职务、职级发生变化，以及其他情形需要任免职务、职级的，应当按照管理权限和规定的程序任免。

（四）聘任

聘任是机关通过合同选拔、任用公务员的方式。与考任、选任相比，聘任具有引入市场

机制、开放灵活的特点。《公务员法》第100条至第103条规定，机关根据工作需要，经省级以上公务员主管部门批准，可以对专业性较强的职位和辅助性职位实行聘任制；但职位涉及国家秘密的，不实行聘任制。机关聘任公务员可以参照公务员考试录用的程序进行公开招聘，也可以从符合条件的人员中直接选聘。机关聘任公务员，应当按照平等自愿、协商一致的原则，签订书面的聘任合同，确定机关与所聘公务员双方的权利、义务。聘任合同经双方协商一致可以变更或者解除。聘任合同应当具备合同期限，职位及其职责要求，工资、福利、保险待遇，违约责任等条款。聘任合同期限为1年至5年；聘任合同可以约定试用期，试用期为1个月至12个月。聘任制公务员实行协议工资制。聘任制的优点在于可以双向选择，既有用人单位的选人权，也有被聘人员的择职权，有利于人才的合理流动和优化组合。

二、公务员职位的变动①

公务员职位的变动是指公务员在取得公务员身份后的任职期间职位的变动，包括职务的升降、公务员的交流等。

（一）职务的升降

公务员职务的升降是指对公务员晋升职务或降低职务，公务员依法从低职位调到高职位工作称为晋升，反之为降职。

1. 晋升

根据《公务员法》第45条至第49条的规定，公务员晋升领导职务，应当具备拟任职务所要求的政治素质、工作能力、文化程度和任职经历等方面的条件和资格。公务员领导职务应当逐级晋升；特别优秀的或者工作特殊需要的，可以按照规定破格或者越级晋升。公务员晋升领导职务，按照下列程序办理：（1）动议；（2）民主推荐；（3）确定考察对象，组织考察；（4）按照管理权限讨论决定；（5）履行任职手续。此外，公务员晋升领导职务的，应当按照有关规定实行任职前公示制度和任职试用期制度。公务员职级应当逐级晋升，根据个人德才表现、工作实绩和任职资历，参考民主推荐或者民主测评结果确定人选，经公示后，按照管理权限审批。

2. 降职

《公务员法》第50条规定，公务员的职务、职级实行能上能下。对不适宜或者不胜任现任职务、职级的，应当进行调整。公务员在年度考核中被确定为不称职的，按照规定程序降低一个职务或者职级层次任职。降职制度有利于激励公务员积极进取。

（二）公务员的交流

《公务员法》第69条规定，国家实行公务员交流制度，交流的方式包括调任、转任。公务员的交流，是一种横向的平级调动，不涉及公务员的职务或职级的升降问题，对于加强公务员队伍建设和保证公务员制度的正常运转具有十分重要的意义。

1. 调任

调任是指国家行政机关将行政系统外部的人员直接调入行政机关任职的制度。《公务员法》第70条规定，国有企业、高等院校和科研院所以及其他不参照本法管理的事业单位中

---

① 本节标题是“公务员身份的取得、变动与消灭”，因为公务员职位的变动属于广义上的“身份变动”，但又不能直接写成“身份变动”，并且考虑到章节编排的方便，将该部分“公务员职位的变动”作为本节的第二部分。

从事公务的人员，可以调入机关担任领导职务或者四级调研员以上及其他相当层次的职级。

2. 转任

转任是指公务员因工作需要或其他正当理由在机关系统内部的平级调动，是公务员在机关系统内部的交流方式。转任意味着公务员原任职务的免除和新任职务的开始，因此，《公务员法》第 71 条规定，公务员在不同职位之间转任应当具备拟任职位所要求的资格条件，在规定的编制限额和职数内进行。

（三）其他职位变动的情形

除了公务员的晋升或者降职、交流而引起公务员职位的变动外，其他特定事实的发生也能够引起职位的变动，如公务员试用期满后的正式任用等。

三、公务员身份的消灭

公务员身份的消灭是指公务员丧失作为公务员的资格。根据《公务员法》及相关法律的规定，引起公务员身份消灭的原因包括以下几个方面的。

（一）退休

公务员达到国家规定的退休年龄或者完全丧失工作能力的，应当退休。在公务员退休之后，即丧失作为公务员的资格。此外，公务员符合下列条件之一的，本人自愿提出申请，经任免机关批准，可以提前退休：（1）工作年限满 30 年的；（2）距国家规定的退休年龄不足 5 年，且工作年限满 20 年的；（3）符合国家规定的可以提前退休的其他情形的。公务员退休后，享受国家规定的养老金和其他待遇，国家为其生活和健康提供必要的服务和帮助，鼓励发挥个人专长，参与社会发展。

（二）辞职

辞职是指公务员按照自己的意愿，辞去所担任的公务员职务，解除与所在机关的任用关系的行为。根据《公务员法》的规定，公务员享有辞职权。公务员辞去公职，应当向任免机关提出书面申请。任免机关应当自接到申请之日起 30 日内予以审批，其中对领导成员辞去公职的申请，应当自接到申请之日起 90 日内予以审批。但公务员有下列情形之一的，不得辞去公职：（1）未满国家规定的最低服务年限的；（2）在涉及国家秘密等特殊职位任职或者离开上述职位不满国家规定的脱密期限的；（3）重要公务尚未处理完毕，且须由本人继续处理的；（4）正在接受审计、纪律审查、监察调查，或者涉嫌犯罪，司法程序尚未终结的；（5）法律、行政法规规定的其他不得辞去公职的情形。此外，领导成员因工作严重失误、失职造成重大损失或者恶劣社会影响的，或者对重大事故负有领导责任的，应当引咎辞去领导职务。领导成员因其他原因不再适合担任现任领导职务的或者应当引咎辞职，本人不提出辞职的，应当责令其辞去领导职务。

（三）辞退

辞退是指行政机关在具备法定条件时单方面解除其与公务员之间的公职关系，使其丧失公务员资格的制度。根据《公务员法》第 88 条的规定，公务员有下列情形之一的，予以辞退：（1）在年度考核中，连续 2 年被确定为不称职的；（2）不胜任现职工作，又不接受其他安排的；（3）因所在机关调整、撤销、合并或者缩减编制员额需要调整工作，本人拒绝合理安排的；（4）不履行公务员义务，不遵守法律和公务员纪律，经教育仍无转变，不适合继续在机关工作，又不宜给予开除处分的；（5）旷工或者因公外出、请假期满无正当理由逾期不归连续超过15天，或者一年内累计超过30天的。但对于有下列情形之一的公务员，不得辞退：（1）因公致残，被确认丧失或者部分丧失工作能力的；（2）患病或者负伤，在规定的医疗期内的；（3）女性公务员在孕期、产假、哺乳期内的；（4）法律、行政法规规定的其他不得辞退的情形。辞退公务员，按照管理权限决定。辞退决定应当以书面形式通知被辞退的公务员，并应当告知辞退依据和理由。被辞退的公务员，可以领取辞退费或者根据国家有关规定享受失业保险。

（四）开除

开除是对违法、违纪公务员最为严重的一种处分形式。对于严重违法、违纪，不适宜继续担任公务员职务的，有关机关应给予其开除处分。被给予开除处分的公务员，自处分之日起，丧失公务员身份。

（五）罢免或撤职

罢免或撤职是权力机关对其选举或者决定任命的公务员因违法、失职而免去其行政职务和使其不再具有国家公务员身份的行为。例如，《宪法》第63条规定，全国人大有权罢免国务院总理、副总理、国务委员、各部部长、各委员会主任、审计长、秘书长。《各级人民代表大会常务委员会监督法》第44条规定：县级以上地方各级人民代表大会常务委员会在本级人民代表大会闭会期间，可以决定撤销本级人民政府个别副省长、自治区副主席、副市长、副州长、副县长、副区长的职务；可以撤销由它任命的本级人民政府其他组成人员和人民法院副院长、庭长、副庭长、审判委员会委员、审判员，人民检察院副检察长、检察委员会委员、检察员，中级人民法院院长，人民检察院分院检察长的职务。公务员被罢免或撤职后即丧失公务员身份。

（六）其他公务员身份消灭的情形

公务员死亡或丧失行为能力或丧失中国国籍，即意味着他已失去作为公务员的基本资格，不能再担任行政公职，即丧失公务员身份。

第三节　公务员的义务、权利与奖惩

公务员的身份意味着公务员担负一定的义务，当然也享有一定的权利。需要注意的是，《公务员法》先规定公务员的义务，后规定公务员的权利。这与一般法律先规定权利后规定义务不同。这是因为公务员是履行公职的人员，代表国家行使国家权力，需要对其进行严格的约束和管理。先规定公务员的义务说明公务员存在的本质在于为人民提供服务，正是由于公务员负有这些义务，为了履行这些义务，才赋予公务员一定的权利。从这种意义来说，公务员是先有义务后有权利，公务员享有的权利是为履行其义务服务的。

一、公务员的义务

公务员的义务，是指国家法律对公务员必须作出一定行为或不得作出一定行为的约束和强制。《公务员法》第14条规定，公务员应当履行下列义务：（1）忠于宪法，模范遵守、自觉维护宪法和法律，自觉接受中国共产党领导；（2）忠于国家，维护国家的安全、荣誉和利益；（3）忠于人民，全心全意为人民服务，接受人民监督；（4）忠于职守，勤勉尽责，服从和执行上级依法作出的决定和命令，按照规定的权限和程序履行职责，努力提高工作质量和效率；（5）保守国家秘密和工作秘密；（6）带头践行社会主义核心价值观，坚守法治，遵守纪律，恪守职业道德，模范遵守社会公德、家庭美德；（7）清正廉洁，公道正派；（8）法律规定的其他义务。

值得注意的是，《公务员法》第 14 条第 4 项规定了"服从和执行上级依法作出的决定和命令"的义务，公务员应当切实执行上级的决定和命令，但该上级的决定和命令必须是"依法"作出的，对于违法的决定和命令，公务员可以不予执行。为此，《公务员法》第 60 条明确规定，公务员执行公务时，认为上级的决定或者命令有错误的，可以向上级提出改正或者撤销该决定或者命令的意见；上级不改变该决定或者命令，或者要求立即执行的，公务员应当执行该决定或者命令，执行的后果由上级负责，公务员不承担责任；但是，公务员执行明显违法的决定或者命令的，应当依法承担相应的责任。可见，《公务员法》在规定公务员执行上级决定和命令的义务的同时，赋予公务员对于明显违法的决定或命令所享有的拒绝执行权。

此外，《公务员法》第 107 条第 1 款要求，公务员辞去公职或者退休的，原系领导成员、县处级以上领导职务的公务员在离职 3 年内，其他公务员在离职 2 年内，不得到与原工作业务直接相关的企业或者其他营利性组织任职，不得从事与原工作业务直接相关的营利性活动。这是为了避免公务员在职期间利用其所掌握的行政职权为其离职后谋私。

二、公务员的权利

公务员的权利，是指国家法律对公务员在履行职责、行使职权、执行公务的过程中，可以作出某种行为，要求他人为或者不为某种行为的能力和资格。根据《公务员法》第 15 条的规定，公务员的权利有：（1）获得履行职责应当具有的工作条件；（2）非因法定事由、非经法定程序，不被免职、降职、辞退或者处分；（3）获得工资报酬，享受福利、保险待遇；（4）参加培训；（5）对机关工作和领导人员提出批评和建议；（6）提出申诉和控告；（7）申请辞职；（8）法律规定的其他权利。

三、公务员的奖励

奖励是指行政机关对有突出贡献的公务员给予物质或精神奖励的制度。《公务员法》规定了奖励的原则、条件、种类等，具体包括以下内容。

（一）奖励的原则

对工作表现突出，有显著成绩和贡献，或者有其他突出事迹的公务员或者公务员集体，给予奖励。奖励坚持定期奖励与及时奖励相结合，精神奖励与物质奖励相结合、以精神奖励为主的原则。

（二）奖励的对象

奖励的对象包括公务员个人和集体，对公务员个人的奖励适用于工作表现突出、有显著成绩和贡献或者有其他突出事迹的公务员个人，对公务员集体的奖励适用于按照编制序列设置的机构或者为完成专项任务组成的工作集体。公务员或者公务员集体有下列情形之一的，给予奖励：（1）忠于职守，积极工作，勇于担当，工作实绩显著的；（2）遵纪守法，廉洁奉公，作风正派，办事公道，模范作用突出的；（3）在工作中有发明创造或者提出合理化建议，取得显著经济效益或者社会效益的；（4）为增进民族团结，维护社会稳定做出突出贡献的；（5）爱护公共财产，节约国家资财有突出成绩的；（6）防止或者消除事故有功，使国家和人民群众利益免受或者减少损失的；（7）在抢险、救灾等特定环境中做出突出贡献的；（8）同违纪违法行为作斗争有功绩的；（9）在对外交往中为国家争得荣誉和利益的；（10）有其他突出功绩的。

（三）奖励的方式

奖励分为嘉奖、记三等功、记二等功、记一等功、授予称号。对受奖励的公务员或者公务员集体予以表彰，并对受奖励的个人给予一次性奖金或者其他待遇。奖励的方式应当与受奖励的公务员个人或集体的行为或事迹相对应，运用精神奖励与物质奖励相结合的方式，根据公务员个人或集体先进事迹和贡献大小决定奖励的方式。

四、公务员的惩戒

为保障公务执行的合法、高效，规范公务员的行为，《公务员法》以及《行政机关公务员处分条例》等规定了公务员的行为准则，并设置了对违法者的惩戒措施。

（一）惩戒的对象

《公务员法》第57条、第61条规定，机关应当对公务员的思想政治、履行职责、作风表现、遵纪守法等情况进行监督，如果发现公务员因违纪违法应当承担纪律责任的，依照《公务员法》给予处分或者由监察机关依法给予政务处分。可见，违纪违法的公务员是惩戒的对象。其中的违法是指违反法律、法规、规章等的规定，而违纪是指违反公务员纪律。公务员纪律是机关为了保证管理工作的正常进行，维护机关的良好形象，促使公务员依法履行公务而制定的要求公务员普遍遵循的行为准则。公务员纪律是公务员义务的具体化，具有国家强制性，以惩戒作为执行的保障。《公务员法》第59条规定了18项公务员不得进行的行为，由此可以将公务员的违纪违法行为分为几个方面：第一，违反政治纪律的行为，包括：散布有损宪法权威、中国共产党和国家声誉的言论，组织或者参加旨在反对宪法、中国共产党领导和国家的集会、游行、示威等活动；组织或者参加非法组织，组织或者参加罢工；挑拨、破坏民族关系，参加民族分裂活动或者组织、利用宗教活动破坏民族团结和社会稳定。第二，违反工作纪律的行为，包括：不担当，不作为，玩忽职守，贻误工作；拒绝执行上级依法作出的决定和命令；对批评、申诉、控告、检举进行压制或者打击报复；贪污贿赂，利用职务之便为自己或者他人谋取私利；违反财经纪律，浪费国家资财；滥用职权，侵害公民、法人或者其他组织的合法权益；泄露国家秘密或者工作秘密；在对外交往中损害国家荣誉和利益；旷工或者因公外出、请假期满无正当理由逾期不归。第三，违反廉政纪律的行为，包括：贪污贿赂，利用职务之便为自己或者他人谋取私利；违反财经纪律，浪费国家资财；违反有关规定从事或者参与营利性活动，在企业或者其他营利性组织中兼任职务。第四，违反社会公德和职业道德的行为，包括：参与或者支持色情、吸毒、赌博、迷信等活动；违反职业道德、社会公德和家庭美德；违反有关规定参与禁止的网络传播行为或者网络活动。第五，违纪违法的其他行为。

（二）惩戒的条件

公务员惩戒的条件包括：第一，有违纪违法行为，即公务员的行为违反了法律的规定或公务员纪律。第二，违纪违法的行为尚未构成犯罪，或者虽然构成犯罪，但依法不追究刑事责任。惩戒处分是行政机关对公务员的行政处分。首先，从违法程度来看，作为惩戒对象的公务员违纪违法的程度明显低于犯罪；其次，从惩戒的力度来看，惩戒处分也明显低于对犯罪的制裁。而且，在公务员的违纪违法行为构成犯罪时，必须将案件移交给司法机关处理，而不得以行政处分代替司法机关的刑事审判。第三，存在主观过错，即违纪违法的公务员存在故意或过失，如果公务员没有故意或过失，即使存在违纪违法的行为，但是由于不可抗力等原因引起的，也不承担违纪违法的责任。

（三）惩戒的方式

惩戒处分的方式可分为警告、记过、记大过、降级、撤职、开除，适用类型根据公务员具体的违纪违法性质、严重程度、社会影响、损失和后果等确定。受处分的期间分别为：警告，6 个月；记过，12 个月；记大过，18 个月；降级、撤职，24 个月。值得注意的是，降职与降级不同，降职不是处分，晋升也不是奖励。

（四）惩戒的程序

对公务员的处分，应当事实清楚、证据确凿，定性准确、处理恰当，程序合法、手续完备。公务员违纪违法的，应当由处分决定机关决定对公务员违纪违法的情况进行调查，并将调查认定的事实以及拟给予处分的依据告知公务员本人，公务员有权进行陈述和申辩。

（五）惩戒的后果

公务员在受处分期间不得晋升职务、职级和级别，其中受记过、记大过、降级、撤职处分的，不得晋升工资档次；受撤职处分的，按照规定降低级别。

（六）惩戒的解除

公务员受开除以外的处分，在受处分期间有悔改表现，并且没有再发生违纪违法行为的，处分期满后自动解除。解除处分后，晋升工资档次、级别和职务、职级不再受原处分的影响。但是，解除降级、撤职处分的，不视为恢复原级别、原职务、原职级。

第四节　公务员的权利保障与救济

公务员的权利保障与救济是指公务员法对公务员的物质利益、身份职务以及职务履行等进行保护，当公务员的权利被违法侵犯时，为其提供救济的制度。鉴于公务员身份的特殊性，对公务员的权利保障与救济方式也具有特殊性。对此，《公务员法》进行了详细规定。

一、公务员的权利保障

对公务员的权利保障主要包括物质保障、身份保障、职务保障等方面。

（一）物质保障

《公务员法》第十二章专门规定了公务员的“工资、福利与保险”：公务员实行国家统一的职务、职级与级别相结合的工资制度，公务员的领导职务、职级与级别是确定公务员工资以及其他待遇的依据（《公务员法》第21条第4款）。公务员工资制度贯彻按劳分配的原则，体现工作职责、工作能力、工作实绩、资历等因素，保持不同领导职务、职级、级别之间的合理工资差距。国家建立公务员工资的正常增长机制。公务员工资包括基本工资、津贴、补贴和奖金，并且公务员按照国家规定享受地区附加津贴、艰苦边远地区津贴、岗位津贴等津贴，以及住房、医疗等补贴、补助。公务员在定期考核中被确定为优秀、称职的，按照国家规定享受年终奖金。此外，公务员按照国家规定享受福利待遇。公务员执行国家规定的工时制度，按照国家规定享受休假。公务员在法定工作日之外加班的，应当给予相应的补休，不能补休的按照国家规定给予补助。公务员因公牺牲或者病故的，其亲属享受国家规定的抚恤和优待。公务员工资、福利、保险以及录用、奖励、培训、辞退等所需经费，列入财政预算，予以保障。任何机关不得违反国家规定自行更改公务员工资、福利、保险政策，擅自提高或者降低公务员的工资、福利、保险待遇。任何机关不得扣减或者拖欠公务员的工资。

（二）身份保障

公务员的身份一旦取得，即受到法律保护，非因法定事由、非经法定程序，不被免职、降职、辞退或者开除。而且，因公致残等情况下不得辞退公务员。被辞退的公务员，可以领取辞退费或者根据国家有关规定享受失业保险。此外，对于对公务员不利的人事处理决定，应以书面形式通知其本人；对公务员作出处分前必须听取本人的陈述和申辩。

（三）职务保障

为了确保行政管理的有效实施，公务员依法履行职务受法律保护，法律为公务员合法履行职务的行为提供各种保障与便利。例如，《消防法》第47条规定：消防车、消防艇前往执行火灾扑救或者应急救援任务，在确保安全的前提下，不受行驶速度、行驶路线、行驶方向和指挥信号的限制，其他车辆、船舶以及行人应当让行，不得穿插超越；收费公路、桥梁免收车辆通行费。交通管理指挥人员应当保证消防车、消防艇迅速通行。《人民警察法》第13条规定：公安机关的人民警察因履行职责的紧急需要，经出示相应证件，可以优先乘坐公共交通工具，遇交通阻碍时，优先通行。公安机关因侦查犯罪的需要，必要时，按照国家有关规定，可以优先使用机关、团体、企业事业组织和个人的交通工具、通信工具、场地和建筑物，用后应当及时归还，并支付适当费用；造成损失的，应当赔偿。

二、公务员救济的理论基础——特别权力关系理论

“有权利必有救济”，公务员虽然具有与普通公民所不同的公职身份，但其合法权益也必须受到保护，而且当公务员的合法权益受到违法行为的侵犯时，也必须对其进行法律上的救济。但由于受到特别权力关系理论的影响，法律规定了对公务员救济的特殊途径。

（一）公务员司法救济的排除

根据《行政复议法》第12条第3项和《行政诉讼法》第13条第3项的规定，“行政机关对行政机关工作人员的奖惩、任免等决定”不属于行政复议和行政诉讼的受案范围。最高人民法院《关于适用〈中华人民共和国行政诉讼法〉的解释》第2条第3款对此进一步解释，认为“对行政机关工作人员的奖惩、任免等决定”是指行政机关作出的涉及作为该行政机关工作人员的公务员权利义务的决定。从《公务员法》的有关规定看，行政机关作出的涉

及其所属公务员权利、义务的决定的范围非常广泛，不仅包括对公务员的警告、记过、记大过、降级、撤职、开除等惩戒处分，而且包括行政机关对公务员作出的晋升、降职、交流、工资福利的调整等决定，涉及公务员权利、义务的所有方面。而《公务员法》关于对公务员权利的救济仅仅规定了“申诉与控告”的方式，可见，我国有关公务员救济的法律都排除了司法救济的可能性。

（二）公务员救济的理论基础——特别权力关系理论

上述法律将公务员的救济排除于行政诉讼之外的理论依据是特别权力关系理论。特别权力关系理论认为，公务员与其所属的行政机关之间的关系、服刑人员与其所在的监狱之间的关系、学生与其所属公立学校之间的关系等属于内部行政法律关系，与外部行政法律关系中的权力性不同，这些法律关系中具有特别的权力性，由此称为“特别权力关系”。特别权力关系适用不同于外部行政法律关系的法律原理，对于特别权力关系内的纷争，即使是侵害人权的行为，也无须法律的根据，不得通过法院进行救济，而通过内部途径救济。正是基于这种理论，我国的《行政诉讼法》《公务员法》将公务员的救济排除于行政诉讼之外，而通过内部的申诉、控告等行政方式进行救济。

对此，也有学者提出批评，认为：公务员的勤务关系只不过是根据公务员的身份对劳动契约进行修正的特别劳动契约关系[①]，因此，可以通过司法途径进行救济。

三、公务员救济的方式

《公务员法》以及《行政机关公务员处分条例》等法律、法规关于对公务员的救济规定了复核、申诉、控告以及人事争议仲裁等途径。

（一）复核

复核是指由对人事处理决定不服的公务员向作出该人事处理决定的原处理机关提出再次审核该决定的申请，原处理机关予以审核并作出是否维持原决定的判断的行为。《公务员法》第95条、第96条规定：公务员对涉及本人的人事处理决定不服，有权自知道该人事处理之日起30日内向原处理机关申请复核。原处理机关应当自接到复核申请书后的30日内作出复核决定。复核期间不停止人事处理的执行。

（二）申诉

公务员对涉及本人的人事处理决定不服，可以在申请复核的基础上，或者直接向同级公务员主管部门或者人事处理决定机关的上级机关提出申诉，要求重新处理，受理机关必须按照有关规定作出处理。公务员的人事处理决定是指公务员的管理机关对公务员的违纪行为或尚未构成犯罪的一般违法行为进行的精神处罚、物质处罚和职务处罚等方面的处理决定，包括：（1）处分；（2）辞退或者取消录用；（3）降职；（4）定期考核定为不称职；（5）免职；（6）申请辞职、提前退休未予批准；（7）未按规定确定或者扣减工资、福利、保险待遇；（8）法律、法规规定可以申诉的其他情形。

公务员对涉及本人的上述人事处理不服的，可以自知道该人事处理之日起30日内向原处理机关申请复核。公务员对复核结果不服的，可以自接到复核决定之日起15日内，按照

① 参见［日］兼子仁：《行政法と特殊法の理論》，283－284页，东京，有斐阁，1989。

规定向同级公务员主管部门或者作出该人事处理的机关的上一级机关提出申诉；也可以不经复核，自知道该人事处理之日起30日内直接提出申诉。对省级以下机关作出的申诉处理决定不服的，可以向作出处理决定的上一级机关提出再申诉。受理公务员申诉的机关应当自受理之日起60日内作出处理决定；案情复杂的，可以适当延长，但是延长时间不得超过30日。申诉期间不停止人事处理决定的执行。公务员申诉的受理机关审查认定人事处理有错误的，原处理机关应当及时予以纠正。此外，机关因错误的人事处理对公务员造成名誉损害的，应当赔礼道歉、恢复名誉、消除影响；造成经济损失的，应当依法给予赔偿。

（三）控告

控告是指合法权益受到国家机关及其工作人员的违法行为侵害的公民，向有关国家机关指控、告发，请求保护、要求惩处违法者的一种行为。控告权是我国宪法赋予公民的一项政治权利，《公务员法》将该权利进一步具体化，规定“公务员认为机关及其领导人员侵犯其合法权益的，可以依法向上级机关或者监察机关提出控告。受理控告的机关应当按照规定及时处理”。

值得注意的是申诉与控告的区别：第一，两者的对象不同。申诉所针对的是人事处理机关对公务员作出的人事处理决定，而控告所针对的则是机关及其领导人侵害公务员合法权益的行为。第二，两者请求处理的机关不同。申诉一般是先请求原处理机关复核，原处理机关如果不予复核或公务员对复核决定仍不服，再向同级公务员主管部门或上级机关申诉，而控告可直达上级机关或专门机关。第三，两者的处理程序不同。申诉被受理后，有关机关一般只作书面审理和处理决定，而控告被有关机关受理后，有关机关要立案调查，并区别违法侵权行为的不同情节予以处理：对违法、不犯罪的行为人可直接作出处理决定；对行为构成犯罪、需判刑的行为人，要移送司法机关依法给予制裁。

（四）人事争议仲裁制度

除了上述救济途径外，针对聘任制公务员与机关之间发生争议，《公务员法》第105条以及中共中央组织部、人力资源和社会保障部、解放军总政治部制定的《人事争议处理规定》规定了人事争议仲裁制度。

1. 人事争议仲裁

仲裁是与法院诉讼相并列的一种纠纷解决机制，但对于行政纠纷，仲裁适用的范围较小。《公务员法》确认了聘任制公务员与机关之间发生的争议可以申请仲裁。此处的人事争议仲裁是指在聘任制的公务员与行政机关之间发生争议前或发生争议后达成协议，自愿将争议交给作为第三者的人事争议仲裁委员会作出裁决，双方有义务执行的一种解决争议的方法。可见，这种仲裁具有如下特点：第一，范围限定性，可以仲裁的争议的范围由法律规定，此处仅限于聘任制的公务员与行政机关之间发生的人事争议；第二，自愿性，争议双方自愿是仲裁最大的特点，对于是否申请仲裁、仲裁机构及其组成、仲裁审理方式等都由双方在自愿基础上协商决定；第三，独立性，仲裁机构是独立于争议双方当事人的第三者，在仲裁过程中，仲裁庭独立进行仲裁，不受任何行政机关、社会团体和个人的干涉，各仲裁机构之间也无隶属关系；第四，灵活性与快捷性，仲裁的具体程序可以由双方当事人协商决定，因此，仲裁比诉讼更为灵活，且具有弹性，仲裁实行一裁终局制，仲裁裁决一经仲裁庭作出即发生法律效力，能够迅速解决争议；第五，裁决的法律效力性，当事人一旦选择用仲裁方式解决其争议，仲裁人所作的裁决即具有法律效力，对双方当事人都有拘束力，当事人应当履行，否则，权利人可以向人民法院申请强制执行。

2. 人事争议仲裁的原则

人事争议仲裁应当根据合法、公正、及时处理的原则，依法维护争议双方的合法权益。仲裁必须合法，但对仲裁的合法性要求并不严格。由于仲裁以争议双方当事人自愿为基础，仲裁未必严格依据法律规定进行，也可以依据法律原则、惯例等进行仲裁。当然，仲裁不得违反法律的强制性规定。

3. 人事争议仲裁委员会的设立

人事争议仲裁由作为争议双方当事人之外的第三者的人事争议仲裁委员会处理。人事争议仲裁委员会根据需要设立，由公务员主管部门的代表、聘任（用）机关的代表、工会组织代表、受聘人员代表以及人事、法律专家组成。其中既有代表受聘人员、聘任（用）机关立场的人员，也有具备管理经验或专业知识的人员参加。可见，人事争议仲裁委员会的构成体现了仲裁的公正性。

4. 人事争议仲裁程序

聘任制公务员与所在机关之间因履行聘任合同发生争议的，可以自争议发生之日起 60 日内向人事争议仲裁委员会申请仲裁。当事人对仲裁裁决不服的，可以自接到仲裁裁决书之日起 15 日内向人民法院提起诉讼。仲裁裁决生效后，一方当事人不履行的，另一方当事人可以申请人民法院执行。

第三编

行政活动法

行政机关为了实现行政目的必须针对相对人实施各种活动，对于这种为了实现公共利益的目的而进行的各种活动，在传统行政法学中一般使用“行政行为”的概念，但行政行为概念并不能概括所有的行政活动形式，为此，也有学者使用“行政作用”“行政处分”① “行政决定”② “行政处理”③ “行政执法”④ 等概念。但笔者建议直接使用“行政活动”的概念，行政活动是指行政主体为实现行政目的而进行的各种活动，包括行政立法、行政计划、行政征收、行政征用、行政许可、行政处罚、行政裁决、行政强制、行政协议、行政指导等。而行政活动法就是指规范各种行政活动的法律。

随着现代行政的发展，在行政领域扩大的同时，行政活动的方式也不断增多。行政主体除了采用传统的权力性管理手段之外，还运用行政指导、行政协议、行政奖励、行政调解、行政资助等带有契约、指导、协商、鼓励、帮助等私法性质，权力色彩较淡的非强制性手段。因此，现代行政法学必须全面考察行政活动的各种形式。鉴于最主要的行政活动形式仍然是权力性的行政行为，本书在本编中首先探讨行政行为的理论，之后考察行政活动的各种形式。对不属于行政行为的行政活动形式虽然并不能完全适用行政行为理论，但可以参照其中的部分理论。在对各种行政活动形式的考察中，将对此进行探讨。

---

① 在日本行政法上，理论上多数使用“行政作用”概念，法律条文中较多使用“行政处分”概念；此外，还有“公权力的行使”等概念。

② 例如，国务院于2004年3月22日发布的《全面推进依法行政实施纲要》中就使用了“行政决定”的概念。

③ 王名扬：《法国行政法》，146页，北京，中国政法大学出版社，1988；叶必丰：《行政法学》，179－182页，武汉，武汉大学出版社，1996。

④ 罗豪才主编：《行政法学》，183页，北京，中国政法大学出版社，1996。

第十章 行政行为理论

传统行政法学以民法学中的法律行为理论为模范，构建了行政法学中的行政行为理论。行政行为是行政法学的学术概念，而非法定概念，在实践中具有各种不同的含义。一般而言，行政行为的概念中具有外部性、法律效果性、具体性、权力性、单方性等要件，由此也决定了行政行为与私法行为所适用的法律不同。这是行政法及行政法学得以成立的理论基础。可见，行政行为概念在行政法学理论中具有重要意义。传统行政法学以行政行为为中心，围绕着行政行为概念形成了行政行为的定型化理论、效力论、裁量论、附款论、瑕疵论等较为系统的行政行为理论。

第一节 行政行为的概念

行政行为概念是行政法学中最基本的概念。由于行政行为的复杂性以及现实中行政行为的不断发展，行政行为的含义在不断发展。学界对于行政行为概念的具体含义存在争议。

一、行政行为概念的定义

行政行为的概念在19世纪后期形成于法、德等欧洲大陆国家的行政法学中。传统行政法学理论认为，行政行为是指“行政机关对于具体事实以公权力行使的方式宣告何为法律的行为”①，是指“行政机关根据法律的规定，基于单方性的判断具体决定相对人权利义务及其法律地位的行为”②。可见，行政行为具有外部性、法律效果性、具体性、权力性、单方性等性质。行政行为与私法行为的区别在于行政机关并非在与相对人达成合意的基础上形成法律行为，而是以本身的单方性意思决定形成法律行为。

在我国行政法学界，对于行政行为的概念也存在着不同的理解。广义的行政行为是指“国家行政机关实施行政管理活动的总称”③。狭义的行政行为是指行政主体对公民、法人或其他组织所实施的，并依行政主体单方面意思表示而形成的具有行政法律效力的行为。最狭义的行政行为是指具体行政行为，即行政主体针对特定的人或特定的事所实施的，只对特定人或特定的事产生行政法律效力的行为。在我国，行政行为不仅是一个法学术语，而且是一个法律用语。例如《行政诉讼法》中就直接使用了“行政行为”的概念，但没有对此作出明确解释，从而引起学界和实务界的激烈争论。为了指导行政诉讼实践，1991年6月11日最高人民法院发布了《关于贯彻执行〈中华人民共和国行政诉讼法〉若干问题的意见（试

---

① ［日］田中二郎：《行政法総論》，259页，东京，有斐阁，1957。

② ［日］桜井昭平、西牧誠：《行政法》，5版，18页，东京，法学书院，2005。

③ 王珉灿主编：《行政法概要》，97页，北京，法律出版社，1983。

行)》，明确规定了具体行政行为的概念，即具体行政行为是指国家行政机关和行政机关工作人员、法律法规授权的组织、行政机关委托的组织或者个人在行政管理活动中行使行政职权，针对特定的公民、法人或者其他组织，就特定的具体事项，作出的有关该公民、法人或者其他组织权利义务的单方行为。对于该定义，学界提出很多批判意见。为此，1999 年 11 月 24 日最高人民法院在制定《关于执行〈中华人民共和国行政诉讼法〉若干问题的解释》时放弃了对具体行政行为进行定义的做法，而是采用了列举行政诉讼受案范围的方法来确定行政行为的外延。该解释虽然没有明确规定行政行为的概念，但很明显，该解释采用的是广义的行政行为概念。而 2014 年 11 月修改《行政诉讼法》时，干脆放弃了“具体行政行为”的概念，而直接使用“行政行为”的概念。

鉴于狭义的行政行为概念不能涵盖现实行政中所有的活动形式，采用广义的行政行为概念是一个解决的办法。广义的行政行为概念几乎等同于行政活动的概念，可以涵盖行政活动所有的形式。但是，根据逻辑学中概念的外延与内涵的关系，外延越大，内涵就越小，过于宽泛的行政行为概念几乎丧失了行政行为原本所有特征性的内涵，例如外部性、权力性、具体性、单方性等特征。而且，随着现代行政的发展，行政活动的形式也不断增多，因此，广义的行政行为概念也必须随之不断改变，从而丧失了作为行政法基本概念的稳定性。对此，笔者建议在维持原本狭义的行政行为概念的同时，引进“行政活动”概念，行政活动包括行政行为以及不属于行政行为的行政活动中的各种形式。行政法学应当在维持狭义行政行为概念的基础上考察其他行政活动形式的特性，在参照传统的行政行为理论的基础上探讨适合于其他行政活动形式的法律原则和规则。在这种意义上，行政行为是指行政主体直接对公民、法人或其他组织行使行政职权，依行政主体单方面意思表示而具体形成法律效果的行为。

二、行政行为概念在方法论上的意义

行政行为理论的框架在于：第一，将行政机关为了达成行政目的而进行的行为称为行政行为或行政处分；第二，将行政行为作为公法关系发生、变动、消灭的法律要件来把握；第三，概括性地说明对于行政行为在诉讼法上的处理与在实体法上的处理。[①] 可见，在方法论上，行政行为的概念在行政法学中具有多重意义。

（一）促使行政法独立于私法而成立的意义

从行政法与私法的关系来看，行政行为概念具有使得行政法独立于私法而形成的意义。行政行为是法律实现的手段，与私法裁判的判决相类似，都属于国家行为，具有公定力等特殊效力，因此，行政行为不同于私法行为，这是行政法之所以独立于私法而成立的理论依据。

1. 作为法律实现手段的行政行为

奥托·迈耶认为，在行政司法化的理念下，行政行为是将作为行政活动根据的法律规范具体化，在个别性事件中“宣告何为法律的行为”的概念，行政行为以强制执行或包含刑罚在内的制裁为基础。在这种意义上行政行为在国家行为中处于相当于裁判判断的位置。[②] 也

---

① 参见［日］山内一夫：《行政法》，35 页，东京，第一法规出版株式会社，1986。

② 参见［日］塩野宏：《オットマイヤー行政法学の構造》，122 页，东京，有斐阁，1962。

有学者将行政法划分为“法律→行政行为→强制执行”三阶段构造[①]，其中的行政行为被认为是法律实现的手段。这种观点注重行政行为与私法行为的区分，强调行政行为的公法特性。这也是行政法及行政法学得以成立的理论基础。

2. 作为法律要件事实的行政行为

也有学者将行政行为定位于作为行政法律关系中法律效果发生原因的法律事实的一种，将行政行为定义为“行政主体对特定相对人作出的代表公权力的意思表示”[②]。这种行政行为的概念受到民法中合同观念的影响，将行政行为作为规范社会关系的手段，以行政主体作出的行政行为作为变动行政主体与相对人之间的权利、义务关系的原因。[③]

与上述认为行政行为是法律实现手段的观点强调行政行为的公法特性不同，认为行政行为是法律要件事实的观点注重行政行为属于法律行为的一面，在这种意义上，行政行为与私法行为相同，都属于形成、变动或消灭法律关系的法律要件事实，其法律效果都指向法律关系中权利、义务关系的变动，因此，行政行为与私法行为在成立、生效要件上也存在着共同之处。

（二）行政法学考察工具的意义

从行政法学本身的方法论来看，行政行为概念具有作为考察现实行政活动的工具与形成行政法学体系的意义。

1. 作为行政活动考察工具的行政行为

行政行为的概念具有“对行政活动的横向认识与有关行政活动的总则性规律的探讨的功能”[④]。现实行政中的行政活动复杂多样，行政法学对于现实行政活动进行研究或者法律对行政活动进行规范时，必须借助分类的方法，从现实的行政活动中抽象出各种类型的行政行为，在此基础上分别考察各类行政行为的特性、内容、要件、效力等，分别进行法律的规制。可见，行政行为概念是行政法学考察现实行政活动的必要工具。

2. 作为行政法学体系核心的行政行为

传统行政法学以作为行政过程的最终结果的行政行为为主要对象，并以此来构建整个行政法学体系。围绕着行政行为将行政法学体系划分为行政组织法学（行政行为的主体）、行政行为法学（行政行为的行使）、行政救济法学（及对被行政行为侵害者的救济）三部分，其中具有权力性、法律效果性等特征的行政行为成为连接整个行政法学体系的核心。

（三）行政诉讼上的意义

从行政诉讼方面来看，行政行为概念具有作为撤销诉讼与无效确认诉讼的理论基础以及作为行政诉讼对象的意义。

1. 作为撤销诉讼及无效确认诉讼理论基础的意义

从公定力理论来看，存在瑕疵的行政行为通常可以区分为无效行政行为与可撤销行政行

---

① 参见［日］藤田宙靖：《行政法Ⅰ·総論》，4版，20页，东京，青林书院，2005。

② ［日］人見剛：《近代法治国家の行政法学》，148页，东京，成文堂，1993。

③ 参见［日］小早川光郎：《契約と行政行為》，载［日］芦部信喜等编：《岩波讲座基本法学4》，118页，东京，岩波书店，1983。

④ ［日］山田幸男等编：《演習行政法》，上，139页，东京，青林书院，1979。

为。从行政诉讼制度来看，对于无效行政行为可以提起确认诉讼，而对于可撤销行政行为可以提起撤销诉讼。这两种诉讼类型以行政行为公定力理论为基础。

2. 作为行政诉讼对象的行政行为

行政行为的概念在功能上相当于在由行政权进行的公权力行使中最适合受司法机关裁判的控制行为，即可以提起行政诉讼的行为。《行政诉讼法》第 2 条规定，行政相对人“认为行政机关和行政机关工作人员的行政行为侵犯其合法权益”，可以提起行政诉讼，而最高人民法院《关于适用〈中华人民共和国行政诉讼法〉的解释》第 1 条第 1 款也规定，相对人对“行政行为”不服可以提起行政诉讼。可见，行政行为就是行政诉讼的对象，行政行为概念的外延就是行政诉讼的受案范围。

三、狭义行政行为概念的要素

狭义的行政行为是指行政主体对公民、法人或其他组织行使行政职权，依行政主体单方面意思表示而产生法律效果的行为。该概念中包含外部性、法律效果性、具体性、权力性、单方性等要素。

（一）外部性

传统行政法学理论以法律关系主体的隶属关系或者行政权力的作用范围为标准，将行政法律关系划分为内部行政法律关系与外部行政法律关系，对两者分别采取不同的合法性要求与救济方式，这源于传统的特别权力关系理论。行政机关对另一行政机关或行政机关隶属工作人员所作出的行为，如果并不直接变动外部组织或个人的权利、义务，仅仅属于内部关系的，则被认为不是行政行为。例如，《行政诉讼法》第 13 条第 3 项将行政机关的内部性行为排除于行政诉讼的受案范围之外。

（二）法律效果性

法律效果是指直接地变动或影响行政相对人的权利、义务的效果。行政行为必须是具有法律效果的行为，不具有任何法律效果的单纯的事实行为，并非行政行为。例如，行政指导本身不具有法律效果，因此，一般将其排除在行政行为的范围之外。但为了使相对人服从行政指导而强制实现行政指导的手段并非单纯的行政指导，具有法律效果性。

（三）具体性

并非所有具有法律效果的对外行为都是行政行为，行政行为所产生的法律效果必须是具体的，而非抽象、一般的。例如，行政机关制定行政法规、行政规章等行政立法行为具有抽象、一般的法律效果，并不具体、直接地变动相对人的权利、义务，因此不是行政行为。例如，《行政诉讼法》第 13 条第 2 项将“行政法规、规章或者行政机关制定、发布的具有普遍约束力的决定、命令”排除于行政诉讼受案范围之外。

（四）权力性

权力性体现为行政机关系基于行政优越权的发动而作出行政行为。权力性还包含强制性的意思，作出一定的行政行为后，行政相对人必须服从。当然，在行政活动中，行政机关有时采用非权力性的方式进行行政活动。例如，在行政协议中，行政机关与相对人基于双方的合意而签订行政协议。虽然行政协议具有在法律上拘束相对人的法律效果，但由于其并非权力性行为，一般认为其不属于狭义上的行政行为。此外，行政机关以私人的身份作出的行为不属于行政行为。例如，对国有普通财产的买卖行为，只要没有法律的特别规定，一般属于民事法律行为。

（五）单方性

传统行政行为理论认为，行政行为是作为“公权力行使”的单方性行为，是由行政主体依行政职权单方性作出的行为。因此，必须与行政协议相区别。行政协议是指以协议的形式进行的行政活动。与民事合同相同，行政协议也是以协议双方的合意为基础，因此，行政协议系双方性行为。虽然具有在法律上拘束相对方的效果，但一般认为基于双方当事人的合意产生法律效力的行政协议不属于行政行为。

四、广义行政行为的类型

对于广义的行政行为可以从不同的角度进行分类，而且不同的分类具有不同的意义。从学界的分析来看，广义的行政行为主要包括以下类型[①]：

（一）抽象行政行为与具体行政行为

根据行政行为针对的对象是否特定，可以将行政行为分为抽象行政行为与具体行政行为。抽象行政行为是指行政主体针对不特定对象发布能反复适用的行政规范性文件，而具体行政行为是指行政主体针对特定的行政相对人就特定的事项作出的行为。两者的区别标准在于：

第一，行政相对人的特定性。具体行政行为的相对人明确、特定，即使相对人的数量较多，也可以按照法律规定的标准确定，而且一般在作出行政行为时就能够确定行政相对人；而抽象行政行为的相对人不确定、不特定，往往涉及的范围较大，而且在抽象行政行为的实施过程中，其涉及的相对人的范围有可能扩大或缩小。

第二，适用的次数。具体行政行为针对特定人和特定事项一般仅具有一次性的效力，而抽象行政行为针对的是某一类的事项，可以反复适用。

第三，表现形式。抽象行政行为通常表现为发布具有普遍约束力的行政规范性文件，而具体行政行为则通常表现为作出行政决定书或者由行政主体直接作出行为等方式。

此外，还有一些其他的区别标准，例如：抽象行政行为的行政主体一般级别较高，而具体行政行为的行政主体级别低的较多；抽象行政行为主要针对尚未发生的事项，而具体行政行为主要针对已经发生的事项；等等。在实践中，判断一个行政行为是具体行政行为还是抽象行政行为，不能仅仅依据其中的一种标准，而必须综合运用这些标准进行判断。

（二）内部行政行为与外部行政行为

内部行政行为是行政主体在内部行政活动中对行政主体内部机关、机构及其工作人员作出的行政行为，外部行政行为是行政主体在行政管理过程中对外作出的行政行为。两者的区分标准包括：

第一，行为的对象。内部行政行为针对内部组织或公务员，而外部行政行为针对外部的行政相对人。

第二，当事人之间的关系。行政行为的作出一方的当事人和相对一方的当事人之间具有

---

① 此处论述的广义的行政行为，除狭义行政行为外，还包括抽象行政行为、内部行政行为和双方行政行为。

从属关系的是内部行政行为，不具有从属关系的是外部行政行为。

第三，行为的依据。内部行政行为依据内部行政规范，适用内部法定的管理手段、方法和程序；外部行政行为依据外部行政管理规范，适用相应的法律、法规所规定的手段、方法和程序。

（三）作为性行政行为与不作为性行政行为

以行为方式为标准可以将行政行为分为作为性行政行为和不作为性行政行为。作为性行政行为是指行政主体以积极的、直接对相对人发生作用的方式进行的活动，表现为作出一定的行为。不作为性行政行为是指行政主体消极维持现有法律状态的行为，表现为不作出一定的行为。此外，值得注意的是对于相对人申请的拒绝行为虽然结果是行政主体并没有作出相对人所期望的行为，但拒绝本身就是一种行为，因此拒绝相对人申请的行为属于作为性行政行为。行政主体不作为时根本就不存在行为，对于不作为行政行为提起行政诉讼时，人民法院即使认定为违法，由于不存在撤销的对象，因此也不能作出撤销判决，但可以判决确认不作为违法，或者在此基础上作出履行判决，要求行政主体在一定期限内作出特定的作为性行政行为。

（四）单方行政行为与双方行政行为

以行政相对人是否参与决定行政行为的内容为标准，可以将行政行为分为单方行政行为和双方行政行为。单方行政行为是指由行政主体单方面决定，而无须相对人同意即可作出的行政行为；双方行政行为是指必须经行政主体与相对人双方当事人协商一致才能成立的行政行为，如行政协议等。

（五）依职权行政行为与依申请行政行为

以行政主体是否可以主动作出行政行为为标准，行政行为可以分为依职权行政行为与依申请行政行为。依职权行政行为是指行政主体依据法律赋予的行政职权，根据自己的判断而主动作出的行政行为。依申请行政行为是指行政主体根据相对人的申请而作出的行政行为，没有相对人的申请，行政主体就不得主动作出行政行为。可见，行政相对人申请的提出是行政主体作出行政行为的前提。当然，在相对人提出申请后，是否作出行政行为由行政主体决定。依申请行政行为对于相对人来说，一般都是受益性行为。在对依申请行政行为提起行政诉讼时，相对人必须对已经提出的申请进行举证。例如，《行政诉讼法》第 38 条规定，对于依申请的行政行为，“在起诉被告不履行法定职责的案件中，原告应当提供其向被告提出申请的证据”。

（六）羁束行政行为与裁量行政行为

根据法律对行政行为规定的详细程度，行政行为可分为羁束行政行为与裁量行政行为。羁束行政行为是指法律明确规定了行政行为的范围、条件、形式、程度、方法等，行政主体没有自由选择余地，只能严格依照法律规定作出的行政行为。裁量行政行为是指法律没有明确规定行政行为的范围、条件、形式、程度、方法等，而是由行政主体根据实际情况自行裁量作出的行政行为。从违法的法律后果来看，行政主体违反了羁束性规定就构成了行政违法，相对人可以提起行政诉讼以进行救济；而行政主体违反裁量性规定即构成行政不当，除滥用职权或明显不当外，司法权不得随意介入。

（七）法律行为性行政行为与准法律行为性行政行为

以是否具有行政主体的意思表示要素为标准，行政行为可分为法律行为性行政行为与准法律行为性行政行为。前者以行政主体的意思表示作为构成要素，依据行政主体的意思表示要素而产生法律上的效果。而后者不具有意思表示的要素，仅仅是单纯的意思通知、观念通知或感情表示的行为，不依据意思表示要素而产生法律上的效果，例如通知、确认、公证、受理等行为。其中：通知是指由行政机关将一定的事项告知相对方的行为；确认是指由行政机关认定一定的法律关系或事实状态是否存在、是否正确的行为；公证是指为明确某种事实状态的存在而由行政机关进行证明的行为；受理是指行政机关接受相对人申请的行为。可见，通知、确认、公证、受理等一般并不直接影响相对方的权利、义务，因此，不属于法律行为性行政行为的范畴。

（八）其他分类

对行政行为还可以按其他标准进行分类。例如：以是否必须由法律对行为形式作出规定为标准，可以分为要式行政行为与非要式行政行为；以是否存在附款为标准，可以分为附款行政行为与无附款行政行为；以是否需要其他行为作为补充为标准，可以分为独立行政行为与需补充行政行为；以内容对行政相对人是否有利为标准，可以分为授益行政行为与负担行政行为；等等。

第二节 行政行为理论

传统行政法学以民法学中的法律行为理论为模式构建行政法学中的行政行为理论，以行政行为为中心，围绕着行政行为的概念形成了行政行为的定型化理论、效力论、附款论、瑕疵论等较为系统的行政行为理论。该理论也是行政法学理论的核心部分。

一、行政行为的理论体系

行政法学以公私法二元论为基础，将行政活动区分为通过行政法规范的公法性活动与适用私法规范的私法性活动，行政法学体系由以属于公法领域的警察、租税、公用负担等各种行政活动为对象的各论与对应于这些各论全体的总论所构成。在总论中模仿民法上的法律行为理论，将属于公法领域的行政机关的各种行为以一个统一的概念进行把握，在此基础上进行体系性的考察。这个概念就是“行政行为”概念，在此基础上形成的理论即行政行为理论，是指有关行政行为的概念、种类、内容、成立、生效、消灭、附款、公定力等效力、瑕疵、裁量等考察的体系。①

二、行政行为理论的定位——行政行为中心论

传统行政法学理论建立在公、私法的二元划分的基础上，以行政行为作为中心，围绕着行政行为将行政法学体系划分为行政组织法学（行政行为的主体）、行政行为法学（行政行为的内容与形式）、行政救济法学（对被行政行为侵害者的救济）三部分。为了实现行政法

---

① 参见［日］小早川光郎：《行政行為概念の意義》，载［日］成田頼明编：《行政法の争点》，新版，54页，东京，有斐阁，1989。

治的目的，传统行政法学理论将实践中复杂多样的行政活动抽象地定型化为若干类型的行政行为，并以这些在理论上、制度上被定型化的行政行为为中心，在作出行政行为之前通过立法为各类行政行为设定法定的要件（要求行政行为必须满足各自的法定要件，否则属于违法），在作出行政行为之后则设置了行政行为的合法性审查即司法救济制度（以独立于行政机关的法院来裁判行政机关的行政行为的合法性），但在作出行政行为的过程中为行政行为设置的程序义务（要求行政主体必须按照法定程序）只不过是事前通过立法要求行政主体必须遵守的法定要件之一而已，即传统行政法学理论侧重于通过对行政行为的事前的立法监督与事后的司法监督来保障行政行为的合法性。这种理论体系的提出以传统警察国家的消极行政、权力行政为背景，建立于公、私法二元划分的基础上，对于规范权力性行政行为具有重要意义。

三、行政行为理论的体系

行政法理论以行政行为为核心，在界定行政行为概念的基础上，形成了行政行为的定型化理论、效力论、附款论、瑕疵论等理论，构成了较为完整的行政行为理论体系。

（一）行政行为的定型化理论

对现实行政中的活动形式进行定型化是考察现实行政活动的前提。行政法学经过长期的发展，将现实中各种行政活动的形式大致定型为行政立法、行政计划、行政许可、行政处罚、行政强制、行政协议、行政指导等类型，在此基础上，分别确定了这些行政行为的概念、特性、法律要件，并在实定行政法上分别制定法律加以规范。

（二）行政行为的效力论

行政行为不同于民事法律行为的特征在于行政行为具有特殊的法律效力。虽然行政行为与民事法律行为同属于法律行为，但行政行为是行政机关行使行政职权而作出的行为，因而在法律上具有合法性、公定性、实效性、不可争性及不可变更性等特殊性质。而传统行政行为效力论就立足于行政行为的这些特殊性质，强调行政行为具有不同于民事法律行为的拘束力、公定力、不可争力、不可变更力、执行力。这种效力论是行政强制等行政法律制度以及撤销诉讼、无效确认诉讼等行政诉讼制度的理论基础。

（三）行政行为的附款论

行政行为作为法律行为的一种，一般在行政主体作出行政行为并告知相对人后生效。但有时行政主体为了控制行政行为的生效，可以根据行政管理的需要，在作出行政行为的同时对其生效加以限制。附款直接控制行政行为的生效，影响相对人的权益。在探讨行政行为的附款理论时，必须明确附款的条件、内容、适用范围以及附款违法时的救济等。

（四）行政行为瑕疵论

根据依法行政原理，行政行为的主体、内容、形式、程序等法律要件由法律明确规定，当行政行为的所有要件都符合法律规定时，该行政行为合法；而欠缺法定要件的行政行为是存在瑕疵的行政行为，根据瑕疵是否“重大且明显”可以分为无效行政行为与可撤销行政行为等，这是行政诉讼中区分无效确认诉讼与撤销诉讼的理论基础。此外，行政行为瑕疵论中还包括瑕疵的治愈、转换与违法性的继承等问题。

其实，行政行为理论还包括行政行为的裁量理论，前面章节部分已经论述，这里不作重复。以下分别探讨行政行为的定型化理论、效力论、附款论、瑕疵论等理论。

第三节 行政行为的定型化

在现实行政中，各行政机关的行政活动形式极其多样。为了在理论上对这些活动进行考察，传统行政法学根据不同的标准将行政实践中的各种活动形式在理论上进行归纳、总结，形成若干固定的行政行为型式，在此基础上分别对各种行政行为设置相应的法律要件，要求行政主体在作出特定行政行为时必须符合各自的法律要件，以此保障行政法治主义的实现。可见，从方法论来看，行政行为的定型化是考察现实行政活动的前提。

一、行政行为定型化的概念

定型化又被称为“类型化”“型式化”“模式化”，是指将某种事物的显著特性通过一定的标准加以固定，从而形成特定类型的过程。而行政行为的定型化是指行政机关的各种活动型式在实践中反复适用并逐渐固定，理论上以一定的标准归纳、总结出特定型式的过程。这种得以定型化的行政行为被称为型式化行政行为。例如，现实行政中存在对相对人进行罚款、警告、责令停产停业等行为，经过行政法学的总结，认为这些行为都是对相对人违法行为的制裁措施，以这一特性为标准将这些具有相同性质的行为定型为“行政处罚”这种行政行为的型式。需要注意的是：行政行为定型化或类型化与行政行为的分类不同，定型化是将现实行政中的活动形式进行归纳、总结，形成特定行政行为型式的过程，而分类是将所有已经定型化的行政行为按照不同的标准划分种类的行为。

二、行政行为定型化的过程

从行政行为定型化的过程来看，特定行政行为被定型化是一个较为漫长的过程。第一，需要行政机关在行政实践中反复使用该行为型式，使该行为作为惯例已经被固定；第二，该行为必须具有与已有的行政行为类型不同的特殊性，否则，就应当被纳入已有的行政行为类型之中，而不能独立；第三，在理论上需要对该类行为的特性、法律要件等进行总结，得出该类行为的一般性法律要件等；第四，立法上往往对这类行为的存在进行确认，在立法中加以规范，立法的形式包括集中立法与分散立法，前者如《行政处罚法》《行政许可法》《行政强制法》对于行政处罚、行政许可、行政强制等行为的规范，后者如《土地管理法》《草原法》《外商投资法》《国有土地上房屋征收与补偿条例》等对公益征收征用行为的规范。

三、行政行为定型化的标准

行政行为定型化的标准很多，但在现实行政中，使用最多的是根据行政行为的型式标准进行分类，例如行政处罚、行政许可等。对于具体的行政行为型式，学界存在着争议，但大致可以分为行政立法、行政计划、行政征收、行政征用、行政许可、行政处罚、行政奖励、行政救助、行政裁决、行政强制、行政协议、行政指导等。此外，随着现实行政的发展，不断出现新的行为型式。行政行为的定型化必须着眼于本国的行政实践，从行政实践的各种活动形式中提炼出具有共同性质的特定行为，在理论上加以概括、总结，最终上升为特定行政行为。例如，在日本的行政实践中，行政机关收费的情况很少，因此，日本行政法中没有行政收费的概念，而在中国，行政机关经常使用行政收费的手段，因此有必要将其定型为独立的行政行为进行考察与规范。

四、行政行为定型化的意义

现实行政中的行政活动复杂多样、形态各异，要对其进行行政法学的研究和法律的规范必须借助分类的方法，才能认识特定类型的行政行为的特点，掌握行政活动的内容。行政行为定型化就是从现实的行政活动中抽象出各种类型的行政行为，将性质相同的行政活动归为一类，并以立法的形式加以确认和固定的过程。传统行政行为理论将行政过程中某一时点的行政行为定型化，在此基础上事先运用法律为各种行政行为分别设定法律要件以及事后的监督程序，通过依法行政的要求实现对行政活动的监督与控制，同时达到保障公民合法权益的目的。这从法律技术上为法律对行政活动的规范提供了可能性，因此，从法律技术来看，行政行为的定型化在行政法学理论中具有重要意义。

从法学方法论来看，行政法律关系的发生、变更、消灭等在多数情况下依据行政机关的行为而进行，因此，根据行为的性质对行为的分类是行政行为法的核心。① 从行政行为分类或定型化的目的来看，在传统的行政法理论中所划分的行为类型的概念不仅具有作为实定的各种法规或各种法律制度的分类概念、说明或叙述概念的功能，在法律解释论上也具有实际意义。在这种意义上，行为类型的概念是具有实践性功能的概念。例如，某一行为被认为具有许可的性质，对于在具备法定要件的情况下是否给予许可，行政机关并不存在裁量的余地，而与此相对，在被认为是“特许”时，承认行政机关具有效果裁量权。②

从行政法律制度来看，这种定型化的意义在于上述各种行政行为的基础理论、原则、法律要件、效力、设定权、实施机关、实施程序、救济方式等各不相同，通过这种类型的划分，对各种行政行为分别进行考察，分别加以法律规制。因此，这种行政行为的定型化在行政法实践中也得到了广泛应用，对我国的行政法制度产生重大影响。我国的行政法立法基本上是按照这种定型化理论进行的，目前已经制定了《行政处罚法》《行政许可法》《立法法》《税收征收管理法》《行政强制法》等，“行政收费法”“行政计划法”等也在全国人大的立法规划之中。

五、行政行为定型化的问题

（一）定型化的标准问题

在现实中，行政活动的形式多种多样，对此必须按照一定的标准进行定型化。但定型化的标准也各式各样，因此，选择不同的标准可能造成定型化结果的不同。例如，我国行政法中的行政许可，在日本被定型为许可、特许、认可，其中许可是命令性行为，而特许与认可是形成性行为，但在我国，根据三者的共同性质将其定型为行政许可。此外，理论界和实务界对于社会抚养费的征收行为究竟是行政处罚还是行政收费，《环境保护法》第 59 条规定的

---

① 参见［日］高木光：《行政法入門》，载《自治実務セミナー》，2007 年 8 月号，12 页。

② 参见［日］藤田宙靖：《行政行為》，载［日］成田頼明编：《行政法の争点》，新版，61 页，东京，有斐阁，1989。

"按日连续处罚"究竟是行政处罚还是行政强制执行中的执行罚等问题还存在着争议。这说明了行政行为的定型化标准并不是绝对的。

（二）定型化的固定性与灵活性矛盾

行政行为的定型化是指某行政活动的形式被固定为特定行政行为，特定行政行为一旦被定型化，就处于相对封闭的固定状态。以定型化来看，法律要件等特性越具体、越固定，定型化就越成熟，但是，正如概念的内涵与外延的关系，定型化的具体、固定带来了其灵活性的欠缺。从现实行政来看，行政活动的形式并非固定不变的，行政机关根据行政实践的需要有可能作出各种行为，这些在形式上或某一法律要件上稍加改变的行为形式是应当纳入原行政行为之中，还是应当在原行政行为之外定型化为新的行政行为？学界对此尚存在争议。

（三）未定型化行政活动的问题

传统行政法学从概念法学的角度出发，预先按照一定的标准设定各种类型的行政行为，在考察现实的行政活动时，首先考虑该活动属于何种类型的行政行为，而后再考察该类行政行为的法律要件、效力、救济方式等。但该行政行为定型化的体系并不能完整地划分所有的行政活动的类型，从现实的行政活动来看，存在着并不能归类于以上行政行为类型的行政活动。而且，随着现代公共行政的发展，活动形式逐渐多样化，由此出现了不能纳入传统行政行为类型的活动形式。

可见，行政行为定型化的意义在于对现实的行政活动中所有的行政行为进行归类，以便纳入既存的法律框架中予以规范。但行政行为定型化并不能穷尽现实中所有的行政活动，难免会出现挂一漏万的现象。而这些尚未被定型化的行政活动目前仍被排除于行政法学的研究对象之外。

第四节　行政行为的效力

《行政处罚法》第 38 条规定："行政处罚没有依据或者实施主体不具有行政主体资格的，行政处罚无效。违反法定程序构成重大且明显违法的，行政处罚无效。"《行政许可法》第 8 条第 1 款规定："公民、法人或者其他组织依法取得的行政许可受法律保护，行政机关不得擅自改变已经生效的行政许可。"《行政诉讼法》第 75 条规定："行政行为有实施主体不具有行政主体资格或者没有依据等重大且明显违法情形，原告申请确认行政行为无效的，人民法院判决确认无效。"上述法律规定涉及行政行为的"无效""生效"等概念，这与行政行为的成立、生效以及行政行为效力理论相关。

一、行政行为的成立

行政行为的成立是行政行为存在的逻辑起点，也是行政行为生效的前提。行政行为的成立是指行政主体行使行政职权的意思已经确定并对外向相对人表示的形态，即作出行政行为的状态。可见，行政行为的成立包含"主体""意思""行为""表示"要件。

（一）主体要件

作出行政行为的主体必须是享有一定行政职权的行政机关、法律法规授权的组织或者由行政主体授权或委托的组织或个人。这是行政行为的主体要件。

（二）意思要件

行政主体行使行政职权的意思已经确定，行政行为的内容已经形成，是行政行为成立的基础。在作出行政行为之前，行为主体必须具有凭借国家行政权力产生、变更或消灭某种行政法律关系的意图，并基于这种意图确定为了追求这一效果的意思。这是行政行为成立的主观要件。当然，行政主体意思的确定必须依据法定程序进行，例如由行政首长决定或会议通过等。

（三）行为要件

在确定行政主体的意思之后，必须在客观上形成基于该意思表示而作出的特定行为，即以一定的外部行为方式所表现出来的客观行为。这是行政行为成立的客观要件。

（四）表示要件

行政主体作出的行为能够直接或间接导致行政法律关系的产生、变更和消灭，因此，这种行为必须通过一定形式向相对人表示，即向相对人宣示该行政行为的作出。

二、行政行为的生效

行政行为的生效是指行政行为发生形式效力的过程，即行政行为被推定为合法、有效，对行政主体和行政相对人都产生一定的法律效力。行政行为的成立表明行政行为的存在，行政行为的生效则表明行政行为产生了行政主体所预期的法律效果。行政行为的生效一般以相对人知晓行政行为的成立为前提。具体而言，行政行为从成立到生效，一般存在以下四种情形。

（一）即时生效

行政行为一经作出即产生效力，行政行为的成立与生效同时，即作出行政行为和行政行为开始产生效力的时间一致。即时生效的行政行为在作出的同时即生效，而不论相对人是否知晓，故不利于对相对人权利的保护。因此，即时生效的适用范围较窄，适用条件也较为严格，一般适用于紧急情况下所作出的需要立即实施的行为。

（二）告知生效

告知生效是指行政行为在告知相对人后生效。告知是指行政主体将行政行为的内容采取公告或宣告等形式，使相对人知悉、了解行政行为内容的程序性行为。行政行为的告知形式多样，包括口头告知、信函、通知、通报、公报、布告等。告知的对象可以是特定相对人，也可以是不特定的多数人。

（三）受领生效

受领是指将行政行为告知相对人后，相对人接受、知悉和领会。受领生效是指行政行为须经相对人受领后方能生效。受领即接受、领会，但受领并不意味着必须得到相对人的同意，相对人同意与否并不影响行政行为的生效。受领与告知的区别主要在于：告知强调的仅仅是行政主体的行为，例如在以公告方式告知生效时，注重的是行政主体发布公告的行为，发布公告一定期限后推定相对人已经知晓行政行为的内容；而受领强调的是结果必须已经达到相对人，相对人已经通过行政主体的告诉行为知晓行政行为的作出及内容的状态。可见，受领生效的关键并非行政主体的告知行为，而是相对人已经知晓的结果。

（四）附条件生效

附条件生效又被称为附款生效，是指为了限制行政行为的生效而在意思表示的主要内容上附加一定的期限、条件或负担等，只有当所附期限到来、条件满足或者负担履行时行政行为才发生法律效力的生效方式。

三、行政行为的效力理论

行政行为的效力是指行政行为在成立并生效后，对行政法律关系当事人的权利、义务所产生的影响。行政行为生效后，对行政法律关系的当事人即产生一定的法律效力，被称为行政行为的效力。值得注意的是，此处论及的行政行为效力特指具体行政行为的效力。

（一）行政行为的特殊性

行政行为作为法律行为与私法行为并无不同，但行政行为由于是行政机关行使公权力或作为优越意思发动的关于具体事实的法规制的行为，故在法律上具有合法性、公定性、实效性、确定性（不可争性和不可变更性）等特殊性质。①

1. 合法性

合法性意味着行政行为是法的具体化、法的执行，其作出必须基于法律，其内容必须符合法律。现代法治主义不仅要求行政行为必须依据法律作出，而且要求行为的内容必须符合法律。在这种意义上，行政行为是法律的具体化、法律的执行。

2. 公定性

行政行为具有基于法律行使公权力的特殊性，成立后即使有瑕疵，除非因有重大且明显的瑕疵而绝对无效，原则上应当被推定为合法，在有权行政主体依职权撤销或经过诉讼撤销之前，相对人、人民法院或其他行政机关必须以之为有效的行政行为予以尊重。这种性质被称为“公定性”。

3. 实效性

行政行为具有拘束相对方的效力，而且，当相对方不履行行政行为内容中的义务时，行政主体可以自行强制执行。可见，实效性是指行政行为不仅拘束相对人，由于法律的规定，作为行政行为本身的效力，即使违反相对人的意思也具有强制实现的效力。

4. 确定性

对于行政行为，可以通过行政诉讼等程序争议其效力问题，但为了保障行政法律秩序及权利、义务关系的安定，必须设置一定的除斥期间，即经过一定期间后，行政行为的效力就具有不可争议性，也称为“不可争性”或“形式的确定性”。此外，行政机关在作出行政行为之后也不能随意变更，这被称为“不可变更性”或“实质的确定性”。

（二）行政行为特殊的效力

根据行政行为以上的特性，行政行为的效力论认为行政行为存在特殊的效力，主要包括公定力、确定力、拘束力、执行力。

1. 公定力

公定力是指行政行为除无效外，在具有正当权限的机关撤销之前，被推定为合法、有效

① 以下参见［日］田中二郎：《新版行政法》，全订第2版，上卷，99－106页，东京，弘文堂，1974。

的效力。由于行政行为具有基于法律而作出的合法性，在其成立后即使存在瑕疵，除非因存在“重大且明显”的瑕疵而绝对无效，原则上应当被推定为合法，在有权行政机关依职权撤销或经过诉讼撤销之前，相对人、人民法院或其他行政机关必须以之为有效的行政行为予以尊重。

公定力在行政法律规范中没有被直接规定，但却是行政行为其他效力在理论上的基础。此外，《行政复议法》第 42 条规定行政复议期间行政行为不停止执行，《行政诉讼法》第 56 条规定诉讼期间不停止行政行为的执行，也是以公定力理论为基础的。

2. 确定力

确定力可分为形式确定力与实质确定力两种类型。

（1）不可争力。

不可争力也被称为形式确定力，是指即使存在违法行政行为，在经过一定的期间后，行政行为的相对方就不能提起行政复议或行政诉讼的效力。《行政诉讼法》第 46 条、第 47 条规定了行政诉讼的起诉期限，《行政复议法》第 20 条、第 21 条规定了复议申请期限，通过这些期限的限制，促使行政复议申请人或者行政诉讼的原告尽快地行使行政复议权或行政诉讼权。而当这些期限届满之后，行政行为就具备了不可争力。

（2）不可变更力。

不可变更力又被称为实质确定力，是指行政机关不得撤销、变更已经作出的行政行为的效力，在对相对人设定权利的行为、确认行为、经过争诉等一定程序而进行的行为上产生。例如，《行政许可法》第 8 条第 1 款规定：“公民、法人或者其他组织依法取得的行政许可受法律保护，行政机关不得擅自改变已经生效的行政许可。”在经过行政复议、行政诉讼等救济程序的情况下，行政行为被认为具有较强的不可变更力。

3. 拘束力

拘束力是指行政行为成立后，在未经法定程序被变更或撤销之前，其内容对行政机关与相对人产生的法律上的约束力，行政机关与相对人必须遵守、服从的效力。与公定力相比较，拘束力要求行政机关与相对人必须遵守、服从行政行为所确定的权利、义务，而公定力仅仅推定行政行为合法，并不涉及行政行为的内容。

行政行为的拘束力具体表现在以下两个方面。

（1）对行政机关的拘束力。

对行政机关的拘束力是指行政行为作出后，在未经法定程序被变更或撤销之前，作出行政行为的行政机关以及其他行政机关都有义务服从该行为所确定的内容。作出行政行为的行政机关的上级机关虽然有权改变或撤销下级行政机关“不适当”的行政行为，但这种改变或撤销必须遵循法定的程序依法进行，在未经法定程序变更或撤销之前，上级行政机关也必须遵守该行为。

（2）对相对人的拘束力。

对相对人的拘束力是指行政行为生效后，在未经法定程序被变更或撤销之前，相对人必须遵守、服从该行政行为的效力。

4. 执行力

执行力是指行政行为一经作出，其内容必须得到切实履行的效力。如果行政相对人在一定期限内不履行行政行为所确定的义务，行政主体可以申请人民法院执行或自行强制执行。

这是行政强制执行制度的理论依据。例如，《行政强制法》第 2 条第 3 款规定："行政强制执行，是指行政机关或者行政机关申请人民法院，对不履行行政决定的公民、法人或者其他组织，依法强制履行义务的行为。"《行政处罚法》第 72 条第 1 款规定："当事人逾期不履行行政处罚决定的，作出行政处罚决定的行政机关可以采取下列措施：（一）到期不缴纳罚款的，每日按罚款数额的百分之三加处罚款，加处罚款的数额不得超出罚款的数额；（二）根据法律规定，将查封、扣押的财物拍卖、依法处理或者将冻结的存款、汇款划拨抵缴罚款；（三）根据法律规定，采取其他行政强制执行方式；（四）依照《中华人民共和国行政强制法》的规定申请人民法院强制执行。"可见，为了保证行政行为的实效性，在法律授权的前提下行政机关可以不以人民法院的判断作为前提，根据法律的规定可以自力实现行政行为内容。在这种意义上，执行力也被称为"自行执行力"。例如，《治安管理处罚法》第 103 条规定："对被决定给予行政拘留处罚的人，由作出决定的公安机关送达拘留所执行。"此外，执行力还体现在行政复议、行政诉讼期间不停止执行行政行为等方面。

四、行政行为效力的依据

对于行政行为公定力的依据，主要有自己确信说、法律安定性说、信赖保护说、合法性推定说等。第一，德国奥托·迈耶的自己确信说，认为行政行为是行政机关以其权威去自我确认其合法性；第二，法律安定性说，认为行政行为的公定力来自实定法，而实定法作这种规定是为了维持法律关系的安定性；第三，信赖保护说，认为"行政行为不同于私人的意思表示，是作为行政权担当者的行政机关对法律的执行，其权威来源于法律。因此，不仅从授益行为中获得直接利益的对方对行政行为的信任，而且从侵益行为中获得间接利益的一般公众对行政行为的信赖，都必须得到严格保护。如果允许随意否定行政行为的效力，将会严重危及、损害行政行为信任者的权益。只要重视保护对方及一般公众对行政行为的信任，就不得不肯定行政行为的公定力"①；第四，合法性推定说，认为公定力是法律上合法性的推定，这种推定只是一种假定，而非实质意义上的合法性推定，只有当行政行为具备了法律所规定的合法性要件时，该行为才是实质意义上的合法而不会被撤销。

上述观点除自己确信说不符合现代行政法理论（行政机关并不具有确认自己行为合法的权力）外，其他三种观点都从公定力所发挥的功能的一个侧面来说明公定力的理论依据，都具有一定的意义。

但对于行政行为效力的依据，也有学者提出了新的观点。例如日本行政法学者室井力认为：公定力、执行力、诉讼不停止执行原则等制度各自存在的合理的政策性理由的比重与内容存在着差异。从立法论来看，应当考虑行政机关的构成与组织法上的地位、进行行政行为的行政领域以及受其影响的相对人的权利/自由的性质、对行政行为事前程序控制的有无等，个别性地探讨是否承认这些制度。② 而盐野宏认为，公定力是"实定法的创造物"，是实定法在多种选择的可能性中采用的法律技术，因此，在确定其内容、范围时，必须根据实定法进行能动的考察。③ 在这种意义上，行政行为的效力并非绝对的，而是立法政策选择的结

① ［日］南博方：《日本行政法》，杨建顺、周作彩译，42 页，北京，中国人民大学出版社，1988。

② 参见［日］室井力：《現代行政法の原理》，11－14 页，东京，劲草书房，1973。

③ 参见［日］塩野宏：《行政過程とその統制》，111 页，东京，有斐阁，1989。

果。行政行为之所以产生不同于私法行为的效力，原因在于行政法作出了不同于私法的规定。例如，《行政诉讼法》设置了撤销诉讼，规定相对人认为行政行为违法时，必须提起撤销诉讼，请求人民法院予以撤销，而在撤销之前维持行政行为的效力，诉讼期间也不停止执行。这就是行政行为公定力产生的制度依据。不可争力是《行政诉讼法》设置起诉期限、《行政复议法》设置复议申请期限等限制的结果。执行力则是行政强制执行法律制度的结果。不可变更力与上述的效力都依据法律而产生不同，是依据理论产生的，但不可变更力并非一般行政行为的效力，而是经过行政诉讼等一定程序后的行政行为的效力。可见，这种观点与传统理论正好相反，传统理论认为行政行为的效力是这些撤销诉讼、诉讼不停止执行、起诉期限、行政强制执行等制度的理论基础，而该观点认为，恰恰相反，正是由于这些行政法律制度的存在，行政行为效力理论才得以成立。可见，这是一个“鸡生蛋还是蛋生鸡”的问题，很难分清孰是孰非，但至少应当明确行政行为的效力并非绝对的，与行政法律制度具有密切关联，而这些相关的行政法律制度也并非绝对的，例如起诉期限就存在着例外，而目前被广泛争议的诉讼不停止执行制度也必须考虑其适用的例外情况。

第五节　行政行为的附款

如上所述，行政行为一般在由行政主体作出并告知相对人后生效，但有时为了限制行政行为的效力，行政主体可以在作出行政行为的同时，对该行为附加一定的条件、期限或负担等限制。附款使行政行为成为一种富有弹性的行政管理手段，更加适合现实中行政管理的需要。

一、附款的概念与目的

（一）附款的概念

附款是指行政主体为了限制行政行为的效果而在意思表示的主要内容上附加的从属性的意思表示，是为了限制行政行为的效力而附加于行政行为之上的条件、期限、负担等限制。原行政行为被称为“主款”，而附加的限制被称为“附款”，附款从属于主款。

（二）附款的目的

行政行为的法律效力原本应当由法律明文规定，但是，为了根据具体的情况而限制其效力的一部分，使之在符合指定状况时发生法律效力，承认附款。可见，行政主体附加附款的主要目的是限制行政行为的法律效力，即对作为主款的行政行为生效的时间、失效的时间以及效力的中止或溯及力等进行限制。

二、附款的性质

行政行为效力的限制一般由法律直接规定。例如，《医师法》第 13 条规定，在取得医师资格后，必须向所在地县级以上人民政府卫生健康主管部门申请医师执业注册才可执业。可见，注册是执业的前提条件。又如，《道路交通安全法实施条例》第 16 条规定，机动车应当从注册登记之日起，在规定的期限进行安全技术检验；第 22 条规定，机动车驾驶证的有效期为 6 年。其中，检验是限制条件，有效期是限制期限。这种限制可以视为行政行为生效或失效的法定要件，故又被称为法定附款，但这种法定附款与此处的附款不同。附款是指行政主体根据现实行政的具体情况的需要，在作出行政行为的同时对该行为的效力进行的限制。与将法定附款定位于行政行为生效或失效的法定要件相对，在传统行政法上附款被定位为行政行为生效或失效的特别要件。此外，从附款由行政主体作出来看，也可以将附款视为行政主体在原行政行为之外作出的另一行政行为，只不过附款的行政行为依附于、从属于原行政行为，不能独立于作为主款的行政行为而存在。可见，附款是具有依附性、从属性的行政行为。

三、附款的类型

根据对行政行为生效或失效的限制的不同，一般可以将附款分为条件、期限、负担、负担保留、撤回权的保留和法律效力的部分排除。

（一）条件

条件是指以将来是否发生并不确定的事实作为行政行为的效力产生或消灭的限制的意思表示。根据对行政行为效力产生的不同影响，条件可分为延缓条件和解除条件。延缓条件是指附加条件的行政行为自条件成就之日起生效的附款，例如，卫生行政管理部门在发放饮食店卫生许可证的同时，附加要求该饮食店改进垃圾处理场所的条件，该许可行为的效力自饮食店改进垃圾处理场所后发生。解除条件是指已经发生法律效力的行政行为自所附加的条件成就之日起失效的附款，在解除条件成就前，行政行为的效力已经发生，当解除条件成就，行政行为的效力就消灭。

条件必须是不确定的事实，将来是否发生在作出附款时并不知道。因此，附加条件的附款使得行政行为效力的产生、消灭处于不确定的状态，从法律安定性的角度来看并不适合，因此，在现实中这种附款并不多见。此外，附加条件的行为是从属于主款行政行为的附属性行为，因此，附加的条件与主款行政行为之间必须具有一定的联系，根据行政法的“禁止不正当联结”原则，禁止以与主款行政行为毫无关联的条件来限制主款行政行为的效力。

（二）期限

期限是指以确定的时间或事实作为行政行为的效力产生或消灭的限制的意思表示，即限制行政行为在何时生效或失效的附款。“确定的时间”是指特定的时点，例如行政机关在营业许可证中规定自 2019 年 1 月 1 日起开始营业，或者行政机关许可某公司收取高速公路费 10 年，此处的“2019 年 1 月 1 日”“10 年”都是确定的时间；而“确定的事实”是指在将来的某一时点肯定发生的事实，例如某许可在某人的死亡期限失效，“某人的死亡”这一事实虽然不能确定何时发生，但可以肯定会在将来的某一时点发生，属于时间未定但事实确定。根据期限对于行政行为效力的影响的不同，期限又可分为始期与终期。始期是指以某一期限的到来作为行政行为效力发生的条件，终期是指以某一期限的到来作为行政行为效力消灭的条件。

期限和条件的区别在于：期限是确定的事实，不管将来何时发生，但肯定会发生的事实；而条件是将来是否发生并不确定的事实。

（三）负担

负担是指行政主体对相对人作出随附于主款行政行为、与此相伴的义务的从属行政行为，即行政主体在作出行政行为时对相对人附加其他作为或不作为义务的行为。负担的主款行政行为一般以授益行政行为居多，负担一般要求行政相对人在获得行政行为所授予利益的同时履行一定的作为或不作为义务。例如，行政主管部门在许可某娱乐场所营业的同时，为了确保其噪声不影响周边居民，要求其在高考期间不得营业。

与条件不同，负担并没有将主款行政行为的效力置于不确定的状态，主款行政行为的效力已经产生，而仅仅是随附该行为命令一定的义务。通过负担被课予的义务即使不履行，主款行政行为的效力并不丧失。但当相对人不履行该义务时，行政主体可以撤回主款行政行为或对相对人课予其他义务等，以此来确保负担的履行。

主款行政行为的效力不以负担所确定的义务的履行为前提，可见，负担与条件相比，具有一定的独立性。但从根本上来看，负担仍然是从属于主款行政行为的附属性行为，因为负担的附款必须以主款行政行为的存在为前提，负担与主款行政行为之间存在一定的联系，当主款行政行为不存在时，负担也没有了意义。

（四）负担保留

与负担相关的附款还有一种比较特殊的“负担保留”，所谓的“负担保留”是指行政主体在作出行政行为时并没有附加负担，但表明保留在事后附加负担的权限。附款一般要求行政主体在作出主款行政行为的同时作出，但由于行政主体在作出行政行为时对于某些事项还无法确定，因此保留事后附加负担的权利。其实，即使没有负担保留，根据行政管理的需要，行政主体也可以在作出行政行为之后附加负担，但此时涉及信赖保护的问题，即在违背相对人的信赖而附加负担时，行政主体对此必须给予一定的补偿。而负担保留可以避免该问题：由于在作出行政行为的同时声明事后附加负担的可能性，事后即使附加了负担，也是在相对人明知这种可能性的条件下作出的，不涉及违反信赖保护的问题。

（五）撤回权的保留

撤回权是指行政主体在作出行政行为后，由于情势的变更，从公共利益的观点出发不能维持该行为的效力时，除去该行为的效力的权利。撤回权的保留是指行政主体在作出行政行为的同时，表明保留在一定情况下可以撤回该行政行为的权利的附款。

也有观点将撤回权的保留认为是解除条件附款的一种特殊形式，当撤回权的保留中所表明的情况出现时行政主体撤回该行政行为，其中的“撤回权的保留中所表明的情况出现”可以视为解除条件的实现，而“行政主体撤回该行政行为”可以视为行政行为的效力消失，撤回权的保留所表明的情况是一种不确定的事实，即解除条件。但是，解除条件必须是具有明确内容的不确定事实，而撤回权的保留所表明的情况并没有解除条件那么明确，有时甚至仅仅规定行政主体有权撤回，在这种情况下，容易出现行政主体恣意行使撤回权的情况，于对相对人权益的保护不利。而且，与负担保留相同，撤回权的保留也具有避免违反信赖保护原则的作用。因此，撤回权的保留必须遵循一定的法律原则，而不得随意设置撤回权的保留附款。

（六）法律效力的部分排除

行政行为的生效一般是指行政行为所有效力的发生，但有时基于现实行政的需要，行政主体在作出行政行为的同时，可以作出表明仅该行政行为的部分法律效力发生，而排除该行为法定效力的一部分的附款。这被称为“法律效力的部分排除”。例如，公务员为执行职务出差时所需的必要费用一般由行政主体支付，行政主体在支付该出差费用的同时，规定当出差的地址是在公务员本人上班的必经之处时不得支付。

四、附款的适用限制

行政行为的附款是行政主体在作出行政行为的同时，根据现实行政的实际需要在法律规定之外，对行政行为附加的限制其效力的发生或消灭的辅助性行为。可见，附款对行政行为的效力起到限制的作用，从而也使相对人的权利、义务受到一定的限制，因此，附款必须依法进行，其适用范围也存在着一定的界限，具体包括以下限制。

（一）具体行政行为

行政行为的附款与法律规定的法定附款不同，附款可以被视为依附于主款行政行为的附属行政行为，因此，附款仅适用于具体行政行为，抽象行政行为虽然多数明确规定生效的时间，但那是法定的生效时间，不同于附款。

（二）法律行为性行政行为

附款是在意思表示的主要内容上附加的从属性的意思表示，因此，不具有意思表示的准法律行为性行政行为不得适用附款。

（三）裁量事项

附款必须依法进行，但附款的内容必须是法律没有明确规定的事项。如果是法律明确规定的限制，那就是法定要件。因此，附款多数情况下适用于裁量行政行为中的裁量事项，对于羁束行政行为，只有法律没有规定的事项才可以作为附款的内容。

（四）行为的性质

并非所有的裁量行政行为都适用附款，需要根据行政行为的性质判断，例如，国籍法中的加入国籍，被认为是裁量性程度很高的行为，但从平等原则出发，也有观点认为其并不允许附款；通过考试录用的公务员任命，也不适用附款。

（五）与主款行政行为目的的一致性

附款是附属于主款行政行为的从属性行为，并不具有独立性。附款的内容与主款行政行为的内容之间必须具有一定的联系，否则，违反行政法中的禁止不正当联结原则。从法律目的来看，附款与主款行政行为的法律目的必须一致。

第六节　行政行为的瑕疵

行政行为必须基于有关法律设定的要件、程序、效力的规定进行。在行政行为不完全满足法律规定的要件特别是效力产生要件、在外形上不具备作为行政行为的形态时，产生被称为行政行为不存在的状态。而当大致作为行政行为而存在，但在其要件的满足上存在缺陷时，作为行政行为存在瑕疵处理。

一、行政行为的合法要件

行政行为的合法要件是指一个行政行为完全符合法律要求的各项条件，也被称为行政行为无瑕疵要件。为了有效进行行政活动，行政主体必须具有法定的资格和权限，进行有效的意思决定（主体要件），基于其意思决定按照法定的步骤、顺序、时限（程序要件），以特定的形式（形式要件）作出内容合法、合理（内容要件）的行政行为。

（一）主体要件

主体要件是指为了有效进行行政活动，要求该活动的主体具有法令上正当的权限，或者在组织上没有缺陷，正常进行意思的形成。具体而言，主体要件的合法性包括以下三个方面。

1. 具有行政职权的行政主体

行政行为是行政主体行使行政职权而作出的行为，因此，要求主体必须是具有行政职权的行政主体，行政主体必须在法律规定的职权范围内实施行政行为，法定的职权范围主要包括行政管辖事项、行政管辖区域、行政管辖级别、行政手段和方法等。此外，行政授权的被授权者必须在授权范围内行使职权，行政委托的受委托者也必须在委托权限内行使职权。

2. 行政主体组织的有效性

行政主体在作出行政行为时需要由行政主体内部的某些机构或人员参与，为了作出行政行为，行政主体必须有效地组织内部机构或人员。具体而言，行政主体组织的有效性要求包括：第一，机关合法，即作出行政行为的主体必须是依法设立，能以自己的名义行使行政职权的行政主体；第二，机构合法，即参与行政活动的行政主体内部机构也必须是依法设立的组织，并按照法定程序进行行政活动，在对外作出行政行为时必须以行政主体的名义；第三，人员合法，即具体实施行政行为的人员必须是有法定的行政职务、能对外代表行政主体行使行政职权的公务人员；第四，授权或委托的组织合法，在行政主体将其职权授权或委托给其他组织或个人行使时，被授权者或受委托者必须具备必要的技术或人员条件，并依法定程序和条件行使行政职权。

3. 行政主体意思的有效形成

行政主体意思的形成必须基于事实关系与法律关系的认定，判断无误，不受不适当要求或不正当情感的影响。此外，行政主体的意思表示必须真实，行政主体作出的行政行为必须完全、真实地反映其本意，而不能在存在重大误解或受欺诈、被威胁的情况下作出。

（二）内容要件

行政行为的内容必须符合以下三个标准：第一，合法性标准，行政行为依法作出，其内容必须符合法律；第二，合理性标准，行政行为的内容不仅应当合法，而且必须适当、客观、公正，并在法律上、社会观念上必须可行，在事实上能够执行；第三，明确性标准，行政行为的内容必须明确，明确授予相对人权利、对相对人课予义务或确认某事实等，不得产生歧义。

（三）形式要件

形式要件合法是指行政主体作出行政行为时，必须采用适当的方式。特别是对于要式行政行为，由于法律明确规定了作出行政行为的方式，必须按照该方式作出行政行为。即使是非要式行政行为，也必须按照符合该行为内容的方式作出。

（四）程序要件

行政程序是指行政主体在行使行政权力过程中所必须遵循的步骤、顺序、方式和时限等过程。现代法学重视程序的价值，认为没有程序保障，就不可能有真正的权利保障。为此，程序法定原则在各国不断得到加强，以实现对越权和滥权的控制。程序合法是指行政主体必须依照法定的程序作出行政行为。行政主体对于法律规定必须按特定程序作出的行政行为，必须严格遵守和执行，违反成文法明确规定的程序当然构成瑕疵行政。此外，即使不存在成文法的明文规定，行政行为也不得违反正当程序原则，正当程序原则通常的要求包括信息公开、告知、说明理由、回避、听证等。

二、行政行为的瑕疵要件

行政法律规范一般对行政行为的主体、内容、程序、形式等要件作出明确的规定，当现实行政中的行为违反这些法定要件时，该行为被认为存在瑕疵。可见，行政行为的瑕疵从形态来看可以分为主体的瑕疵、内容的瑕疵、形式的瑕疵、程序的瑕疵。

（一）主体的瑕疵

行政行为在主体要件上的瑕疵往往表现在作出行政行为的行政机关的权限、行政机关的组织以及行政机关的意思表示等方面，包括不具有正当权限（含代理权）的行为、在权限范围以外（事项性、地域性）的行为等。例如，《行政诉讼法》第 70 条第 4 项规定，“超越职权的”行政行为，人民法院可以判决撤销。在行政实践中，主体瑕疵的问题往往与权限的委任、委托、代理等相关。此外，还包括行政机关的意思表示方面的瑕疵，例如，心神丧失的行为、基于不可抗拒程度的胁迫而作出的行为等完全不具有意思的行为是无效的行为，而由于欺诈、强迫等在意思形成上存在瑕疵的行为、基于贿赂等不正当行为的行为属于可撤销的行为。① 此外，也有学者将判断过程的瑕疵作为主体瑕疵而论述。判断过程的瑕疵是指行政机关在基于有关的事实基础形成判断决定的过程中存在的瑕疵，例如，行政机关由于过错或受欺诈等原因而作出行政行为或者滥用权限等情况②，虽然行政机关在其职权范围内作出行政行为，但《行政诉讼法》第 70 条第 5 项同时也规定，“滥用职权的”行政行为，人民法院可以判决撤销。

（二）内容的瑕疵

内容的瑕疵是指行政行为内容不明确或者内容违反法律的规定等。在行政行为的内容违反法律的规定时，被称为“实体性瑕疵”③。例如，在进行特定行政行为时欠缺必要的立法根据，特别是在内容上限制相对人的权利/自由的行政行为必须以法律根据的存在为前提，欠缺法律根据则违法。

（三）形式的瑕疵

形式的瑕疵是指行政行为欠缺法律所规定的要式。例如：法律规定应当以书面形式作出的，行政机关以口头方式作出或者没有按照规定格式的书面形式作出；在以书面形式作出的决定书中欠缺署名或印章、没有表示是具有权限的行政机关的行为、没有附加理由等情况。有时又被称为“表示的瑕疵”④。多数学者将程序的瑕疵与形式的瑕疵分别论述⑤，但也有学者认为在程序的瑕疵中包括形式的瑕疵。⑥

---

① 参见［日］中西又三：《行政法 1》，改订版，东京，中央大学通信教育部，2003。

② 参见［日］藤田宙靖：《行政法Ⅰ·総論》，4 版，252 页，东京，青林书院，2005。

③ ［日］小早川光郎：《行政法》，上卷，287 页，东京，弘文堂，1999。

④ ［日］小早川光郎：《行政法》，上卷，289 页，东京，弘文堂，1999。

⑤ 参见［日］原田尚彦：《行政法要論》，全订第 6 版增补版，175 页，东京，学阳书房，2005。

⑥ 参见［日］宇賀克也：《行政法概説Ⅰ·行政法総論》，276 页，东京，有斐阁，2004。

（四）程序的瑕疵

程序的瑕疵是指行政行为的作出未遵守法定程序，因欠缺作为保障个人权利、利益的程序的公告、通知、列席、协议、听证、辩明机会的提供等而产生的瑕疵。例如，法律规定应当听取相对人意见后作出行政行为，行政机关没有听取相对人意见或者先作出决定后听取意见等，由于欠缺法定程序或者颠倒法定程序的顺序、超越法定期限等因而属于程序的瑕疵。

三、行政行为瑕疵的法律后果

行政行为的瑕疵是指行政行为在主体、内容、形式或程序上不符合法律所要求的法定要件。当行政行为存在瑕疵时，意味着该行为违法或不当。根据依法行政原则的要求，存在瑕疵将导致该行政行为无效或者被撤销，而作出该行为的行政机关也必须承担相应的法律后果。

（一）行政行为瑕疵的法律后果类型

根据瑕疵程度的不同，存在瑕疵的行政行为通常可以区分为无效行政行为、可撤销行政行为以及轻微瑕疵的行政行为。根据行政行为的公定力理论，对于无效行政行为，由于自始不产生效力，对其不服时应当请求法院确认该违法状态，即提起无效确认诉讼。而对于可撤销行政行为，虽然存在着瑕疵但具有公定力，在有权机关依法撤销之前仍推定其为合法、有效，而撤销诉讼的提起就是请求法院在认定该行政行为违法的基础上依法予以撤销。可见，撤销诉讼是除去可撤销行政行为公定力的诉讼。至于轻微瑕疵的行政行为，可以通过补正等方式转换为无瑕疵的合法行政行为。

（二）无效行政行为与可撤销行政行为区分的意义

区分无效行政行为与可撤销行政行为的理论意义在于确定公定力的适用范围，而实践意义在于划分诉讼程序的不同，对于原告在行政诉讼中选择诉讼请求以及法院选择判决的类型具有重要的意义。根据行政行为公定力理论，对于存在无效原因的违法行政行为可以提起无效确认诉讼，对于存在撤销原因的违法行政行为可以提起撤销诉讼。据此，2014 年通过修订《行政诉讼法》在撤销判决（第 70 条）和确认违法判决（第 74 条）的基础上增设了确认无效判决（第 75 条）。在行政诉讼中，法院也应当根据行政行为瑕疵的不同，对于无效行政行为判决无效，而对于可撤销行政行为在宣告违法的同时予以撤销。

此外，从行政相对人角度来看，对于无效行政行为，由于自始不产生效力，可以拒绝履行，在被无效行政行为侵害后，可以在任何时候申请复议或提起诉讼，而不受申请复议期限或起诉期限的限制；而对于可撤销行政行为，由于在被有权机关依法撤销之前，发生公定力、确定力、拘束力、执行力等法律效力，必须遵守、服从，在对该行为不服而申请复议或提起诉讼时，受到申请复议期限或起诉期限的限制，而且，即使在复议或诉讼期间原则上也不得停止执行该行为。

（三）无效行政行为与可撤销行政行为区分的标准

如上所述，区分具有特定瑕疵的行政行为是无效行政行为还是可撤销行政行为，具有重要意义。但是，这种区分存在着一定的困难，理论界对于区分标准也存在着争议。

1. 纯理论性观点

该观点根据依法行政原则，认为存在瑕疵的行政行为因违反法律而全部无效。该观点由于不考虑瑕疵的重大与否而一概认定为无效，标准对于行政行为的要求过于严格，并不切合实际。

2. 要件规定性质说

该观点立足于要件规定的性质，认为违反能力性、强制性、重要性的要件规定的行政行为属于无效行政行为，而违反命令性、非强制性、非重要性的要件规定的行政行为属于可撤销行政行为。由于该观点中的能力性、强制性、重要性的要件规定与命令性、非强制性、非重要性的要件规定的区分标准并不明确，在实践中如何区分要件规定的性质还存在着问题。

3. 重大说

作为第二次世界大战前的通说，该观点认为行政行为瑕疵重大时无效。① 与重大明显说相比，该观点仅仅以瑕疵的重大性作为判断行政行为无效的标准。

4. 重大明显说

该观点在重大说的基础上，认为行政行为无效不仅要求瑕疵的重大性，而且要求瑕疵的明显性。② 该观点成为二战后日本行政法学的通说，从日本最高裁判所（法院）的判例来看，多数判例承认该观点，一般认为作为无效原因的瑕疵是重大且明显的瑕疵。③

在重大明显说中的“重大”是指违反重要的法规，“明显”是指瑕疵的存在是明确的。关于明显性的程度，存在着外观上的形式明显说、客观性明显说、调查义务违反说④等观点，通说一般采用“外观上的一见明显说”，例如，日本最高裁判所（法院）在判决中认为，“瑕疵是否明显应当由处分在外观上的错误是否能够客观地、明显地发现来决定”⑤。

5. 明显性补偿要件说

重大说仅仅要求瑕疵的重大性，扩大了行政行为无效原因的范围，提高了具体妥当性（正义性），却损害了法律安定性。而重大明显说增加了明显性要件的要求，提高了法律安定性，但缩小了无效原因的范围，欠缺具体妥当性（正义性）。⑥ 但也有学者认为即使以重大性作为要件，也必须附加其他加重要件，在这种意义上，明显性要件是具有补充性的加重要件之一。⑦ 日本最高裁判所（法院）在判决中也认为，明显性并不一定是必要要件，从行政行为的性质来看，在没有必要保护第三人的信赖，或者衡量行政秩序安定的要求与保护相对人权利、利益的要求，在使相对人遭受损害被认为显著不当时，即使不具备明显性的要件，也可以确认无效。⑧ 例如，在伊达原子力发电案件中，法院判决认为，由于原子力潜在危险的重大性，对于原子炉设置许可的无效要件是只要具备违法瑕疵的重大性就足够了，而不需要具备明显性。⑨

---

① 参见［日］美濃部達吉：《日本行政法》，上卷，271页，东京，有斐阁，1934。

② 参见［日］田中二郎：《新版行政法》，全订第2版，上卷，140页，东京，弘文堂，1974。

③ 参见日本最高裁判所（法院）1956年7月18日民集第10卷第7号，890页；日本最高裁判所（法院）1959年9月22日民集第13卷第11号，1426页。

④ 调查义务违反说认为行政机关如果履行调查义务就能够发现的瑕疵属于具有明显性的瑕疵，故该说有时又被合并归类为“客观性明显说”。参见日本东京地方裁判所1961年2月21日行集第12卷第2号，204页。

⑤ 日本最高裁判所（法院）1961年3月7日民集第27卷第3号，502页。

⑥ 参见［日］石川敏行：《基本論点行政法》，129页，东京，法学书院，1997。

⑦ 参见［日］塩野宏：《行政法Ⅰ行政法総論》，4版，132页，东京，有斐阁，2004。

⑧ 参见日本最高裁判所（法院）1973年4月26日民集第27卷第3号，629页。

⑨ 参见日本名古屋高等裁判所金沢支判2003年1月27日《判例时报》第1818号，3页。

可见，该观点从区分的宗旨、目的出发，认为在存在通常预计程度内的瑕疵时是可撤销行为，在存在重大且明显的瑕疵时则是无效行为，在不以明显性为必要而存在重大的瑕疵时也是无效行为。

6. 利益衡量说

该观点认为，行政行为的无效具体存在着各种各样的情况，仅仅以重大明显说等单一的标准并不能完全区分，而应当在比较、衡量各种利益的基础上进行多样化的考察。[①] 例如，日本最高裁判所（法院）在判决中认为，“在原告由于处分而受到的损害被认为显著不当的例外性的情况下，该课税处分被认为当然无效”[②]。

我国1989年制定的《行政诉讼法》并没有区分无效行政行为与可撤销行政行为，但通过2014年的修订增设了确认无效判决，对于“重大且明显”的违法适用确认无效判决。根据《行政诉讼法》第75条以及《最高人民法院关于适用〈中华人民共和国行政诉讼法〉的解释》，“重大且明显”的违法包括行政行为实施主体不具有行政主体资格、减损权利或者增加义务的行政行为没有法律规范依据、行政行为的内容客观上不可能实施等情形。

四、行政行为瑕疵的治愈与转换

行政行为瑕疵的治愈与转换是指随着事后情况的变化原本存在瑕疵的行政行为被认为满足了合法要件而作为不存在瑕疵处理的情况，即行政行为的瑕疵随着事后情况的变化被视为瑕疵不存在的情形。

（一）行政合法性原则与行政行为瑕疵的治愈、转换

瑕疵的治愈与转换是旨在确保法律安定性、提高行政效率的措施，但从合法性的观点来看存在着问题。行政行为具有不可变更力，行政主体作出行政行为之后不得随意变更，因此，从严格意义上的行政合法性原则来看，瑕疵的治愈与转换是不允许的。但瑕疵之所以可以治愈或转换，并不是因为事后情势的变更或补正的行为，而是因为瑕疵比较轻微，还没有达到需要撤销的程度，对于这种轻微的瑕疵，当事后情势变更或补正的行为发生后，可以视为不存在瑕疵。也即为了维护公共利益、追求行政经济与效率，轻微违法的行政行为并不必然被撤销或确认为违法或无效，在一定条件下，可以通过消除行政行为的违法性，使其转变为合法行政行为。基于这种考虑，瑕疵的治愈或转换一般仅限于程度比较轻微的瑕疵，对于重大瑕疵或者构成行政行为无效程度的瑕疵，不得承认瑕疵的治愈或转换。

（二）瑕疵的治愈

瑕疵的治愈是指对于违法的行政行为，通过追认、补正或者由于行为作出后的情势变更，使违法行政行为欠缺的合法要件得以完备，从而消除行政行为的违法性，使其转变为合法的行政行为的制度，是行政行为事后合法化的方式。瑕疵治愈的目的在于将违法行政行为的违法性消除，使其转变为合法行政行为。瑕疵治愈的方式包括追认、补正以及情势变更等。

1. 追认

追认是指不具有行政职权的行政主体作出行政行为后，由有权机关对该行为进行事后性的确认，从而弥补该行为在行政权限上的缺陷的行为。追认的方式包括有权机关的直接追认

---

① 参见［日］兼子仁：《行政法総論》，201页，东京，筑摩书房，1983。

② 日本最高裁判所（法院）1973年4月26日民集第27卷第3号，629页。

与立法追认。直接追认是指由有权机关在事后直接向作出行政行为的行政主体授权，并向相对人表明该授权的内容；立法追认是指有权机关制定法律、法规、规章，在其中的条文中规定将行政权限授予作出行政行为的行政主体。

2. 补正

补正是指对于轻微违法的行政行为，通过事后补正去除其违法性，使违法的行政行为因补足要件而成为合法的行政行为。补正一般限于轻微违法，以轻微的程序违法居多。其理论依据在于：行政行为的轻微违法并没有导致该行为给相对人的权利或公共利益造成重大损害，如果因轻微违法而被撤销后行政主体往往会作出大致同样的行政行为。因此，为了保证法律关系的稳定性、提高行政效率，直接通过补正的方式使得行政行为中的轻微违法得到纠正。

补正与追认之区别在于：追认仅适用于行政主体无权限的违法情形，而补正适用于轻微违法的情形。而且，追认是由作出行政行为的行政主体之外的有关机关进行的行为，而补正一般是由作出行政行为的原行政主体进行的行为。

3. 情势变更

除了追认、补正等行为外，有时由于情势变更，客观条件的变化使行为的违法性自然消除。例如，由于法律的修改，原本违法的行为现在已经符合新法的规定，而且该修改条款具有溯及既往的效力。

（三）瑕疵的转换

转换是指将违法的行政行为作为其他具有相同目的的行政行为有效处理的情况，即在行政行为的合法性要件存在瑕疵的情况下，将产生瑕疵的事实与其他事实进行置换，保持行政行为的性质不变，从而使原本违法的行政行为转换为新的合法的行政行为。例如，在对某人作出行政行为后，发现某人已经在行政行为作出之前死亡，此时，可以依法将该行政行为转换为对该死者的继承人作出的行政行为，当然，必须以该行政行为的性质适合继承为前提。在这种情况下，如果不采用转换的方式，那么，首先必须撤销原行政行为，然后重新作出新的行政行为，而采用转换的方式可以直接将违法行政行为转为新的合法的行政行为，可见，转换的目的在于确保法律的安定性，避免浪费行政资源，提高行政效率。

转换与治愈不同：治愈前后针对的是同一行政行为，治愈的效果是消除了原行政行为中的违法性，而转换前后针对的是不同的行政行为，转换并没有消除原行政行为中的违法性，只是将原行政行为中的部分内容转换成为新的行政行为，前后两个行政行为的内容虽然大致相同，但毕竟是不同的两个行政行为。

行政行为瑕疵的治愈与转换理论在行政诉讼实践中具有重要意义。法院在进行行政行为的违法判断时，一般是根据行政行为作出时的法令与事实状态进行判断，而不是根据口头辩论终结时的法令与事实状态进行判断。而法院在行政诉讼中对于瑕疵的治愈或转换的承认，实际上是以口头辩论终结时的法令与事实状态作为违法性判断的标准，与行政诉讼中的情势判决存在着共通之处。

第十一章　行政立法

行政是执行法律的活动，但由于法律的抽象性以及行政实践的复杂性，需要行政机关制定一定的行政法律规范对法律作进一步的细化或补充，即进行行政立法。行政立法是行政机关进行宏观性行政管理的一种方式，涉及众多的行政管理对象，也是下级行政机关进行行政管理的依据。因此，从行政实践来看，行政立法可以说是在行政机关的各种行政活动中首先应当进行的行政管理行为。正是基于这种考虑，我们首先将行政立法作为行政活动的形式进行考察。

为了规范行政立法活动，我国构建了较为系统的有关行政立法的法律体系，例如：2000 年全国人民代表大会通过的《立法法》（2015 年 3 月 15 日第十二届全国人民代表大会第三次会议第一次修正、2023 年 3 月 13 日第十四届全国人民代表大会第一次会议第二次修正）系统地规定了我国立法的原则、立法体系、立法权限、立法程序、立法监督等。在此基础上，2001 年国务院发布了《行政法规制定程序条例》（2017 年修改）、《规章制定程序条例》（2017 年修改）、《法规规章备案条例》，专门对行政立法的程序以及备案制度作出了较为完善的规定。

第一节　行政立法理论

根据国家机关职能分工原则，应当由立法机关与行政机关分别行使立法权与行政权，但由于现代行政领域的扩张以及行政的专业性、技术性等原因，立法机关并不能完全应对复杂的行政需要，而不得不将一部分立法权授予行政机关行使。因此，行政立法在现代社会逐渐增加。

一、行政立法的概念

行政立法通常在两层含义上使用：首先，在静态上，行政立法是指行政机关为执行、实施法律或者根据法律的委任而制定一般性、抽象性的法律规范；其次，在动态上，行政立法就是指行政机关所进行的立法活动。而根据对行政立法中“法”的概念的不同理解，对于行政立法的概念也存在着广义与狭义的两种理解。在广义上，“法”包括所有的规范，因此，广义的行政立法是指行政机关制定、修改、废止有关行政管理的规范性文件的活动。而在狭义上，“法”在我国是指宪法、法律、行政法规、地方性法规和规章，规章以下的规范性文件不属于“法”的范畴，而“法”的范畴中又只有行政法规与规章的制定主体是行政机关，因此，狭义上的行政立法是指行政机关制定、修改、废止行政法规、规章的行为。

二、行政立法的性质

行政立法是由行政机关进行的立法活动，因此，行政立法同时具有作为行政与立法的两种特性。

（一）行政性

行政立法是行政活动的形式之一，行政立法的行政性体现在以下方面：第一，行政立法的主体是行政机关；第二，行政立法的目的是通过制定、修改、废止行政法律规范进行对行政事务的宏观管理，调整行政管理过程中行政机关的各种行为；第三，行政立法的调整对象是行政管理事务以及与行政管理密切相关的事务。

（二）立法性

行政立法是一种立法行为，行政立法的立法性体现在以下方面：第一，根据国家机关职能分工原则，立法权由立法机关掌握，行政机关的立法无论是职权立法还是授权立法，都必须通过立法机关在法律中明文规定的形式，才能取得立法权。例如，国务院制定行政法规的立法权是《宪法》第 89 条赋予的。在这种意义上，行政立法是由行政机关代替立法机关进行的立法。第二，行政立法必须根据法定程序进行，法定的行政立法程序一般包括草案的起草、征求意见、审议、通过、签署、公布等，与立法机关的立法程序几乎相同，这种严格的程序保证了行政立法的公正性。第三，从行政立法的结果来看，行政立法最终制定的规范性文件与立法机关制定的法律具有大致相同的性质，即规范性、强制性、普遍适用性、权利义务性等。

此外，《立法法》将法律、行政法规、地方性法规、规章放在同一部法律之中进行规范，并且共同命名为“立法法”，将行政法规、规章也纳入了“法”的范畴之中，这也从另一个侧面表明了行政立法的立法性。

（三）行政立法的行政法特性——抽象行政行为

在行政法学中，行政立法被视为典型的抽象行政行为。抽象行政行为是指行政主体以不特定的人或事为对象所实施的行政行为，一般表现为规范性文件即广义行政立法的形式。作为抽象行政行为的行政立法具有以下特性：第一，行政立法针对的对象是不特定的多数人或事，涉及的对象范围广泛而且不确定；第二，行政立法一般针对将要发生的事项，针对某类人或事产生效力，具有反复适用的特性；第三，抽象行政行为的主体受到较严格的限制，必须是法定具有立法权的主体。

作为抽象行政行为的行政立法是介于立法行为与具体行政行为之间的行为，因此兼具两者的特性，例如，行政立法程序的严格性也介于两者之间，既注重作为立法程序的公正性，也注重作为行政程序的灵活性、有效性。

三、行政立法的类型

根据不同的标准，可以对行政立法进行不同的分类。一般根据以下标准对行政立法进行分类。

（一）职权行政立法与授权行政立法

依据行政立法权的来源不同，可以将行政立法分为职权行政立法与授权行政立法。

1. 职权行政立法

职权行政立法是指行政机关依据宪法和行政组织法赋予的行政职权，针对职权管辖范围内的事项制定、修改、废止行政法律规范的活动。例如：《宪法》第 89 条规定，国务院“根据宪法和法律，规定行政措施，制定行政法规，发布决定和命令”。《宪法》第 90 条第 2 款规定，国务院“各部、各委员会根据法律和国务院的行政法规、决定、命令，在本部门的权限内，发布命令、指示和规章”。《地方各级人民代表大会和地方各级人民政府组织法》第74条规定，省、自治区、直辖市以及设区的市、自治州的人民政府可以根据法律、行政法规和本省、自治区的地方性法规，制定规章。可见，职权行政立法权是宪法或行政组织法在设立行政机关的同时就赋予该行政机关的行政职权，在这种意义上，可以视为行政机关的“固有权力”，于行政机关成立时即产生的权力。

2. 授权行政立法

授权行政立法是指行政机关根据宪法、行政组织法以外的其他法律、法规或授权决定授予的立法权而进行的立法活动。根据授权依据的不同，又可分为一般授权行政立法与特别授权行政立法。

（1）一般授权行政立法。

一般授权行政立法的立法权来自宪法、行政组织法以外的其他法律和法规，一般由法律、法规中的某一条款规定授权。例如，1994年制定的《劳动法》第45条规定了带薪年休假制度，同时规定“具体办法由国务院规定”。基于该授权，1994年2月3日，国务院颁布了《关于职工工作时间的规定》。又如，2000年制定的《立法法》第74条规定“国务院部门规章和地方政府规章的制定程序，参照本法第三章的规定，由国务院规定”。基于该授权，2001年11月16日，国务院制定了《规章制定程序条例》。

（2）特别授权行政立法。

特别授权行政立法是指由行政机关根据全国人大或其常委会的授权决议或决定，行使全国人大或其常委会的部分立法权而进行的立法活动。例如，1994年3月22日全国人大通过了《关于授权厦门市人民代表大会及其常务委员会和厦门市人民政府分别制定法规和规章在厦门经济特区实施的决定》。这种特别授权行政立法与一般授权行政立法的区别在于：一般授权行政立法依据宪法、行政组织法以外的其他法律、法规的授权，而特别授权行政立法依据的是全国人大或其常委会的授权决议或决定。《立法法》第12条规定，该法第11条规定只能制定法律的事项“尚未制定法律的，全国人民代表大会及其常务委员会有权作出决定，授权国务院可以根据实际需要，对其中的部分事项先制定行政法规”。这种授权行政立法具有试验性质，《立法法》第14条规定：“授权立法事项，经过实践检验，制定法律的条件成熟时，由全国人民代表大会及其常务委员会及时制定法律。法律制定后，相应立法事项的授权终止。”法律、法规或授权决定在进行授权的同时，必须“明确授权的目的、事项、范围、期限以及被授权机关实施授权决定应当遵循的原则等”。被授权机关应当严格按照授权决定所确立的目的、事项、范围、期限、原则等行使该立法权，并不得将该项权力转授给其他机关。

（二）中央行政立法与地方行政立法

依据行政立法主体层次的不同，行政立法可划分为中央行政立法与地方行政立法。

1. 中央行政立法

中央行政立法是指由中央行政机关所进行的立法行为，包括国务院制定行政法规、国务院各部委职能机构等制定部门规章的行为。中央行政立法针对的是全国范围内的行政管理事项，其效力范围覆盖全国。例如，《政府信息公开条例》由国务院颁布，其效力范围覆盖全国。

2. 地方行政立法

地方行政立法是指一定级别的地方人民政府制定地方政府规章的行为。根据《立法法》

以及《全国人民代表大会关于修改〈中华人民共和国立法法〉的决定》的规定，有权进行地方行政立法的主体包括：（1）省、自治区、直辖市人民政府；（2）设区的市、自治州人民政府；（3）广东省东莞市和中山市、甘肃省嘉峪关市、海南省儋州市和三沙市5个不设区的地级市人民政府。地方行政立法针对的是本地方范围内的行政管理事项，所制定的地方行政规章只能在本行政区域内发生法律效力。例如，《杭州市行政机构设置和编制管理办法》由杭州市人民政府制定，其效力范围仅覆盖杭州市。

（三）执行性行政立法、补充性行政立法与创制性行政立法

依据行政立法的内容、目的的不同，行政立法可以分为执行性行政立法、补充性行政立法与创制性行政立法。

1. 执行性行政立法

执行性行政立法是指为了执行上级机关制定的法律、法规，行政机关根据授权制定实施办法、实施细则等行为。法律、法规具有一定的抽象性，行政机关为了执行这些规范，需实施对这些规范作进一步解释、细化的立法活动，因此称为执行性行政立法。执行性行政立法的目的并非创设新的权利、义务规范，而是对已有规范进一步细化，以便于行政实践中的执行，因此，执行性行政立法不得与授予其立法权的法律、法规相抵触。例如，为了执行《税收征收管理法》，国务院制定了《税收征收管理法实施细则》。

2. 补充性行政立法

补充性行政立法是指为了补充上级机关制定的法律、法规的不足，行政机关根据授权制订补充性规则的行为。补充性行政立法是对法律、法规没有规定或规定不甚详尽的事项制定补充性规范，由此会影响到相对人的权利、义务，因此，对于补充性行政立法的规制较为严格，要求必须得到法律、法规的明确授权，并在授权范围内、按照授权的目的与原则进行立法。例如国务院于2001年11月16日制定的《行政法规制定程序条例》与《规章制定程序条例》、2001年12月14日制定的《法规规章备案条例》，是为了规范行政法规和规章制定程序以及法规和规章的备案制度，而对2000年3月15日全国人大制定的《立法法》进行的补充性立法。

3. 创制性行政立法

《立法法》第72条第3款规定："应当由全国人民代表大会及其常务委员会制定法律的事项，国务院根据全国人民代表大会及其常务委员会的授权决定先制定的行政法规，经过实践检验，制定法律的条件成熟时，国务院应当及时提请全国人民代表大会及其常务委员会制定法律。"可见，创制性行政立法是指行政机关依照上级机关的授权，对于法律、法规尚未规定的事项进行立法的行为。这些事项原本应当由法律或法规来规定，但条件尚未充分或经验尚未成熟等，而这些事项又必须予以规范，因此，先由作为下级的行政机关进行行政立法，经过一段试验期后，在总结行政立法的经验基础上，再正式制定法律、法规。可见，创制性行政立法一般都具有试验性质，因此都是临时性的立法，在规范性文件中称为"暂行条例"或"暂行规定"者较多。例如，为了规范公务员的管理，国务院分别于1957年10月26日、1993年8月14日制定了《关于国家行政机关工作人员的奖惩暂行规定》和《国家公务员暂行条例》。2005年4月27日，全国人大常委会在总结经验的基础上制定了《公务员法》，同时废止了上述暂行规定、暂行条例。

四、行政立法的原则

《立法法》第3条至第9条规定了立法的基本原则：第一，立法应当坚持中国共产党的领导，坚持以马克思列宁主义、毛泽东思想、邓小平理论、“三个代表”重要思想、科学发展观、习近平新时代中国特色社会主义思想为指导，推进中国特色社会主义法治体系建设，保障在法治轨道上全面建设社会主义现代化国家；第二，立法应当坚持以经济建设为中心，坚持改革开放，贯彻新发展理念，保障以中国式现代化全面推进中华民族伟大复兴；第三，立法应当符合宪法的规定、原则和精神，依照法定的权限和程序，从国家整体利益出发，维护社会主义法制的统一、尊严、权威；第四，立法应当坚持和发展全过程人民民主，尊重和保障人权，保障和促进社会公平正义；第五，立法应当从实际出发，适应经济社会发展和全面深化改革的要求，科学合理地规定公民、法人和其他组织的权利与义务、国家机关的权力与责任；第六，立法应当倡导和弘扬社会主义核心价值观，坚持依法治国和以德治国相结合，铸牢中华民族共同体意识，推动社会主义精神文明建设；第七，立法应当适应改革需要，坚持在法治下推进改革和在改革中完善法治相统一，引导、推动、规范、保障相关改革，发挥法治在国家治理体系和治理能力现代化中的重要作用。

上述是立法的基本原则，行政立法当然也必须遵守。此外，《行政法规制定程序条例》与《规章制定程序条例》还针对行政立法的特殊性，具体规定了以下行政立法的基本原则：第一，依法立法原则，行政立法应当遵循《立法法》确定的立法原则，符合宪法、法律和其他上位法的规定；第二，相对人权益保障原则，习近平总书记要求坚持以人民为中心，要把体现人民利益、反映人民愿望、维护人民权益、增进人民福祉落实到全面依法治国各领域全过程，行政立法应当切实保障公民、法人和其他组织的合法权益，在规定其应当履行的义务的同时，应当规定其相应的权利和保障权利实现的途径；第三，权责一致原则，行政立法应当体现行政机关的职权与责任相统一的原则，在赋予有关行政机关必要的职权的同时，应当规定其行使职权的条件、程序和应承担的责任；第四，科学原则，习近平总书记强调坚持全面推进科学立法、严格执法、公正司法、全民守法，对立法提出了科学的要求，行政立法应当体现改革精神，科学规范行政行为，促进政府职能向经济调节、社会管理和公共服务转变；第五，效率原则，行政立法应当符合精简、统一、效能的原则，相同或者相近的职能应当规定由一个行政机关承担，简化行政管理手续。

第二节　行政立法体制

行政立法体制是指享有行政立法权的行政机关的体系及其立法权限的划分等，包括具有行政立法权的行政机关、各行政机关立法权之间的关系、各行政立法之间的效力层次等问题。

一、行政立法体系

从行政立法的效力层次来看，行政立法体系包括行政法规与规章，行政法规的效力高于规章。此外，广义的行政立法还包括规章以下的规范性文件。

从行政立法的主体来看，行政立法体系可分为三个层次：（1）国务院制定行政法规；

（2）国务院各部、各委员会、中国人民银行、审计署和具有行政管理职能的直属机构以及法律规定的机构制定部门规章；（3）省、自治区、直辖市人民政府以及设区的市、自治州的人民政府制定地方政府规章。此外，广义的行政立法还包括行政机关制定规章以下的规范性文件。

二、行政法规

《宪法》第 89 条规定，国务院"根据宪法和法律，规定行政措施，制定行政法规，发布决定和命令"。行政法规是指由作为最高国家行政机关的国务院根据宪法和法律的规定，在其职权范围内就全国行政管理中所涉及的一些较大方面事项所制定的规范性文件。

（一）行政法规的对象

根据《立法法》第 72 条的规定，行政法规可以就下列事项作出规定：第一，为执行法律的规定需要制定行政法规的事项；第二，《宪法》第 89 条规定的国务院行政管理职权的事项。此外，应当由全国人大及其常委会制定法律的事项，国务院根据全国人大及其常委会的授权决定先制定的行政法规，经过实践检验，制定法律的条件成熟时，国务院应当及时提请全国人大及其常委会制定法律。

（二）行政法规的形式

1. 行政法规的名称

行政法规的名称一般称"条例"，也可以称"规定""办法"等。国务院根据全国人大及其常委会的授权决定制定的行政法规，称"暂行条例"或者"暂行规定"。"条例"一般适用于对行政管理事项作出比较全面、系统的规定的行政法规；对行政管理的某一方面作部分规定的，称"规定"；"办法"是指对行政管理事项规定得比较具体的行政法规。

2. 行政法规的语言规范

行政法规应当备而不繁，逻辑严密，条文明确、具体，用语准确、简洁，具有可操作性。

3. 行政法规的结构

行政法规根据内容需要，可以分章、节、条、款、项、目。章、节、条的序号用中文数字依次表述，款不编序号，项的序号用中文数字加括号依次表述，目的序号用阿拉伯数字依次表述。

（三）行政法规的效力

制定行政法规的国务院是国家最高行政机关，因此，行政法规在行政立法中具有最高效力，规章不得违反行政法规。但从整个立法体系来看，宪法与法律的效力高于行政法规，而行政法规的效力高于地方性法规与规章，可见，在我国的法律体系中，行政法规的效力处于第三层次。

三、部门规章

《宪法》第 90 条第 2 款规定："各部、各委员会根据法律和国务院的行政法规、决定、命令，在本部门的权限内，发布命令、指示和规章。"《国务院组织法》第 14 条第 2 款规定，"国务院组成部门和具有行政管理职能的直属机构以及法律规定的机构，可以根据法律和国务院的行政法规、决定、命令，在本部门的权限范围内，制定规章"。可见，国务院组成部门和具有行政管理职能的直属机构以及法律规定的机构在本部门的权限范围内可以制定规章，这被称为“部门规章”。

（一）部门规章的制定主体

部门规章是指由国务院的部门制定的规范性文件。国务院由职能机构、直属机构、办公机构、办事机构以及部委归口管理的国家局和事业单位组成，这些机构都在国务院总理的领导下承担某一方面的国家行政事务。但并非所有的国务院部门都具有规章的立法权，根据《立法法》第 91 条的规定，国务院各部、各委员会、中国人民银行、审计署和具有行政管理职能的直属机构以及法律规定的机构，可以根据法律和国务院的行政法规、决定、命令，在本部门的权限范围内，制定规章。此外，涉及两个以上国务院部门职权范围的事项，应当提请国务院制定行政法规，制定行政法规条件尚不成熟，需要制定规章的，国务院有关部门应当联合制定规章。

（二）部门规章的对象

部门规章规定的事项应当属于执行法律或者国务院的行政法规、决定、命令的事项。可见，部门规章仅仅是执行性规范，是对现有法律、行政法规规定的权利和义务内容的一种具体化，不得创设新的权利义务关系。例如，根据《行政许可法》的规定，部门规章不得设置行政许可项目，但可以在上位法设定的行政许可事项范围内，对于实施该行政许可作出具体规定。

（三）部门规章的形式

部门规章的名称一般称“规定”“办法”，但不得称为“条例”。规章用语应当准确、简洁，条文内容应当明确、具体，具有可操作性。法律、法规已经明确规定的内容，规章原则上不作重复规定。除内容复杂的外，规章一般不分章、节。

（四）部门规章的效力

部门规章的制定主体是国务院的部门，属于中央行政立法，效力范围覆盖全国。从整个立法体系来看，宪法、法律、行政法规的效力高于部门规章，但对于部门规章与地方性法规、地方政府规章之间的效力层次问题，法律并没有明确规定。从相关的法律制度来看，《行政诉讼法》第 63 条规定，人民法院审理行政案件，以法律和行政法规、地方性法规为“依据”，同时“参照”规章。在这种意义上，部门规章的效力低于地方性法规。但《立法法》第 106 条规定，地方性法规与部门规章之间对同一事项的规定不一致，不能确定如何适用时，由国务院提出意见，国务院认为应当适用地方性法规的，应当决定在该地方适用地方性法规的规定；认为应当适用部门规章的，应当提请全国人大常委会裁决；部门规章与地方政府规章之间对同一事项的规定不一致时，由国务院裁决。在这种意义上，部门规章的效力等同于地方性法规与地方政府规章。

四、地方政府规章

《立法法》第 93 条第 1 款规定：“省、自治区、直辖市和设区的市、自治州的人民政府，可以根据法律、行政法规和本省、自治区、直辖市的地方性法规，制定规章。”可见，地方政府规章是指由省、自治区、直辖市以及设区的市、自治州的人民政府根据法律、行政法规、地方性法规，按照规定程序所制定的普遍适用于本地区行政管理的规范性文件的总称。

（一）地方政府规章的制定主体

2000年制定的《立法法》规定，地方政府规章的制定主体包括：（1）省、自治区、直辖市人民政府；（2）省、自治区人民政府所在地的市的人民政府；（3）国务院批准的较大的市的人民政府以及全国人大常委会授权的经济特区的市的人民政府。2015年3月15日，第九届人大第三次会议对《立法法》进行了修改，进一步扩大了地方政府规章制定主体的范围，规定“省、自治区、直辖市和设区的市、自治州的人民政府，可以根据法律、行政法规和本省、自治区、直辖市的地方性法规，制定规章”。可见，在《立法法》修改之后，地方政府规章的制定主体包括三类：第一，省、自治区、直辖市人民政府；第二，设区的市、自治州人民政府；第三，除设区的市以外，《立法法》修改决定还同时赋予广东省东莞市和中山市、甘肃省嘉峪关市、海南省儋州市和三沙市5个不设区的地级市人民政府制定地方政府规章的权力。

（二）地方政府规章的对象

地方政府规章可以规定的事项包括：第一，为执行法律、行政法规、地方性法规的规定需要制定规章的事项；第二，属于本行政区域的具体行政管理事项。除了执行性事项外，与部门规章相比，地方政府规章根据本地域的特点，还可以规定“属于本行政区域的具体行政管理事项”。例如《行政许可法》第15条规定，在一定条件下，省、自治区、直辖市人民政府规章可以设定临时性的行政许可。而部门规章不得设置行政许可。在这种意义上，地方政府规章的对象范围比部门规章更为广泛。

（三）地方政府规章的形式

地方政府规章的形式与部门规章相同。

（四）地方政府规章的效力

地方政府规章是由省级人民政府或设区的市、自治州的人民政府制定的规范性文件，因此，在效力上低于宪法、法律、行政法规以及本地域的地方性法规，而与部门规章具有同等的法律效力。当部门规章与地方政府规章之间对同一事项的规定不一致时，由国务院裁决。此外，在地方政府规章的内部，省、自治区的人民政府制定的规章的效力高于本行政区域内的设区的市、自治州的人民政府制定的规章。

五、规章以下的规范性文件

狭义的行政立法包括行政法规与规章，而在广义上，行政立法包括行政机关所有的制定规范性文件的活动，可见，在广义的行政立法中，除了行政法规与规章之外，还存在规章以下的规范性文件。规章以下的规范性文件在我国的行政现实中极为常见，但由于规章以下的规范性文件并不属于行政法的正式渊源，在我国的行政法律制度中很少对其加以规范，但也存在例外，如《规章制定程序条例》第36条规定：“依法不具有规章制定权的县级以上地方人民政府制定、发布具有普遍约束力的决定、命令，参照本条例规定的程序执行。”其中，“不具有规章制定权的县级以上地方人民政府制定、发布具有普遍约束力的决定、命令”可以视为规章以下的规范性文件，但该规定并不明确。

依此，可以将行政法规、规章之外的行政立法视为规章以下的规范性文件，即规章以下的规范性文件是指行政机关在法定权限范围内制定的除行政法规与规章以外的具有普遍约束力的规范性文件，是行政机关依据法律、法规、规章的规定，在行政管理过程中，依法制定的规范公民、法人和其他组织的具有普遍约束力的规范性文件。从该概念来看，规章以下的规范性文件具有以下特征：第一，制定主体的广泛性，在现实行政中，几乎所有的县级以上的政府及其工作部门都可以发布规范性文件；第二，效力的多层次性，正是由于制定主体的多样性，各种规范性文件的效力也不同；第三，形式的多样性，从行政现实来看，行政规范的形式包括规定、命令、通知、通告、公告、决定、决议等。

此外，根据《行政诉讼法》第63条的规定，人民法院审理行政案件，以法律和行政法规、地方性法规为“依据”，并“参照”规章。对于规章以下的规范性文件并没有规定。对此，笔者认为，人民法院在审理行政案件时应当“参考”规章以下的规范性文件。所谓“参考”是指人民法院在审查行政行为的合法性时，对于作为行政行为依据的规章以下的规范性文件，首先审查其是否符合法律、法规、规章，当其违反法律、法规、规章时，就不得适用；当其不违反法律、法规、规章时，可以将其作为行政行为合法性的“证据”，而非“依据”。

第三节　行政立法程序

行政立法是行政机关为了行政管理所进行的一种行政活动，涉及多数相对人的权利、利益，为了确保行政立法的公正性，必须对行政立法进行一定的法律规制，除了权限方面的规制外，程序规制也是主要的方式之一。由于行政立法对众多相对人权益的影响重大，法律规定了较为严格的程序。根据《立法法》《行政法规制定程序条例》《规章制定程序条例》的有关规定，行政立法程序一般可以分为立项、起草、审查、决定、公布、解释、备案等步骤。

一、立项

（一）立项的申报

各级政府的各主管部门一般可以对特定事项提出行政立法的建议。具体而言，国务院有关部门认为需要制定行政法规的，应当于国务院编制年度立法工作计划前，向国务院报请立项；国务院部门内设机构或者其他机构认为需要制定部门规章的，应当向该部门报请立项；省、自治区、直辖市和设区的市、自治州的人民政府所属工作部门或者下级人民政府认为需要制定地方政府规章的，应当向该省、自治区、直辖市或者设区的市、自治州的人民政府报请立项。报送制定行政法规的立项申请，应当说明立法项目所要解决的主要问题、依据的党的路线方针政策和决策部署，以及拟确立的主要制度。报送制定规章的立项申请，应当对制定规章的必要性、所要解决的主要问题、拟确立的主要制度等作出说明。

（二）立法工作计划的编制

国务院于每年年初编制本年度的立法工作计划，具体工作由国务院法制机构负责。国务院法制机构应当根据国家总体工作部署，对行政法规立项申请和公开征集的行政法规制定项目建议进行评估论证，突出重点，统筹兼顾，拟订国务院年度立法工作计划，报党中央、国务院批准后向社会公布。列入国务院年度立法工作计划的行政法规项目应当符合下列要求：（1）贯彻落实党的路线方针和决策部署，适应改革、发展、稳定的需要；（2）有关的改革实践经验基本成熟；（3）所要解决的问题属于国务院职权范围并需要国务院制定行政法规的事项。

国务院部门法制机构，省、自治区、直辖市和设区的市、自治州的人民政府法制机构，应当对制定规章的立项申请和公开征集的规章制定项目建议进行评估论证，拟订本部门、本级人民政府年度规章制定工作计划，报本部门、本级人民政府批准后向社会公布。年度规章制定工作计划应当明确规章的名称、起草单位、完成时间等。

（三）立法工作计划的执行

对列入年度立法工作计划的项目，承担起草任务的部门或单位应当抓紧工作，按照要求上报国务院、本部门或者本级人民政府决定。年度立法工作计划在执行中，可以根据实际情况予以调整，对拟增加的立法项目应当进行补充论证。

二、起草

（一）负责起草的组织

行政法规由国务院组织起草；国务院年度立法工作计划确定行政法规由国务院的一个部门或者几个部门具体负责起草工作，也可以确定由国务院法制机构起草或者组织起草。部门规章由国务院部门组织起草，地方政府规章由省、自治区、直辖市和设区的市、自治州的人民政府组织起草。国务院部门可以确定规章由其一个或者几个内设机构或者其他机构具体负责起草工作，也可以确定由其法制机构起草或者组织起草。省、自治区、直辖市和设区的市、自治州的人民政府可以确定规章由其一个部门或者几个部门具体负责起草工作，也可以确定由其法制机构起草或者组织起草。起草专业性较强的行政法规或规章，可以吸收相关领域的专家参与起草工作，或者委托有关专家、教学科研单位、社会组织起草。

（二）起草的原则

起草行政法规或规章，除应当遵循《立法法》确定的立法原则，并符合宪法、法律及上位法的规定外，还应当符合下列要求：(1) 体现全面深化改革精神，科学规范行政行为，促进政府职能向宏观调控、市场监管、社会管理、公共服务、环境保护等方面转变；(2) 符合精简、统一、效能的原则，相同或者相近的职能规定由一个行政机关承担，简化行政管理手续；(3) 切实保障公民、法人和其他组织的合法权益，在规定其应当履行的义务的同时，应当规定其相应的权利和保障权利实现的途径；(4) 体现行政机关的职权与责任相统一的原则，在赋予有关行政机关必要的职权的同时，应当规定其行使职权的条件、程序和应承担的责任。

（三）征求意见

2019 年 11 月 2 日，习近平总书记在上海的全国人大常委会基层立法联系点考察时提出了“全过程人民民主”的理念。全过程人民民主注重立法过程中社会公众的参与，体现在行政立法中，要求起草行政法规或规章时，应当深入调查研究，总结实践经验，广泛听取有关机关、组织和公民的意见。听取意见可以采取召开座谈会、论证会、听证会等多种形式。

起草的规章涉及重大利益调整或者存在重大意见分歧，对公民、法人或者其他组织的权利义务有较大影响，人民群众普遍关注，需要进行听证的，起草单位应当举行听证会听取意见。听证会依照下列程序组织：(1) 听证会公开举行，起草单位应当在举行听证会的 30 日前公布听证会的时间、地点和内容；(2) 参加听证会的有关机关、组织和公民对起草的规章，有权提问和发表意见；(3) 听证会应当制作笔录，如实记录发言人的主要观点和理由；

（4）起草单位应当认真研究听证会反映的各种意见，起草的规章在报送审查时，应当说明对听证会意见的处理情况及其理由。

（四）协商一致

起草行政法规，起草部门应当就涉及其他部门的职责或者与其他部门关系紧密的规定，与有关部门充分协商，涉及部门职责分工、行政许可、财政支持、税收优惠政策的，应当征得机构编制、财政、税务等相关部门同意。经过充分协调不能达成一致意见的，国务院法制机构、起草部门应当将争议的主要问题、有关部门的意见以及国务院法制机构的意见及时报国务院领导协调，或者报国务院决定。

起草部门规章，涉及国务院其他部门的职责或者与国务院其他部门关系紧密的，起草单位应当充分征求国务院其他部门的意见。起草地方政府规章，涉及本级人民政府其他部门的职责或者与其他部门关系紧密的，起草单位应当充分征求其他部门的意见。起草单位与其他部门有不同意见的，应当充分协商；经过充分协商不能取得一致意见的，起草单位应当在上报规章草案送审稿时说明情况和理由。

（五）报送审查

起草部门将行政法规送审稿报送国务院审查时，应当一并报送行政法规送审稿的说明和有关材料。行政法规送审稿的说明应当对立法的必要性，主要思路，确立的主要制度，征求有关机关、组织和公民意见的情况，各方面对送审稿主要问题的不同意见及其协调处理情况，拟设定、取消或者调整行政许可、行政强制的情况等作出说明。有关材料主要包括所规范领域的实际情况和相关数据、实践中存在的主要问题、国内外的有关立法资料、调研报告、考察报告等。

起草单位应当将规章送审稿及其说明、对规章送审稿主要问题的不同意见和其他有关材料按规定报送审查。规章送审稿的说明应当对制定规章的必要性、规定的主要措施、有关方面的意见及其协调处理情况等作出说明。有关材料主要包括所规范领域的实际情况和相关数据、实践中存在的主要问题、汇总的意见、听证会笔录、调研报告、国内外有关立法资料等。

三、审查

（一）负责审查的组织

报送国务院的行政法规送审稿由国务院法制机构负责审查，规章送审稿由法制机构负责统一审查。

（二）审查的内容

负责审查的法制机构主要从以下方面对行政法规草案送审稿进行审查：（1）是否严格贯彻落实党的路线方针政策和决策部署，是否符合宪法和法律的规定，是否遵循立法法确定的立法原则；（2）是否符合《行政法规制定程序条例》第 12 条的要求；（3）是否与有关行政法规协调、衔接；（4）是否正确处理有关机关、组织和公民对送审稿主要问题的意见；（5）其他需要审查的内容。

负责审查的法制机构主要从以下方面对规章草案送审稿进行审查：（1）是否符合《规章制定程序条例》第 3 条、第 4 条、第 5 条、第 6 条的规定；（2）是否符合社会主义核心价值观的要求；（3）是否与有关规章协调、衔接；（4）是否正确处理有关机关、组织和公民对规章送审稿主要问题的意见；（5）是否符合立法技术要求；（6）需要审查的其他内容。

送审稿有下列情形之一的，负责审查的法制机构可以缓办或者退回起草部门或单位：（1）进行行政立法的基本条件尚不成熟或者发生重大变化的；（2）有关部门对送审稿规定的主要制度存在较大争议，行政法规送审稿起草部门未征得机构编制、财政、税务等相关部门同意的，规章送审稿起草单位未与有关机构或者部门充分协商的；（3）未依法公开征求意见的；（4）上报送审稿及有关材料欠缺或者不符合规定的。

（三）审查的程序

1. 征求意见

法制机构应当将送审稿或者送审稿涉及的主要问题发送有关机关、组织和专家征求意见。国务院法制机构可以将送审稿或者修改稿及其说明等向社会公布，征求意见。向社会公布征求意见的期限一般不少于30日。

2. 实地调查

法制机构应当就送审稿涉及的主要问题，深入基层进行实地调查研究，听取基层有关机关、组织和公民的意见。

3. 听取意见

送审稿涉及重大、疑难问题的，法制机构应当召开由有关单位、专家参加的座谈会、论证会，听取意见，研究论证。行政法规送审稿涉及重大利益调整的，法制机构应当进行论证咨询，广泛听取有关方面的意见。论证咨询可以采取座谈会、论证会、听证会、委托研究等多种形式。行政法规送审稿涉及重大利益调整或者存在重大意见分歧，对公民、法人或者其他组织的权利义务有较大影响，人民群众普遍关注的，国务院法制机构可以举行听证会，听取有关机关、组织和公民的意见。规章送审稿涉及重大利益调整或者存在重大意见分歧，对公民、法人或者其他组织的权利义务有较大影响，人民群众普遍关注，起草单位在起草过程中未举行听证会的，法制机构经本部门或者本级人民政府批准，可以举行听证会。

4. 协调意见

有关机构或者部门对送审稿涉及的主要制度、主要措施、管理体制、权限分工等问题有不同意见的，法制机构应当进行协调，力求达成一致意见。对有较大争议的重要立法事项，法制机构可以委托有关专家、教学科研单位、社会组织进行评估。经过充分协调不能达成一致意见的，法制机构应当将主要问题、有关机构或者部门的意见和法制机构的意见及时报国务院、本部门或者本级人民政府领导协调，或者报国务院、本部门或者本级人民政府决定。

5. 草案的形成

法制机构应当认真研究各方面的意见，与起草部门或单位协商后，对送审稿进行修改，形成行政法规或规章的草案和对草案的说明。其中，规章草案的说明应当包括行政立法拟解决的主要问题、确立的主要措施以及与有关部门的协调情况等。

6. 草案的提出

行政法规草案由国务院法制机构主要负责人提出提请国务院常务会议审议的建议；对调整范围单一、各方面意见一致或者依据法律制定的配套行政法规草案，可以采取传批方式，由国务院法制机构直接提请国务院审批。规章草案和说明由法制机构主要负责人签署，提出提请本部门或者本级人民政府有关会议审议的建议。法制机构起草或者组织起草的规章草案，由法制机构主要负责人签署，提出提请本部门或者本级人民政府有关会议审议的建议。

四、决定与公布

（一）决定的方式

行政立法涉及众多相对人的权利、利益，需要慎重对待，决定时一般采用会议的方式，而非由个人决定。具体而言，行政法规草案由国务院常务会议审议，或者由国务院审批；部门规章应当经部务会议或者委员会会议决定；地方政府规章应当经政府常务会议或者全体会议决定。审议规章草案时，由法制机构作说明，也可以由起草部门或单位作说明。

（二）签署公布命令

法制机构应当根据国务院或有关会议对行政法规或规章草案的审议意见，对草案进行修改，形成草案修改稿，报请国务院总理、本部门首长或者省长、自治区主席、市长、自治州州长签署命令予以公布。

签署公布行政法规的国务院令载明该行政法规的施行日期。公布规章的命令应当载明该规章的制定机关、序号、规章名称、通过日期、施行日期、部门首长或者省长、自治区主席、市长、自治州州长署名以及公布日期。部门联合规章由联合制定的部门首长共同署名公布，使用主办机关的命令序号。行政法规或规章应当自公布之日起 30 日后施行；但是，涉及国家安全、外汇汇率、货币政策的确定以及公布后不立即施行将有碍行政法规或规章施行的，可以自公布之日起施行。

（三）刊载

行政法规签署公布后，及时在国务院公报和中国政府法制信息网以及在全国范围内发行的报纸上刊载。国务院法制机构应当及时汇编出版行政法规的国家正式版本。部门规章签署公布后，及时在国务院公报或者部门公报和中国政府法制信息网以及在全国范围内发行的报纸上刊载。地方政府规章签署公布后，及时在本级人民政府公报和中国政府法制信息网以及在本行政区域范围内发行的报纸上刊载。在国务院公报、部门公报或者地方人民政府公报上刊载的行政法规或规章文本为标准文本。

五、解释与备案

（一）行政立法的解释

行政立法需要解释的情形包括：第一，行政法规或规章的规定需要进一步明确具体含义。第二，行政立法之后出现了新的情况，需要明确适用行政法规或规章的依据。行政立法的解释由制定机关进行，因此，解释的效力等同于立法本身的效力。具体而言，国务院法制机构研究拟订行政法规解释草案，报国务院同意后，由国务院公布或者由国务院授权国务院有关部门公布。规章解释由规章制定机关的法制机构参照规章送审稿审查程序提出意见，报请制定机关批准后公布。

（二）解释要求与审查意见

国务院各部门和省、自治区、直辖市人民政府可以向国务院提出行政法规解释要求。对属于行政工作中具体应用行政法规的问题，省、自治区、直辖市人民政府法制机构以及国务院有关部门法制机构请求国务院法制机构解释的，国务院法制机构可以研究答复；其中涉及重大问题的，由国务院法制机构提出意见，报国务院同意后答复。

国家机关、社会团体、企业事业组织、公民认为规章同法律、行政法规相抵触的，可以向国务院书面提出审查的建议，由国务院法制机构研究并提出处理意见，按照规定程序处理。国家机关、社会团体、企业事业组织、公民认为设区的市、自治州的人民政府规章同法律、行政法规相抵触或者违反其他上位法的规定的，也可以向本省、自治区人民政府书面提出审查的建议，由省、自治区人民政府法制机构研究并提出处理意见，按照规定程序处理。

（三）备案

行政法规在公布后的 30 日内由国务院办公厅报全国人民代表大会常务委员会备案。规章应当自公布之日起 30 日内，由法制机构依照立法法和《法规规章备案条例》的规定向有关机关备案。有关行政立法备案的规定将在第四节“行政立法监督”中论述。

第四节 行政立法监督

立法原本属于立法机关的权力，但由于现代行政的复杂性以及立法机关本身条件的限制，不得不将部分立法权授予行政机关。而行政立法涉及众多相对人的权益，为此，必须对行政机关的立法活动进行监督。从监督主体来看，行政立法监督的方式包括权力机关的监督、司法机关的监督和行政机关的监督。

一、权力机关的监督

权力机关的监督是指由全国人大及其常委会、地方各级人大及其常委会对行政机关的立法活动进行的监督。其监督方式主要包括以下类型。

（一）撤销

《宪法》第 67 条第 7 项规定全国人大常务委员会有权“撤销国务院制定的同宪法、法律相抵触的行政法规、决定和命令”，《宪法》第 104 条规定地方各级人大常委会有权“撤销本级人民政府的不适当的决定和命令”。根据《立法法》第 108 条的规定，“全国人民代表大会常务委员会有权撤销同宪法和法律相抵触的行政法规”，“地方人民代表大会常务委员会有权撤销本级人民政府制定的不适当的规章”。可见，作为权力机关的各级人大及其常委会对于同级行政机关制定的行政法规、规章具有撤销权。但必须注意的是，全国人大常委会撤销国务院行政法规的标准是“违法”，即与“宪法、法律相抵触”，而地方各级人大常委会撤销本级人民政府规章的标准是“不适当”，不适当的范围比较广泛，不仅包括违法，还包括不合理。

此外，根据《各级人民代表大会常务委员会监督法》第 29 条、第 30 条的规定，县级以上地方各级人民代表大会常务委员会审查、撤销下一级人民代表大会及其常务委员会作出的不适当的决议、决定和本级人民政府发布的不适当的决定、命令的程序，由省、自治区、直辖市的人民代表大会常务委员会参照立法法的有关规定，作出具体规定。县级以上地方各级人民代表大会常务委员会对下一级人民代表大会及其常务委员会作出的决议、决定和本级人民政府发布的决定、命令，经审查，认为有下列不适当的情形之一的，有权予以撤销：（1）超越法定权限，限制或者剥夺公民、法人和其他组织的合法权利，或者增加公民、法人和其他组织的义务的；(2) 同法律、法规规定相抵触的；(3) 有其他不适当的情形，应当予以撤销的。

（二）备案

根据《立法法》第109条的规定，行政法规、规章应当在公布后的30日内报有关机关备案。具体而言，行政法规应当报全国人民代表大会常务委员会备案；部门规章和地方政府规章应当报国务院备案；地方政府规章应当同时报本级人民代表大会常务委员会备案；设区的市、自治州的人民政府制定的规章应当同时报省、自治区的人民代表大会常务委员会和人民政府备案。备案制度虽然仅仅要求制定行政立法的行政机关将行政法规或规章上报有关机关，但有关机关通过备案可以发现行政立法中存在的问题，对此可以进一步进行审查，依据审查的结果作出是否予以撤销的决定。可见，备案也是一种对行政立法的监督方式。

（三）行政法规的审查

根据《立法法》第110条的规定，国务院、中央军事委员会、国家监察委员会、最高人民法院、最高人民检察院和各省、自治区、直辖市的人民代表大会常务委员会认为行政法规同宪法或者法律相抵触，或者存在合宪性、合法性问题的，可以向全国人民代表大会常务委员会书面提出进行审查的要求，由全国人民代表大会有关的专门委员会和常务委员会工作机构进行审查、提出意见；其他国家机关和社会团体、企业事业组织以及公民认为行政法规同宪法或者法律相抵触的，可以向全国人民代表大会常务委员会书面提出进行审查的建议，由常务委员会工作机构进行审查，必要时，送有关的专门委员会进行审查、提出意见。《立法法》第111条规定，全国人民代表大会专门委员会、常务委员会工作机构也可以对报送备案的行政法规进行主动审查，并可以根据需要进行专项审查。

《立法法》第112条规定：全国人民代表大会专门委员会、常务委员会工作机构在审查中认为行政法规同宪法或者法律相抵触，或者存在合宪性、合法性问题的，可以向国务院提出书面审查意见；也可以由宪法和法律委员会与有关的专门委员会常务委员会工作机构召开联合审查会议，要求国务院到会说明情况，再向国务院提出书面审查意见。国务院应当在两个月内研究提出是否修改或者废止的意见，并向全国人民代表大会宪法和法律委员会、有关的专门委员会或者常务委员会工作机构反馈。全国人民代表大会宪法和法律委员会、有关的专门委员会、常务委员会工作机构经审查认为行政法规同宪法或者法律相抵触，或者存在合宪性、合法性问题需要修改或者废止，而制定机关不予修改或者废止的，可以向委员长会议提出予以撤销的议案、建议，由委员长会议决定是否提请常务委员会会议审议决定。

（四）行政法规实施情况的检查

根据《各级人民代表大会常务委员会监督法》第22条的规定，各级人民代表大会常务委员会每年选择若干关系改革发展稳定大局和群众切身利益、社会普遍关注的重大问题，有计划地对有关法律、法规实施情况组织执法检查。执法检查结束后，执法检查组应当及时提出执法检查报告，由委员长会议或者主任会议决定提请常务委员会审议。执法检查报告包括下列内容：(1) 对所检查的法律、法规实施情况进行评价，提出执法中存在的问题和改进执法工作的建议；(2) 对有关法律、法规提出修改完善的建议。通过对法规实施情况的检查可以发现法规中存在的问题，促使法规的修改或废止。

除以上监督方式外，在《各级人民代表大会常务委员会监督法》所规定的听取和审议人民政府的专项工作报告、询问和质询、特定问题调查、撤职案的审议和决定等监督方式中，也有可能涉及对行政立法的监督。

二、司法机关的监督

司法机关对行政立法的监督包括两种方式：第一，司法机关以行政立法作为司法审查的对象，通过审查行政立法的合法性来监督行政立法。但我国《行政诉讼法》第 13 条第 2 项明确将行政立法排除于行政诉讼的受案范围之外，因此，司法机关不得以行政立法作为司法审查的对象，相对人不得针对行政立法直接提起行政诉讼。针对该问题，2014 年修改《行政诉讼法》时增设了对于行政立法的附带性审查机制，该法第 53 条规定："公民、法人或者其他组织认为行政行为所依据的国务院部门和地方人民政府及其部门制定的规范性文件不合法，在对行政行为提起诉讼时，可以一并请求对该规范性文件进行审查。前款规定的规范性文件不含规章。"《行政诉讼法》第 64 条又规定："人民法院在审理行政案件中，经审查认为本法第五十三条规定的规范性文件不合法的，不作为认定行政行为合法的依据，并向制定机关提出处理建议。"可见，依据我国目前的《行政诉讼法》的规定，对于规章以下的规范性文件，可以通过行政诉讼附带审查的方式对其进行间接的司法监督。但对于行政法规和规章，目前还不能提起行政诉讼的附带性审查。第二，司法机关以行政法规、规章作为行政诉讼过程中审查行政行为合法性的标准，在审查行政行为的合法性的同时也起到了监督作为标准的行政法规、规章的合法性的作用。具体而言，《行政诉讼法》第 63 条第 1 款规定，"人民法院审理行政案件，以法律和行政法规、地方性法规为依据"。可见，在行政立法中，行政法规是行政诉讼的审判依据。此外，《行政诉讼法》第 63 条第 3 款规定，人民法院审理行政案件，"参照"规章。"参照"与"依据"不同，意味着人民法院在审理行政案件时，对于是否适用规章具有选择权，即对于符合法律、行政法规的规章，人民法院应当将该规章作为审理行政行为合法性的依据，而对于不符合法律、行政法规的规章，人民法院则不得作为判断行政行为合法性的依据。对此，最高人民法院《关于适用〈中华人民共和国行政诉讼法〉的解释》第 100 条第 2 款规定："人民法院审理行政案件，可以在裁判文书中引用合法有效的规章及其他规范性文件。"可见，人民法院在审理行政案件时，必须预先对适用于该案件的规章进行司法审查。但作为这种司法审查的结果，人民法院并不能直接撤销其认为违法的规章，而只能以在本案件中不适用违法的规章的方式表明人民法院的态度，而对合法、有效的规章予以适用并作为判案依据。也即人民法院对规章的合法性进行审查，选择适用合法的规章，但并不直接撤销违法的规章。可见，人民法院对规章的监督是一种间接性的监督。

此外，根据《立法法》第 110 条、《法规规章备案条例》第 9 条的规定，人民法院在案件审理中发现行政法规违反宪法、法律，或规章违反宪法、法律、法规时，可以向全国人大常委会或国务院书面提出审查建议，全国人大常委会工作机构或国务院法制机构对此进行审查。

三、行政机关的监督

除了权力机关、司法机关的监督外，在行政机关内部也进行行政机关之间上下级关系的监督。由于制定行政法规的国务院是最高国家行政机关，对于行政法规并不存在国务院的上级行政机关进行的监督，所以，行政机关的立法监督主要是指行政机关对于规章的监督。

（一）撤销或改变

从监督主体来看，主要包括两种方式：第一，国务院撤销或改变不适当的部门规章和地方政府规章；第二，省、自治区人民政府改变或撤销下一级人民政府制定的不适当规章。《宪法》第 89 条、第 108 条以及《立法法》第 108 条第 3 项和第 6 项规定：国务院有权改变或者撤销不适当的部门规章和地方政府规章；省、自治区的人民政府有权改变或者撤销下一级人民政府制定的不适当的规章。值得注意的是，权力机关对于违法的行政立法可以撤销，在撤销之后，有时仍由原行政机关重新进行行政立法，权力机关不得直接改变违法的行政立法。而行政机关的监督包括对不适当的行政立法的撤销或改变，由于监督主体也是行政机关，与被监督的行政机关同属行政系统，具备行政业务的专业性、技术性等要求，因此，上级行政机关对于下级行政机关不适当的行政立法不仅可以撤销，要求原行政机关重新进行行政立法，也可以直接予以改变。

（二）备案

《法规规章备案条例》对于规章的备案进行了详细的规定，涉及备案报送的机关、备案的负责机构、违反备案规定的法律后果等方面。

1. 备案报送机关

规章公布后，应当自公布之日起 30 日内报送有关机关备案。具体而言，部门规章由国务院部门报国务院备案，两个或者两个以上部门联合制定的规章，由主办的部门报国务院备案；省、自治区、直辖市人民政府规章由省、自治区、直辖市人民政府报国务院备案；设区的市、自治州的人民政府规章由设区的市、自治州的人民政府报国务院备案，同时报省、自治区人民政府备案。此外，规章的制定机关应当于每年 1 月底前将上一年所制定的规章目录报国务院法制机构。

2. 备案负责机构

国务院部门法制机构，省、自治区、直辖市人民政府法制机构和设区的市、自治州的人民政府法制机构，具体负责本部门、本地方的规章备案工作。

3. 违反备案规定的法律后果

对于不报送规章备案或者不按时报送规章备案的，由国务院法制机构通知制定机关，限期报送；逾期仍不报送的，给予通报，并责令限期改正。此外，根据《规章制定程序条例》第 2 条第 2 款、第 9 条第 2 款的规定，违反《规章制定程序条例》规定制定的规章、应当由国务院有关部门联合制定但却由国务院有关部门单独制定的规章无效，对于这些规章，国务院法制机构不予备案，并通知制定机关。

对于行政立法机关报送备案的规章，有关机关应当对报送备案的规章进行审查。可见，备案是审查的前提之一，因此，学界一般将备案、审查合二为一，一起作为对行政立法的一种监督方式。其实，备案具有一定的独立性，备案本身也是一种监督方式，而且，备案并非提起审查的唯一方式，有关机关或人员认为规章违法时也可以提出审查意见。因此，此处分别将备案与审查作为行政立法的监督方式，但也应当注意到两者的联系。

（三）审查

《法规规章备案条例》对于规章的审查进行了详细的规定，涉及审查建议的提出、审查事项、审查程序、审查结果等方面。

1. 审查建议的提出

国家机关、社会团体、企业事业组织、公民认为规章同法律、行政法规相抵触的，可以向国务院书面提出审查建议，由国务院法制机构研究并提出处理意见，按规定程序处理。国家机关、社会团体、企业事业组织、公民认为设区的市、自治州的人民政府规章同法律、行政法规相抵触或者违反其他上位法的规定的，也可以向本省、自治区人民政府书面提出审查的建议，由省、自治区人民政府法制机构研究并提出处理意见，按规定程序处理。

2. 审查事项

国务院法制机构对报送国务院备案的规章，就下列事项进行审查：(1) 是否超越权限；(2) 下位法是否违反上位法的规定；(3) 地方性法规与部门规章之间或者不同规章之间对同一事项的规定不一致，是否应当改变或者撤销一方的或者双方的规定；(4) 规章的规定是否适当；(5) 是否违背法定程序。

3. 审查程序

国务院法制机构审查规章时，认为需要有关的国务院部门或者地方人民政府提出意见的，有关的机关应当在规定期限内回复；认为需要规章的制定机关说明有关情况的，有关的制定机关应当在规定期限内予以说明。

4. 审查结果

审查结果可分为：(1) 地方性法规与部门规章之间对同一事项的规定不一致的，由国务院法制机构提出处理意见，上报国务院，国务院认为应当适用地方性法规的，应当决定在该地方适用地方性法规的规定；认为应当适用部门规章的，应当提请全国人大常委会裁决。(2) 经审查，规章超越权限，违反法律、行政法规的规定，或者其规定不适当的，由国务院法制机构建议制定机关自行纠正；或者由国务院法制机构提出处理意见报国务院决定，并通知制定机关。(3) 部门规章之间、部门规章与地方政府规章之间对同一事项的规定不一致的，由国务院法制机构进行协调；经协调不能取得一致意见的，由国务院法制机构提出处理意见报国务院决定，并通知制定机关。(4) 对于违反《规章制定程序条例》规定制定的规章、应当联合国务院两个以上部门制定而却由国务院有关部门单独制定的规章，属于无效规章，国务院法制机构不予备案，并通知制定机关。(5) 规章在制定技术上存在问题的，国务院法制机构可以向制定机关提出处理意见，由制定机关自行处理。规章的制定机关应当自接到上述通知之日起 30 日内，将处理情况报国务院法制机构。

第十二章　行政征收

行政征收与行政征用都是行政机关针对相对人的财产作出的强制性行为，行政征收是指行政机关以强制方式取得相对人财产的所有权的行为，而行政征用是行政机关以强制方式取得相对人财产的使用权的行为。但在我国，长期混淆了土地“征用”与土地“征收”两个概念，在我国的行政法学界，对于行政征收的概念也存在争议。直至 2004 年，第十届全国人民代表大会第二次会议通过的《宪法》修正案中，将《宪法》第 10 条第 3 款“国家为了公共利益的需要，可以依照法律规定对土地实行征用”修改为“国家为了公共利益的需要，可以依照法律规定对土地实行征收或者征用并给予补偿”。为与《宪法》相适应，《土地管理法》也作出了相应的修改，将原有的“征用”改为“征收”。至此，以立法的形式明确将原本的土地“征用”纳入征收的范围。

广义的行政征收是指行政主体根据国家和社会公共利益的需要，依法以强制的方式取得相对人财产所有权的具体行政行为，具体包括行政征税、行政收费、公益征收。狭义的行政征收是指行政主体根据国家和社会公共利益的需要，依法以强制方式无偿取得相对人财产所有权的具体行政行为，包括行政征税与行政收费，不包括公益征收。狭义行政征收的特点在于征收的对象是一定数额的金钱或实物，征收的手段是无偿的；而公益征收的征收对象较为广泛，包括土地等资源，征收必须给予补偿。但两者的共同点也还是明显的，即都是行政主体以强制方式取得相对人财物的方式。因此，此处采用广义的行政征收概念，将三种征收类型纳入同一章中，但也必须注意到三者的不同，各自的区分将在以下部分涉及。

第一节　行政征税

行政征税在现实中通常被称为“税收”，不仅是国家财政收入的主要来源，也是政府调节经济的重要手段，因此是经济学、财政学等学科的主要研究对象。但从行政法的角度对税收的研究侧重的是在税收征收过程中征收机关与相对人的权利义务关系，探讨如何监督行政机关依法征税、相对人依法纳税以及如何在征收过程中保证相对人的合法权益等问题。在这种意义上，有必要从行政法的角度研究行政征税。

一、行政征税的概念

行政征税是指税务行政机关行使征收职权，依法以强制、无偿的方式征收纳税义务人税款的行为。该定义的含义包括：第一，行政征税的主体是税务行政机关，而非一般的行政机关。税收征收权具有一定的专属性，根据《税收征收管理法》第 5 条的规定，税务行政机关包括国务院税务主管部门、各地国家税务局和地方税务局（2018 年国税地税征管体制改革之后，省级和省级以下国税地税机构合并)。第二，行政征税的相对人是负有纳税义务者，纳税义务由法律、法规明确规定。第三，行政征税的标的是税款，主要表现为一定数额的金钱。第四，行政征税以强制、无偿的方式进行。

二、行政征税的特征

从行政征税的概念可以看出，税收征收具有强制性、无偿性、法定性等特征。

（一）强制性

《宪法》第 56 条规定“公民有依照法律纳税的义务”，依法纳税是相对人的法定义务。行政征税是以国家强制力作为保障的征收行为，税务行政机关有权依法单方面决定向相对人征收一定数额的税款，无论相对人是否愿意，都必须服从。对于纳税义务人拒绝缴纳的，税务行政机关可以依法采取强制手段实施征收，如扣押财物、从银行存款中扣缴税款、加收滞纳金等。

（二）无偿性

行政征税是由税务行政机关向纳税义务人收取一定税款的行为，税务行政机关在征收时无须给付对价，也无须在事后进行补偿。因此，行政征税是无偿的。但这种无偿性也是相对的：从国家整体来看，政府向相对人收取税款作为财政资金，之后将这些财政资金用于国家管理、公共事业等，使相对人因此而受益，即行政征税是“取之于民，用之于民”。在这种意义上，行政征税所征收的税款与国家机关为纳税人所提供的服务之间具有对价的性质。当然，这种纳税义务与受益仅仅具有宏观上的间接对应性，而从具体纳税人角度来看，所缴纳的税款与从政府公共服务中受益之间未必完全对应。

（三）法定性

行政征税涉及对纳税人财产权的直接剥夺，因此必须由法律进行明确规范。税收的法定性主要表现为：第一，行政征税项目的法定。《税收征收管理法》第 3 条第 1 款规定：“税收的开征、停征以及减税、免税、退税、补税，依照法律的规定执行；法律授权国务院规定的，依照国务院制定的行政法规的规定执行。”第二，税率法定。行政征税的比率、数额由法律或行政法规在设定征税项目的同时明确规定，行政征税机关必须按照法定税率计算具体征税额度。第三，纳税义务人法定。《税收征收管理法》第 4 条规定，“法律、行政法规规定负有纳税义务的单位和个人为纳税人”。其他规范性文件不得随意对单位和个人设定纳税义务。第四，征税主体法定。《税收征收管理法》第 5 条第 1 款规定：“国务院税务主管部门主管全国税收征收管理工作。各地国家税务局和地方税务局应当按照国务院规定的税收征收管理范围分别进行征收管理。”2018 年《深化党和国家机构改革方案》要求改革国税地税征管体制，将省级和省级以下国税地税机构合并，由其具体承担所辖区域内的各项税收、非税收征管等职责。第五，程序法定。征税机关必须依据法定程序实施征税行为。

三、行政征税的原则

征税是一个古老的课题，对于征税的原则可谓众说纷纭。在经济学领域，以亚当·斯密在《国富论》中所提出的“平等、确实、便利、节约”四大征税原则为代表。从行政法的角度来看，可以将法定原则、公平原则、效率原则、财政原则、保障与救济相对人权益原则作为征税原则。

（一）法定原则

征税法定原则是指征税主体、纳税义务人、征税项目、税率、征收方法、征收程序等必须由法律明确规定，是依法行政原理在行政征税领域的具体体现。但行政征税中的法定原则还具有特殊的意义，即“法定”是狭义上的法律规定，因此又被称为“税收法律主义”。该原则最初产生于英国：1215 年英国《大宪章》第一次对国王征税权予以限制，1689 年英国《权利法案》规定非经国会同意国王不得任意征税，从而正式确立了近代意义上的征税法定主义。

征税法定原则中的“法”特指“法律”，《立法法》第 11 条第 6 项明确规定，“税种的设立、税率的确定和税收征收管理等税收基本制度”只能由全国人民代表大会及其常务委员会制定法律进行规定。但《立法法》第 12 条规定，在该事项尚未制定法律的情况下，全国人民代表大会及其常务委员会有权作出决定，授权国务院可以根据实际需要，对其中的部分事项先制定行政法规。可见，在没有获得授权的情况下，法律以下的规范性文件都不得设定新的税种、确定税率等。但自 1984 年开始，全国人大以授权的方式将有关税收的立法权授予国务院。从征税实践来看，全国人大及其常委会颁布的有关征税的法律数量较少，只有《个人所得税法》《企业所得税法》《税收征收管理法》等。总体而言，征税立法仍然以行政法规为主。此外，财政部、国家税务总局、海关总署、国务院关税税则委员会等制定的规范性文件也涉及行政征税。对此，学界争议很大，认为我国征税立法权的授权过于宽泛，以法规、规章等形式规范征税效力等级过低，法规、规章的经常修改导致征税的不稳定等。从西方资本主义的国家体制来看，征税立法权是议会对抗行政的主要权限之一，征税不仅在宏观上涉及政府财政预算，而且在微观上直接针对相对人的财产权利，因此，征税立法权一般由议会掌握。而在我国，虽然不存在议会与行政对抗等问题，但从保障相对人财产权利、加强对政府的财政监督等角度出发，也应当尽量以法律形式规范行政征税。

（二）公平原则

征税公平原则包括两层含义：其一，平等征收原则，要求对相同情况的纳税义务人征收相同额度的税款，同等情况同等对待。其二，公平负担原则。税收可以理解为相对人对于本国财政支出的负担，这种负担在相对人之间必须公平。这种公平并非指对所有相对人等额征收，而必须考虑纳税义务人的收入与征税的项目、税率之间的适当性等因素。

（三）效率原则

征税效率原则包括两层含义：其一，征收效率原则，要求征税必须考虑可能征收到的税款与征税成本的比例问题，要求尽可能运用合理、有效的征收方式，降低征收成本；其二，社会总体效益原则，行政征税是政府调节经济的重要手段，为此要求行政征税必须能够达到这一目的，即通过征税提高社会的总体效益。

此外，效率原则还要求征税的设定主体与实施主体必须考虑纳税义务人的经济、效率问题，尽量采用便民原则，方便纳税义务人纳税。

（四）财政原则

征税是政府取得财政收入的重要途径，为了确保国家机关的正常运行以及政府预算的有效实施，必须及时、足额征税。

（五）保障与救济相对人权益原则

征税是对相对人财产权的剥夺，属于侵害性行政行为，因此，税务行政机关必须在征税过程中严格依照法定的征税项目、税率、征收方法、征收程序等作出征税决定，在充分保障相对人财产权等实体权益的同时，充分保障相对人的知情权、陈述权、申辩权等程序性权利，并在事后为相对人提供行政复议、行政诉讼等救济途径。

四、行政征税的程序

行政征税的程序是指税务行政机关实施征税行为所应当遵循的时限、方式、步骤、顺序的总称。根据《税收征收管理法》的规定，行政征税的程序包括以下步骤。

（一）税务登记

企业，企业在外地设立的分支机构和从事生产、经营的场所，个体工商户和从事生产、经营的事业单位自领取营业执照之日起 30 日内，持有关证件，向税务机关申报办理税务登记。税务机关应当于收到申报的当日办理登记并发给税务登记证件。

从事生产、经营的纳税人应当按照国家有关规定，持税务登记证件，在银行或者其他金融机构开立基本存款账户和其他存款账户，并将其全部账号向税务机关报告。

（二）账簿、凭证管理

纳税人、扣缴义务人应当依法设置账簿，根据合法、有效凭证记账，进行核算。从事生产、经营的纳税人的财务、会计制度或者财务、会计处理办法和会计核算软件，应当报送税务机关备案。从事生产、经营的纳税人、扣缴义务人必须按照国务院财政、税务主管部门规定的保管期限保管账簿、记账凭证、完税凭证及其他有关资料。

（三）缴纳申报

纳税人必须依照法定的申报期限、申报内容如实办理纳税申报，报送纳税申报表、财务会计报表以及税务机关根据实际需要要求纳税人报送的其他纳税资料。扣缴义务人必须依照法定的申报期限、申报内容如实报送代扣代缴、代收代缴税款报告表以及税务机关根据实际需要要求扣缴义务人报送的其他有关资料。

（四）征收

1. 自觉缴纳

行政征税以纳税人或扣缴义务人自觉缴纳为主。纳税人、扣缴义务人应当按照法定期限，缴纳或者解缴税款。

纳税人因有特殊困难，不能按期缴纳税款的，经省、自治区、直辖市税务局批准，可以延期缴纳税款，但是最长不得超过 3 个月。纳税人依照法律、行政法规的规定办理减税、免税。

2. 强制执行

当纳税人、扣缴义务人未按照规定的期限缴纳或者解缴税款时，税务行政机关可以强制征收，强制征收的方式包括：第一，税务机关责令限期缴纳。第二，加收滞纳金，从滞纳税款之日起，按日加收滞纳税款万分之五的滞纳金。第三，采取强制执行措施，经县以上税务局（分局）局长批准，税务机关可以采取下列强制执行措施：（1）书面通知其开户银行或者其他金融机构从其存款中扣缴税款；（2）扣押、查封、依法拍卖或者变卖其价值相当于应纳税款的商品、货物或者其他财产，以拍卖或者变卖所得抵缴税款。税务机关采取强制执行措施时，对纳税人、扣缴义务人未缴纳的滞纳金同时强制执行。

3. 开具凭证

税务机关征收税款时，必须给纳税人开具完税凭证。扣缴义务人代扣、代收税款时，纳税人要求扣缴义务人开具代扣、代收税款凭证的，扣缴义务人应当开具。

4. 缴入国库

税务行政机关应当按照国家规定的税收征收管理范围和税款入库预算级次，将征收的税款缴入国库。

此外，在行政征税过程中，税务行政机关还可以根据具体情况依法进行调整税额、核定税额、税务检查、纳税评估等。

第二节 行政收费

在我国的行政法实践中，乱收费、乱罚款、乱摊派曾经被合称为“三乱”。对此，党的十八届四中全会通过的《中共中央关于全面推进依法治国若干重大问题的决定》要求重点规范行政收费等执法行为。从本质来说，“乱收费”是行政主体利用其所掌握的行政权力在特定条件下违法对行政相对人财产权进行强制性剥夺的行为。因此，从行政法上明确行政收费的概念、理论基础、范围、标准、征收程序等，对于保护公民财产权具有重要意义。我国目前尚无有关行政收费的统一立法，2016 年 3 月 15 日，财政部发布了《政府非税收入管理办法》，将行政收费作为政府非税收入中的一种类型加以规范。但总体而言，我国目前有关行政收费的立法还不完善，相关规定散见于各单行法以及立法位阶较低的规范性文件中。

一、行政收费的概念与特征

收费是一个比较难以定义的概念。在英语中表示“收费”含义的词有“fees”“charge”“rate”等。① 西方经济学家认为，“收费是消费者为具有私人产品特点的公共服务支付的费用”②。在我国，有关行政收费的称呼也并不统一。2016 年财政部发布的《政府非税收入管理办法》中采用了“行政事业性收费”的概念，将行政性收费和事业性收费合并称呼，并将其作为政府非税收入的类型之一，与政府性基金、罚没收入等一起加以规定。在行政法学上，行政收费虽然并非一个统一的立法概念或法律术语，但基本立足于行政行为的视角，并参照行政处罚、行政许可、行政强制等用语，将其统一称为“行政收费”。在实践中，行政收费通常又被称为“行政性收费”③、“国家机关收费”等。

---

① “Fees”的具体含义指规费、学费、手续费、报名费等，也用于“税”，如车船使用牌照税；“charge”具体指费用、价钱；“rate”指价格、费用、为征税而估计的价值等，在英国特指地方税。显然，“rate”含有的“费”的意义也就是一般意义上的“收费”。参见汪洋：《收费管理概论》，326 页，北京，中国物价出版社，2002。

② 李双成、孙文基、宋义武：《费改税——跨世纪的改革》，2 页，北京，中国审计出版社，2000。

③ 行政性收费最初是由辽宁省物价局提出的将收费划分为行政性收费、事业性收费、经营性收费而确立的，而行政性收费的概念第一次见诸正式规范性文件是 1987 年国务院制定的《中华人民共和国价格管理条例》，如今，行政性收费的概念已经被政府部门和学术界广泛运用。

（一）行政收费的概念

行政收费是指行政主体或者法律、法规授权的组织，对在国家行政活动中特定受益人的特定受益依法强制收取相应对价，或者为提高自然资源、公共设施的使用效率而依法向使用者强制收取一定费用的具体行政行为。该概念的具体含义包括：第一，行政收费的主体必须是依法享有行政收费职权的行政机关或者法律、法规授权的组织；第二，行政收费的对象是与特别行政支出存在特定关系的受益方（行政相对人），即行政收费的对象是因特定行政行为而特别受益的受益者或因使用自然资源、公共设施而特别受益的使用者；第三，行政收费的内容是行政收费的征收主体向负有缴费义务的行政相对人收取一定费用的具体行政行为，具有一定的强制性；第四，行政收费存在的价值或目的是补偿行政主体为使特定相对人受益而特别支出的成本或提高自然资源、公共设施的使用效率或维护公共设施等。

（二）行政收费的特征

行政收费与行政征税同属于行政征收，因此，行政收费具有一定的强制性、无偿性、法定性，但两者程度不同。

1. 强制性

行政收费是行政主体运用行政权力依法收取费用的行为。可见，行政收费以行政权力为基础，具有强制性特征。

2. 无偿性

与行政征税相同，行政收费也以无偿方式征收，表现为行政主体在征收费用时并不给付对价。但从本质来看，行政收费以使相对人受益为前提，表现为行政机关为相对人提供服务，并征收一定的费用，例如工本费的征收等；相对人负有缴费义务是由于相对人享受了行政主体所提供的服务。在这种意义上，行政收费是有偿的。当然，这种有偿并非完全的等价有偿，行政收费的征收数额与相对人的受益之间并非完全直接对应的，但与行政征税受益的宏观性、间接性相比，行政收费的受益更为具体、直接。

3. 法定性

行政收费是对相对人财产权利的直接侵害，因此，对行政收费的主体、收费项目、范围、标准、程序等必须依法进行规范，但此处“法”的概念较为广泛，包括法律、行政法规、地方性法规以及规章，并非行政征税中严格的法律主义原则。

（三）行政收费与行政征税的转换——“费改税”

行政收费与行政征税虽然在强制性、无偿性、法定性特征上存在着程度上的差异，但两者都属于行政主体的行政征收行为，都是行政主体依法强制性地剥夺相对人财产权利的方式。因此，在一定条件下，两者之间存在着相互转化的关系。我国自20世纪90年代开始推进的“费改税”就是运用了这种观点。国务院于1999年3月向九届全国人大二次会议提交审议的《政府工作报告》中指出：要进一步完善财税体制改革，重点是全面清理和规范收费。此后，以交通和车辆收费改燃油税为突破口，采取了一系列的“费改税”措施。此外，2016年12月25日第十二届全国人民代表大会常务委员会第二十五次会议通过的《环境保护税法》，将2003年《排污费征收使用管理条例》规定的排污费改为“环境保护税”。但“费改税”不仅是一个在理论上界定行政收费与行政征税区分的问题，而且是一个政策性、实践性很强的问题。鉴于“费改税”所涉及的利益范围广泛，政策选择的难度较大，必须在平衡负担的前提下，统筹兼顾，保障财政收入稳定增长及经济的协调发展。

二、行政收费的原则

行政收费具有与行政征税相似的特点，行政征税的法定、公平、效率原则也适用于行政收费。

（一）法定原则

《价格法》第 47 条规定，“国家行政机关的收费，应当依法进行，严格控制收费项目，限定收费范围、标准”。也即行政收费项目的设定、范围的界定、标准的确定等必须依法进行。但关于其中“法”的范围在学界存在着争议，一般认为应当比行政征税中法的范围广泛。

（二）公平原则

行政收费公平原则的含义包括：第一，平等征收原则，即相同情况同等征收；第二，“受益者付费”原则，该原则要求“谁受益，谁付费”，实现受益者与未受益者之间以及受益者之间的公平价值，并要求“负担程度与受益程度相对应”，即负担量与受益量对称。

（三）效率原则

效率原则要求行政收费的收益与成本之间的比例必须合理，此外，行政收费的征收必须能够提高自然资源、公共设施等的使用效率。

（四）相对人权益保护原则

在行政收费过程中，必须注重对相对人权益的保护。行政收费以相对人受益为前提，因此，征收的标准也不得高于相对人受益的程度。此外，必须为相对人提供救济的途径。

三、行政收费的理论基础

（一）现有行政收费的理论基础及评价

经济学、法学、公共管理学、财政学界都在积极开展有关行政收费理论基础的探讨和研究，各学者从不同的角度、不同的侧面提出了各种观点。

1.“弥补财政收入的不足”理论

我国台湾地区学者陈清秀认为：“规费乃是为满足国家或地方自治团体的财政需要，而以高权的方式，加以课征之金钱给付。”① 财政学理论认为国家财政收入的主要来源是税收，此外，还包括非税收入，而非税收入主要是指行政收费。由于我国税收收入不高，政府财政不足，而需要政府管理的社会事务越来越多，政府进行行政活动的支出越来越大，在不能增加税收的情况下只能增加行政收费来弥补财政的不足。特别是我国在 1994 年实行分税制之前，地方政府的财政收入很少，中央在不可能给予地方更多税收权力的情况下，只能默示性地允许地方政府利用行政收费来增加财政收入。因此，有学者认为行政收费的理论基础就是弥补政府财政收入的不足。

行政收费是政府财政收入的经常来源，不可否认，行政收费具有弥补我国目前政府财政收入不足的功能，但功能不等于目的，不能将行政收费的目的理解为弥补财政收入的不足。

---

① 陈清秀：《税法总论》，2 版，72 页，台北，翰庐图书出版有限公司，2001。

也即虽然行政收费在客观上起到了弥补财政收入不足的功能，但并不能据此就把弥补财政收入的不足作为行政收费的理论基础。

2. “准公共产品”价格理论

公共选择理论或公共经济学理论将满足人们需要的产品根据其性质的不同分为公共产品、私人产品以及介于二者之间的准公共产品三种。“准公共产品”是指部分为了满足社会共同需要的物品。行政收费是政府提供“准公共产品”的价格，特定受益者缴费就相当于支付该价格向政府购买“准公共产品”。而行政收费项目的确定，主要依据这种服务是不是具有“准公共产品”的特性。①

该理论从经济学的角度阐述了行政收费的理论基础，将市场中的价格机制引入行政收费，对于规范行政收费，特别是构建在行政收费法律制度中公民与行政主体之间的平等地位具有积极的意义。但是，从严格意义上讲，收费并不是一种价格，不具有等价有偿的性质。

3. “特别支出补偿”理论

有学者认为，行政收费是一种受益负担，从理论上讲，行政收费之所以存在，最根本的理由在于：特别支出由特别收入来满足。② 行政主体代表公共利益进行行政活动必须支出一定的行政成本，行政成本的补偿方式主要是税收和行政收费。行政成本的支出按照其受益范围的大小，可分为一般支出和特别支出。一般支出是指行政主体在一般行政活动中，为全体公民的公共利益而支出的行政成本，例如国防、外交活动等；特别支出是指行政主体在特定的行政活动中，为使特定人受益而支出的特定成本，例如颁发营业执照的工本费等。根据社会公平原则，受益者应当承担为其受益而支付的成本，一般支出应当通过一般性收入即税收得到补偿，而特别支出应当通过特别性收入来补偿。如果为特定人受益而支出的特定行政成本由一般性收入来补偿，则违反了受益者与未受益者之间的公平原则，因此，特别支出应当通过行政收费来补偿。

该理论体现了经济学上“使用者付费”原则，对成本性行政收费作出了理论上的解释，但该理论不能解释行政主体为提高自然资源、公共设施的使用效率而对相对人征收的行政收费。

4. 国有资源产权界定理论

该理论认为，国有资源是有限的，任何人使用国有资源都应当是有偿的，而不能是无偿的。国有资源的有偿使用包括税收和行政收费两项制度。行政收费和税收各有各的特点，不能相互代替，行政收费就是为有限的国有资源合理、经济地使用服务。③ 此类收费适用于国家所有并经行政程序进行合理配制以便实现最大使用效益的公共资源（主要是自然资源），也可叫作“界定性收费”④。

该理论说明了提供给公民、法人或其他组织使用国有资源、公共设施或自然资源而收取国有资产使用费、资源费的理论基础，但这类行政收费是国家依据其对国有资源、公共设施或自然资源行使的所有权而征收的，与行政主体单纯依据行政职权而征收的行政收费不同。

---

① 参见汪洋：《收费管理概论》，354 页，北京，中国物价出版社，2002。

② 参见应松年主编：《行政法学新论》，325 页，北京，中国方正出版社，1999。

③ 参见肖子策：《论行政收费》，载《中央政法管理干部学院学报》，1999（4），23 页。

④ 李铠鍷、肖子策：《论费税关系及行政收费法治化》，载《浙江社会科学》，2002（3），183 页。

5. “受益者负担、原因者负担、损害者负担”理论

日本实行各种负担金制度。负担金是指对特定公益事业具有特别利害关系的人，为使其负担该公益事业经费的全部或一部分，对其课以公法上的金钱给付义务。① 负担金按其理论基础的不同，可分为受益者负担金、原因者负担金和损害者负担金等：受益者负担金是指与一般人民相比较，对于从特定事业受到特别利益者，在其所受利益的范围内，负担该事业经费的一部分；原因者负担金是指在有必要建设某公共工程的情况下，对于需要使用该工程从而使得该工程建设成为必要的人，使其负担该工程费用的全部或一部分；损害者负担金是指对于损害特定事业的实施的人，使其负担该事业的维护或修理费用的全部或一部分。②

该理论较为细致地说明了成本性行政收费的理论基础，但该理论并未说明行政收费的价值取向，“受益者负担、原因者负担、损害者负担”在实质上都是“特别支出补偿”理论的另一种表述，是按照特别支出所产生的原因而对“特别支出补偿”理论所作的分类。此外，这种分类之间存在着某些重叠。

（二）公平与效率价值的行政收费理论基础

行政收费就是为了平衡公民财产权之间的利益冲突，行政收费本质上剥夺了受益公民的一部分财产权，但也保护了未受特别利益的公民的财产权，即行政主体为使特定相对人受益而支出的成本由特定受益人支付，而非利用征税的方式由全体公民支付，使全体社会成员之间平等地享有行政服务所带来的权利与利益，体现行政法的公平原则；另外，行政收费增进行政权为公民权益的服务功能，提高自然资源和公共设施的使用效率，体现了行政法的效率原则。

公平与效率价值是行政收费法律制度的价值取向。根据行政收费价值取向的不同，可以将行政收费分为成本性行政收费和效率性行政收费：成本性行政收费是指行政主体根据其享有的行政管理职能，为特定相对人提供某种特定的服务而使特定相对人受益或为维护和改善自然资源、公共设施的使用，而对特定受益者所收取的手续费、工本费或维护费；效率性行政收费是指行政主体为提高稀缺性自然资源、拥挤性公共设施的使用效率，对其所提供的特定自然资源、公共设施的使用者，按照一定的标准所征收的费用。从行政收费价值取向的角度来看行政收费的理论基础，公平价值要求成本性行政收费的理论基础是“特别支出由特别收入来满足”，要求行政收费应当体现受益者与未受益者之间的公平价值，其范围应当以“特别”行政支出为限，行政收费应当以行政支出的成本为标准；效率价值要求效率性行政收费的理论基础是提高自然资源、公共设施的使用效率，体现了法律通过行政收费来提高社会资源使用效率的效率价值，其范围应限于使用产生拥挤的自然资源、公共设施，行政收费应以能够排除资源使用的拥挤、提高资源使用的效率为标准。

值得注意的是，以上对于成本性行政收费和效率性行政收费的理论基础是从其主要的价值取向上进行的分析。成本性行政收费的主要价值是实现受益者与未受益者之间的公平价值，但也体现了提高行政管理效率、避免公共资源浪费的效率价值；效率性行政收费的主要价值是提高稀缺性自然资源、拥挤性公共设施的使用效率，但同时也实现了受益者与未受益者之间的公平价值。

---

① 参见［日］田中二郎：《行政法》，全订第2版，下卷，155页，东京，弘文堂，1983。

② 参见［日］和田英夫：《負担金》，载［日］田中二郎、原龍之助、柳瀬良幹编：《行政法講座》，第6卷·行政作用，288－289页，东京，有斐阁，1976。

四、行政收费的范围与标准

（一）行政收费的范围

基于公平价值的成本性行政收费的理论基础是“特别支出由特别收入来满足”，因此，其行政收费的范围应当以行政主体的行政支出是否属于“特别”支出、受益者是否属于“特定”范围为限。关于“特别”的标准主要有：受益的直接性、受益者范围的特定性、受益程度的明显性。基于效率价值的效率性行政收费的理论基础是提高自然资源、公共设施等社会资源的使用效率，因此，其行政收费的范围限于产生拥挤性的公共设施或自然资源。界定效率性行政收费范围的标准是拥挤性公共设施、稀缺性自然资源的使用效率以及排他费用、征收成本。

行政收费包括成本性行政收费和效率性行政收费。行政机关或法律、法规授权组织为使特定公民、法人或其他组织受益而进行下列行政活动时，可以征收的成本性行政收费具体包括：（1）确认、认证、审查、评审、鉴定、注册、登记等的手续费；（2）证书、证明书、执照、护照、签证、牌照、合格证、许可证、特许证、登记证等的证照费；（3）为维护或改善公共设施的使用而收取的养护费、维修费；（4）法律、行政法规规定可以设定成本性行政收费项目的其他事项。行政机关或法律、法规授权组织为提高自然资源、公共设施的使用效率而又不能通过市场竞争机制实现，提供给特定公民、法人或其他组织使用下列事项时，可以征收效率性行政收费：（1）拥挤性公共设施的使用费；（2）土地、矿产、水流、森林、草原、山岭、荒地、滩涂等自然资源的资源费；（3）污染环境或损害社会公共利益的损害赔偿费；（4）法律、法规规定可以设定效率性行政收费项目的其他事项。

（二）行政收费的标准

基于公平价值的行政收费的理论基础是“特别支出由特别收入来满足”，因此，其行政收费的标准应当为行政支出的成本；基于效率价值的行政收费的理论基础是提高自然资源、公共设施等社会资源的使用效率，行政收费的目的限于提高拥挤性资源的使用效率，因此，要求根据自然资源、公共设施的拥挤程度以及缓解拥挤的效率来确定收费，以能够排除资源使用的拥挤、提高资源使用的效率为标准。在实践中，对于拥挤性公共设施的效率性行政收费可以通过市场方式确定，即通过市场价格竞争的方式，通过调整效率性行政收费标准的高低来调节公共设施的使用者数量，将使用者数量控制在公共设施最有效使用的限度内；对于稀缺性自然资源的效率性行政收费，可以通过拍卖、招投标等市场竞争方式来确定。由于设定效率性行政收费的前提之一是使用者具有可选择性，因而效率性行政收费的标准可能会随着使用者的选择、使用的拥挤程度而作出调整。

五、行政收费的设定权

实践中出现“乱收费”现象的主要原因之一是行政收费设定权混乱。行政收费设定权混乱主要表现为设定行政收费项目的规范性文件中法律所占的比例较小，且主要是规章及规章以下的规范性文件，甚至许多行政收费的实施机关在没有任何规范性文件规定的情况下擅自设定收费项目进行自行性征收。

目前我国法律、行政法规、地方性法规、规章等规定的各种行政收费设定权在实践中存在以下五种情况：一是由法律直接设定行政收费项目。例如，《进出口商品检验法》第37条规定："商检机构和其他检验机构依照本法的规定实施检验和办理检验鉴定业务，依照国家有关规定收取费用。"二是法律未设定行政收费项目，而是由行政法规直接设定。例如，《矿产资源开采登记管理办法》第27条规定："办理采矿登记手续，应当按照规定缴纳登记费。"三是法律、行政法规未设定行政收费项目，而是由地方性法规直接设定。例如，《上海港口条例》第9条规定："港口岸线使用人应当按照市人民政府的规定缴纳港口岸线使用费。"四是法律、法规未设定行政收费项目，而是由部门规章、地方政府规章直接设定。五是法律、法规、规章均未设定行政收费项目，而是由规章以下的规范性文件设定行政收费。例如，2016年财政部发布的《政府非税收入管理办法》第9条规定，行政事业性收费按照国务院和省、自治区、直辖市（以下简称省级）人民政府及其财政、价格主管部门的规定设立和征收。根据该规定，行政收费可以依据省级政府的财政、价格主管部门的规定（属于规章以下的规范性文件）而设立。对此，学界还存在着争议。有学者认为法律、行政法规和地方性法规可以设定行政收费，规章可以设定一定事项、一定数额内的行政收费，规章以下的法律文件一律不得设定行政收费。[①] 有学者认为只有法律、法规才能设定行政收费，规章设定行政收费必须由法律、法规授权。[②] 对此，笔者认为，根据《立法法》的相关规定，并参照现有立法中对于行政处罚、行政许可、行政强制的设定权的规定，可以将行政收费的设定权限定为法律、法规，即规定法律、行政法规、地方性法规可以设定行政收费的项目，三者之间必须遵从法律效力的层次，即法律设定行政收费项目时，行政法规、地方性法规只能加以具体化，不得变更。至于规章的行政收费设定权，借鉴行政许可的立法经验，可以规定为：在尚未制定法律、行政法规和地方性法规的情况下，因行政管理的需要，确需立即实施行政收费的，省、自治区、直辖市人民政府规章可以设定临时性的行政收费。临时性的行政收费实施满1年需要继续实施的，应当提请本级人民代表大会及其常务委员会制定地方性法规。可见，省级地方政府规章仅仅具有临时性行政收费的设定权。此外，部门规章和设区的市、自治州的人民政府制定的地方政府规章一律不得设定行政收费。

六、行政收费的程序

在行政收费的实施程序方面，也必须建立一整套的规范体系，尽量从制度上在事前、事中避免或控制行政收费主体的主观随意性，限制其自由裁量权，杜绝那些具有行政收费权的机关工作人员的腐败机会。

具体而言，行政收费的实施程序应当包括以下要点：第一，表明身份，出示行政收费许可证，说明行政收费的理由；第二，听取意见，允许相对人对行政征收主体陈述或申辩，行政征收主体必须认真听取相对人的意见，必要时进行调查，并作出是否采纳的说明；第三，作出收费决定，行政主体填写统一、法定的收费单据，并送交给相对人；第四，实行收支分离制度，在收费决定中告知相对人缴费的期限、场所等，避免收与支相联系，以减少腐败或

① 参见刘莘：《论行政收费的设定和监督》，载《政法论坛》，2000（3），105页；金国坤：《行政法论》，112页，北京，经济管理出版社，2002。

② 参见应松年：《中国走向行政法治探索》，453页，北京，中国方正出版社，1998。

"寻租"现象；第五，行政征收主体在作出收费决定的同时应当告知相对人不服该收费决定的救济途径。

第三节　公益征收征用

财产权是现代公民的基本权利，行政机关如果希望得到公民的财产必须根据民法规则，通过协商一致以等价有偿的方式取得。但在为了公共利益的需要而必须取得公民的财产时，如果仅仅依靠民法的交易方式显然是不充分的。因此，法律赋予行政机关可以在正当补偿的基础上强制取得公民财产的使用权或所有权的权力，这就是公益征收或征用。

一、公益征收征用的概念

在行政法理论界与实务界，对于行政征用与公益征收的概念存在着争议。在原本意义上，行政征用只强制取得财产使用权，不转移所有权①，而强制取得所有权的是公益征收。但《宪法》(1999 年) 第 10 条和《土地管理法》(1999 年) 第 2 条都使用"征用"的概念，因此，学界也就默认这一立法事实，将行政征用等同于公益征收，例如，有学者认为行政征用是强制取得财产权人的财产权（包括所有权和使用权），即行政征用包括公益征收。② 而在 2004 年修正《宪法》时，对这一错误进行了纠正，将原来的"征用"改为"征收或者征用"。在此基础上《土地管理法》等法律也进行了相应的修改。因此，行政法学上也有必要恢复原本的公益征收概念。此外，原本意义上的行政征用与公益征收的区别仅在于征收的对象是相对人财产的使用权还是所有权，而在征收目的、范围、补偿等方面具有相似性。因此，此处将两个概念合称为"公益征收征用"。但需要注意的是，这并非一个概念，而是将两个概念为了便利进行合称，正确的称呼应当是"征收或者征用"，例如修正后的《宪法》第 10 条第 3 款的规定。

公益征收征用是指行政主体为了公共利益的需要，在正当补偿的前提下，依法以强制方式取得公民、法人或其他组织的财产所有权、使用权或劳务的行为。其中，征收是指强制取得相对人财产的所有权；征用是指强制取得相对人财产的使用权或劳务。该定义具体包含以下含义：第一，公益征收征用是为了公共利益的需要；第二，必须在正当补偿的前提下进行，这与行政征税、行政收费的无偿性不同；第三，以强制方式进行；第四，以相对人的财产所有权、使用权或劳务为标的。

我国目前尚无统一的公益征收法或征用法以及行政补偿法，对公益征收征用的规定散见于各单行法中，规范公益征收征用的法律主要有《民法典》第 243 条、《土地管理法》第 45 条、《城市房地产管理法》第 6 条、《草原法》第 38 条、《归侨侨眷权益保护法》第 13 条、《外商投资法》第 20 条、《台湾同胞投资保护法》第 4 条等；规范征用的法律、法规主要包括《国防法》第 51 条、《传染病防治法》第 45 条、《防洪法》第 45 条、《核电厂核事故应急管理条例》第 36 条等。

---

① 参见罗豪才主编：《行政法学》，171 页，北京，北京大学出版社，1996。

② 参见程浩：《行政征用制度探析》，载《当代法学》，2001 (4)，44 页。

二、公益征收征用的范围——“公益”的界定

公益征收征用中的“公益”为征收或征用限定了范围，即只有在为了公益的情况下才可进行征收或征用。例如，法国《人权宣言》第17条规定：“当公共需要所必需时，可以剥夺财产。”《日本国宪法》第29条规定：“财产权的内容，应符合公共福祉，以法律规定之。私有财产在正当补偿下得收为公用。”德国《基本法》第14条第3款规定：“只有为了社会福利才能允许征用。”我国《宪法》第10条第3款规定：“国家为了公共利益的需要，可以依照法律规定对土地实行征收或者征用并给予补偿。”可见，“公共利益”是公益征收征用范围的界限。但在行政法上，“公共利益”是典型的不确定概念，如何界定公共利益概念成为限定公益征收征用范围的关键。

公共利益，从字面理解即社会公共之利益、具有社会公共性的利益。“公共性”或可定义为“具有广泛社会一般利害之性质”，一般所谓之“公益”多意味着其超越个人范围，共通于社会全体之利益。[①] 德国学者华特-克莱恩提出了界定公共利益的“量广、质高”理论，认为公共利益是受益者尽量广、对受益人的生活尽量有益的事物。[②] “量广”是指公共利益的享有者即利益主体必须是社会成员的大多数，即公共利益的受益对象必须达到一定数量，形成社会公众之统一体。根据近现代民主制度中“少数服从多数”原则，一般将多数人的利益视为公共利益，而将少数人的利益视为个人利益，个人利益服从公共利益即少数人利益应当服从多数人利益。公共利益应当代表多数人的利益，因此，界定公共利益就以受益对象的数量为标准，能够使社会公众普遍受益的即为公共利益。但该标准也不是绝对的，少数人利益并非一定不能成为公共利益，有时少数人的利益即构成公共利益。“量广”标准必须受到“质高”标准的限制，即当两种受益者数量不同的利益相互冲突而必须二者择其一时，在比较二者受益对象的数量之前，必须先比较两种利益的“质量”，即比较哪种利益所体现的价值位阶更高。

鉴于公共利益的不确定性，在实践中界定公共利益的标准也是多重、复杂的，而且每一种标准都不是绝对的，因此，在实践中必须结合多种标准加以界定，并根据界定时的具体情况进行具体分析。同时，我们不得不承认行政主体行使行政权力进行行政管理时，对于界定公共利益享有一定的自由裁量权，但是行政主体也必须遵循法律规定的界定程序，依据以上标准加以衡量，不可随意界定公共利益，或假借“公共利益”之名滥用行政权力侵犯行政相对人的个人利益。

三、公益征收征用的补偿

公益征收征用以对相对人补偿为前提，但在实践中，对于补偿的额度往往存在着争议。从我国的行政法律制度来看，对于公益征收征用的补偿尚无统一的规定，而在土地征收等实践中，补偿的标准过低，引起的冲突不断。因此，有必要建立合理的补偿制度。

（一）补偿的原则

世界各国根据本国的实际情况制定适合自己的公益征收征用补偿制度，从而也形成各自

---

① 参见城仲模主编：《行政法之一般法律原则》（一），101－103页，台北，三民书局，1997。

② 参见陈新民：《德国公法学基础理论》，185－186页，济南，山东人民出版社，2001。

不同的补偿原则，绝大多数国家都确定了“正当补偿”原则，例如，美国宪法第五修正案规定：“没有正当补偿，任何人的私有财产均不得被征用为公共使用”。但“正当补偿”也是一个抽象的概念，在实践中，主要实施的有“完全补偿”“适当补偿”“相当补偿”等补偿原则。完全补偿原则从“所有权神圣不可侵犯”的观念出发，主张行政主体应当对成为被征收或征用对象的财产或劳务的全部客观价值予以全额补偿，以使被征收或征用者能够恢复到被征用之前的经济状况；适当补偿原则从强调“所有权的社会义务”观念出发，主张行政主体对于被征收或征用者损失的补偿不是按照其全部客观价值而给予全额补偿，而是按照一定的标准在全额补偿标准之下给予补偿的原则；相当补偿原则主张由于被征收或征用者的损失是相对的，因此补偿应当区分具体情况而分别给予全额补偿或不完全补偿。

我国目前的公益征收征用补偿制度中尚未明确规定补偿原则，虽然在2004年宪法修正案中增加了补偿条款，但只规定了“给予补偿”，并没有明确补偿的原则。从实践来看，我国公益征收征用补偿制度适用的是“适当补偿”原则，即对被征收或征用的财产或劳务不是按照其全部的客观价值进行补偿，而是按照法律所规定的一定标准或者完全由行政机关自由裁量确定的补偿费用进行“适当补偿”。我国的“相应补偿”“适当补偿”等规定过于抽象，“相应”“适当”的标准在实践中很难界定。

值得注意的是，2019年修订的《土地管理法》第48条第1款规定：“征收土地应当给予公平、合理的补偿，保障被征地农民原有生活水平不降低、长远生计有保障。”从该规定的字面意思来看，以“保持原有生活水平”为标准，可以理解为完全补偿原则，甚至类似于当代日本的“生活权补偿”理论。①“生活权补偿”原则对于保障公民的生活状况不因征收而受损害具有重要意义。

（二）补偿的范围

补偿范围是指行政主体对于因公益征收征用所造成的特定人的损失应当给予补偿的损失的范围、界限。在各国实践中，公益征收征用补偿的范围主要可分为直接损失与间接损失、物质损失与精神损失、实际损失与可期待利益损失：直接损失是指与公益征收征用之间有直接的因果关系的损失；物质损失是指丧失财产的利益，不包括精神上的和感情上的损失在内；实际损失是指已发生的或将来一定发生的损失，不包括将来可能发生的不确定的损失在内。②绝大多数国家对于被征收或征用者的直接损失、物质损失和实际损失予以全额补偿，对于部分严重影响公民合法权益的间接损失、精神损失和可期待利益损失也进行补偿。例如，日本土地征收补偿对象的损失范围，不仅限于征收侵害的土地、建筑物的所有权等，而且包括搬迁费、营业上的损失等通常可能遭受的附带性损失。③德国公益征收征用补偿的范围除了物质损失之外，还有结果损害。④

---

① “生活权补偿”理论认为如果作为征用对象的财产具有财产权人的生活基础的意义，那么，对其损失的补偿，就不仅限于对其财产的市场价格予以评估，还考虑其附带性的损失补偿，甚至有必要给付财产权人为恢复原来的生活状况所必需的充分的生活补偿。参见林来梵：《财产权宪法保障的比较研究》，载张庆福主编：《宪法论丛》，第2卷，54页，北京，法律出版社，1999。

② 参见王名扬：《法国行政法》，393页，北京，中国政法大学出版社，1988。

③ 参见杨建顺：《日本行政法通论》，608页，北京，中国法制出版社，1998。

④ 结果损害是指被征收人因征收而必然遭受的征收财产之外的直接损害，如经营收入损失、搬迁费用、咨询费用等。参见［德］汉斯·J.沃尔夫、奥托·巴霍夫、罗尔夫·施托贝尔：《行政法》，高家伟译，第2卷，408页，北京，商务印书馆，2002。

我国公益征收征用的补偿范围较窄，例如，在以往的土地征收补偿中，一般只补偿土地补偿费、农业人口安置补助费以及地上附着物和青苗的补偿费，而对搬迁费用、营业损失、土地改良费、残余土地分割损失、租金损失等损失费用并不给予补偿，更不用说对精神损失、可期待利益损失的补偿。但近年来，公益征收征用的补偿范围不断扩大，例如，《国有土地上房屋征收与补偿条例》第17条规定，作出房屋征收决定的市、县级人民政府对被征收人给予的补偿包括：（1）被征收房屋价值的补偿；（2）因征收房屋造成的搬迁、临时安置的补偿；（3）因征收房屋造成的停产停业损失的补偿。2019年修订的《土地管理法》第48条规定，征收土地应当依法及时足额支付土地补偿费、安置补助费以及农村村民住宅、其他地上附着物和青苗等的补偿费用，并安排被征地农民的社会保障费用。征收农用地以外的其他土地、地上附着物和青苗等的补偿标准，由省、自治区、直辖市制定。对其中的农村村民住宅，应当按照先补偿后搬迁、居住条件有改善的原则，尊重农村村民意愿，采取重新安排宅基地建房、提供安置房或者货币补偿等方式给予公平、合理的补偿，并对因征收造成的搬迁、临时安置等费用予以补偿，保障农村村民居住的权利和合法的住房财产权益。其中的搬迁费用、临时安置费用、停产停业损失等都属于间接损失。

（三）补偿的标准

补偿标准是指行政主体对于因公益征收征用造成的特定人的损失给予补偿的准则、额度。各国有关公益征收征用补偿的标准各不相同，主要有市场价格标准、重置价格标准、“法律出价”标准、实际价值标准等。例如，美国联邦最高法院对正当补偿的确定通常依据公正的市场价格对财产所有者的损失进行评估①；英国的土地征收补偿以市场价格为标准；加拿大的土地征收按照“法律出价”标准补偿，而“法律出价”以市场公平价格为基础。②

我国现行的法律、法规对公益征收征用补偿的标准很少作出明确规定。例如，《台湾同胞投资保护法实施细则》第22条规定，“在特殊情况下，根据社会公共利益的需要，对台湾同胞投资者的投资可以依照法律程序实行征收，并给予相应的补偿。补偿相当于该投资在征收决定前一刻的价值，包括从征收之日起至支付之日止按合理利率计算的利息”。又如，《国有土地上房屋征收与补偿条例》第19条规定，对被征收房屋价值的补偿，不得低于房屋征收决定公告之日被征收房屋类似房地产的市场价格。被征收房屋的价值，由具有相应资质的房地产价格评估机构按照房屋征收评估办法评估确定。其补偿的标准其实就是被征收财产的市场价格标准。《土地管理法》（2004年）第47条第1款规定“征收土地的，按照被征收土地的原用途给予补偿”，即以被征收土地的原用途作为补偿的标准，相对于市场价格而言，该标准较低。2019年修订的《土地管理法》修改了这一标准，该法第48条规定，征收土地应当依法及时足额支付土地补偿费、安置补助费以及农村村民住宅、其他地上附着物和青苗等的补偿费用，并安排被征地农民的社会保障费用。征收农用地的土地补偿费、安置补助费标准由省、自治区、直辖市通过制定公布区片综合地价确定。制定区片综合地价应当综合考虑土地原用途、土地资源条件、土地产值、土地区位、土地供求关系、人口以及经济社会发展水平等因素，并至少每三年调整或者重新公布一次。征收农用地以外的其他土地、地上附

① 参见林来梵：《从宪法的规范到规范的宪法——规范宪法学的一种前言》，204页，北京，法律出版社，2001。

② 参见卢丽华：《加拿大土地征用制度及其借鉴》，载《中国土地》，2000（8），44页。

着物和青苗等的补偿标准，由省、自治区、直辖市制定。与之前的“被征收土地的原用途”标准相比，修订后的《土地管理法》所规定的补偿标准有所提升。

四、公益征收征用的程序

公益征收征用的程序是指行政主体进行公益征收征用时，依法所应遵守的时限、方式、步骤、顺序等。我国公益征收征用程序目前尚无统一的法律规定。以土地征收为例，根据《土地管理法》第47条至第49条以及《土地管理法实施条例》第26条至第32条的规定，土地征收主要包括以下程序。

（一）征地预公告、土地现状调查和社会稳定风险评估

需要征收土地，县级以上地方人民政府认为符合《土地管理法》第45条所规定的公共利益需要的，应当发布征收土地预公告，并开展拟征收土地现状调查和社会稳定风险评估。

征收土地预公告应当包括征收范围、征收目的、开展土地现状调查的安排等内容。征收土地预公告应当采用有利于社会公众知晓的方式，在拟征收土地所在的乡（镇）和村、村民小组范围内发布，预公告时间不少于10个工作日。自征收土地预公告发布之日起，任何单位和个人不得在拟征收范围内抢栽抢建；违反规定抢栽抢建的，对抢栽抢建部分不予补偿。

土地现状调查应当查明土地的位置、权属、地类、面积，以及农村村民住宅、其他地上附着物和青苗等的权属、种类、数量等情况。

社会稳定风险评估应当对征收土地的社会稳定风险状况进行综合研判，确定风险点，提出风险防范措施和处置预案。社会稳定风险评估应当有被征地的农村集体经济组织及其成员、村民委员会和其他利害关系人参加，评估结果是申请征收土地的重要依据。

（二）拟定征地补偿安置方案

县级以上地方人民政府应当依据社会稳定风险评估结果，结合土地现状调查情况，组织自然资源、财政、农业农村、人力资源和社会保障等有关部门拟定征地补偿安置方案。

征地补偿安置方案应当包括征收范围、土地现状、征收目的、补偿方式和标准、安置对象、安置方式、社会保障等内容。

（三）公告拟定的征地补偿安置方案并听取意见

征地补偿安置方案拟定后，县级以上地方人民政府应当在拟征收土地所在的乡（镇）和村、村民小组范围内公告，公告时间不少于30日。

征地补偿安置公告应当同时载明办理补偿登记的方式和期限、异议反馈渠道等内容。

多数被征地的农村集体经济组织成员认为拟定的征地补偿安置方案不符合法律、法规规定的，县级以上地方人民政府应当组织听证。

（四）确定征地补偿安置方案和组织签订征地补偿安置协议

县级以上地方人民政府根据法律、法规规定和听证会等情况确定征地补偿安置方案后，应当组织有关部门与拟征收土地的所有权人、使用权人签订征地补偿安置协议。征地补偿安置协议示范文本由省、自治区、直辖市人民政府制定。对个别确实难以达成征地补偿安置协议的，县级以上地方人民政府应当在申请征收土地时如实说明。

（五）征地申请和批准

县级以上地方人民政府完成《土地管理法实施条例》规定的征地前期工作后，方可提出

征收土地申请，依照《土地管理法》第 46 条的规定报有批准权的人民政府批准。有批准权的人民政府应当对征收土地的必要性、合理性、是否符合《土地管理法》第 45 条规定的为了公共利益确需征收土地的情形以及是否符合法定程序进行审查。

（六）征地公告和组织实施

征收土地申请经依法批准后，县级以上地方人民政府应当自收到批准文件之日起 15 个工作日内在拟征收土地所在的乡（镇）和村、村民小组范围内发布征收土地公告，公布征收范围、征收时间等具体工作安排，对个别未达成征地补偿安置协议的应当作出征地补偿安置决定，并依法组织实施。申请征收土地的县级以上地方人民政府应当及时落实土地补偿费、安置补助费、农村村民住宅以及其他地上附着物和青苗等的补偿费用、社会保障费用等，并保证足额到位，专款专用。

第十三章　行政许可

行政许可是指行政机关根据相对人的申请，依法决定准予其从事特定活动的行为。行政许可对于保护公民合法权益、促进经济发展等具有重要意义，但是，行政许可也限制了相对人的权利、自由。为了规范行政许可的设定和实施，保护公民、法人和其他组织的合法权益，维护公共利益和社会秩序，保障和监督行政机关有效实施行政管理，2003 年 8 月 27 日，全国人民代表大会常务委员会通过了《行政许可法》，2019 年 4 月 23 日予以修正。该法分为 8 章，共计 83 条，对行政许可的设定、实施机关、实施程序、费用、监督检查、法律责任等方面进行了详细的规定。

第一节　行政许可概论

行政许可是行政机关对特定活动进行事前控制的一种行政管理手段，是行政管理中最为重要的手段之一，但由于是对相对人活动的事前控制，因而对相对人的损害较大，为此，法律必须对行政许可进行严格的规范。

一、行政许可的概念

（一）外国行政许可的概念

在美国，许可是行政机关允许相对人从事某种活动，授予他具有某种权利的行为，即许可是赋权行为。[①] 根据《联邦行政程序法》第 551 节第 8 款、第 9 款的规定，“许可证”包括机关给予的执照、证书、批准、登记、特许状、成员资格、法定豁免或其他形式的许可的全部或部分。“审批许可证”包括机关对许可证的允许、延长、拒绝、撤销、暂停、废除、撤回、限制、修改、变更、附加条件等行为。[②]

在英国，许可证制度可以用于很多目的，是行政机关行使权力时使用最多的方式。行政机关在颁发许可证时，通常具有自由裁量权力，利用许可证监督各种活动。需要许可证的活动有些是通常被禁止的行为，有些是受监督或受控制的行为，只有在得到行政机关许可时才能从事这些活动，例如使用火器的许可证、酒类营业许可证等。现在使用许可证最多的领域，是城乡计划法中关于土地利用的许可证。行政机关不仅有是否给予土地利用许可证的自由裁量权，而且在符合法律目的的限度内可以附带规定土地利用的条件。许可证的名称很多，例如许可证、执照、批准书、注册证、资格证明书、免除证明书等。[③]

---

① 参见［美］伯纳德·施瓦茨：《行政法》，徐炳译，7 页，北京，群众出版社，1986。

② 参见王名扬：《美国行政法》，1110 页，北京，中国法制出版社，1995。

③ 参见王名扬：《英国行政法》，105－106 页，北京，中国政法大学出版社，1987。

在法国，许可是指必须事先得到批准，由行政机关审查是否具备一定资格或符合国家政策的行为，例如驾驶公共汽车、进口外国影片等。此外，在法国还区分许可与特许两个概念，例如特别独占使用者可以两种方式取得使用权利：第一，根据行政主体单方面行为所给予的使用权利，称为道路特别独占使用许可（lapermission de voirle）；第二，根据和行政主体订立合同所取得的使用权利，称为道路特别独占使用特许（laconcession de voirie）。①

在日本，行政许可是指行政机关根据当事人的申请，依法决定是否赋予其从事某种法律所禁止事项的权利或资格的行政行为，包括许可、认可与特许三种类型，其中：(1) 许可是指在特定的情况下解除基于法令的一般性禁止即不作为义务，恢复特定相对人自然的权利和自由，从而承认其作出的一定行为为合法的行为，如律师许可、医师许可等。可见，许可并非设定权利的行为，而仅仅是不作为义务的解除，恢复相对人原本所具有的自由，是一种命令性行政行为。(2) 认可是指行政机关为了使一定的法律行为产生法律效力而进行的补充性的行政行为，主要是指关于契约以及其他一定的法律行为，必须以得到行政机关的肯定性认可为生效的前提要件，例如关于农地权利转移的认可、河川占有权转让的认可、设立土地改良区的认可、地方政府发行债券的认可等。可见，认可是补充第三者的行为，使其完成法律上的效力的行为，称为补充性行为。(3) 特许是指直接为特定相对人设定新的权利能力、行为能力、特定权利或者给予法律上的能力或法律地位的行政行为，例如公共事业的特许、道路占用的特许、公有水面填平造地的特许以及任命公务员的特许等。特许由于是对相对人设定原本不拥有的权利或权利能力的行政行为，故又被称为设权行为，而在变更通过设权行为设定的权利能力、行为能力或法律关系等时被称为变权行为，在消灭法律效力时被称为剥权行为。与解除一般性禁止的许可和认可相反，特许主要涉及某些具有高度公益性的行业，例如电力、煤气等公共事业，铁路、航空等运输业以及其他相类似的行业，由国家实行严格控制的一种管理方式。与许可是命令性行政行为不同，认可与特许是形成性行政行为。

（二）我国行政许可的概念

我国行政法学界对于行政许可的概念存在争议，但《行政许可法》第2条作出了统一的规定："本法所称行政许可，是指行政机关根据公民、法人或者其他组织的申请，经依法审查，准予其从事特定活动的行为。"该定义的含义包括：第一，行政许可的主体是行政主体，现实中行业组织或自治协会等社会团体许可其成员进行特定事项的行为不属于行政许可；第二，行政许可是根据相对人的申请而作出的行为，不得依职权而主动作出；第三，行政许可的内容是准予相对人从事特定活动，这种特定活动原本禁止相对人从事，经过行政许可，相对人获得从事该特定活动的资格，可见，行政许可是一种授益性行政行为。

在现实行政中，"行政许可"与"行政审批"经常被混淆使用，其实两者的概念并不完全相同。首先，行政许可是行政法学上的概念，而行政审批通常是在行政管理学上使用的概念；其次，从概念范围来看，行政审批概念比行政许可概念更为宽泛，除了外部性的行政许可外，还包括内部性的上级行政机关对下级行政机关的审核、批准等，例如在行政审批改革过程中提出了"非许可性行政审批"的概念，从概念可以看出，行政审批是行政许可的上位概念；最后，从概念的内容来看，行政许可主要是准予相对人从事特定活动，而行政审批除此之外还可以是免除相对人的特定作为义务。总之，行政审批概念的内涵与外延都比行政许

① 参见王名扬：《法国行政法》，333-454页，北京，中国政法大学出版社，1988。

可更为广泛，其中对外部作出的部分行政审批实质上就是行政许可。因此，对于这部分在《行政许可法》实施前业已存在的行政审批，如果符合《行政许可法》的规定，应当转化为行政许可，其设定、实施等应当严格按照《行政许可法》的规定进行。但行政机关内部性的行政审批则不属于行政许可的范畴，因此，《行政许可法》第 3 条第 2 款规定："有关行政机关对其他机关或者对其直接管理的事业单位的人事、财务、外事等事项的审批，不适用本法。"

二、行政许可的性质

《行政许可法》虽然明确定义了行政许可的概念，但对于行政许可的性质没有作出明确的规定。而在学界，正如对行政许可的概念存在着争议，对行政许可的性质也存在着争议。而且，行政许可的性质与概念之间具有关联性，对于行政许可性质的不同理解决定了行政许可概念的不同定义。有关行政许可的性质，主要存在以下观点。

（一）赋权说

该观点认为，行政许可是行政机关允许相对人从事某种活动、授予某种权利的行为，即赋权行为。相对人原本没有这项权利，只有通过行政许可，才由行政机关赋予这项一般人所不享有的权利。

根据赋权说，行政许可可以定义为"行政主体应行政相对方的申请，通过颁发许可证、执照等形式，依法赋予行政相对方从事某种活动的法律资格或实施某种行为的法律资格或实施某种行为的法律权利的行政行为"①。

（二）解禁说

该观点认为，相对人原本就具有从事特定活动的权利，但由于行政管理的需要，该特定活动被行政机关普遍地禁止，通过行政许可仅仅是对特定相对人解除这种禁止，恢复相对人的权利。例如，有学者认为，"行政许可的一般性质是对符合条件者的不作为义务的解除"②。

根据解禁说，行政许可可以定义为"行政机关根据当事人的申请，在一定条件下解除禁止，准许个人或者组织从事某种活动的一种行政行为"③。

（三）双重说

该观点认为，行政许可的性质具有赋权与解禁的双重性质，例如，"行政许可既是对相对人的禁止义务的免除，也是对相对人权利、权能的赋予"④。

从形式上来看，行政许可准予相对人从事特定活动后，相对人即获得了从事特定活动的权利，具有赋权的特点。但从本质上来看，从事特定活动的权利原本就属于相对人，例如，营业许可中的经营权原本就属于宪法所规定的经济权利，但行政机关出于行政管理的需要，将这种原本属于相对人的权利一般性地禁止，只有当相对人符合一定条件时才予以恢复。从这种意义上来看，行政许可又具有解禁的性质。

---

① 罗豪才主编：《行政法学》，175 页，北京，北京大学出版社，1996。

② 江必新：《论行政许可的性质》，载《行政法学研究》，2004（2），4 页。

③ 张正钊、韩大元主编：《中外许可证制度的理论与实务》，1 页，北京，中国人民大学出版社，1994。

④ 张焕光、胡建淼：《行政法学原理》，276 页，北京，劳动人事出版社，1989。

站在解禁说的立场，行政许可并非行政机关对相对人恩赐性的赋权，而是义务性的解禁，在一定意义上更有利于明确行政许可中行政机关的义务。而且，赋权说意味着行政许可是授权性行政行为，而解禁说则意味着行政许可项目的设定是对相对人权利的一般性限制或禁止，因此必须具有法律的明确依据。在这种意义上，依据解禁说，对于行政许可的规制更为严格，对于相对人权利的保障也更为有利。

三、行政许可的类型

我国存在很多的行政许可项目，这些许可根据不同的标准可以进行不同的分类。一般而言，大致可以划分为以下类型。

（一）普通许可与特别许可

根据行政许可有无特殊性限制，可以将行政许可分为普通许可与特别许可。普通许可又称为一般许可，是指行政许可对申请人并无特别的限制，只要符合法定的条件就必须准予其从事特定活动的许可，例如营业许可、驾驶许可等。特别许可是指除符合一般条件外，对申请人予以特别限制的许可，例如持枪许可、烟草专卖许可等。特别许可的申请条件比普通许可更为严格，而且一般受到许可数量的限制。

（二）行为许可与资格许可

根据行政许可的内容的不同，可以将行政许可分为行为许可与资格许可。行为许可是指行政主体根据申请人的申请，准予其从事特定活动的许可，如经营许可等。资格许可是行政主体根据申请人的申请，准予其享有某种资格或具备某种能力的许可，如法律职业资格证等。行为许可与资格许可的区别在于：第一，资格许可注重相对人的专业性能力，一般要经过专门训练和考核才能取得，而行为许可则要求相对人具备一定的资金、技术等条件；第二，获得行为许可即可进行特定活动，而获得资格许可仅仅是具有从事特定活动的资格，并非所有的人都可以从事特定活动，一般还要求在获得资格许可的基础上再次申请行为许可，例如，法律职业资格证获得者还必须向司法行政部门申请律师执业证后才可从事律师职业。

（三）排他性许可与非排他性许可

以行政许可享有者的数量为标准，可以将行政许可分为排他性许可与非排他性许可。排他性许可又称为独占许可，是指仅仅准予某个个人或组织从事某项特定活动的许可，在某个个人或组织获得该许可后，其他任何个人或组织都不能获得的许可，例如专利许可等。非排他性许可是指可以由多数个人或组织获得的许可，其中又可以分为有数额限制的许可与无数额限制的许可。有数额限制的许可是指虽然可以由多数个人或组织获得许可，但由于该许可事项的特殊性，受到一定的数量限制，当一定数量的个人或组织获得该许可后，其他申请人就不能获得该项许可，例如，电波有一定的数量限制，因此电台许可就属于有数额限制的许可。无数额限制的行政许可是指对于许可获得者的数量没有限制，只要申请人符合一定的条件即可获得的许可，如一般的营业许可。

（四）权利许可与附义务许可

以是否在许可的同时附加义务为标准，行政许可又可分为权利许可与附义务许可。权利许可是指获得许可者通过许可获得从事特定活动的权利，而且可以自由决定是否从事该活动的许可。大多数许可是权利许可。而附义务许可是指获得许可者在获得从事特定活动的权利的同时，承担在一定期限内从事该活动的义务的许可，例如专利许可、商标许可等。

除上述分类外，根据行政许可的内容，可以将行政许可分为公安行政许可、工商行政许可、卫生行政许可、环保行政许可等；根据行政许可有效期的长短，可以将行政许可分为长期许可、短期许可与临时许可。

第二节　行政许可的基本原则

行政许可的基本原则是行政许可的设定、实施机关在行政许可的设定、实施过程中必须遵循的准则，是贯穿于行政许可的全过程的普遍性要求。《行政许可法》第 4 条至第 10 条对行政许可的基本原则作出了详细的规定，包括许可法定原则，公开、公平、公正原则，便民与效率原则，信赖保护原则，限制转让原则，监督原则等。

一、许可法定原则

许可法定原则是依法行政原则在行政许可领域的具体化，《行政许可法》第 4 条规定："设定和实施行政许可，应当依照法定的权限、范围、条件和程序。"

（一）许可权限法定

行政许可权限包括行政许可的设定权与实施权，权限法定原则要求设定权与实施权都必须有法律规定。为此，《行政许可法》分别在第二章与第三章中详细规定了行政许可设定权与实施权的分配。

（二）许可范围法定

站在解禁说的立场来看，行政许可项目的设定意味着该活动禁止一般人从事，从事该活动必须获得行政机关的许可。可见，行政许可的范围直接涉及相对人能够自由活动的范围。对此，《行政许可法》第 12 条进行了详细的规定。

（三）许可条件法定

对于相对人的许可申请，行政机关必须审查相对人的条件是否符合许可所应当具备的条件。为了避免行政机关权力行使的恣意，对于这种许可条件也必须由法律进行规定。

（四）许可程序法定

许可的程序对于是否能够获得许可的结果具有重要意义。为此，《行政许可法》专列一章，详细规定申请与受理、审查与决定、期限、听证、变更与延续、特别规定等行政许可的实施程序，对此，行政许可的实施机关必须遵守。

二、公开、公平、公正原则

《行政许可法》第 5 条第 1 款规定："设定和实施行政许可，应当遵循公开、公平、公正、非歧视的原则。"

（一）公开

许可公开是公民知情权在行政许可中的具体化。公开原则要求行政许可的法律依据、程序、设定机关设定的行政许可项目、行政许可的实施与结果等必须向社会公开，但涉及国家秘密、商业秘密或者个人隐私的除外。

（二）公平

许可公平包括行政许可设定的公平与行政许可实施的公平。设定的公平是指在设定行政许可时，不得因为相对人的地位、规模、地域等差异而设定不同的条件。《行政许可法》第15条第2款规定，地方性法规和省、自治区、直辖市人民政府规章设定行政许可时，不得限制其他地区的个人或者企业到本地区从事生产经营和提供服务，不得限制其他地区的商品进入本地区市场。实施的公平是指在行政许可的实施方面，在行政许可涉及多个相对人的申请时，行政许可机关必须同等对待，符合法定条件、标准的，申请人有依法取得行政许可的平等权利，行政机关不得歧视。

（三）公正

许可公正要求行政许可的设定与实施都必须充分考虑各种利益，包括公共利益和个体利益的取舍以及个体利益之间的均衡；在行政许可过程中行政机关也必须适当地行使许可权，注重保证申请人以及利害关系人的权益。具体而言，必须听取相对人以及有关方面的意见，在决定作出之后，说明许可或不许可的事实根据、法律依据以及相关理由，允许相对人或利害关系人提出异议。此外，行政机关不得凭借优越地位谋取私利。例如，《行政许可法》第27条规定："行政机关实施行政许可，不得向申请人提出购买指定商品、接受有偿服务等不正当要求。行政机关工作人员办理行政许可，不得索取或者收受申请人的财物，不得谋取其他利益。"

三、便民与效率原则

《行政许可法》第6条规定："实施行政许可，应当遵循便民的原则，提高办事效率，提供优质服务。"行政许可必须公正，但同时也必须注重效率。为此，《行政许可法》对行政许可的决定期限等作出了明确的规定，要求行政机关及时作出许可决定。此外，行政许可必须以服务为理念，注重采取方便相对人的便民措施，例如，行政许可需要行政机关内设的多个机构办理的，该行政机关应当确定一个机构统一受理行政许可申请，统一送达行政许可决定。行政许可依法由地方人民政府两个以上部门分别实施的，本级人民政府可以确定一个部门受理行政许可申请并转告有关部门分别提出意见后统一办理，或者组织有关部门联合办理、集中办理。

四、信赖保护原则

信赖保护原则是指为了确保行政法律关系的稳定性、连续性，行政机关不得随意改变或撤销已经作出的行政行为，在因情势变更，为了公共利益而不得不改变或撤销行政行为时，必须对相对人给予补偿。信赖保护原则的基础是相对人对行政机关及行政职权的信任，基于这种信任相对人对其行为进行了明确的预期，因此，行政机关具有维护这种信任的义务，当不得不违背这种信任时，必须给予补偿。《行政许可法》首次肯定了行政法中的信赖保护原则，该法第8条规定："公民、法人或者其他组织依法取得的行政许可受法律保护，行政机关不得擅自改变已经生效的行政许可。行政许可所依据的法律、法规、规章修改或者废止，或者准予行政许可所依据的客观情况发生重大变化的，为了公共利益的需要，行政机关可以依法变更或者撤回已经生效的行政许可。由此给公民、法人或者其他组织造成财产损失的，行政机关应当依法给予补偿。"

五、限制转让原则

《行政许可法》第9条规定了限制转让原则，限制转让原则是指依法取得的行政许可，除法律、法规规定依照法定条件和程序可以转让的外，不得转让。这是因为行政许可对于相对人的能力、资金、技术性条件等有一定的要求，因此不得随意转让，否则，就丧失了行政许可的监管意义。

六、监督原则

《行政许可法》第10条规定了监督原则。监督原则包括两方面的要求：第一，上级行政机关对下级行政机关的层级监督。县级以上人民政府应当建立健全对行政机关实施行政许可的监督制度，加强对行政机关实施行政许可的监督检查。第二，行政机关对相对人的管理监督。行政机关应当对公民、法人或者其他组织从事行政许可事项的活动实施有效监督。

第三节　行政许可的设定

行政许可行为包括行政许可的设定与实施，设定是实施的前提。行政许可一般通过立法或行政立法的方式设定，其中涉及设定的原则、设定事项的范围、设定权的分配、设定的程序等问题。

一、行政许可的设定原则

行政许可是行政机关进行行政管理与调节市场的一种手段，因此，《行政许可法》第11条规定，设定行政许可，应当遵循经济和社会发展规律，有利于发挥公民、法人或者其他组织的积极性、主动性，维护公共利益和社会秩序，促进经济、社会和生态环境协调发展。结合行政法理论来看，行政许可的设定除应遵守上一节所述行政许可的基本原则外，还应当遵循以下原则：

（一）行政辅助性原则

在市场经济条件下，市场在资源配置方面发挥基础作用。但由于市场本身的缺陷，需要政府介入，进行必要的干预。行政辅助性原则是指在行政与市场的关系中，应当以市场为本位，行政只有在市场失灵时才可介入。可见，行政相对于市场来说，具有辅助性、补充性。

行政许可是政府介入市场的重要手段，因此，行政许可的设定涉及行政与市场的关系。行政辅助原则要求设定行政许可应当遵循经济和社会发展规律，凡是市场竞争机制能够有效调节、行业组织或者中介机构能够自行管理的事项，不得设定行政许可；只有市场、社会自行解决不了的问题，政府才能介入，才能通过设定行政许可进行干预。

（二）利益平衡原则

行政许可是现代行政管理的一种有效的手段，其基本功能是分配社会利益。[①] 行政许可的设定涉及公民、法人或者其他组织之间的利益以及个人利益与公共利益之间的关系，为

---

① 参见张步洪：《论行政许可的功能》，载刘莘等主编：《中国行政法学新理念》，270页，北京，中国方正出版社，1997。

此，在设定行政许可时必须进行平衡。具体而言，行政许可的设定应当在维护公共利益和社会秩序的同时，有利于发挥公民、法人或者其他组织的积极性、主动性。公民、法人或者其他组织能够自主决定的，不应设定行政许可。只有当公民、法人或者其他组织行使这些民事权利可能对他人利益或者公共利益造成损害，并且这种损害难以通过事后赔偿加以弥补、补救时，才能设定行政许可。

（三）事前控制的必要性原则

行政机关对相对人进行行政管理的方式可以分为事前控制与事后监督。事前控制是指在相对人行为作出之前进行控制，而事后监督是指在相对人行为作出之后进行监督，只有当相对人的行为违反法律规范时才给予制裁或实施补救措施。从对相对人权益的影响程度来看，事前控制方式当然比事后监督方式对相对人权益的影响大，因为事前控制方式使得相对人的行为必须在行政主体的控制之下才能进行，而事后监督方式任由相对人自由行为，只有当相对人违反相关的法律规范时行政主体才介入。事前控制方式在相对人的行为作出之前就已经进行，因此，其对于可能发生的问题及解决问题的方式等的设定都是推定的，具有一定的主观性，其有效性受到行政机关的认知水平等因素的制约，对于相对人权益的保障不利。而现代行政法从保障相对人权益的角度出发，认为行政机关应当尽量使用事后监督方式进行行政管理，事前控制方式只有在确实必要的情况下才可使用，例如对社会影响重大、一旦造成危害难以恢复的事项等。

而行政许可就是对特定活动的事前控制，即特定活动对一般相对人禁止，欲从事者必须获得行政机关的许可。这种事前的许可制度限制了未获得许可的相对人的权益，因此，从现代行政法保障相对人权益的观点来看，在可以通过事后监督方式管理的情况下，不得设定行政许可。

二、行政许可的设定范围

行政许可的设定范围是指行政主体可以设定行政许可项目的事项的范围。对此，《行政许可法》第 12 条规定了 6 种“可以设定”行政许可的事项，并在第 13 条规定了 4 种“可以不设”行政许可的事项。对行政许可设定的事项范围进行明确界定，对于规范我国行政许可制度具有重要意义。事实上，自《行政许可法》发布后，各级行政机关取消了大量的行政许可项目。但该规定本身也存在不少问题。

（一）“可以设定”行政许可的事项

在《行政许可法》立法过程中，草案原本是在将行政许可划分为普通许可、特许、认可、核准、登记 5 种类型的基础上，分别规定行政许可的设定范围。但考虑到现实行政许可的复杂性，立法最终并没有采用这种方式，而由《行政许可法》第 12 条规定了 6 种“可以设定”行政许可的事项。但也可以将前 5 项分别视为普通许可、特许、认可、核准、登记的设定范围。[①]

① 学界对于认可、核准、登记是否属于行政许可存在着争议，例如，有观点认为，认可、核准、登记是行政机关决定是否准予许可的手段和方式，而不是行政许可。此处，仅仅是为了说明的方便，将《行政许可法》第 12 条前面 5 项规定的“可以设定行政许可的事项”分别视为普通许可、特许、认可、核准、登记的设定范围。

1. 普通许可事项

普通许可是指对申请人并无特殊限制的一般许可，适用于“直接涉及国家安全、公共安全、经济宏观调控、生态环境保护以及直接关系人身健康、生命财产安全等特定活动，需要按照法定条件予以批准的事项”。这类行政许可的特点在于：第一，许可涉及的事项与国家安全、公共安全、经济安全、生命财产安全相关，设定许可的目的是防止危险和保障安全；第二，在这些事项范围内，相对人从事特定的活动并没有被禁止，但需要按照法定条件申请批准；第三，许可获得者的数量一般没有限制，只要符合条件即可获得许可；第四，对于许可设置了法定条件，行政许可的实施机关必须依据该法定条件进行许可。

2. 特许事项

特许是指除要求符合一般条件外，对获得许可者还有数量等特殊限制的许可，适用于“有限自然资源开发利用、公共资源配置以及直接关系公共利益的特定行业的市场准入等，需要赋予特定权利的事项”。这类许可的特点是：第一，申请者希望通过许可获得自然资源或公共资源的利用权，而设定许可的目的是合理配置、利用有限的资源，防止资源利用的无序或浪费；第二，由于资源的有限性，对获得许可者的数量有一定的限制；第三，由于获得许可者数量的限制，而且许可涉及巨大的经济利益，为了防止许可过程中的腐败，要求对其进行更为严格的监督，一般需要通过招标、拍卖等公开、公平的方式作出许可决定；第四，获得许可者可以依法转让的情况较多。

3. 认可事项

认可是指由行政机关对申请人是否具备特定技术和能力的认定，适用于“提供公众服务并且直接关系公共利益的职业、行业，需要确定具备特殊信誉、特殊条件或者特殊技能等资格、资质的事项”。这类许可的特点在于：第一，由于从事的职业直接关系公共利益，需要通过许可保护公共利益；第二，从事该职业需要确定具备特殊信誉、特殊条件或者特殊技能等资格、资质；第三，资格、资质的授予一般必须通过培训或考试；第四，资格、资质与相对人的身份相联系，不得转让。

4. 核准事项

核准是指由行政机关对申请人是否达到规定的技术标准、技术规范等进行的审核，适用于“直接关系公共安全、人身健康、生命财产安全的重要设备、设施、产品、物品，需要按照技术标准、技术规范，通过检验、检测、检疫等方式进行审定的事项”。这类许可的特点在于：第一，由于直接涉及公共安全、人身健康、生命财产安全，行政许可的目的是保障这些安全；第二，危害公共安全等的是重要设备、设施、产品、物品，这些物品必须符合一定的安全技术标准才可以存在或销售；第三，许可的标准是符合一定的技术标准、技术规范，对此通过检验、检测、检疫等方式进行审定，在此过程中，行政机关自由裁量的余地不多。

5. 登记事项

登记是指行政机关对个人、企业或者其他组织符合法定条件的确认，适用于“企业或者其他组织的设立等，需要确定主体资格的事项”。这类许可的特征在于：第一，为了便于对企业或其他组织的管理，通过许可确立该企业或其他组织的主体资格；第二，企业或其他组织一般只要符合法定的设立条件即可获得许可。

6. 其他事项

对于“法律、行政法规规定可以设定行政许可的其他事项”，可以设定行政许可。

（二）“可以不设”行政许可的事项

为了进一步明确行政许可的设定范围，《行政许可法》在规定了“可以设定”行政许可的事项范围的基础上，在第 13 条又规定了 4 种“可以不设”行政许可的事项。

1. 自主性事项

公民、法人或者其他组织能够自主决定的事项，可以不设定行政许可。行政许可是一种事前控制式的行政管理手段，对相对人权益的影响较大，因此，必须尽量限制这种方式的使用，只有在必要的情况下才可设定。公民、法人或者其他组织可以自主决定的事项，意味着行政机关没有干预的必要，因此也无须设定行政许可。

2. 市场性事项

《宪法》第 15 条第 1 款规定“国家实行社会主义市场经济”。社会主义市场经济体制是指市场在社会主义国家宏观调控下对资源配置起决定性作用的经济体制。从经济学来看，这要求市场在资源配置中起主导作用，政府只有在“市场失灵”时才能介入。这在行政法学上被称为“行政辅助原则”。根据这一原则，市场竞争机制能够有效调节的事项，行政不得介入，包括不得以设定和实施行政许可的方式介入。

3. 自律性事项

自律性事项与自主性事项相类似，是指通过行业组织或者中介机构能够自律管理的事项，也无须行政的介入。

4. 事后监督事项

根据事前控制的必要性原则，在行政机关采用事后监督等其他行政管理方式能够解决的情况下，不得设定事前控制式的行政许可。

（三）“可以设定”与“可以不设”的衔接问题

《行政许可法》第 12 条规定了 6 种事项“可以设定行政许可”，是授权性条款；第 13 条又规定了 4 种事项“可以不设行政许可”，是任意性条款，而并非“不得设定”所规定的禁止性条款，即对于第 13 条所规定的 4 种事项，是否设定行政许可由设定主体自由裁量，并不能起到严格限制行政许可设定范围的作用。可见，从立法技术来看，这种“可以设定”与“可以不设”之间的衔接存在着问题。对此，也有观点认为，这种立法方式表明我国对行政许可设定范围还处在探索之中，现行的规定还有较大的弹性，仍然需要结合具体的立法，在实践中进一步完善。

三、行政许可的设定权

行政许可的设定权是指设定行政许可项目的权力，由于现实中一般以立法的方式设立行政许可，因此，行政许可的设定权涉及各种行政法的存在形式在设定行政许可上的权力配置。《行政许可法》规定了法律、行政法规、国务院决定、地方性法规、省级地方政府规章的行政许可设定权，并规定其他规范性文件一律不得设定行政许可。

（一）法律的行政许可设定权

法律可以设定各种形式的行政许可，根据《行政许可法》第 12 条第 6 项的规定，法律可以就前面 5 项之外的其他事项设定行政许可。

（二）行政法规的行政许可设定权

行政法规是具有最高效力的行政立法。在尚未制定法律的情况下，行政法规可以设定行政许可。在法律已经设定行政许可时，行政法规可以在法律设定的行政许可事项范围内，对实施该行政许可作出具体规定，但不得增设行政许可。此外，根据《行政许可法》第 12 条第 6 项的规定，与法律相同，行政法规也可以就前面 5 项之外的其他事项设定行政许可。

（三）国务院决定的行政许可设定权

严格来说，国务院设定行政许可必须通过行政立法的形式，但在必要时，国务院可以采用发布决定的方式设定行政许可，实施后，除临时性行政许可事项外，国务院应当及时提请全国人民代表大会及其常务委员会制定法律，或者自行制定行政法规。可见，国务院以决定方式设定行政许可只能在紧急情况下进行，而且事后决定应当转化为法律或行政法规。

（四）地方性法规的行政许可设定权

在尚未制定法律、行政法规的情况下，地方性法规可以在《行政许可法》第 12 条所列事项范围内设定行政许可。法律、行政法规已经对有关事项设定行政许可的，地方性法规可以在法律、行政法规设定的行政许可事项范围内，对实施该行政许可作出具体规定，但不得增设行政许可。

（五）省级地方政府规章的行政许可设定权

在尚未制定法律、行政法规和地方性法规的情况下，因行政管理的需要，确需立即实施行政许可的，省、自治区、直辖市人民政府规章可以设定临时性的行政许可。临时性的行政许可实施满一年需要继续实施的，应当提请本级人民代表大会及其常务委员会制定地方性法规。可见，省级地方政府规章仅仅具有临时性行政许可的设定权。此外，部门规章和设区的市、自治州的人民政府制定的地方政府规章一律不得设定行政许可。

（六）地方性法规和省级地方政府规章行政许可设定权的限制

地方性法规和省、自治区、直辖市人民政府规章，不得设定应当由国家统一确定的公民、法人或者其他组织的资格、资质的行政许可；不得设定企业或者其他组织的设立登记及其前置性行政许可。其设定的行政许可，不得限制其他地区的个人或者企业到本地区从事生产经营和提供服务，不得限制其他地区的商品进入本地区市场。

（七）下位法对上位法设定的补充

行政法规可以在法律设定的行政许可事项范围内，对实施该行政许可作出具体规定。地方性法规可以在法律、行政法规设定的行政许可事项范围内，对实施该行政许可作出具体规定。规章可以在上位法设定的行政许可事项范围内，对实施该行政许可作出具体规定。法规、规章对实施上位法设定的行政许可作出的具体规定，不得增设行政许可；对行政许可条件作出的具体规定，不得增设违反上位法的其他条件。

四、行政许可的设定程序

《行政许可法》中规定了设定行政许可的听证、行政许可的定期评价与适时评价、设定行政许可后的停止实施等制度。

（一）设定行政许可的听证

行政许可的设定涉及多数相对人的权益，因此，应当以听证会等方式听取相关人员的意见。具体而言，起草法律草案、法规草案和省、自治区、直辖市人民政府规章草案，拟设定行政许可的，起草单位应当采取听证会、论证会等形式听取意见，并向制定机关说明设定该行政许可的必要性、对经济和社会可能产生的影响以及听取和采纳意见的情况。

（二）定期评价与适时评价

为了监测设定行政许可的效果，行政许可的设定机关应当定期对其设定的行政许可进行评价。对于已设定的行政许可，认为通过《行政许可法》第13条规定的自主决定、市场竞争、自律管理、事后监督方式能够解决的，应当对设定该行政许可的规定及时予以修改或者废止。

行政许可的实施机关可以对已设定的行政许可的实施情况及存在的必要性适时进行评价，并将意见报告该行政许可的设定机关。公民、法人或者其他组织可以向行政许可的设定机关和实施机关就行政许可的设定与实施提出意见和建议。

（三）设定行政许可后的停止实施

省、自治区、直辖市人民政府对行政法规设定的有关经济事务的行政许可，根据本行政区域经济和社会发展情况，认为通过《行政许可法》第13条规定的自主决定、市场竞争、自律管理、事后监督方式能够解决的，报国务院批准后，可以在本行政区域内停止实施该行政许可。

第四节　行政许可的实施程序

现代行政法重视行政程序的价值，承认行政程序对于保障相对人权益以及监督行政合法性具有重要意义。为此，《行政许可法》专列一章，以超过三分之一的篇幅详细规定了申请与受理、审查、决定、期限、听证、变更与延续、特别规定等行政许可的实施程序。

一、申请与受理

行政许可是依申请行政行为，必须以申请人的申请为前提。可见，申请人的申请与行政机关的受理是行政许可的开始。

（一）申请人的申请

行政许可的申请是指公民、法人或者其他组织向行政机关提出欲从事依法需要取得行政许可的特定活动的请求，并希望行政机关作出许可决定的行为。申请人的申请是行政许可启动的必要程序，而且行政机关也因为申请而产生针对该申请进行答复的义务。

1. 申请的方式

行政许可的申请一般应当以书面方式提出，但也存在例外性的口头提出的情况。此外，行政许可申请可以通过信函、电报、电传、传真、电子数据交换和电子邮件等方式提出。

2. 申请的委托

申请人可以委托代理人提出行政许可申请，但是，依法应当由申请人到行政机关办公场所提出行政许可申请的除外。例如，根据《婚姻登记管理条例》的规定，结婚登记必须由本人亲自办理，而不得委托。

3. 申请人的义务

申请人申请行政许可，应当如实向行政机关提交有关材料和反映真实情况，并对其申请材料实质内容的真实性负责。

4. 申请提交的对象

申请必须向具有行政许可权限的行政机关提出。对此，《行政许可法》第三章作出了详细的规定。具体实施行政许可的主体包括：(1) 具有行政许可权的行政机关，这是行政许可最主要的实施主体；(2) 法律、法规授权的具有管理公共事务职能的组织，在法定授权范围内，以自己的名义实施行政许可；(3) 行政机关在其法定职权范围内，依照法律、法规、规章的规定，可以委托其他行政机关实施行政许可，受委托行政机关在委托范围内，以委托行政机关名义实施行政许可，并不得再委托其他组织或者个人实施行政许可；(4) 经国务院批准，省、自治区、直辖市人民政府根据精简、统一、效能的原则，可以决定一个行政机关行使有关行政机关的行政许可权；(5) 行政许可需要行政机关内设的多个机构办理的，该行政机关应当确定一个机构统一受理行政许可申请，统一送达行政许可决定。行政许可依法由地方人民政府两个以上部门分别实施的，本级人民政府可以确定一个部门受理行政许可申请并转告有关部门分别提出意见后统一办理，或者组织有关部门联合办理、集中办理。此外，对直接关系公共安全、人身健康、生命财产安全的设备、设施、产品、物品的检验、检测、检疫，除法律、行政法规规定由行政机关实施的外，应当逐步由符合法定条件的专业技术组织实施。专业技术组织及其有关人员对所实施的检验、检测、检疫结论承担法律责任。

5. 行政许可实施机关的义务

(1) 免费提供申请书格式文本制度。

申请书需要采用格式文本的，行政机关应当向申请人提供行政许可申请书格式文本。申请书格式文本中不得包含与申请行政许可事项没有直接关系的内容。

(2) 范本公示制度。

行政机关应当将法律、法规、规章规定的有关行政许可的事项、依据、条件、数量、程序、期限以及需要提交的全部材料的目录和申请书示范文本等在办公场所公示。申请人要求行政机关对公示内容予以说明、解释的，行政机关应当说明、解释，提供准确、可靠的信息。

(3) 与许可无关的材料排除制度。

行政机关不得要求申请人提交与其申请的行政许可事项无关的技术资料和其他材料。

(4) 电子政务制度。

行政机关应当建立和完善有关制度，进一步深化电子政务改革，提升行政许可的数字化水平，运用互联网、大数据、人工智能等技术手段，优化行政许可的流程和方式；应当与其他行政机关共享有关行政许可信息，提高办事效率。

(二) 对于申请的处理

当申请人将申请书及其他有关材料提交给行政机关之后，行政机关就应当对这些材料是否齐全、是否符合法定形式进行审查，并根据下列情况分别作出处理：(1) 申请事项依法不需要取得行政许可的，应当即时告知申请人不受理；(2) 申请事项依法不属于本行政机关职权范围的，应当即时作出不予受理的决定，并告知申请人向有关行政机关申请；(3) 申请材料存在可以当场更正的错误的，应当允许申请人当场更正；(4) 申请材料不齐全或者不符合法定形式的，应当当场或者在 5 日内一次告知申请人需要补正的全部内容，逾期不告知的，自收到申请材料之日起即为受理；(5) 申请事项属于本行政机关职权范围，申请材料齐全、符合法定形式，或者申请人按照本行政机关的要求提交全部补正申请材料的，应当受理行政许可申请。行政机关受理或者不予受理行政许可申请，应当出具加盖本行政机关专用印章和注明日期的书面凭证。

二、审查

受理申请人的申请后，行政机关应当按照法定的许可条件和标准对申请人的申请进行审查，并作出是否准予申请人从事特定的活动的决定。

（一）审查的方式

行政机关应当对申请人提交的申请材料进行审查。行政机关对许可申请审查的方式包括形式审查与实质审查。形式审查是指申请人提交的申请材料齐全、符合法定形式，行政机关能够当场作出决定的，应当当场作出书面的行政许可决定。实质审查是指根据法定条件和程序，需要对申请材料的实质内容进行核实的，行政机关应当指派两名以上工作人员进行核查。

（二）上、下级行政机关的审查分工

行政许可的审查有时涉及上、下级行政机关之间的权限分工，但这属于行政许可机关的内部性问题，不得因此增加申请人的负担。依法应当先经下级行政机关审查后报上级行政机关决定的行政许可，下级行政机关应当在法定期限内将初步审查意见和全部申请材料直接报送上级行政机关。上级行政机关不得要求申请人重复提供申请材料。

依法应当先经下级行政机关审查后报上级行政机关决定的行政许可，下级行政机关应当自其受理行政许可申请之日起 20 日内审查完毕，但是，法律、法规另有规定的，依照其规定。

（三）利害关系人的程序性权利

在行政许可过程中为了保护利害关系人的利益，《行政许可法》第 36 条规定了利害关系人的知情权、陈述权、申辩权以及行政机关告知与听取意见的义务，即：行政机关对行政许可申请进行审查时，发现行政许可事项直接关系他人重大利益的，应当告知该利害关系人；申请人、利害关系人有权进行陈述和申辩；行政机关应当听取申请人、利害关系人的意见。

（四）听证

1. 听证的前提条件

对于法律、法规、规章规定实施行政许可应当听证的事项，或者行政机关认为需要听证的其他涉及公共利益的重大行政许可事项，行政机关应当向社会公告，并举行听证。

2. 听证权利的告知义务

行政许可直接涉及申请人与他人之间重大利益关系的，行政机关在作出行政许可决定前，应当告知申请人、利害关系人享有要求听证的权利。

3. 听证申请的提出与听证的组织

申请人、利害关系人在被告知听证权利之日起 5 日内提出听证申请的，行政机关应当在 20 日内组织听证。申请人、利害关系人不承担行政机关组织听证的费用。

4. 听证程序

听证按照下列程序进行：（1）行政机关应当于举行听证的 7 日前将举行听证的时间、地点通知申请人、利害关系人，必要时予以公告；（2）听证应当公开举行；（3）行政机关应当

指定审查该行政许可申请的工作人员以外的人员为听证主持人，申请人、利害关系人认为主持人与该行政许可事项有直接利害关系的，有权申请回避；(4) 举行听证时，审查该行政许可申请的工作人员应当提供审查意见的证据、理由，申请人、利害关系人可以提出证据，并进行申辩和质证；(5) 听证应当制作笔录，听证笔录应当交听证参加人确认无误后签字或者盖章。

5. 听证笔录的效力

我国在 1996 年制定的《行政处罚法》、1997 年制定的《价格法》等法律中已经确立了听证程序，但关于作为听证结果的听证笔录的效力没有明确的规定，在现实中导致听证流于形式，"听而不证"的现象时有发生。对此，2003 年制定的《行政许可法》吸取了这方面的教训，于第 48 条第 2 款明确规定："行政机关应当根据听证笔录，作出行政许可决定。"这被认为是引进美国的案卷排他制度的结果，即要求行政机关的决定必须根据听证笔录记录在案的事实和证据作出，不能在听证笔录之外以当事人不知道或没有论证的事实作为行政决定的根据。明确听证笔录对行政许可决定的约束力，对于保护申请人及利害关系人的合法权益具有重要意义。①

三、决定

行政机关对申请进行审查后，必须在规定期限内作出决定。决定包括准予申请人从事特定活动的许可决定与拒绝申请人从事特定活动的不许可决定。

（一）决定的期限

对行政许可申请进行审查后，除可以当场作出行政许可决定的外，行政机关应当自受理行政许可申请之日起 20 日内作出行政许可决定，20 日内不能作出决定的，经本行政机关负责人批准，可以延长 10 日，并应当将延长期限的理由告知申请人，但是，法律、法规另有规定的，依照其规定。依照《行政许可法》第 26 条的规定，行政许可采取统一办理或者联合办理、集中办理的，办理的时间不得超过 45 日；45 日内不能办结的，经本级人民政府负责人批准，可以延长 15 日，并应当将延长期限的理由告知申请人。

此外，行政机关作出行政许可决定，依法需要听证、招标、拍卖、检验、检测、检疫、鉴定和专家评审的，所需时间不计算在法定期限内，但应当将所需时间书面告知申请人。

（二）决定的形式

对许可申请的决定是要式行政行为，无论是否许可，任何决定都必须以书面方式作出，即使是不许可决定，也必须在规定期限内以书面方式明确作出；在规定期限内不作出决定的，视为行政机关不作为违法。

（三）许可决定

1. 许可决定的标准

申请人的申请符合法定条件、标准的，行政机关应当依法作出准予行政许可的书面决

---

① 2021 年修订的《行政处罚法》也新增了类似条款，其中的第 65 条规定："听证结束后，行政机关应当根据听证笔录，依照本法第五十七条的规定，作出决定。"

定。可见，“符合法定条件、标准”是作出许可决定的标准，这也要求设定主体在设定行政许可的同时，应当对许可的条件、标准尽可能明确、具体地作出规定。

从解禁说来看，从事特定活动原本是相对人的权利，但由于行政管理的需要而被一般性地禁止，要求获得许可才可从事。可见，许可是对相对人权利的恢复，而非行政机关的恩赐。在这种意义上说，一般而言，只要申请人符合法定条件、标准，不存在不予许可的特别理由，行政机关原则上应当予以许可。这被称为“原则许可制”。当然，对于数量存在限制的许可，并非所有的符合法定条件和标准的申请人都可以获得行政许可。对此，《行政许可法》第57条规定：“有数量限制的行政许可，两个或者两个以上申请人的申请均符合法定条件、标准的，行政机关应当根据受理行政许可申请的先后顺序作出准予行政许可的决定。但是，法律、行政法规另有规定的，依照其规定。”例如，有些法律中规定行政机关可以依法按照招投标、拍卖等公平竞争的方式等确定许可的获得者。

2. 许可决定的确定方式

《行政许可法》第12条列举了普通许可、特许、认可、核准、登记以及其他事项共6种类型的行政许可事项。对于普通许可事项，按照上述许可决定的标准进行许可。而对于特许、认可、核准、登记等4种类型的特殊行政许可，《行政许可法》第53条至第56条分别规定了不同的确定方式。

（1）特许的确定方式。

实施《行政许可法》第12条第2项所列事项的行政许可（特许），行政机关应当通过招标、拍卖等公平竞争的方式作出决定，但是，法律、行政法规另有规定的，依照其规定。行政机关通过招标、拍卖等方式作出行政许可决定的具体程序，依照有关法律、行政法规的规定。行政机关按照招标、拍卖程序确定中标人、买受人后，应当作出准予行政许可的决定，并依法向中标人、买受人颁发行政许可证件。行政机关违反《行政许可法》的规定，不采用招标、拍卖方式，或者违反招标、拍卖程序，损害申请人合法权益的，申请人可以依法申请行政复议或者提起行政诉讼。

（2）认可的确定方式。

实施《行政许可法》第12条第3项所列事项的行政许可，赋予公民特定资格，依法应当举行国家考试（认可）的，行政机关根据考试成绩和其他法定条件作出行政许可决定；赋予法人或者其他组织特定的资格、资质的，行政机关根据申请人的专业人员构成、技术条件、经营业绩和管理水平等的考核结果作出行政许可决定。但是，法律、行政法规另有规定的，依照其规定。公民特定资格的考试依法由行政机关或者行业组织实施，公开举行。行政机关或者行业组织应当事先公布资格考试的报名条件、报考办法、考试科目以及考试大纲，但是，不得组织强制性的资格考试的考前培训，不得指定教材或者其他助考材料。

（3）核准的确定方式。

实施《行政许可法》第12条第4项所列事项的行政许可（核准）的，应当按照技术标准、技术规范依法进行检验、检测、检疫，行政机关根据检验、检测、检疫的结果作出行政许可决定。行政机关实施检验、检测、检疫，应当自受理申请之日起5日内指派两名以上工作人员按照技术标准、技术规范进行检验、检测、检疫。不需要对检验、检测、检疫结果作进一步技术分析即可认定设备、设施、产品、物品是否符合技术标准、技术规范的，行政机关应当当场作出行政许可决定。行政机关根据检验、检测、检疫结果，作出不予行政许可决定的，应当书面说明不予行政许可所依据的技术标准、技术规范。

（4）登记的确定方式。

实施《行政许可法》第12条第5项所列事项的行政许可（登记），申请人提交的申请材料齐全、符合法定形式的，行政机关应当当场予以登记。需要对申请材料的实质内容进行核实的，行政机关应当指派两名以上工作人员进行核查。

3. 许可证件的颁发

行政机关作出准予行政许可的决定，需要颁发行政许可证件的，应当向申请人颁发加盖本行政机关印章的下列行政许可证件：（1）许可证、执照或者其他许可证书；（2）资格证、资质证或者其他合格证书；（3）行政机关的批准文件或者证明文件；（4）法律、法规规定的其他行政许可证件。行政机关实施检验、检测、检疫的，可以在检验、检测、检疫合格的设备、设施、产品、物品上加贴标签或者加盖检验、检测、检疫印章。

行政机关作出准予行政许可的决定，应当自作出决定之日起10日内向申请人颁发、送达行政许可证件，或者加贴标签、加盖检验、检测、检疫印章。

4. 许可决定的公开

许可决定的公开是指行政机关作出的准予行政许可决定，应当予以公开，公众有权查阅。这是行政公开原则在行政许可领域的体现，对于保障被许可人、利害关系人和公众的知情权，加强对行政机关的监督具有重要意义。当然，涉及国家秘密、商业秘密和个人隐私的内容不得公开。

5. 许可决定的效力范围

行政许可的适用范围，部分存在地域限制，例如，根据《烟草专卖法实施条例》第23条第1款的规定，取得烟草专卖批发企业许可证的企业，应当在许可证规定的经营范围和地域范围内，从事烟草制品的批发业务。法律、行政法规设定的行政许可，其适用范围具有地域限制的，其适用范围受到该地域的限制，申请人取得的行政许可只能在该地域范围内有效。而法律、行政法规设定的行政许可，其适用范围没有地域限制的，申请人取得的行政许可在全国范围内有效。这种规定的目的在于防止地方政府或部门利用行政许可权力推行地方保护主义，同时也避免由于地域的不同进行重复申请而给相对人造成不必要的负担。此外，地方性法规与地方政府规章“不得限制其他地区的个人或者企业到本地区从事生产经营和提供服务，不得限制其他地区的商品进入本地区市场”。

（四）不许可决定

1. 不许可决定的作出

申请人的申请不符合法定条件、标准的，行政机关依法作出不予行政许可的书面决定。

2. 说明理由与告知救济权利

行政机关对申请人作出不许可的书面决定时，应当说明理由，并告知申请人享有依法申请行政复议或者提起行政诉讼的权利。说明理由的内容包括许可审查中认定的事实、依据的法律以及行政机关自由裁量时的考虑等，告知救济权利包括告知可以提起行政复议或行政诉讼的权利、提起的期限、提出的机关、提起时所需材料等情况。说明理由与告知救济权利一般在不许可决定的书面文书中同时作出。

四、变更与延续

（一）许可的变更

许可的变更是指在许可决定作出后，根据被许可人的请求，行政机关对许可事项的具体内容加以变更的行为。《行政许可法》第49条规定：“被许可人要求变更行政许可事项的，应当向作出行政许可决定的行政机关提出申请；符合法定条件、标准的，行政机关应当依法办理变更手续。”

行政许可作为行政行为，具有不可变更力，即在许可决定作出之后，行政机关不得随意变更行政行为。但有时在许可决定作出之后，由于情况的发展、变化，许可的内容可能不再适合于被许可人，在这种情况下，允许被许可人向行政许可机关提出变更原许可内容的请求。行政许可机关应当进行审查，符合法定条件、标准的，应当依法办理变更手续。

（二）许可的延续

行政许可一般附有期限的限制，被许可人只能在行政许可的有效期限内从事许可活动，超过有效期限而从事行政许可准予的活动的，构成违法。因此，被许可人如果希望在有效期届满后继续从事有关活动，需要延续依法取得的行政许可的有效期，应当在该行政许可有效期届满30日前向作出行政许可决定的行政机关提出申请。但是，法律、法规、规章另有规定的，依照其规定。

行政机关应当根据被许可人的申请，在该行政许可有效期届满前作出是否准予延续的决定，逾期未作决定的，视为准予延续。这被称为“默示性延续”，目的是促使行政机关及时作出是否准予延续的决定。

第五节　行政许可中的法律责任

为了确保行政机关依法实施许可以及被许可人依法从事许可所准予的活动，必须对行政机关及被许可人的活动进行监督检查。对于违法行为，行为人必须承担相应的法定责任。

一、行政许可中的监督检查

行政许可监督检查包括行政机关内部的层级监督和行政机关对被许可人的管理监督两种类型。

（一）层级监督

层级监督是指上级行政机关对于其所属的下级行政机关进行的监督。在行政许可过程中，上级行政机关应当加强对下级行政机关实施行政许可的监督、检查，及时纠正行政许可实施中的违法行为。此外，这种监督还包括授权机关对被授权组织、委托行政机关对受委托行政机关的监督。

（二）管理监督

管理监督是指行政机关基于对行政许可的管理权而监督被许可人依法从事许可所准予的活动的行为。行政许可机关不仅应当重视事前许可权力的行使，更为重要的是应当承担许可后对被许可人从事许可事项活动的日常监督义务。

1. 监督检查的方式

（1）书面监督检查。

书面监督检查是指行政机关通过核查反映被许可人从事行政许可事项活动情况的有关材料，履行监督责任。在行政机关的监督检查中，书面监督检查是最为常见的方式。这是因为书面监督检查可以减少行政执行成本，提高行政管理效率，避免妨碍被许可人的正常活动。

（2）抽样检查与实地检查。

行政机关可以对被许可人生产经营的产品依法进行抽样检查、检验、检测，对其生产经营场所依法进行实地检查。

（3）定期检查。

行政机关根据法律、行政法规的规定，对直接关系公共安全、人身健康、生命财产安全的重要设备、设施进行定期检验。对检验合格的，行政机关应当发给相应的证明文件。

（4）根据举报的检查。

个人和组织发现违法从事行政许可事项的活动，有权向行政机关举报，行政机关应当及时核实、处理。

（5）被许可人自检。

对直接关系公共安全、人身健康、生命财产安全的重要设备、设施，行政机关应当督促设计、建造、安装和使用单位建立相应的自检制度。

2. 被许可人的义务

对于行政机关的监督检查，被许可人必须予以配合。检查时，行政机关可以依法查阅或者要求被许可人报送有关材料，被许可人应当如实提供有关情况和材料。

3. 行政机关在监督检查中的义务

（1）监督检查记录的公示义务。

行政机关依法对被许可人从事行政许可事项的活动进行监督检查时，应当将监督检查的情况和处理结果予以记录，由监督检查人员签字后归档。公众有权查阅行政机关监督检查记录。行政机关应当创造条件，实现与被许可人、其他有关行政机关的计算机档案系统互联，核查被许可人从事行政许可事项活动情况。

（2）不得妨碍被许可人的正常活动义务。

行政机关实施监督检查，不得妨碍被许可人正常的生产经营活动，不得索取或者收受被许可人的财物，不得谋取其他利益。

（3）违法信息抄告义务。

被许可人在作出行政许可决定的行政机关管辖区域外违法从事行政许可事项活动的，违法行为发生地的行政机关应当依法将被许可人的违法事实、处理结果抄告作出行政许可决定的行政机关。

（4）及时核实、处理举报的义务。

个人和组织发现违法从事行政许可事项活动而向行政机关举报时，行政机关应当及时核实、处理。

4. 监督检查的处理

（1）限期改正。

被许可人未依法履行开发利用自然资源义务或者未依法履行利用公共资源义务的，行政机关应当责令限期改正；被许可人在规定期限内不改正的，行政机关应当依照有关法律、行政法规的规定予以处理。

（2）督促履行。

取得直接关系公共利益的特定行业的市场准入行政许可的被许可人，应当按照国家规定的服务标准、资费标准和行政机关依法规定的条件，向用户提供安全、方便、稳定和价格合理的服务，并履行普遍服务的义务；未经作出行政许可决定的行政机关批准，不得擅自停业、歇业。被许可人不履行前述的义务的，行政机关应当责令限期改正，或者依法采取有效措施督促其履行义务。

（3）责令停止、立即改正。

行政机关在监督检查时，发现直接关系公共安全、人身健康、生命财产安全的重要设备、设施存在安全隐患的，应当责令停止建造、安装和使用，并责令设计、建造、安装和使用单位立即改正。

（三）行政许可的撤销与注销

1. 非法设定行政许可的改正或撤销

违反法律规定设定的行政许可，有关机关应当责令设定该行政许可的机关改正，或者依法予以撤销。

2. 行政许可的撤销

当行政许可违法时，应当予以撤销。行政许可违法的原因可分为两类：第一类是由于行政机关的原因造成的。具体而言，有下列情形之一的，作出行政许可决定的行政机关或者其上级行政机关，根据利害关系人的请求或者依据职权，可以撤销行政许可：（1）行政机关工作人员滥用职权、玩忽职守作出准予行政许可决定的；（2）超越法定职权作出准予行政许可决定的；（3）违反法定程序作出准予行政许可决定的；（4）对不具备申请资格或者不符合法定条件的申请人准予行政许可的；（5）依法可以撤销行政许可的其他情形。第二类是由于被许可人的违法而造成的。例如，被许可人以欺骗、贿赂等不正当手段取得行政许可的，应当予以撤销。对于第一类撤销，由于被许可人并不存在过错，因此，撤销行政许可造成被许可人的合法权益受到损害的，行政机关应当依法给予赔偿。而第二类撤销是由于被许可人本身的过错引起的，被许可人基于行政许可取得的利益不受保护，撤销行政许可即使造成被许可人的合法权益受到损害，也不得进行行政赔偿。

此外，撤销行政许可有可能对公共利益造成重大损害时，不得撤销。

3. 行政许可的注销

行政许可的注销是指当特定事实出现，行政许可已经没有实际意义时，由行政机关依据法定程序使得行政许可失去效力的行为。具体而言，有下列情形之一的，行政机关应当依法办理有关行政许可的注销手续：（1）行政许可有效期届满未延续的；（2）赋予公民特定资格的行政许可，该公民死亡或者丧失行为能力的；（3）法人或者其他组织依法终止的；（4）行政许可依法被撤销、撤回，或者行政许可证件依法被吊销的；（5）因不可抗力导致行政许可事项无法实施的；（6）法律、法规规定的应当注销行政许可的其他情形。

二、行政许可机关及其工作人员的法律责任

（一）行政失职的法律责任

行政机关及其工作人员违反《行政许可法》的规定，有下列情形之一的，由其上级行政机关或者监察机关责令改正；情节严重的，对直接负责的主管人员和其他直接责任人员依法给予行政处分：（1）对符合法定条件的行政许可申请不予受理的；（2）不在办公场所公示依法应当公示的材料的；（3）在受理、审查、决定行政许可过程中，未向申请人、利害关系人履行法定告知义务的；（4）申请人提交的申请材料不齐全、不符合法定形式，不一次告知申请人必须补正的全部内容的；（5）未依法说明不受理行政许可申请或者不予行政许可的理由的；（6）依法应当举行听证而不举行听证的。

（二）违反职务廉洁性的法律责任

行政机关工作人员办理行政许可、实施监督检查，索取或者收受他人财物或者谋取其他利益，构成犯罪的，依法追究刑事责任；尚不构成犯罪的，依法给予行政处分。

（三）滥用职权的法律责任

行政机关实施行政许可，有下列情形之一的，由其上级行政机关或者监察机关责令改正，对直接负责的主管人员和其他直接责任人员依法给予行政处分；构成犯罪的，依法追究刑事责任：（1）对不符合法定条件的申请人准予行政许可或者超越法定职权作出准予行政许可决定的；（2）对符合法定条件的申请人不予行政许可或者不在法定期限内作出准予行政许可决定的；（3）依法应当根据招标、拍卖结果或者考试成绩择优作出准予行政许可决定，未经招标、拍卖或者考试，或者不根据招标、拍卖结果或者考试成绩择优作出准予行政许可决定的。

（四）违规收费及私分费用的法律责任

行政机关实施行政许可，擅自收费或者不按照法定项目和标准收费的，由其上级行政机关或者监察机关责令退还非法收取的费用；对直接负责的主管人员和其他直接责任人员依法给予行政处分。截留、挪用、私分或者变相私分实施行政许可依法收取的费用的，予以追缴；对直接负责的主管人员和其他直接责任人员依法给予行政处分；构成犯罪的，依法追究刑事责任。

（五）监督失职的法律责任

行政机关不依法履行监督职责或者监督不力，造成严重后果的，由其上级行政机关或者监察机关责令改正，对直接负责的主管人员和其他直接责任人员依法给予行政处分；构成犯罪的，依法追究刑事责任。

（六）行政赔偿责任

行政机关违法实施行政许可，给当事人的合法权益造成损害的，应当依照国家赔偿法的规定给予赔偿。

三、行政许可申请人及被许可人的法律责任

（一）虚假申请的法律责任

行政许可申请人隐瞒有关情况或者提供虚假材料申请行政许可的，行政机关不予受理或者不予行政许可，并给予警告；行政许可申请属于直接关系公共安全、人身健康、生命财产

安全事项的，申请人在 1 年内不得再次申请该行政许可。

（二）非法取得许可者的法律责任

被许可人以欺骗、贿赂等不正当手段取得行政许可的，行政机关应当依法给予行政处罚；取得的行政许可属于直接关系公共安全、人身健康、生命财产安全事项的，申请人在 3 年内不得再次申请该行政许可；构成犯罪的，依法追究刑事责任。非法取得许可与虚假申请虽然都可能表现为隐瞒有关情况或者提供虚假材料，但虚假申请仅仅是申请人违法，申请人并没有获得许可，属于“未遂”，而非法取得许可者不仅违法申请，而且获得了许可，属于“既遂”，因此，与虚假申请者相比，非法取得许可者的法律责任更重。

（三）被许可人的违法责任

被许可人有下列行为之一的，行政机关应当依法给予行政处罚；构成犯罪的，依法追究刑事责任：（1）涂改、倒卖、出租、出借行政许可证件，或者以其他形式非法转让行政许可的；（2）超越行政许可范围进行活动的；（3）向负责监督检查的行政机关隐瞒有关情况、提供虚假材料或者拒绝提供反映其活动情况的真实材料的；（4）法律、法规、规章规定的其他违法行为。这种违法的特点在于被许可人在申请许可过程中合法，并合法地取得了许可，但在取得许可后的活动中违法，因此，对于此类违法的处罚没有要求在一定期限内不得再次申请该行政许可。

（四）无证经营的法律责任

公民、法人或者其他组织未经行政许可，擅自从事依法应当取得行政许可的活动的，行政机关应当依法采取措施予以制止，并依法给予行政处罚；构成犯罪的，依法追究刑事责任。

第十四章　行政处罚

行政处罚是指行政机关对违反行政管理秩序的公民、法人或者其他组织进行惩戒的行为，属于典型的侵害性行政行为。为了规范行政处罚的设定和实施，保障相对人的合法权益，1996 年 3 月 17 日，第八届全国人民代表大会第四次会议通过了《行政处罚法》（2009 年 8 月 27 日第十一届全国人民代表大会常务委员会第十次会议第一次修正①、2017 年 9 月 1 日第十二届全国人民代表大会常务委员会第二十九次会议第二次修正②、2021 年 1 月 22 日第十三届全国人民代表大会常务委员会第二十五次会议修订③）。该法详细规定了行政处罚的基本原则、处罚的种类和设定、处罚的实施机关、处罚的管辖和适用、处罚的决定程序、处罚的执行以及行政处罚中的法律责任等，不仅从法律上统一规定了行政处罚制度，而且在立法上确立了我国对特定类型的行政行为进行单独立法的模式，例如，2003 年制定的《行政许可法》、2011 年制定的《行政强制法》就是按照这种模式所进行的立法。

第一节　行政处罚概述

为了确保行政法律规范的实施，维护行政管理秩序，对于公民、法人或者其他组织违反行政法律规范的行为，构成犯罪的，由司法机关追究刑事责任；尚未构成犯罪的，由行政机关给予一定的制裁，以示惩戒，防止再犯。这种由行政机关作出的制裁行为即行政处罚。

一、行政处罚的概念

行政处罚是指行政机关依法对违反行政管理秩序的公民、法人或者其他组织，以减损权益或者增加义务的方式予以惩戒的行为。

该定义包含以下含义：第一，行政处罚的主体是行政机关和法律、法规授权的具有管理公共事务职能的组织；第二，行政处罚的对象是违反行政管理秩序的行政相对人；第三，行政处罚以减损相对人权益或者增加相对人义务的方式实现；第四，行政处罚是具有惩戒性的行政行为，通过惩戒防止相对人再犯。

---

① 第一次修正仅涉及一个条款，即将第 61 条中规定的“比照刑法第一百八十八条的规定追究刑事责任”改为“依照刑法有关规定追究刑事责任”。

② 第二次修正仅涉及一个条款，即在第 38 条中增加一款，作为第 3 款，规定：“在行政机关负责人作出决定之前，应当由从事行政处罚决定审核的人员进行审核。行政机关中初次从事行政处罚决定审核的人员，应当通过国家统一法律职业资格考试取得法律职业资格。”

③ 修订比较全面，不仅法条数量由原来的 64 条增至 86 条，新增 22 条，而且原有条文也有多处修改，涉及行政处罚的概念、种类、设定、执法体制、决定和执行程序等各个方面。

二、行政处罚与相关概念的辨析

行政处罚与刑罚、行政处分、执行罚等概念具有一定的相似性，容易混淆，在此予以区分。

（一）行政处罚与刑罚

刑事处罚即刑罚，是指司法机关通过审判程序，依法追究刑事犯罪分子的刑事责任的一种制裁。可见，行政处罚与刑罚都是国家机关对违法行为的制裁。在现实中，同一违法行为有可能同时构成行政违法与犯罪，此时会出现行政处罚和刑罚的衔接问题，《行政处罚法》要求对于违法行为构成犯罪的，应当依法追究刑事责任的，不得以行政处罚代替刑事处罚。当通过司法程序认为依法不构成犯罪、不需要处以刑罚时，可以由行政机关进行行政处罚。可见，刑罚是比行政处罚更为严厉的制裁措施。行政法中一般仅探讨行政处罚，而刑罚属于刑法领域的问题。但也有例外：在日本，与行政有关的处罚被分为行政刑罚与秩序罚，其中的行政刑罚属于刑罚，而秩序罚属于行政处罚。可见，行政处罚与刑罚之间具有一定的联系，但两者的区别也是明显的，具体包括以下方面：第一，制裁的性质不同。行政处罚是行政机关作出的制裁行为，属于行政制裁，而刑罚是司法机关作出的制裁，属于司法制裁。第二，对象不同。行政处罚针对的是行政违法行为，即违反行政管理秩序的行为，这种行为违反行政法律规范但尚未构成犯罪，而刑罚针对的是刑事违法即犯罪行为，这两种行为的违法严重程度不同。第三，适用的程序不同。行政处罚适用行政程序进行，相对于刑罚适用的刑事司法程序较为简易。第四，制裁的方式与惩罚的程度不同。行政处罚的形式有警告、通报批评、罚款、没收违法所得、没收非法财物、暂扣许可证件、降低资质等级、吊销许可证件、限制开展生产经营活动、责令停产停业、责令关闭、限制从业、行政拘留等，而刑罚的形式包括管制、拘役、有期徒刑、无期徒刑、死刑等，不仅两者的制裁方式差异较大，而且行政处罚的惩罚程度也明显低于刑罚。

（二）行政处罚与行政处分

行政处分是行政机关对其内部违法失职的工作人员给予制裁的行为。行政处罚与行政处分都是行政机关作出的制裁行为，两者的区别在于：第一，对象不同。行政处罚的对象是行政相对人，而行政处分的对象是行政机关内部的工作人员。第二，形式不同。行政处罚的形式包括警告、罚款、没收等，而行政处分的形式包括警告、记过、记大过、降级、撤职、开除等。第三，行为性质和救济途径不同。行政处罚属于外部行政行为，相关争议可以通过提起行政复议或行政诉讼进行救济，而行政处分属于内部行政行为，对其不服时不能提起行政复议或行政诉讼，而是通过复核、申诉、控告、人事争议仲裁等途径进行救济。

（三）行政处罚与执行罚

执行罚是指行政机关对拒不履行义务的义务主体，课予金钱给付义务，以迫使其履行的强制执行方式。行政处罚与执行罚都表现为行政机关对不履行义务的个人、组织的处罚，都具有一定的惩戒性质，两者的区别在于：第一，行为目的不同。行政处罚的目的是惩戒相对人的违法行为，防止违法行为再次发生；执行罚的目的是促使相对人履行法定义务，处罚本身并非目的。第二，行为方式不同。行政处罚除了罚款等涉及相对人财产权利的处罚方式外，还有警告、通报批评、吊销许可证件、责令停产停业、行政拘留等涉及相对人精神、资格、行为、人身自由等方面权利的处罚方式，而执行罚只能对相对人科以金钱给付义务，而不能采用对相对人科以精神、资格、行为、人身自由等方面义务的方式。第三，行为的次数限制不同。行政处罚遵循一事不再罚原则，即对于同一违法行为只能进行一次处罚，而执行罚的目的是强制相对人履行义务，在相对人没有履行义务的情况下，可以按日加处罚款，直到其履行义务为止。

一般而言，依据行政处罚概念的定义以及上述区分标准，可以区分行政处罚与其他行政行为。但在现实中，各种行政行为之间的区分也并非绝对的，例如，有关《环境保护法》第59条规定的“按日连续处罚”究竟是行政处罚还是行政强制执行中的执行罚，对于行政机关公布相对人的违法事实这一“公布”行为本身是不是行政处罚，2001年《人口与计划生育法》第41条以及2002年《社会抚养费征收管理办法》规定的社会抚养费征收行为[①]究竟是行政处罚还是行政收费，在学界还存在着争议。

三、行政处罚的基本原则

《行政处罚法》第4条至第8条分别对以下行政处罚的基本原则作出了规定。

（一）处罚法定原则

《行政处罚法》第4条规定，行政处罚“依照本法由法律、法规、规章规定，并由行政机关依照本法规定的程序实施”。处罚法定原则是依法行政原理在行政处罚领域的具体体现，要求行政处罚必须依法进行。具体而言，其包括以下三层含义：第一，处罚主体法定。要求进行行政处罚的行政主体必须是具有行政处罚权的行政机关或法律、法规授权的具有管理公共事务职能的组织。第二，处罚依据法定。要求行政处罚必须根据法定的处罚条件、处罚种类、处罚程序进行，没有法律依据，不得进行行政处罚。第三，处罚程序法定。要求行政机关必须遵循法定程序作出处罚。

（二）公正、公开原则

《行政处罚法》第5条规定，“行政处罚遵循公正、公开的原则”。公正原则要求行政主体设定和实施行政处罚必须以事实为依据，依据法律作出行政处罚。具体包括以下原则：第一，过罚相当原则。设定和实施行政处罚必须以事实为依据，行政处罚的轻重程度应当与违法行为的事实、性质、情节以及社会危害程度相当。第二，平等原则。对违法性质、情节和危害程度相当的相对人，应该给予同等程度的处罚，不能畸轻畸重。

公开原则要求行政处罚的依据以及对违法行为处罚的结果必须公开，接受社会的广泛监督。具体要求包括：第一，有关行政处罚的法律规范必须公开，否则，不能作为行政处罚的依据；第二，行政处罚的决定一般应以书面形式作出，依法交付相对人，而且，行政机关必须向相对人说明处罚的事实、依据等；第三，行政处罚的结果必须向社会公开，当然，涉及国家秘密、商业秘密或者个人隐私的除外。

（三）处罚与教育相结合原则

《行政处罚法》第6条规定：“实施行政处罚，纠正违法行为，应当坚持处罚与教育相结

---

① 2021年8月，十三届全国人大常委会第三十次会议对《人口与计划生育法》进行了修订，删除了社会抚养费征收条款。2021年9月9日，《社会抚养费征收管理办法》经国务院令第747号废止。

合，教育公民、法人或者其他组织自觉守法。”行政处罚是对违反行政法律规范的相对人的制裁，但制裁并非行政处罚的目的，制裁的目的是防止违法行为的再次发生。可见，敦促行政相对人自觉守法才是行政处罚的最终目的。因此，实施行政处罚，纠正违法行为，应当坚持处罚与教育相结合，教育公民、法人或者其他组织自觉守法。

（四）相对人权利保障原则

行政处罚是对相对人的制裁行为，严重影响相对人的权益，因此，必须在行政处罚过程中保障相对人的合法权利。具体而言，第一，在行政处罚过程中，相对人依法享有陈述权、申辩权、请求听证权等；第二，在行政处罚作出之后，相对人对行政处罚不服的，有权依法申请行政复议或者提起行政诉讼；第三，相对人因行政机关违法给予行政处罚受到损害的，有权依法提出赔偿要求。

（五）行政处罚不得代替民事责任、刑事责任原则

公民、法人或者其他组织因违法受到行政处罚，其违法行为对他人造成损害的，应当依法承担民事责任。违法行为严重，构成犯罪的，应当依法追究刑事责任。由于行政责任与民事责任、刑事责任的性质及对象等各不相同，不得以已给予行政处罚而免于追究其民事责任或刑事责任。

第二节　行政处罚的类型与设定

区分行政处罚的类型，并将行政处罚的类型与设定权相联系，分别规定各种类型行政处罚的设定权，是《行政处罚法》的一项创举。行政处罚种类繁多，对相对人权利、义务的影响程度也各不相同，因此，《行政处罚法》根据行政处罚对相对人权利、义务的影响程度以及行政管理的实际需要分配行政处罚的设定权，对于相对人权益的保护以及行政处罚的规范具有重要意义。

一、行政处罚的类型

《行政处罚法》第 9 条规定的行政处罚类型包括：（1）警告、通报批评；（2）罚款、没收违法所得、没收非法财物；（3）暂扣许可证件、降低资质等级、吊销许可证件；（4）限制开展生产经营活动、责令停产停业、责令关闭、限制从业；（5）行政拘留；（6）法律、行政法规规定的其他行政处罚。

（一）警告、通报批评

警告是指行政主体对轻微违法的行为人的谴责和告诫，是最轻微、对违法当事人影响最小的处罚形式，一般适用于违法情节轻微、未造成实际危害后果的相对人。警告的特点在于：第一，警告是对违法者的谴责和告诫，以声誉、名誉上的不利影响，给相对人施加精神压力，使其不敢再实施违法行为，因此也称“申诫罚”或“精神罚”，不涉及人身和财产；第二，警告针对违法情节轻微、未造成实际危害后果的行为作出，是轻微的行政处罚。

通报批评是指行政主体针对违法的行为人进行谴责和告诫，并且将行为人的违法事实在一定范围内予以公布，希望行为人或其他人吸取教训、引以为戒的一种惩戒措施。可见，通报批评与警告都属于“申诫罚”或“精神罚”，但是，两者的区别在于警告是“一对一”“点

对点”的，由行政主体针对违法者作出，而通报批评是“点对面”的，行政主体不仅针对违法者进行批评，而且通过在一定范围内“通报”的形式，利用社会舆论给违法者造成精神压力。因此，通报批评并不一定是轻微处罚，对于被处罚者而言，有时通报批评比罚款等处罚更为严重。

值得注意的是，在实践中应当区分作为行政处罚类型的通报批评和作为行政机关内部惩戒措施的通报批评。通报批评除了作为行政处罚的类型外，往往也被作为行政机关内部的惩戒措施而使用。例如，《传染病防治法》第 65 条规定：“地方各级人民政府未依照本法的规定履行报告职责，或者隐瞒、谎报、缓报传染病疫情，或者在传染病暴发、流行时，未及时组织救治、采取控制措施的，由上级人民政府责令改正，通报批评。”此处的“通报批评”是由上级行政机关对下级行政机关或者其工作人员作出的，属于内部行政行为，不属于行政处罚。作为行政处罚类型的通报批评必须具有外部性，由行政机关对相对人作出。例如，《进出口商品检验行政处罚办法（试行）》第 9 条规定，公民、法人和其他组织“违反商检法规，有下列行为之一的，由商检机构根据情节轻重，给予通报批评、警告或者暂时停止接受报验”。

（二）罚款、没收违法所得、没收非法财物

罚款是指行政机关对违法行为人科处一定数额的金钱给付义务的处罚形式，是剥夺相对人财产权的处罚。由于罚款不涉及相对人的人身自由或行为权利，一般裁量的幅度较大，行政机关可以根据实际情况作出裁量，因此，罚款是现实中运用最为广泛的一种行政处罚。但也正是由于罚款时涉及金钱问题，必须将处罚决定权与执行权相分离，避免为了获得金钱利益而进行罚款的现象。同时，由于法定罚款的幅度往往较大，实践中行政机关必须根据违法行为的性质、情节及对社会的危害程度等确定罚款的数额，而不能随意确定。

没收是指将相对人的违法所得或非法财物收归国有的一种行政处罚。其中，违法所得是指违法相对人通过非法经营或违法行为所获得的利益，如走私物品销售所得、赌博所得等；非法财物是指违法相对人用于从事违法活动的工具、物品或违禁品，是违法活动所涉及的物品，如走私的物品、赌博的赌具等。没收违法所得或非法财物后，必须收归国有，由国家依法进行收归国库、拍卖、销毁或其他依法处理方式。

没收与罚款都是针对相对人的财产权利的行政处罚，因此被合称为“财产罚”，但两者也存在区别：没收所涉及的金钱或者财物本身就是非法的财物，是违法行为涉及的金钱或者财物，在行政处罚中涉及违法所得或非法财物时必须作出没收的决定；而罚款所涉及的财产本身是合法的，财产与违法行为之间、是否作出罚款与相对人的财产之间并无必然的关联。

（三）暂扣许可证件、降低资质等级、吊销许可证件

暂扣或吊销许可证件是指行政机关暂时扣押或撤销违反行政法律规范的相对人已经获得的从事某项活动或业务的许可证件，限制或剥夺其从事某项特许活动的权利的处罚。其中，暂扣许可证件是暂时性地使行政许可中止，如果相对人纠正违法行为或经过一定期限后可以发还许可证件，允许其继续行使行政许可所赋予的权利或资格，而无须相对人再次申请许可。而吊销许可证件是对原行政许可的完全撤销，使相对人丧失从事某种活动的权利或资格，相对人如果希望再次行使行政许可所赋予的权利或资格，必须再次申请许可。

暂扣或吊销许可证件必须以相对人取得许可证件为前提，适用于行政许可领域内的违法

行为。暂扣或吊销许可证件针对的是相对人从事特定活动的资格或能力，是一种资格能力罚，因此被称为“资格罚”，仅适用于实行许可证领域内的违法行为，且是已经取得了许可证件的公民、法人或者其他组织。

降低资质等级是指行政主体对违法行为人通过降低其资质等级而限制其许可经营或者活动范围的惩戒措施。在公安、交通、建设、卫生等区分不同资质等级进行行政许可管理的领域，不同的资质等级意味着不同的经营或者活动范围，此时，行政机关对违法行为作出降低资质等级的决定，实际上就限制了违法行为人的经营或者活动范围。例如，《建筑法》第 13 条规定：“从事建筑活动的建筑施工企业、勘察单位、设计单位和工程监理单位，按照其拥有的注册资本、专业技术人员、技术装备和已完成的建筑工程业绩等资质条件，划分为不同的资质等级，经资质审查合格，取得相应等级的资质证书后，方可在其资质等级许可的范围内从事建筑活动。”第 65 条第 2 款规定：“超越本单位资质等级承揽工程的，责令停止违法行为，处以罚款，可以责令停业整顿，降低资质等级。”而建筑企业一旦被降低资质等级，就意味着其从事建筑活动的范围受到了限制。

与暂扣或吊销许可证件一样，降低资质等级也涉及相对人获得的资格或能力，也属于“资格罚”。暂扣或吊销许可证件意味着相对人暂时或者永久不能从事特定行为，而降低资质等级并没有完全禁止相对人从事特定许可行为，只不过其从事特定许可行为的范围受到了限制，不得从事部分范围的经营或者活动。

（四）限制开展生产经营活动、责令停产停业、责令关闭、限制从业

限制开展生产经营活动是指行政主体针对违法行为人作出的在一定区域和时间内限制其从事特定生产经营活动的惩戒措施。例如，《保险法》第 161 条规定：“保险公司有本法第一百一十六条规定行为之一的，由保险监督管理机构责令改正，处五万元以上三十万元以下的罚款；情节严重的，限制其业务范围……”

责令停产停业是指行政主体对于违法从事生产经营活动的相对人作出的要求其停止生产或停止营业的处罚行为。例如，《疫苗管理法》第 80 条规定：“生产、销售的疫苗属于假药的，由省级以上人民政府药品监督管理部门没收违法所得和违法生产、销售的疫苗以及专门用于违法生产疫苗的原料、辅料、包装材料、设备等物品，责令停产停业整顿……”责令停产停业并不等于关闭企业，一般附有期限，要求生产经营者限期整顿治理，如果能在限期内纠正违法行为，还可以恢复生产经营活动。

责令关闭是指行政主体对于违法的企事业单位，依法作出决定，命令其关闭。例如，《海洋环境保护法》第 102 条规定：“违反本法规定，在依法划定的自然保护地、重要渔业水域及其他需要特别保护的区域建设污染环境、破坏生态的工程建设项目或者从事其他活动，或者在沿海陆域新建不符合国家产业政策的生产项目的，由县级以上人民政府按照管理权限责令关闭。”

限制从业是指行政主体对于违法行为人作出的限制其从事一定职业或者行业的惩戒措施。限制从业既可以针对公民个人作出（例如，《保险法》第 177 条规定：“违反法律、行政法规的规定，情节严重的，国务院保险监督管理机构可以禁止有关责任人员一定期限直至终身进入保险业。”），也可以针对单位作出（例如，《人类遗传资源管理条例》第 43 条规定：“对有本条例第三十六条、第三十九条、第四十一条、第四十二条规定违法行为的单位，情节严重的，由国务院卫生健康主管部门或者省、自治区、直辖市人民政府人类遗传资源主管

部门依据职责禁止其 1 至 5 年内从事采集、保藏、利用、对外提供我国人类遗传资源的活动；情节特别严重的，永久禁止其从事采集、保藏、利用、对外提供我国人类遗传资源的活动。”）。

上述的限制开展生产经营活动、责令停产停业、责令关闭、限制从业都是限制相对人特定行为的处罚形式，其对象是生产经营者的生产经营活动，属于“行为罚”。行为罚是行政主体依法对违反行政法律规范的相对人的行为进行限制或剥夺的制裁方式，与针对财产的罚款、没收不同，被处行为罚之后，相对人就被限制或剥夺从事特定事项的行为能力，对于相对人来说是较为严厉的行政处罚形式，只有针对较为重大的行政违法行为才可以作出。

（五）行政拘留

行政拘留是指行政机关对违反行政管理秩序的相对人在短期内限制或剥夺其人身自由的处罚形式，又被称为“人身罚”或“自由罚”，是最为严厉的一种行政处罚。因此，法律对于行政拘留的适用范围和对象、行使主体期限和作出程序都严格限制：拘留一般适用于严重违反社会治安或者特定安全领域管理秩序的人；只有县级以上公安机关或者法律规定的其他行政机关，例如国家安全机关、海警机构，才具有行政拘留的决定权与执行权；拘留的期限必须在 1 日以上、15 日以下；在作出程序上，拘留必须经过传唤、询问、取证、裁决、执行等程序。

（六）法律、行政法规规定的其他行政处罚

除上述主要行政处罚种类外，法律、行政法规还可规定其他的行政处罚形式。例如，《产品质量法》第 17 条规定：“依照本法规定进行监督抽查的产品质量不合格的，由实施监督抽查的市场监督管理部门责令其生产者、销售者限期改正。逾期不改正的，由省级以上人民政府市场监督管理部门予以公告。”由此可以将“公告”本身也作为一种行政处罚的形式，即将相对人的违法行为或者违法事实予以公开，进而影响相对人的声誉的处罚形式。《道路交通安全法实施条例》第 23 条规定，公安机关交通管理部门对机动车驾驶人的道路交通安全违法行为除给予行政处罚外，实行道路交通安全违法行为累积记分制度，记分达到一定分数，由公安机关交通管理部门扣留其机动车驾驶证。记分在没有达到一定分数之前，具有类似于警告的功能，但是警告并不能累计，而记分累计达到一定分数则会演变为暂扣或者吊销许可证的处罚类型，因此，可以将记分行为本身作为一种单独的行政处罚。《治安管理处罚法》第 10 条第 2 款规定：“对违反治安管理的外国人，可以附加适用限期出境或者驱逐出境。”可见，适用于外国人的“限期出境或者驱逐出境”也是行政处罚的形式。

二、行政处罚的设定

行政处罚的设定涉及行政处罚的设定主体以及设定权限的分配等问题。《行政处罚法》第 10 条至第 14 条对法律、行政法规、地方性法规、部门规章、地方政府规章的行政处罚设定权作出了明确的规定，第 16 条规定除上述立法可以设定行政处罚外，其他规范性文件不得设定行政处罚。

（一）法律的行政处罚设定权

法律是由作为立法机关的全国人大及其常委会制定的规范性文件，在我国法律体系中，其效力仅次于宪法，因此，法律有权根据需要设定任何类型的行政处罚；而且，限制人身自

由的行政处罚由于对相对人影响重大，只能由法律设定。

（二）行政法规的行政处罚设定权

行政法规是由作为最高行政机关的国务院制定的规范性文件，在我国法律体系中其效力仅次于宪法与法律。行政法规的行政处罚设定权包括创设权与规定权：创设权是指行政法规在法律尚未对违法行为作出行政处罚的规定时，可以设定除限制人身自由以外的行政处罚；规定权是指法律对违法行为已经作出行政处罚规定，行政法规需要作出具体规定的，必须在法律规定的给予行政处罚的行为、种类和幅度的范围内规定，而不得违反法律的规定。

（三）地方性法规的行政处罚设定权

地方性法规是由省、自治区、直辖市以及设区的市、自治州的人民代表大会及其常委会制定的规范性文件，在我国法律体系中其效力低于宪法、法律、行政法规。地方性法规的行政处罚设定权包括创设权与规定权：创设权是指地方性法规在法律、行政法规尚未对违法行为作出行政处罚的规定时，可以设定除限制人身自由、吊销营业执照以外的行政处罚；规定权是指法律、行政法规对违法行为已经作出行政处罚规定，地方性法规需要作出具体规定的，必须在法律、行政法规规定的给予行政处罚的行为、种类和幅度的范围内规定，而不得违反法律、行政法规的规定。

《行政处罚法》第 12 条规定，法律、行政法规对违法行为未作出行政处罚规定，地方性法规为实施法律、行政法规，可以补充设定行政处罚。拟补充设定行政处罚的，应当通过听证会、论证会等形式广泛听取意见，并向制定机关作出书面说明。地方性法规报送备案时，应当说明补充设定行政处罚的情况。

（四）部门规章的行政处罚设定权

部门规章是指由国务院各部、各委员会、中国人民银行、审计署和具有行政管理权限的直属机构以及法律规定的机构制定的规范性文件，在效力上低于宪法、法律、行政法规。部门规章的行政处罚设定权包括创设权与规定权：创设权是指尚未制定法律、行政法规的，国务院部门规章对违反行政管理秩序的行为，可以设定警告、通报批评或者一定数额罚款的行政处罚，但罚款的限额由国务院规定。规定权是指法律、行政法规对违法行为已经作出行政处罚的规定时，国务院部门制定的规章可以在法律、行政法规规定的给予行政处罚的行为、种类和幅度的范围内作出具体规定。

（五）地方政府规章的行政处罚设定权

地方政府规章是指由省、自治区、直辖市人民政府和设区的市、自治州的人民政府制定的规范性文件，在效力上低于宪法、法律、行政法规、地方性法规。地方政府规章的行政处罚设定权包括创设权与规定权：创设权是指尚未制定法律、法规的，地方政府规章对违反行政管理秩序的行为，可以设定警告、通报批评或者一定数额罚款的行政处罚，罚款的限额由省、自治区、直辖市人民代表大会常务委员会规定；规定权是指地方政府规章可以在法律、法规规定的给予行政处罚的行为、种类和幅度的范围内作出具体规定，而不得超越法律、法规规定的给予行政处罚的行为、种类和幅度的范围作出新的规定。

三、行政处罚的评估

《行政处罚法》第 15 条规定，国务院部门和省、自治区、直辖市人民政府及其有关部门应当定期组织评估行政处罚的实施情况和必要性，对不适当的行政处罚事项及种类、罚款数额等，应当提出修改或者废止的建议。

第三节　行政处罚的主体与适用

在上述有权机关依法设定行政处罚之后，必须由具体的行政主体来实施与适用。对此，《行政处罚法》第三章与第四章分别规定了行政处罚的实施机关、行政处罚的管辖和适用。

一、行政处罚的主体及其权限委托

（一）行政处罚的主体

行政处罚必须由享有法定权限的行政机关或法律、法规授权的组织实施。可见，行政处罚的主体包括：第一，具有行政处罚权限的行政机关。行政处罚由具有行政处罚权的行政机关在法定职权范围内实施。第二，法律、法规授权的具有管理公共事务职能的组织。国家在城市管理、市场监管、生态环境、文化市场、交通运输、应急管理、农业等领域推行建立综合行政执法制度，相对集中行政处罚权。国务院或者省、自治区、直辖市人民政府可以决定一个行政机关行使有关行政机关的行政处罚权，但限制人身自由的行政处罚权只能由公安机关和法律规定的其他机关行使。法律、法规授权的具有管理公共事务职能的组织可以在法定授权范围内实施行政处罚。

（二）行政处罚的权限委托

在行政处罚实践中，接受享有行政处罚权的行政机关委托的组织也可以行使某些行政处罚权，但它们是以委托的行政机关的名义进行活动，其行为后果也由委托的行政机关承担。因此，受委托的组织不能成为行政处罚的主体，只能是具体作出行政处罚的行为机关。行政机关依照法律、法规、规章的规定，可以在其法定权限内书面委托符合法定条件的组织实施行政处罚。“法定条件”是指受委托组织必须符合的以下条件：（1）依法成立并具有管理公共事务职能；（2）有熟悉有关法律、法规、规章和业务并取得行政执法资格的工作人员；（3）需要进行技术检查或者技术鉴定的，应当有条件组织进行相应的技术检查或者技术鉴定。行政机关不得委托其他组织或者个人实施行政处罚。委托书应当载明委托的具体事项、权限、期限等内容。委托行政机关和受委托组织应当将委托书向社会公布。

委托行政机关对受委托组织实施行政处罚的行为应当负责监督，并对该行为的后果承担法律责任。受委托组织在委托范围内，以委托行政机关名义实施行政处罚；不得再委托其他组织或者个人实施行政处罚。

二、行政处罚的管辖

行政处罚的管辖是指行政机关在受理行政处罚案件方面的权限分工。在地域管辖方面，行政处罚原则上由违法行为发生地的行政机关管辖，法律、行政法规、部门规章另有规定的，从其规定；在级别管辖方面，行政处罚由县级以上地方人民政府具有行政处罚权的行政机关管辖，法律、行政法规另有规定的，从其规定。两个以上行政机关都有管辖权的，由最先立案的行政机关管辖。对管辖发生争议的，应当协商解决，协商不成的，报请共司的上一级行政机关指定管辖，也可以直接由共同的上一级行政机关指定管辖。

省、自治区、直辖市根据当地实际情况，可以决定将基层管理迫切需要的县级人民政府部门的行政处罚权交由能够有效承接的乡镇人民政府、街道办事处行使，并定期组织评估，决定应当公布。承接行政处罚权的乡镇人民政府、街道办事处应当加强执法能力建设，按照规定范围、依照法定程序实施行政处罚。有关地方人民政府及其部门应当加强组织协调、业务指导、执法监督，建立健全行政处罚协调配合机制，完善评议、考核制度。

违法行为涉嫌犯罪的，行政机关应当及时将案件移送司法机关，依法追究刑事责任。对依法不需要追究刑事责任或者免予刑事处罚，但应当给予行政处罚的，司法机关应当及时将案件移送有关行政机关。行政处罚实施机关与司法机关之间应当加强协调配合，建立健全案件移送制度，加强证据材料移交、接收衔接，完善案件处理信息通报机制。

三、行政处罚的适用

行政处罚的适用是指行政处罚的主体在认定相对人的行为违法的基础上，根据相对人的违法事实，依据法律作出行政处罚决定的过程。

（一）行政处罚的适用原则

1. 违法纠正原则

违法纠正原则是指行政机关实施行政处罚时，应当责令当事人改正或者限期改正违法行为。行政处罚是手段，目的是通过处罚纠正违法行为，并防止当事人再犯。当事人有违法所得，除依法应当退赔的外，应当予以没收。违法所得是指实施违法行为所取得的款项。法律、行政法规、部门规章对违法所得的计算另有规定的，从其规定。

2. 一事不再罚原则

一事不再罚原则是指对违反行政管理秩序的相对人的同一个违法行为，不得给予两次以上的处罚，同一个违法行为违反多个法律规范应当给予罚款处罚的，按照罚款数额高的规定处罚。其目的是防止重复处罚，以保护相对人的合法权益，体现了“过罚相当”的原则。值得注意的是，《行政处罚法》第29条规定：“对当事人的同一个违法行为，不得给予两次以上罚款的行政处罚。”该规定确定的仅仅是“一事不再罚款”的原则，立法的目的是纠正当时实践中“重复罚款”的现象。但从理论来看，该原则完全可以推广到所有的行政处罚领域，即对于当事人的同一个违法行为，不得给予两次以上的行政处罚。

（二）行政处罚的适用条件

行政处罚的适用必须具备以下条件：第一，行政处罚适用的前提是公民、法人或其他组织违反行政法律规范的行为客观存在；第二，行政处罚适用的主体是依法享有行政处罚权的行政机关或法律、法规授权的具有管理公共事务职能的组织，此外，受委托的组织可以以委托行政机关的名义适用行政处罚；第三，行政处罚适用的对象是违反行政法律规范的相对人，而且其必须具有一定的责任能力，例如，不满14周岁的未成年人、不能辨认或者不能控制自己行为的精神病人或者智力残疾人不能作为行政处罚的适用对象；第四，必须在行政处罚适用的时效内适用，超过追责时效时不得适用。

（三）行政处罚的适用情形

1. 不予处罚

不予处罚是指虽然相对人的行为在形式上违反了行政管理秩序，但由于具有某种法定原因相对人不应该承担法律责任，因此不给予行政处罚的情形。根据《行政处罚法》的规定，不予处罚包括“应当”和“可以”两种情形。“应当”不予处罚的情形包括：（1）精神病人、智力残疾人在不能辨认或者不能控制自己行为时有违法行为的；（2）不满 14 周岁的未成年人有违法行为的；（3）违法行为轻微并及时改正，没有造成危害后果的；（4）当事人有证据足以证明没有主观过错的；（5）超过追责时效的。“可以”不予处罚的情形包括：初次违法且危害后果轻微并及时改正的，可以不予行政处罚。对当事人的违法行为依法不予行政处罚的，行政机关应当对当事人进行教育或者责令其监护人严加看管和治疗。

2. 从轻或者减轻处罚

从轻或者减轻处罚是指违反行政管理秩序的相对人由于具有某种法定原因而受到较轻处罚的情形。具体而言，从轻处罚是指对违反行政管理秩序的相对人在几种可能的处罚方式内选择较轻的处罚方式，或者在允许的幅度内选择较少的罚款；减轻处罚是指对违反行政管理秩序的相对人在法定的处罚幅度最低限以下进行行政处罚。根据《行政处罚法》的规定，从轻或者减轻处罚包括“应当”和“可以”两种情形。“应当”从轻或减轻处罚的情形包括：（1）已满 14 周岁、不满 18 周岁的未成年人有违法行为的；（2）主动消除或者减轻违法行为危害后果的；（3）受他人胁迫或者诱骗实施违法行为的；（4）主动供述行政机关尚未掌握的违法行为的；（5）配合行政机关查处违法行为有立功表现的；（6）法律、法规、规章规定其他应当从轻或者减轻行政处罚的。“可以”从轻或者减轻行政处罚的情形包括：尚未完全丧失辨认或者控制自己行为能力的精神病人、智力残疾人有违法行为的。

3. 从重处罚

从重处罚是指对违法当事人在法定处罚方式或幅度内，适用较严厉的处罚方式或就高、就重予以处罚。《行政处罚法》对于从重处罚没有作出明确规定，但其在有关行政处罚的法律规范中却较为常见。例如，《治安管理处罚法》第 20 条规定，违反治安管理有下列情形之一的，从重处罚：（1）有较严重后果的；（2）教唆、胁迫、诱骗他人违反治安管理的；（3）对报案人、控告人、举报人、证人打击报复的；（4）6 个月内曾受过治安管理处罚的。

（四）行政处罚折抵刑罚

《行政处罚法》第 35 条规定：“违法行为构成犯罪，人民法院判处拘役或者有期徒刑时，行政机关已经给予当事人行政拘留的，应当依法折抵相应刑期。违法行为构成犯罪，人民法院判处罚金时，行政机关已经给予当事人罚款的，应当折抵相应罚金；行政机关尚未给予当事人罚款的，不再给予罚款。”值得注意的是：首先，可以折抵的行政处罚和刑罚必须在性质上是相同的，都是金钱给付性质的财产罚或者人身自由限制性质的人身罚，而不同类型的处罚之间不得折抵，例如不得以在行政处罚阶段已经接受了罚款的处罚，要求折抵一定的刑期；其次，虽然刑期和罚金可以相抵，但违法行为构成犯罪，应当依法追究刑事责任的，不得以行政处罚代替刑事处罚；最后，公民、法人或者其他组织因违法受到行政处罚，其违法行为对他人造成损害的，应当依法承担民事责任，即民事责任与行政责任不存在折抵、吸收问题。

（五）追责时效

行政处罚的追责时效是指法律规定对行政违法行为适用行政处罚的有效期限。设置时效的目的是维护行政管理秩序的稳定性。《行政处罚法》第 36 条第 1 款规定："违法行为在二年内未被发现的，不再给予行政处罚；涉及公民生命健康安全、金融安全且有危害后果的，上述期限延长至五年。法律另有规定的除外。"也即除非法律另有特殊规定，违法行为在 2 年内未被发现的，涉及公民生命健康安全、金融安全且有危害后果的违法行为在 5 年内未被发现的，不得进行行政处罚。"二年"和"五年"从违法行为发生之日起计算，如果违法行为有连续或者继续状态的，则从行为终了之日起计算。当然，有些法律也规定了特殊的处罚时效，例如，《治安管理处罚法》第 22 条第 1 款规定："违反治安管理行为在六个月内没有被公安机关发现的，不再处罚。"此时，应当依据法律所作出的特殊规定。

（六）处罚依据

实施行政处罚，适用违法行为发生时的法律、法规、规章的规定。但是，作出行政处罚决定时，法律、法规、规章已被修改或者废止，且新的规定处罚较轻或者不认为是违法的，适用新的规定。

（七）行政处罚的效力（无效的情形）

行政处罚没有依据或者实施主体不具有行政主体资格的，行政处罚无效。违反法定程序构成重大且明显违法的，行政处罚无效。

第四节　行政处罚的程序

行政处罚的程序是指行政主体对违反行政管理秩序的相对人进行处罚的步骤、顺序、方式和时限。为了兼顾行政处罚的公正与效率，《行政处罚法》第五章和第六章分别规定了行政处罚的决定程序与执行程序。

一、行政处罚决定的一般规定

《行政处罚法》针对不同的行政处罚规定分别适用简易程序、普通程序与听证程序，但在规定这三种程序之前，《行政处罚法》规定了作出行政处罚决定的三个前提条件，这也是简易程序、一般程序与听证程序都应当遵守的共同程序。

（一）规则公开

行政处罚的实施机关、立案依据、实施程序和救济渠道等信息应当公示。行政机关依照法律、行政法规规定利用电子技术监控设备收集、固定违法事实的，应当经过法制和技术审核，确保电子技术监控设备符合标准、设置合理、标志明显，设置地点应当向社会公布。

（二）事实清楚、证据充分

对于公民、法人或者其他组织违反行政管理秩序的行为，依法应当给予行政处罚的，行政机关必须查明事实；违法事实不清、证据不足的，不得给予行政处罚。

据以作出行政处罚的证据包括：（1）书证；（2）物证；（3）视听资料；（4）电子数据；（5）证人证言；（6）当事人的陈述；（7）鉴定意见；（8）勘验笔录、现场笔录。证据必须经查证属实，方可作为认定案件事实的根据。行政机关应当依法以文字、音像等形式，对行政处罚的启动、调查取证、审核、决定、送达、执行等进行全过程记录，归档保存。以非法手段取得的证据，不得作为认定案件事实的根据。电子技术监控设备记录违法事实应当真实、清晰、完整、准确。行政机关应当审核记录内容是否符合要求；未经审核或者经审核不符合要求的，不得作为行政处罚的证据。

（三）公正、文明执法

行政处罚应当由具有行政执法资格的执法人员实施。执法人员不得少于两人，法律另有规定的除外。执法人员应当文明执法，尊重和保护当事人合法权益。执法人员与案件有直接利害关系或者有其他关系可能影响公正执法的，应当回避。当事人认为执法人员与案件有直接利害关系或者有其他关系可能影响公正执法的，有权申请回避。当事人提出回避申请的，行政机关应当依法审查，由行政机关负责人决定。决定作出之前，不停止调查。

（四）事先告知当事人

行政机关在作出行政处罚决定之前，应当告知当事人拟作出的行政处罚内容及事实、理由、依据，并告知当事人依法享有的陈述、申辩、要求听证等权利。行政机关应当及时告知当事人违法事实，并采取信息化手段或者其他措施，为当事人查询、陈述和申辩提供便利；不得限制或者变相限制当事人享有的陈述权、申辩权。

（五）听取当事人陈述和申辩

当事人有权进行陈述和申辩。行政机关必须充分听取当事人的意见，对当事人提出的事实、理由和证据，应当进行复核；当事人提出的事实、理由或者证据成立的，行政机关应当采纳。行政机关不得因当事人陈述、申辩而给予更重的处罚。

（六）处罚决定公开

具有一定社会影响的行政处罚决定应当依法公开。公开的行政处罚决定被依法变更、撤销、确认违法或者确认无效的，行政机关应当在 3 日内撤回行政处罚决定信息并公开说明理由。但是，行政机关及其工作人员对于实施行政处罚过程中知悉的国家秘密、商业秘密或者个人隐私，应当依法予以保密。

（七）特殊情况的处理

发生重大传染病疫情等突发事件，为了控制、减轻和消除突发事件引起的社会危害，行政机关对于违反突发事件应对措施的行为，可依法快速、从重处罚。

二、行政处罚的决定程序

根据行政处罚实际情况的不同，针对行政处罚的决定，《行政处罚法》分别规定了简易程序、普通程序与听证程序。

（一）简易程序

简易程序是指行政主体对于违法事实确凿并有法定依据、处罚较轻的行政违法相对人当场进行处罚的程序。其目的是提高行政管理的效率，其特点在于违法的情况比较简单明了，行政执法人员当场就可以作出处罚，无须经过复杂的调查取证等程序。《行政处罚法》第 51 条规定，违法事实确凿并有法定依据，对公民处以 200 元以下、对法人或者其他组织处以 3 000 元以下罚款或者警告的行政处罚的，可以当场作出行政处罚决定。法律另有规定的，从其规定。

1. 简易程序的适用条件

根据《行政处罚法》的规定，适用简易程序必须具备以下条件：第一，违法事实确凿。要求违法的事实清楚、证据充分，相对人没有异议。第二，有法定依据。法律、行政法规或规章规定可以处罚。第三，仅限于对公民处以 200 元以下、对法人或者其他组织处以 3 000 元以下罚款或者警告的场合。

2. 简易程序的步骤

执法人员当场作出行政处罚决定时必须遵守以下步骤：第一，应当向当事人出示执法证件；第二，填写预定格式、编有号码的行政处罚决定书，行政处罚决定书应当载明当事人的违法行为，行政处罚的种类和依据，罚款数额、时间、地点，申请行政复议、提起行政诉讼的途径和期限以及行政机关名称，并由执法人员签名或者盖章；第三，行政处罚决定书应当当场交付当事人，当事人拒绝签收的，应当在行政处罚决定书上注明；第四，执法人员当场作出的行政处罚决定，应当报所属行政机关备案。

3. 简易程序作出决定的履行

简易程序仅仅是行政处罚决定的当场作出程序，并非处罚决定的执行程序，对当场作出的行政处罚决定，当事人应当依照《行政处罚法》第 67 条至第 69 条的规定履行。

（二）普通程序

普通程序是指除简易程序与听证程序以外的，行政处罚通常适用的程序。具体而言，行政处罚的普通程序需要经过以下步骤。

1. 立案

立案是指行政主体通过举报或检查等途径发现公民、法人或者其他组织有依法应当给予行政处罚的行为后，根据违法事实与相关法律规范，决定进行调查，开始行政处罚活动的启动程序。符合立案标准的，行政机关应当及时立案。

2. 收集证据

收集证据是指行政主体对相对人违法的事实进行调查、获取证据的过程。行政主体必须全面、客观、公正地调查，收集有关证据；必要时，依照法律、法规的规定，可以进行检查。执法人员在调查或者进行检查时，应当主动向当事人或者有关人员出示执法证件。当事人或者有关人员有权要求执法人员出示执法证件。执法人员不出示执法证件的，当事人或者有关人员有权拒绝接受调查或者检查。当事人或者有关人员应当如实回答询问，并协助调查或者检查，不得拒绝或者阻挠。询问或者检查应当制作笔录。行政机关在调查或者进行检查时，执法人员不得少于两人。当事人或者有关人员应当如实回答询问，并协助调查或者检查，不得拒绝或者阻挠；询问或者检查应当制作笔录。行政机关在收集证据时，可以采取抽样取证的方法；在证据可能灭失或者以后难以取得的情况下，经行政机关负责人批准，可以先行登记保存，并应当在 7 日内及时作出处理决定，在此期间，当事人或者有关人员不得销毁或者转移证据。执法人员与案件有直接利害关系或者有其他关系可能影响公正执法的，应当回避。

3. 告知当事人行政处罚的事实、理由及依据

行政机关在作出行政处罚决定之前，应当告知当事人拟作出的行政处罚内容及事实、理由、依据，并告知当事人依法享有的陈述、申辩、要求听证等权利，否则，行政处罚决定不能成立。

4. 听取当事人的陈述、申辩

在行政处罚过程中，当事人有权进行陈述和申辩，行政机关必须充分听取当事人的意

见，对当事人提出的事实、理由和证据，应当进行复核；当事人提出的事实、理由或者证据成立的，行政机关应当采纳。

5. 专业性审核人员进行法制审核

在行政机关负责人作出决定之前，针对特定情形，应当由从事行政处罚决定法制审核的人员进行法制审核，未经法制审核或者审核未通过的，不得作出决定。行政机关中初次从事行政处罚决定法制审核的人员，应当通过国家统一法律职业资格考试取得法律职业资格。

特定情形主要包括：(1) 涉及重大公共利益的；(2) 直接关系当事人或者第三人重大权益，经过听证程序的；(3) 案件情况疑难复杂、涉及多个法律关系的；(4) 法律、法规规定应当进行法制审核的其他情形。

6. 作出处理决定

行政机关应当自行政处罚案件立案之日起 90 日内作出行政处罚决定。法律、法规、规章另有规定的，从其规定。调查终结，行政机关负责人应当对调查结果进行审查，根据不同情况，分别作出如下决定：(1) 确有应受行政处罚的违法行为的，根据情节轻重及具体情况，作出行政处罚决定；(2) 违法行为轻微，依法可以不予行政处罚的，不予行政处罚；(3) 违法事实不能成立的，不予行政处罚；(4) 违法行为涉嫌犯罪的，移送司法机关。对情节复杂或者重大违法行为给予行政处罚，行政机关的负责人应当集体讨论决定。

7. 制作处罚决定书

处罚决定应当以书面形式作出。行政机关在决定给予行政处罚后，应当制作行政处罚决定书。行政处罚决定书应当载明下列事项：(1) 当事人的姓名或者名称、地址；(2) 违反法律、法规、规章的事实和证据；(3) 行政处罚的种类和依据；(4) 行政处罚的履行方式和期限；(5) 申请行政复议、提起行政诉讼的途径和期限；(6) 作出行政处罚决定的行政机关名称和作出决定的日期。此外，行政处罚决定书必须盖有作出行政处罚决定的行政机关的印章。

8. 送达处罚决定书

行政处罚决定书应当在宣告后当场交付当事人；当事人不在场的，行政机关应当在 7 日内依照《民事诉讼法》的有关规定，将行政处罚决定书送达当事人。当事人同意并签订确认书的，行政机关可以采用传真、电子邮件等方式，将行政处罚决定书等送达当事人。

(三) 听证程序

听证是指行政机关在作出影响相对人权利、义务的决定时，听取相对人及利害关系人意见的程序。行政处罚中的听证程序是指行政主体在作出行政处罚决定前，为了查明案件事实，听取相对人及利害关系人表达的意见或提出的证据的程序。

1. 听证程序的适用条件

听证程序的适用必须符合以下条件：第一，听证程序并非适用于所有的行政处罚，而仅适用于行政机关作出较重的行政处罚决定，对于轻微的行政处罚一般不需要听证。根据《行政处罚法》第 63 条的规定，听证适用的情形包括：(1) 较大数额罚款；(2) 没收较大数额违法所得、没收较大价值非法财物；(3) 降低资质等级、吊销许可证件；(4) 责令停产停业、责令关闭、限制从业；(5) 其他较重的行政处罚；(6) 法律、法规、规章规定的其他情形。第二，听证必须在行政处罚决定作出之前进行。听证的目的是查明案件的真相，在行政处罚作出之前举行听证可以影响行政处罚的作出，而在行政处罚作出之后举行听证就失去了这种意义。第三，行政机关应当告知当事人有要求举行听证的权利，但听证的要求必须由当事人提出。在当事人提出听证要求后，行政机关应当组织听证。

值得注意的是，适用听证程序的行政处罚都是比较严重的处罚，但最为严重的行政拘留却不能适用听证。这是因为对于行政拘留，《治安管理处罚法》已经提供了特殊的救济途径，该法第 107 条规定：被处罚人不服行政拘留处罚决定，申请行政复议、提起行政诉讼的，可以向公安机关提出暂缓执行行政拘留的申请。公安机关认为暂缓执行行政拘留不致发生社会危险的，由被处罚人或者其近亲属提出符合本法第 108 条规定条件的担保人，或者按每日行政拘留 200 元的标准交纳保证金，行政拘留的处罚决定暂缓执行。《行政处罚法》第 73 条规定，当事人对限制人身自由的行政处罚决定不服，申请行政复议或者提起行政诉讼的，可以向作出决定的机关提出暂缓执行申请。符合法律规定情形的，应当暂缓执行。可见，《治安管理处罚法》对行政拘留提供了"暂缓执行"的救济方式，但这种方式与听证程序并不冲突。鉴于行政拘留对相对人人身限制的严重性，笔者认为听证程序的适用是必要的。

2. 听证程序的步骤

听证依照以下程序组织：（1）当事人要求听证的，应当在行政机关告知后 5 日内提出；（2）行政机关应当在举行听证的 7 日前，通知当事人及有关人员听证的时间、地点；（3）除涉及国家秘密、商业秘密或者个人隐私依法予以保密外，听证公开举行；（4）听证由行政机关指定的非本案调查人员主持，当事人认为主持人与本案有直接利害关系的，有权申请回避；（5）当事人可以亲自参加听证，也可以委托 1 至 2 人代理；（6）当事人及其代理人无正当理由拒不出席听证或者未经许可中途退出听证的，视为放弃听证权利，行政机关终止听证；（7）举行听证时，调查人员提出当事人违法的事实、证据和行政处罚建议，当事人进行申辩和质证；（8）听证应当制作笔录，笔录应当交当事人或者其代理人核对无误后签字或者盖章，当事人或者其代理人拒绝签字或者盖章的，由听证主持人在笔录中注明。

3. 听证的效力

听证结束后，行政机关应当根据听证笔录作出决定。对于听证的效力，1996 年制定的《行政处罚法》仅仅规定了听证的程序，对于行政机关是否必须根据听证笔录作出行政处罚决定并没有规定，这就造成了实践中许多"听而不证"的现象，使听证程序流于形式。而 2003 年制定的《行政许可法》中首次确立了案卷排他制度，明确行政机关必须根据听证笔录作出行政许可决定。2021 年修订《行政处罚法》时，针对处罚实践中"听而不证"的问题，吸收了《行政许可法》的立法经验，明确规定：经过听证程序的，行政机关必须根据听证笔录记录在案的事实作出决定。

三、行政处罚的执行程序

行政处罚决定经上述程序依法作出后，相对人应当自觉履行行政处罚决定所规定的义务，无正当理由拒不履行的，依法予以强制执行。

（一）行政处罚执行的原则

行政处罚的执行应当遵守下列原则。

（1）当事人自觉履行原则。行政处罚决定依法作出后，当事人应当在行政处罚决定书载明的期限内，予以履行。

（2）复议或诉讼不停止执行原则。当事人对行政处罚决定不服，申请行政复议或者提起行政诉讼的，行政处罚不停止执行，法律另有规定的除外。当事人对限制人身自由的行政处罚决定不服，申请行政复议或者提起行政诉讼的，可以向作出决定的机关提出暂缓执行申请。符合法律规定情形的，应当暂缓执行。当事人申请行政复议或者提起行政诉讼的，加处罚款的数额在行政复议或者行政诉讼期间不予计算。

（3）处罚权与执行权分离原则。作出罚款决定的行政机关应当与收缴罚款的机构分离。这是为了避免行政机关为了经济利益而作出行政处罚决定，有利于控制行政机关的乱罚款等腐败现象。除依法当场收缴的罚款外，作出行政处罚决定的行政机关及其执法人员不得自行收缴罚款，当事人应当自收到行政处罚决定书之日起 15 日内，到指定的银行或者通过电子支付系统缴纳罚款。银行应当收受罚款，并将罚款直接上缴国库。

（二）当场收缴

1. 当场收缴的适用范围

（1）当场决定的当场收缴。

依法按照简易程序当场作出行政处罚决定，有下列情形之一的，执法人员可以当场收缴罚款：第一，依法给予 100 元以下的罚款的；第二，不当场收缴事后难以执行的。

（2）交通不便地区当场收缴。

在边远、水上、交通不便地区，行政机关及其执法人员依法按照简易程序或普通程序作出罚款决定后，当事人到指定的银行或者通过电子支付系统缴纳罚款确有困难的，经当事人提出，行政机关及其执法人员可以当场收缴罚款。

2. 当场收缴的程序

（1）出具罚款收据。

行政机关及其执法人员当场收缴罚款的，必须向当事人出具国务院财政部门或者省、自治区、直辖市人民政府财政部门统一制发的专用票据；不出具财政部门统一制发的专用票据的，当事人有权拒绝缴纳罚款。

（2）当场收缴罚款的上交。

执法人员当场收缴的罚款，应当自收缴罚款之日起 2 日内，交至行政机关；在水上当场收缴的罚款，应当自抵岸之日起 2 日内交至行政机关；行政机关应当在 2 日内将罚款缴付指定的银行。

（三）强制执行

强制执行是当事人拒不执行行政处罚决定时，行政机关依法采取措施强制当事人执行的行为。

1. 强制执行措施

当事人逾期不履行行政处罚决定的，作出行政处罚决定的行政机关可以采取下列措施：（1）到期不缴纳罚款的，每日按罚款数额的 3％加处罚款，加处罚款的数额不得超出罚款的数额；（2）根据法律规定，将查封、扣押的财物拍卖、依法处理或者将冻结的存款、汇款划拨抵缴罚款；（3）根据法律规定，采取其他行政强制执行方式；（4）依照《中华人民共和国行政强制法》的规定申请人民法院强制执行。行政机关批准延期、分期缴纳罚款的，申请人民法院强制执行的期限，自暂缓或者分期缴纳罚款期限结束之日起计算。

2. 暂缓及分期缴纳

当事人确有经济困难，需要延期或者分期缴纳罚款的，经当事人申请和行政机关批准，可以暂缓或者分期缴纳。

（四）罚款、没收违法所得或者没收非法财物的处理

除依法应当予以销毁的物品外，依法没收的非法财物必须按照国家规定公开拍卖或者按照国家有关规定处理。罚款、没收的违法所得或者没收非法财物拍卖的款项，必须全部上缴国库，任何行政机关或者个人不得以任何形式截留、私分或者变相私分。罚款、没收的违法所得或者没收非法财物拍卖的款项，不得同作出行政处罚决定的行政机关及其工作人员的考核、考评直接或者变相挂钩。除依法应当退还、退赔的外，财政部门不得以任何形式向作出行政处罚决定的行政机关返还罚款、没收的违法所得或者没收非法财物拍卖的款项。

第十五章　行政强制

行政机关为了实施行政管理和维护公共秩序，预防或制止社会危害事件与违法行为的发生，往往需要针对特定公民、法人或者其他组织的人身、行为及财产依法进行临时约束或处置。此外，相对人不自觉履行行政决定所确定的义务时，需要通过强制的方式迫使相对人履行义务或达到与履行义务相同的状态。这些行为最大的特征在于其强制性，因此被统称为"行政强制"。由于行政强制直接涉及相对人的权利、义务，法律对这种行为进行了较为严格的规范和限制，例如，《反间谍法》《戒严法》《人民警察法》《消防法》《食品安全法》《税收征收管理法》等法律中都有与行政强制相关的规定。2011 年 6 月 30 日第十一届全国人大常委会第二十一次会议审议通过的《行政强制法》作为有关行政强制的统一性法典，对行政强制行为的概念、原则、种类和设定、程序、法律责任等各方面作出了较为全面的规定。以下结合该法律的具体条文对行政强制制度进行阐述。

第一节　行政强制概述

此前我国行政法学界对"行政强制""行政执行""行政措施""行政强制行为""行政强制执行""行政强制措施"等几个概念的使用较为混乱。但随着《行政强制法》的制定，最终以立法的方式确认了三个法定概念并明确了三者之间的关系，即"行政强制＝行政强制措施＋行政强制执行"。

一、行政强制的概念

关于"行政强制"的概念在学界历来存在争议。狭义的行政强制就是指行政强制执行[①]；而广义的行政强制是指"行政主体为实现行政目的，对相对人的财产、身体及自由等予以强制而采取的措施"[②]，具体包括行政强制措施与行政强制执行。学界一般采用广义上的行政强制概念，将行政强制措施和行政强制执行作为行政强制的一种类型。这种广义的行政强制概念已经获得了立法的确认，《行政强制法》第 2 条第 1 款明确规定"行政强制，包括行政强制措施和行政强制执行"。可见，要界定行政强制的概念，首先必须明确行政强制措施和行政强制执行的含义。

---

① 参见张焕光等：《行政法基本知识》，155 页，太原，山西人民出版社，1986。

② 姜明安主编：《行政法与行政诉讼法》，322 页，北京，北京大学出版社、高等教育出版社，2005。

二、行政强制措施的概念

（一）行政强制措施概念的法定含义

在行政管理过程中，行政机关为了实现特定行政目的，预防或制止社会危害事件与违法行为的发生，有时往往需要采取必要的强制性措施，这在行政法学上被称为“行政强制措施”。根据《行政强制法》第2条第2款的规定，行政强制措施是指行政机关在行政管理过程中，为制止违法行为、防止证据损毁、避免危害发生、控制危险扩大等情形，依法对公民的人身自由实施暂时性限制，或者对公民、法人或者其他组织的财物实施暂时性控制的行为。

（二）行政强制措施概念的构成要素

从上述行政强制措施的定义来看，该概念包含以下几个构成要素。

第一，主体要素。行政强制措施的行为主体是具有法定职权的行政机关，行政强制措施是行政机关依法实施的职权性行为。

第二，目的要素。行政强制措施是为了制止行政违法或实现行政法上的必要状态而采取的措施。行政机关实施行政强制措施的目的是制止违法行为、防止证据损毁、避免危害发生、控制危险扩大等。

第三，内容要素。行政强制措施的内容包括对相对人的人身自由实施暂时性限制或者对相对人的财物实施暂时性控制的行为，具体包括限制公民人身自由，查封场所、设施或者财物，扣押财物，冻结存款、汇款，等等。

（三）行政强制措施概念的特征

从上述概念可以看出行政强制措施具有以下法律特征。

第一，强制性。行政强制措施是行政机关对相对人的人身或财物所采取的强制性限制或控制，这种强制性限制或控制以国家强制力作为后盾，相对人对此负有容忍和配合的义务。

第二，具体性。行政强制措施是针对特定的相对人或特定的财物作出的，其行为针对的对象和内容都是具体、确定的。

第三，限权性。行政强制措施以暂时性限制人身自由或控制财物为内容。首先，对于相对人而言，行政强制措施是一种损害性行为，而并非受益性行为；其次，行政强制措施仅仅是限制相对人对权利或财物的行使，并没有完全剥夺相对人对权利或财物的拥有，例如，查封场所、扣押财物、冻结存款等措施都是限定相对人对该财物在一定期限内的使用权，并没有改变其对该财物的所有权。

第四，临时性。行政强制措施是临时性的措施，不是最终行为。例如，《人民警察法》第9条第2款规定，对被盘问人的留置时间自带至公安机关之时起不超过24小时，在特殊情况下，经县级以上公安机关批准，可以延长至48小时。此外，《税收征收管理法》第37条规定，对于不缴纳税款的纳税人，税务机关可以扣押其价值相当于应纳税款的商品、货物，但是当纳税人在被扣押财物之后缴纳应纳税款时，税务机关必须立即解除扣押，并归还所扣押的商品、货物；如果扣押后纳税人仍然不缴纳应纳税款的，税务机关可以按照法定程序拍卖或者变卖所扣押的商品、货物，以拍卖或者变卖所得抵缴税款。可见，该扣押行为是行政强制措施，具有临时性的特征。根据相对人应对的不同，作为其后续的行为，行政机关有可能会作出归还财物或者拍卖、变卖财物的行为。

第五，直接性。行政强制措施的目的是维护公共利益或实现一定的行政管理目的，并不以相对人的违法为前提，行政主体可以根据现实情况的需要直接对相对人的人身或者对其财物进行强制性限制。在这点上，行政强制措施与行政强制执行不同。

第六，措施性。行政强制措施是一种措施，形式多样，以作出物理性的动作为特征，例如对人身的强制约束、对财物的扣押等，注重具体的强制措施在实现特定强制目的上的可操作性和有效性。

三、行政强制执行的概念

（一）行政强制执行概念的法定含义

在行政管理过程中，当行政机关作出的行政决定确定了相对人在行政法上所负有的特定义务时，一般应当由相对人自觉履行，以此来实现行政决定的内容，进而实现行政管理的目的。但相对人有时不自觉履行行政决定所确定的义务，此时，如果放任相对人，则不仅行政决定的内容和行政管理的目的无法实现，而且有损行政机关的权威性。因此，必须以强制力促使其履行义务或实现与履行义务相同状态，这种行为就是行政强制执行。根据《行政强制法》第 2 条第 3 款的规定，行政强制执行是指行政机关或者行政机关申请人民法院，对不履行行政决定的公民、法人或者其他组织，依法强制履行义务的行为。

（二）行政强制执行概念的构成要素

从上述行政强制执行的定义来看，该概念包含以下几个构成要素。

第一，主体要素。行政强制执行的主体必须是依法具有行政强制执行权限的行政机关或者人民法院。与行政强制措施的主体仅限于行政机关不同，行政强制执行的主体包括行政机关以及接受行政机关申请的人民法院。而且，并非所有的行政机关都具有行政强制执行的权限，实施行政强制执行的行政机关由法律规定，主要包括公安、税务、海关、交通、卫生、环保部门的机关。在法律没有规定行政机关具有强制执行权限时，作出行政决定的行政机关应当申请人民法院强制执行。

第二，目的要素。行政强制执行的目的是保障行政决定得到确切的实施，以强制力促使相对人履行义务或实现与履行义务相同状态，行政强制执行的实施必须与该目的相适应。

第三，前提要素。行政强制执行以相对人不履行行政决定所确定的义务为前提，只有相对人负有法定义务而又拒不履行，行政机关为了保证行政管理活动正常进行，才能不得不采取一定的强制手段迫使相对方履行义务。该前提性要素中包含两个方面：首先，行政机关已经作出了行政决定，而且该行政决定要求相对人履行一定的义务；其次，相对人不履行行政决定所确定的义务。其中，“不履行”是指相对人在一定期限内有能力履行却不履行所负担的义务，其具有两个方面的含义：其一，行政法上的义务必须是相对人能够履行的，如果相对人不具有履行能力，那么强制执行也没有意义；其二，必须是相对人在一定期限内没有履行，其中所谓的“一定期限”包括法定期限或者通常认为可以履行义务的期限。

第四，内容要素。行政强制执行的内容是强制相对人履行行政决定所确定的义务，在这点上，行政强制执行与作为被强制执行对象的行政决定之间具有密切的关联。

（三）行政强制执行概念的特征

从上述行政强制执行概念的定义来看，行政强制执行概念具有以下法律特征。

第一，行政性。行政强制执行的行政性体现在：其一，行政强制执行的目的是保障行政决定所确定的相对人的义务得到确切的履行；其二，行政强制执行由具有行政强制执行权的行政机关依法定职权实施或者由作出行政决定的行政机关申请人民法院强制执行，无论采取哪种执行方式，行政机关的参与都是必不可少的。

第二，强制性。行政强制执行是在相对人不自觉履行义务的情况下，采用强制力迫使其履行的行为，具有明显的强制性，为此，要求相对人负有容忍和配合的义务。

第三，执行性。行政强制执行的目的是促使相对人履行义务或达到与履行义务相同的状态，以确保行政决定的内容得到确实、有效执行。从内容来看，行政强制执行以行政决定的内容为对象和标准。在这种意义上，行政强制执行并不具有独立性，而是行政决定的后续性行为，具有执行性和补充性的特征。

第二节　行政强制的基本原则

行政强制措施和行政强制执行的实施都将会对相对人的人身、财产造成严重的限制，为了保障相对人的合法权益，行政机关在采取行政强制措施或实施行政强制执行时，必须遵循一定的基本原则。行政强制的基本原则是行政强制的设定、实施机关在行政强制的设定、实施过程中必须遵循的准则，是贯穿于行政强制的全过程的普遍性要求。《行政强制法》第 4 条至第 8 条对行政强制的基本原则作出了详细的规定，包括法定原则、适当原则、教育与强制相结合原则、行政强制不得滥用原则、相对人权益保障与救济原则等。

一、法定原则

依法行政原则是行政法的基本原则，而行政强制法定原则就是依法行政原则在行政强制领域的具体化。从现实行政过程来看，行政强制包括行政强制的设定与实施两部分，法定原则要求行政强制的设定与实施都必须依照法定的权限进行。为此，《行政强制法》第 4 条规定：行政强制的设定和实施，应当依照法定的权限、范围、条件和程序。此外，《行政强制法》还详细规定了行政强制设定权与实施权的分配及行使的规则。具体而言，行政强制法定原则包括依法设定和依法实施两个方面。

（一）依法设定原则

行政强制是一种对相对人的权益产生很大影响的行政行为，因此必须由效力层级较高的法律、法规进行设定，而效力层级较低的行政规范性文件不得设立行政强制。

（二）依法实施原则

行政强制经法律、法规设定之后，必须由有权机关依据法律、法规的规定来实施。具体而言，依法实施原则包括以下三个方面。

其一，职权法定。实施的主体必须是法律、法规规定的具有行政强制的实施权限的行政机关或司法机关，无实施权限的任何机关或组织都不能实施行政强制。而具有行政强制的实施权限的机关也只能在法定权限的范围之内实施行政强制。

其二，依据法定。行政强制必须有明确的法律依据，行政强制的实施主体必须依据法定的条件实施行政强制。

其三，程序法定。行政强制必须依照法定程序实施。为此，《行政强制法》第三章和第四章分别以整章的内容详细规定了“行政强制措施实施程序”和“行政机关强制执行程序”。

二、适当原则

行政强制的设定和实施除了必须合法之外，还应当合理、适当。《行政强制法》第 5 条规定：“行政强制的设定和实施，应当适当。采用非强制手段可以达到行政管理目的的，不得设定和实施行政强制。”这被称为行政强制的适当原则。

行政强制的适当原则是行政合理性原则和比例原则在行政强制上的体现，其具体包含以下内容。

第一，妥当性原则。行政强制的目的是维护和实施行政管理秩序，预防与制止社会危害事件和违法行为的发生与存在，或者确保行政决定的内容得到确切的实施。行政强制的实施必须可以达到该目的，如果行政强制不是为了达到法定目的，或者根本达不到法定目的，则不得实施。这被称为妥当性原则，要求行政主体在实施行政强制行为时，必须考虑到手段与目的是否相冲突。当然，这种判断并不是纯粹的主观判断，必须结合当时的环境和条件，是在客观性基础上的判断。

第二，必要性原则。行政强制的设定和实施必须是维护社会秩序、预防或制止社会危害事件或违法行为的发生以及确保行政决定得到履行所必需的。此外，如果行政强制并非实现该目的所必需的，那么就没有必要设定和实施行政强制。例如，《行政强制法》第 16 条第 2 款规定，对于违法行为情节显著轻微或者没有明显社会危害的情况，可以不采取行政强制措施。

另外，为了达成这一目的，行政主体可以选择适用其他手段时，行政主体应当优先选择其他非强制性的手段。与非强制手段相比较，行政强制对相对人的侵害更大，因此，行政主体在为实现特定行政目的有多种手段可供选择时，应当首先选择其中最温和的、对相对人侵害最小的非强制手段。只有在非强制手段不能达到行政目的时，才可以依法实施行政强制。

第三，均衡性原则。行政强制的目的与手段之间仅符合妥当性、必要性的要求还是不够的，因为行政强制的实施不可避免地会引起双方甚至多方利益的冲突，这就要求必须在价值层面考量和权衡各方的利益。均衡性原则即要求行政主体实施行政强制时，所采取的强制手段与其所达到的目的之间必须合比例或相对称。行政强制的实施虽然是为了达到行政目的，但如果其实施的结果是给相对人带来的损害超过实现行政目的所带来的价值，那么，该项行政强制的实施也就违反了均衡性原则。例如，《税收征收管理法》第 38 条规定，在纳税人不能提供纳税担保的情况下，税务机关可以扣押、查封纳税人的价值“相当于”应纳税款的商品、货物或者其他财产，即税务机关扣押或查封的财物价值不能超过其应纳税款的数额。

三、教育与强制相结合原则

《行政强制法》第 6 条规定：“实施行政强制，应当坚持教育与强制相结合。”该条款规定了行政强制的教育与强制相结合原则，其具体包含以下几层内容。

第一，期待相对人自觉履行原则。行政强制本身并不是目的，而且希望通过行政强制的方式达到维护社会秩序、预防或制止社会危害事件或违法行为的发生以及确保行政决定实施的目的。而一旦实施了行政强制，虽然可以达成行政目的，但难免造成行政强制的实施主体与相对人之间在某种程度上的抵触或对抗，不利于社会的稳定与发展。因此，行政主体在实施行政强制之前应当尽量地说服、教育相对人自觉履行，在经合理的时间、采取适当的方法进行说服、教育无效的情况下，才可以实施行政强制。例如，《行政强制法》第35条规定，行政机关作出强制执行决定前，应当事先催告相对人履行义务；《消防法》第60条规定，对于违反该法律规定的单位，消防部门应当责令改正，对于经责令改正拒不改正的，实施强制执行；《水污染防治法》第84条规定，对于在饮用水水源保护区内设置排污口的相对人，由县级以上地方人民政府责令限期拆除，逾期不拆除的，强制拆除。这些规定中的“催告”“责令改正”“限期拆除”，都包含了对相对人的说服、教育，以此来期待达到使得相对人自觉履行的目的。

第二，行政强制实施过程中的教育与强制相结合原则。在行政强制的实施过程中，也应当坚持教育的原则，采取较为温和的强制手段，减少相对人对行政强制行为的抵触情绪，尽量让相对人理解、接受行政主体实施的强制行为，避免或减少行政主体与相对人之间的对抗，并增强相对人的守法意识。例如，《行政强制法》第18条规定，行政机关实施行政强制措施时，应当“当场告知当事人采取行政强制措施的理由、依据”。这也是一种说服、教育的方法。

另外，说服、教育也是相对的。行政主体在实施即时强制等行政强制措施时，有时由于事态紧急、时间紧迫，可以不经过教育、告诫、催告、限期自觉履行等程序，而直接实施拘束相对人的人身或扣押相对人的财物等行政强制措施。

四、行政强制不得滥用原则

《行政强制法》第7条规定：“行政机关及其工作人员不得利用行政强制权为单位或者个人谋取利益。”同时，该法第49条和第60条规定，划拨的存款、汇款以及拍卖和依法处理所得的款项应当上缴国库或者划入财政专户，任何行政机关或者个人不得以任何形式截留、私分或者变相私分。在此基础上，该法第64条明确了行政机关及其工作人员利用行政强制权为单位或者个人谋取利益的法律责任，要求对直接负责的主管人员和其他直接责任人员依法给予处分。这些条文确立了行政强制不得滥用原则。

行政的目的是实现公共利益，因此，行政活动必须与行政目的相一致。具体而言，行政强制中的行政目的（公共利益）就体现为维护和实施行政管理秩序，预防与制止社会危害事件和违法行为的发生与存在，或者确保行政决定的内容得到确切的实施，因此，行政强制也必须紧紧围绕着这一目的的实现而设定或实施，当然不能是为单位或者个人谋取利益。例如，《道路交通安全法》第112条第2款规定：“公安机关交通管理部门对被扣留的车辆应当妥善保管，不得使用。”扣留车辆是出于收集证据等的需要，而不是为了本单位或个人使用车辆。从依法行政的原则来看，该原则不仅是对行政强制的要求，也是对所有其他行政活动的要求。

五、相对人权益保障与救济原则

《行政强制法》第1条将“维护公共利益和社会秩序”与“保护公民、法人和其他组织的合法权益”同时规定为该法律的立法目的和宗旨。可见，《行政强制法》除了保障行政强制主体依法行使行政强制权限、确保行政强制的效率之外，也注重对于相对人权益的保障。行政强制是一种对相对人的人身或财物进行拘束或限制的行为。对于相对人而言，行政强制是一种侵害性的行为，而非受益性行为。这种侵害性的行为之所以得到法律的确认，是因为该行为是实现特定行政目的所必需的，为了行政目的的实现，相对人负有容忍的义务。但是，也必须在行政强制的实施过程中保障相对人的合法权益。具体而言，《行政强制法》第8条从三个方面规定了对相对人权益的保障和救济：第一，在行政强制的实施过程中，相对人依法享有陈述权、申辩权等权利；第二，在行政强制实施之后，相对人对行政强制的行为不服时，有权依法申请行政复议或者提起行政诉讼，以此来救济自己的权利；第三，相对人因行政机关或人民法院违法实施行政强制受到损害时，有权依法提出赔偿要求。

第三节 行政强制的种类与设定

行政强制在法律上涉及设定与实施两个方面的问题，其中，设定是实施的前提。行政强制一般通过立法或行政立法的方式设定，其中涉及设定的原则、设定事项的范围、设定权的分配等问题。但由于行政强制的种类繁多，对相对人的权利、义务的影响程度也各不相同，《行政强制法》根据行政强制对相对人的权利、义务的影响程度以及行政管理的实际需要分配行政强制的设定权。具体而言，在区分行政强制类型的基础上，将行政强制的类型与设定权相联系，分别规定各种类型的行政强制的设定权。这对于对相对人权益的保护以及行政强制的规范具有重要意义。同时，这也是我国行政立法的惯例，如《行政处罚法》《行政许可法》也采用了这种立法方式。

一、行政强制措施的种类和设定

（一）行政强制措施的种类

《行政强制法》第9条列举规定了行政强制措施的种类，具体包括限制公民人身自由，查封场所、设施或者财物，扣押财物，冻结存款、汇款，其他行政强制措施。根据行政强制措施所针对的对象的不同，可以将上述行政强制措施划分为限制人身自由的行政强制措施和限制财产的行政强制措施两种类型。

1. 限制公民人身自由

限制公民人身自由的行政强制措施是指行政主体在紧急状态下，对公民的人身自由依法加以限制的行政行为。人身自由权是公民最基本的权利，因此，法律对于有关人身自由的行政强制措施的限制较为严格。从各单行法的规定来看，针对人身自由的行政强制措施主要包括拘留、强制扣留、强制搜查、人身检查、强制检测、盘问、留置盘问、传唤、强制传唤、隔离、强制隔离、约束、强行约束、强制戒毒、隔离治疗、强行带离现场、现场管制、强行驱散、强制遣回原地，等等，例如：《道路交通安全法》第91条第2款规定，对于醉酒驾驶机动车的人，由公安机关交通管理部门“约束”至酒醒；《人民警察法》第14条规定，人民警察对于严重危害公共安全或者他人人身安全的精神病人，可以采取“保护性约束”措施；《人民警察法》第 17 条规定，对于严重危害社会治安秩序的突发事件，可以根据情况实行“现场管制”，此时，可以采取必要手段“强行驱散”，并对拒不服从的人员“强行带离现场”或者立即予以“拘留”。这些法律所规定的“约束”“保护性约束”“现场管制”“强行驱散”“强行带离现场”“拘留”等都是限制公民人身自由的行政强制措施。

2. 查封场所、设施或者财物

查封是指行政机关对相对人的财产等进行检查以后，予以就地封闭、禁止使用的行为，是行政机关限制相对人对其财产的占有、使用、处分权利的强制措施。其针对的财产主要是不动产或者其他不方便移动的财物，包括场所、设施以及其他不方便移动的财物等。例如，《食品安全法》第 110 条规定，县级以上人民政府食品安全监督管理部门有权“查封违法从事生产经营活动的场所”。在现实行政过程中，通常由行政机关以加贴封条的方式限制相对人对财产的占有、使用和处分。从各单行法的规定来看，“查封”一词有时也用“封闭”“关闭”“封存”“禁止使用”“停止使用”“限制使用”等词语来表述，例如：《食品安全法》第 105 条规定，县级以上人民政府食品安全监督管理部门接到食品安全事故的报告后，应当“封存”被污染的食品相关产品，并责令进行清洗消毒。《消防法》第 13 条第 3 款规定，依法应当进行消防验收的建设工程，未经消防验收或者消防验收不合格的，“禁止投入使用”；其他建设工程经依法抽查不合格的，应当“停止使用”。

3. 扣押财物

扣押财物是指行政机关将相对人的财产转移至另外的场所加以扣留，而暂时不准相对人占有、使用和处分的行政强制措施。除了使用“扣押”外，法律、法规的规定中还经常使用“暂扣”“扣留”等用语，例如：《道路交通安全法》第 72 条第 2 款规定，交通警察因收集证据的需要，可以“扣留”事故车辆；《邮政法》第 36 条规定，因国家安全或者追查刑事犯罪的需要，公安机关、国家安全机关或者检察机关可以依法检查、“扣留”有关邮件。

扣押和查封都限制了相对人对财物的占有、使用和处分权利，法律在设定行政强制措施时，往往同时规定查封与扣押两种措施。例如，《反垄断法》第 47 条规定，反垄断执法机构调查涉嫌垄断行为时，可以“查封、扣押相关证据”。但两者其实是有区别的，具体而言，区别在于：第一，对象不同。扣押主要针对的是可以移动的财产，而查封主要针对的是不动产或不方便移动的财物。第二，方式不同。扣押的财产由行政机关保管，而查封主要以加贴封条的方式进行。可见，《反垄断法》第 47 条虽然同时规定了“查封、扣押相关证据”两种措施，但具体应该采取哪一种措施，应当根据证据的属性和限制的方式的不同而决定。

4. 冻结存款、汇款

冻结存款、汇款是指行政机关通知相对人的开户银行或其他金融机构停止或限制相对人使用存款或汇款等的行政强制措施。例如，《税收征收管理法》第 38 条规定，税务机关在法定条件下可以“书面通知纳税人开户银行或者其他金融机构冻结纳税人的金额相当于应纳税款的存款”。冻结的对象除了存款、汇款外，还有股票等有价证券，例如，《证券法》第 170 条规定，对有证据证明已经或者可能转移或者隐匿违法资金、证券等涉案财产或者隐匿、伪造、毁损重要证据的，经国务院证券监督管理机构主要负责人或者其授权的其他负责人批准，可以冻结或者查封。

5. 其他行政强制措施

《行政强制法》第 9 条列举了上述四种最为典型、最为常用的行政强制措施，但在各单行法律以及现实行政中，还存在着其他各种各样的行政强制措施；而且，随着行政实践的不断发展和立法的不断进行，将会不断出现新型的行政强制措施。因此，《行政强制法》第 9 条第 5 项规定了“其他行政强制措施”。从立法技术来看，这种“兜底条款”是必要的。

从现行的单行法来看，“其他行政强制措施”主要包括：《专利法》第六章（第 53 条至第 63 条）规定的“强制许可”，《道路交通安全法》第 14 条规定的“强制报废”，《道路交通安全法》第 17 条规定的“强制保险”，《计量法》第 9 条规定的“强制检定”，《传染病防治法》第 27 条规定的“强制消毒处理”，等等。

（二）行政强制措施的设定

行政强制措施的设定权是指设定行政强制措施的权力。现实中一般以立法的方式设立行政强制措施，因此，行政强制措施的设定权涉及各种行政立法的存在形式在设定行政强制措施上的权力配置。《行政强制法》第 10 条、第 11 条规定了法律、行政法规、地方性法规的行政强制措施设定权，并规定除上述立法外，其他规范性文件一律不得设定行政强制措施。

1. 法律的行政强制措施设定权

法律是由作为立法机关的全国人大及其常委会制定的规范性文件，在我国法律体系中其效力仅次于宪法，因此，《行政强制法》第 10 条第 1 款规定：“行政强制措施由法律设定。”

在理论上，法律有权根据需要设定任何类型的行政强制措施，但法律设定行政强制措施也不是随意的，而是受各种限制：第一，受到宪法规定、宪法精神以及法律一般原则等的限制。例如，《宪法》第 33 条第 3 款规定“国家尊重和保障人权”，法律设定行政强制措施时也必须考虑到对相对人权利的保障问题。第二，根据《行政强制法》第 4 条、第 5 条的规定，行政强制措施的设定必须“适当”，而且应当“依照法定的权限、范围、条件和程序”进行设定。

2. 行政法规的行政强制措施设定权

行政法规是由作为最高行政机关的国务院制定的规范性文件，在我国法律体系中其效力仅次于宪法与法律。根据《立法法》第 72 条第 2 款第 2 项的规定，行政法规可以就《宪法》第 89 条规定的属于国务院行政管理职权的事项作出规定。与此规定相对应，《行政强制法》第 10 条、第 11 条也赋予行政法规部分的行政强制措施设定权。具体情形如下。

（1）尚未制定法律情况下。

在尚未制定法律情况下，如果是属于国务院行政管理职权的事项，行政法规可以设定除了限制公民人身自由、冻结存款或汇款以及应当由法律规定的行政强制措施之外的其他行政强制措施。可见，行政法规设定行政强制措施受到三层限制：

第一，必须是“尚未制定法律”，即与该事项相关的法律尚未制定。

第二，必须“属于国务院行政管理职权的事项”。对此，《宪法》第 89 条进行了详细的列举。

第三，设定行政强制措施的种类受到限制。行政法规不得设定限制公民人身自由、冻结存款或汇款以及应当由法律规定的行政强制措施。首先，限制人身自由的行政强制措施对相对人影响重大，因此《立法法》第 11 条、第 12 条规定，“限制人身自由的强制措施”只能由法律来设定，而且禁止授权立法。其次，冻结存款或汇款对相对人的生活、生产影响重大，因此，也应当由法律来设定。例如，《商业银行法》第 29 条第 2 款规定，对个人储蓄存款，商业银行有权拒绝任何单位或者个人查询、冻结、扣划，但“法律”另有规定的除外。最后，在其他的单行法律明确规定只能由法律设定行政强制措施的情况下，也排除了行政法规设定该行政强制措施的可能性。

（2）已经制定法律情况下。

第一，已经制定法律，并且法律已经设定行政强制措施的。在已经制定法律情况下，如果法律对于行政强制措施的对象、条件、种类已经作了规定，那么行政法规可以进行细化或具体化，但不得作出扩大规定。根据《立法法》第 72 条第 2 款第 1 项的规定，国务院为执行法律规定的需要，可以制定法律的实施办法、实施细则等形式的行政法规，对法律的相关规定进行细化。但根据“法律优先”原则，法律的效力高于行政法规，因此，行政法规不得违反已有的法律规定或者与法律相抵触，作出扩大规定。所谓“扩大规定”包括对行政强制措施的对象、条件、种类等各方面的扩大，扩大行政强制措施的适用对象、放宽行政强制措施的实施条件、增加行政强制措施的种类等都属于“扩大规定”。

第二，已经制定法律，但法律未设定行政强制措施的。首先，原则性的规定。在一般情况下，已经制定法律，但法律中未设定行政强制措施的，行政法规不得设定行政强制措施。其次，例外性的规定。在法律规定特定事项由行政法规规定具体管理措施的情况下，行政法规可以设定除了限制公民人身自由、冻结存款或汇款以及应当由法律规定的行政强制措施之外的其他行政强制措施。

3. 地方性法规的行政强制措施设定权

地方性法规是由省、自治区、直辖市以及设区的市、自治州的人民代表大会及其常委会制定的规范性文件，在我国法律体系中其效力位于宪法、法律、行政法规之后。根据《立法法》第 80 条的规定，地方性法规应当“根据本行政区域的具体情况和实际需要”进行制定。《行政强制法》第 10 条、第 11 条也赋予地方性法规部分的行政强制措施设定权，具体情形如下。

（1）尚未制定法律、行政法规情况下。

在尚未制定法律、行政法规的情况下，如果属于地方性事务的，地方性法规可以设定查封场所、设施或者财物以及扣押财物的行政强制措施。

（2）已经制定法律情况下。

第一，已经制定法律，并且法律已经设定行政强制措施的。法律对行政强制措施的对象、条件、种类作了规定的，地方性法规可以进行细化或具体化，但不得作出“扩大规定”。

第二，已经制定法律，但法律未设定行政强制措施的。法律中未设定行政强制措施的，地方性法规不得设定行政强制措施。

4. 其他规范性文件的行政强制措施设定权

法律、法规以外的其他规范性文件一律不得设定行政强制措施。在《行政处罚法》和《行政许可法》中，规章具有部分行政处罚和行政许可的设定权，但在《行政强制法》中，否定了规章的行政强制措施设定权，体现了立法层级的提高。

二、行政强制执行的种类和设定

（一）行政强制执行的种类

《行政强制法》第 12 条列举了行政强制执行的方式：加处罚款或者滞纳金；划拨存款、汇款；拍卖或者依法处理查封、扣押的场所、设施或者财物；排除妨碍、恢复原状；代履行。此外，该条文还设置了“兜底条款”，规定了“其他强制执行方式”。例如，《防洪法》第 54 条规定，违反本法规定，未按照规划治导线整治河道和修建控制引导河水流向、保护堤岸等工程，影响防洪的，责令停止违法行为，恢复原状或者“采取其他补救措施”。这其中的责令采取其他补救措施的行为也是一种强制执行的方式。

行政强制执行的目的是保障行政决定得到确切的实施，而相对人在行政法上的义务包括作为义务与不作为义务、可替代义务与不可替代义务，根据各种义务性质的不同，采取行政强制执行的方式也不同。以此为标准，可以将行政强制执行分为以下类型：

1. 间接强制执行

间接强制执行是指行政强制执行机关通过间接手段迫使负有义务的相对人履行义务或者达到与履行义务相同状态的强制方式。间接强制执行由于其间接性对相对人造成的损害一般比直接强制执行小，手段也较为温和，因此，一般要求优先适用间接强制执行的方式。

根据相对人所负义务的履行是否可以替代，间接强制执行具体又可分为执行罚和代履行。

（1）执行罚（加处罚款或者滞纳金）。

《行政强制法》第 12 条第 1 项规定了“加处罚款或者滞纳金”，这属于执行罚。所谓的“执行罚”是指行政强制执行机关对拒不履行不作为义务或不可替代的作为义务的相对人课予一定的金钱给付义务，以促使其履行义务的强制执行方式，主要包括加处罚款或者滞纳金等方式。其中，“加处罚款”主要针对不缴纳罚款的行为，例如，《行政处罚法》第 72 条以及《道路交通安全法》第 109 条规定，到期不缴纳罚款的，每日按罚款数额的 3%“加处罚款”；而加处滞纳金主要针对不缴纳税费的行为，例如，《税收征收管理法》第 32 条规定，从滞纳税款之日起，按日“加收”滞纳税款万分之五的“滞纳金”。

执行罚的适用必须具备以下条件：第一，相对人不履行行政法的义务，这是所有行政强制执行的前提；第二，义务的性质属于不作为义务或不可替代的作为义务，即他人无法代替而只能由本人自行履行义务，例如停止非法经营活动等。如果是可以替代的作为义务，则应当运用代履行方式强制执行，在这种意义上，代履行优先于执行罚适用；第三，执行罚的数额必须由法律、法规明确作出规定，行政强制执行机关不能自行决定，具体而言，执行罚的数额从义务主体逾期拒不履行其应当履行的义务之日起，按日计算，并可反复适用，而一旦义务主体履行了义务，执行罚不再进行。

（2）代履行。

《行政强制法》第 12 条第 5 项将代履行作为行政强制执行的方式之一。“代履行”又被称为“代执行”，是指行政强制执行机关自行或请第三人代替相对人履行法定义务，并向相对人征收必要费用的强制执行措施。对于相对人而言，作为义务被转化为金钱给付义务（支付费用）；而对行政机关而言，通过代履行这种间接方式，避免了直接强制手段的使用，实现了行政管理的目的。

在有的单行法律中，有时使用“代为”“代作”等用语。例如，《防洪法》第56条规定：违反本法规定，围海造地、围湖造地、围垦河道的，责令停止违法行为，恢复原状或者采取其他补救措施，可以处5万元以下的罚款；既不恢复原状也不采取其他补救措施的，“代为”恢复原状或者采取其他补救措施，所需费用由违法者承担。《动物防疫法》第92条规定：“违反本法规定，有下列行为之一的，由县级以上地方人民政府农业农村主管部门责令限期改正，可以处一千元以下罚款；逾期不改正的，处一千元以上五千元以下罚款，由县级以上地方人民政府农业农村主管部门委托动物诊疗机构、无害化处理场所等代为处理，所需费用由违法行为人承担：……”当然，有的法律条文中并没有出现“代替”“代为”“代作”等用语，但根据条文的意思也可以判断是代履行，例如，《公路法》第79条规定：违反法律在公路用地范围内设置公路标志以外的其他标志的，由交通主管部门责令限期拆除，可以处2万元以下的罚款；逾期不拆除的，由交通主管部门拆除，有关费用由设置者负担。

2. 直接强制执行

直接强制执行是指针对相对人不履行行政法上的义务，行政强制执行机关直接对相对人的身体、财产加以强制力，以实现与履行义务相同状态的强制执行方式。直接强制执行是采用强制力直接迫使相对人履行义务或实现与履行义务相同状态的方式，有利于直接、有效地实现行政目的，但由于其严厉性，也容易造成对相对人合法权益的不法侵害，因此，法律对于实施直接强制执行的条件限制较为严格。具体而言，适用直接强制执行必须具备以下条件：第一，相对人不履行行政法上的义务。第二，直接强制执行在行政强制执行的各种方式中是最严厉的方式，对相对人的损害最大，因此，必须优先适用其他行政强制执行方式，而直接强制执行必须是在穷尽间接强制执行方式之后仍无法达到目的时才可适用。第三，鉴于直接强制的严厉性，必须严格依法实施，实施的主体必须要有法律、法规的明确授权，实施必须根据法律、法规规定的直接强制执行的条件和程序进行。

《行政强制法》第12条列举了三种直接强制执行的方式。

（1）划拨存款、汇款。

划拨存款、汇款是指行政机关或人民法院通过有关银行或其他金融机构将被执行的相对人账户上的存款、汇款直接划入权利人账户的直接强制执行方式。在有的单行法律中，有时使用“扣划”“扣缴”等用语，例如：《商业银行法》第29条第2款规定，对个人储蓄存款，商业银行有权拒绝任何单位或者个人查询、冻结、“扣划”，但法律另有规定的除外；《税收征收管理法》第38条第2款规定，税务机关可以书面通知纳税人开户银行或者其他金融机构从其冻结的存款中“扣缴”税款。

划拨存款、汇款有时是行政强制措施中“冻结存款、汇款”措施的后续性行为，即当“冻结存款、汇款”后相对人仍不履行义务时，对被冻结的存款或汇款进行划拨，但有时也可以不经过“冻结存款、汇款”程序而直接执行。

（2）拍卖或者依法处理查封、扣押的场所、设施或者财物。

拍卖或者依法处理查封、扣押的场所、设施或者财物是指行政机关或人民法院通过拍卖或者依法处理查封、扣押的场所、设施或者财物取得款项，并以该款项来履行相对人所负有的金钱给付义务的强制执行方式，属于直接强制执行的一种类型。例如，《海关法》第60条规定，海关可以采取“将应税货物依法变卖，以变卖所得抵缴税款”的行政强制措施。

拍卖或者依法处理查封、扣押的场所、设施或者财物有时是行政强制措施中“查封场所、设施或者财物”或“扣押财物”措施的后续性行为，即当“查封场所、设施或者财物”或“扣押财物”后相对人仍不履行义务时，依法对被查封或扣押的场所、设施或者财物进行拍卖或处理，并将所得款项用以抵销相对人的金钱给付义务。

(3) 排除妨碍、恢复原状。

《民法典》第179条规定了承担民事责任的方式，其中包括了排除妨碍、恢复原状等方式。在行政法上，当公共财产或公共利益受到侵害时，也可以采取排除妨碍、恢复原状的方式。其中，排除妨碍是指要求相对人排除对公共财产或公共利益的阻碍的行政强制执行方式；恢复原状是指要求相对人通过修复等手段恢复到公共财产或公共利益被侵害前的原有状态的行政强制执行方式。例如：《道路交通安全法》第104条规定，未经批准，擅自挖掘道路、占用道路施工或者从事其他影响道路交通安全活动的，由道路主管部门责令停止违法行为，并“恢复原状”；《道路交通安全法》第106条规定，在道路两侧及隔离带上种植树木、其他植物或者设置广告牌、管线等，遮挡路灯、交通信号灯、交通标志，妨碍安全视距的，由公安机关交通管理部门责令行为人“排除妨碍”。

（二）行政强制执行的设定

有关行政强制执行的设定，《行政强制法》第13条第1款规定：“行政强制执行由法律设定。”由此排除了法律之外的行政法规、地方性法规、规章以及规章以下的规范性文件的行政强制执行的设定权。同时，该条文规定，在法律没有规定行政机关强制执行时，作出行政决定的行政机关应当申请人民法院强制执行。也即除了法律有特别的规定外，行政决定的强制执行权属于人民法院。

三、行政强制设定的程序及评价机制

在行政强制的设定过程中，应当采取听证会等形式听取各方面的意见。对于已经设定的行政强制，设定机关以及实施机关和相对人应当进行评价，以此来确保不适当的行政强制得到及时的纠正。

（一）行政强制设定的程序

行政强制的设定属于立法行为，在该过程中，应当遵守《立法法》《行政法规制定程序条例》以及其他相关法律、法规所规定的立法程序。该立法程序大致可以分为立项、起草、审查、决定、公布、解释等步骤。而《行政强制法》第14条特别强调：在行政强制设定过程中的起草草案阶段，负责起草的单位应当采取听证会、论证会等形式听取意见，并向制定机关说明设定该行政强制的必要性、可能产生的影响以及听取和采纳意见的情况。

1. 听取意见

在以制定法律、法规的方式设定行政强制时，在法律、法规的起草阶段，起草单位应当深入调查研究，总结实践经验，广泛听取有关机关、组织和公民的意见。由于行政强制的设定直接涉及公民、法人或者其他组织的切身利益，当有关机关、组织或者公民对其有重大意见分歧时，应当向社会公布，征求社会各界的意见。听取意见可以采取召开座谈会、论证会、听证会等多种形式。

2. 说明情况

起草单位在认真听取、研究各种意见的基础上，应当将草案送审稿及其说明、对送审稿主要问题的不同意见和其他有关材料按规定报送制定机关审查。具体而言，起草单位在送审时，应当对设定行政强制的必要性、拟设定行政强制的主要内容以及对相对人可能造成的影响、听取和征求意见的情况以及各方面对送审稿主要问题的不同意见、是否采纳意见及其理由等作出说明。说明可以采取口头汇报的方式，也可以采取书面方式，即在递交草案送审稿的同时，还应当将草案说明、汇总的意见、听证会笔录、国内外的有关立法资料、调研报告、考察报告等材料一并提交。

（二）评价机制

立法设定行政强制后，需要保持一定的稳定性，不能朝令夕改，但有时在实施过程中会发现立法的错误或不适当等问题，而且随着社会实践的不断发展，原本合理的立法有可能会逐渐不能适应社会发展的需要，出现不合理的问题。为此，《立法法》《行政法规制定程序条例》等法律、法规规定了立法的监督程序：通过执法检查等方式发现立法存在的问题的，交由有权机关撤销或改正。除此之外，《行政强制法》还特别规定了行政强制设定之后的评价机制，该法第 15 条分别规定了行政强制设定机关、实施机关和相对人对行政强制的评价机制：对于已经设定的行政强制，要求设定机关进行评价，及时地修改或废止不适当的行政强制。此外，实施机关以及相对人也可以向设定机关提出意见和建议，以此确保不适当的行政强制得到及时的纠正。

1. 设定机关的定期评价

行政强制的设定机关应当定期对其设定的行政强制进行评价，并对不适当的行政强制及时予以修改或者废止。这是一种立法的自纠机制，是由立法机关通过对法律、法规实施情况的定期检查，发现其中的问题，并进行修改或者废止的纠正机制。

2. 实施机关的适时评价

行政强制的实施机关可以对已设定的行政强制的实施情况及存在的必要性适时进行评价，并将意见报告该行政强制的设定机关。与设定机关的定期评价是法定义务不同，行政强制实施机关的评价并不具有强制性，而且评价的时间也不确定，可以由实施机关根据现实情况自行确定。

3. 公民、法人或者其他组织的意见和建议

公民、法人或者其他组织可以向行政强制的设定机关和实施机关就行政强制的设定与实施提出意见和建议。对此，有关机关应当认真研究、论证，并以适当方式予以反馈。

第四节　行政强制措施实施程序

现代行政法重视正当程序的价值，承认行政程序对于保障相对人权益以及监督行政合法性具有重要意义。《行政强制法》单列一章规定了行政强制措施的实施程序，包括行政强制措施实施的一般程序以及查封和扣押、冻结的特别程序。

一、行政强制措施实施的基本原则和主体

在规定行政强制措施的具体程序之前，《行政强制法》首先规定了行政强制措施实施的基本原则和主体。

（一）行政强制措施实施的基本原则——依法实施原则

行政强制法定原则不仅要求行政强制的设定必须依法进行，而且要求已经设定的行政强制必须依法实施。行政强制经法律、法规设定之后，必须由有权机关依据法律、法规的规定来实施。对此，《行政强制法》第 16 条规定，行政机关履行行政管理职责，依照法律、法规的规定，实施行政强制措施。该规定包含以下含义：第一，行政机关只能在履行行政管理职责过程中实施行政强制措施；第二，行政机关依照法律、法规所规定的职权、程序实施行政强制措施；第三，在实施行政强制措施的过程中，必须注重保障相对人的权益，对于违法行为情节显著轻微或者没有明显社会危害的，可以不采取行政强制措施。

（二）行政强制措施实施的主体

有关行政强制措施实施的主体，《行政强制法》第 17 条以及第 70 条作出了明确的规定。

1. 行政机关的行政强制措施实施权

行政强制措施由法律、法规规定的行政机关在法定职权范围内实施。并非所有的行政机关都具有行政强制措施的实施权，行政机关必须通过单行法律、法规的授权才能获得行政强制措施的实施权。未被授权的行政机关，不具备行政强制措施的实施权。从现实的立法情况来看，一般由单行法律、法规在设定行政强制措施的同时，明确规定该行政强制措施的实施主体。

2. 授权组织的行政强制措施实施权

一般情况下，组织法等法律在设置行政机关的同时授予其特定的行政职权，但有时基于现实行政的需要，行政机关在客观上不能或不方便自己行使行政职权时，在法律、法规的允许下，可以将原本应当由行政机关享有的部分行政职权转授给其他公共组织，即为行政授权。对于行政强制措施的实施权，《行政强制法》第 70 条规定，法律、行政法规授权的具有管理公共事务职能的组织在法定授权范围内，可以以自己的名义实施行政强制措施。授权组织实施行政强制措施必须具有以下条件。

第一，必须是具有管理公共事务职能的组织，一般的组织不得被授权成为实施行政强制措施的主体。例如，村民委员会、居民委员会、公立高校、律师协会、证券交易所等组织具有一定的公共事务职能。

第二，必须是法律、行政法规授予行政强制措施权的组织，地方性法规、规章和规章以下的规范性文件授权的组织不得成为行政强制措施的实施主体。

第三，必须在法定授权范围内实施行政强制措施，不得超出授权范围实施行政强制措施。

第四，必须以自己的名义实施行政强制措施，即在法定范围内独立实施强制措施，并能够独立地承担因实施行政强制措施而产生的法律责任或者法律后果。

3. 禁止委托原则

在《行政处罚法》和《行政许可法》中规定了行政机关对行政处罚和行政许可的委托，但在《行政强制法》中明确规定行政强制措施的实施不得委托。这是因为行政强制措施一般具有即时性和强制性的特点，而且对相对人的权益影响重大。

4. 行使相对集中行政处罚权的行政机关的行政强制措施实施权

相对集中行政处罚权是指依法将两个或两个以上行政机关的行政处罚权集中由一个行政

机关行使，原行政机关不得再行使已集中的行政处罚权的一种行政执法制度。《行政处罚法》第 18 条第 2 款规定，国务院或者省、自治区、直辖市人民政府可以决定一个行政机关行使有关行政机关的行政处罚权。《行政强制法》第 17 条第 2 款规定，依法行使相对集中行政处罚权的行政机关，可以实施法律、法规规定的与行政处罚权有关的行政强制措施。该规定包含三层含义：第一，主体必须是依据《行政处罚法》行使相对集中行政处罚权的行政机关；第二，实施的对象是与行政处罚权有关的行政强制措施，而不包括与行政处罚权无关的行政强制措施；第三，是否与行政处罚权相关必须依据法律、法规的规定来判断。

5. 执法人员的要求

行政强制措施应当由行政机关具备资格的行政执法人员实施，其他人员不得实施。从我国的现实情况来看，除了具备资格的行政执法人员外，行政机关还聘用大量的合同工、临时工、“协管”，这些人员往往不具备执法资格。在现实行政过程中，不具备执法资格人员执行行政强制措施时更容易出现野蛮执法、粗暴执法的现象，而且行政机关常常以此作为推卸责任的借口。为了确保行政强制措施的正确、顺利实施，应当对具体实施的人员进行培训和考核，只有具备了行政执法资格的人员才可以实施行政强制措施。

二、行政强制措施实施的一般程序

行政强制措施多数是在紧急情况下实施的措施，而且种类不同，因而很难遵循统一的程序。但其中也存在各类行政强制措施的实施都应当遵循的共同程序，例如，除当场采取行政强制措施外，事前须经行政机关负责人批准，实施强制时一般必须出示执法身份证件等。《行政强制法》对这些共同程序进行了归纳总结，规定了行政强制措施实施的一般程序。根据该法第 18 条的规定，行政机关实施行政强制措施应当遵守以下最基本的程序。

（一）实施前的内部批准程序

1. 一般情况下的事前批准程序

在一般情况下，实施行政强制措施前须向行政机关负责人报告并经批准。这是因为行政强制措施直接涉及相对人的人身权、财产权等基本权利，为了确保相对人的合法权益以及行政强制措施实施的合法性，对于一般的行政强制措施，都应当在实施之前向行政机关负责人报告，并获得其批准。对于复杂情况下行政强制措施的实施，行政机关负责人在收到报告之后，还应当以组织召开会议等方式进行讨论，在此基础上作出是否批准的决定。

2. 即时强制的补办批准程序

在一般情况下，行政强制措施的实施必须经过事前的批准程序，但有时情况紧急，需要当场实施行政强制措施，直接对相对人的人身、财物或行为即时采取强制手段，而来不及履行报告批准程序。这在行政法学上被称为“即时强制”，是指在出于排除目前紧迫障碍的需要，而没有命令义务的余暇或者在其性质上通过命令义务难以实现其目的的情况下，直接对相对人的人身或财产施加限制，以实现行政上必要状态的行为。在这种情况下，行政执法人员可以不履行事先的报告批准程序，而直接采取行政强制措施，但应当在 24 小时之内向行政机关负责人报告该行政强制措施的实施情况，并补办批准手续。如果行政机关负责人认为不应当采取行政强制措施，则应当立即解除。

（二）实施时的主体要求

经过内部的批准程序后，行政机关应当安排两名以上行政执法人员在表明身份并通知相对人到场之后实施行政强制措施。

第一，人员要求。行政强制措施应当由两名以上行政执法人员实施。这样有利于行政执法人员之间的相互监督，防止单个执法人员违法实施行政强制措施。

第二，表明身份。行政执法人员在实施行政强制措施时，首先必须向相对人出示执法身份证件或公务标志等，以证明其身份，表明其享有某种职权。这是为了防止有人冒充国家机关工作人员或者以其他虚假身份招摇撞骗。

第三，通知相对人到场。为了便于行政执法人员向相对人说明实施行政强制措施的有关情况，同时也便于相对人进行陈述、申辩和对实施的过程进行监督，行政执法人员在实施行政强制措施时必须以适当的方式通知相对人到场。

（三）告知和听取意见程序

第一，告知程序。行政执法人员应当当场告知相对人采取行政强制措施的理由、依据以及相对人依法享有的权利、救济途径。

第二，听取意见。行政执法人员在实施行政强制措施之前应当听取相对人的陈述和申辩。对于相对人合理的意见，行政执法人员必须采纳。

（四）现场笔录的制作和签署程序

第一，制作现场笔录。现场笔录是指行政执法人员在实施行政强制措施时，对有关事项当场所作的文字性记载材料，其中，特别应当注重对执法过程和处理结果的记录。现场笔录是行政执法人员当场实施行政强制措施的依据，在被提起行政复议或行政诉讼的情况下，现场笔录也是最重要的证据。

第二，现场笔录的签名、盖章。现场笔录由行政执法人员当场制作，但还必须经过相对人和行政执法人员签名或者盖章，如果相对人拒绝签名的，行政执法人员应在笔录中予以注明。

（五）相对人不到场的情况

在已经通知相对人，而相对人不愿到场或者由于客观原因不能到场时，行政执法人员应当邀请见证人到场，由见证人和行政执法人员在现场笔录上签名或者盖章。

（六）法律、法规规定的其他程序

如果单行的法律、法规对于特定行政强制措施的实施规定了除上述程序之外的其他程序，行政执法人员也必须遵守。

三、限制公民人身自由的行政强制措施的实施程序

人身自由权是公民最重要的基本权利，因此，立法对于有关人身自由的行政强制措施提出了更为严格的程序要求，即行政机关依照法律规定实施限制公民人身自由的行政强制措施时，除了应当履行上述一般程序外，还应当遵守以下五项特别程序：

第一，通知相对人家属。行政机关在当场告知或者实施行政强制措施后，应当立即通知相对人家属实施行政强制措施的行政机关、地点和期限。这是为了确保相对人的家属能够依法维权。首先，通知的时间。如果家属在现场，通知可以当场作出；如果家属不在现场，应

在实施行政强制措施后尽快、及时地通知家属。其次，通知的方式。可以是书面的，也可以是当面告知、电话等口头方式。最后，通知的内容。包括相对人被限制人身自由的事实、实施行政强制措施的行政机关、相对人被限制人身自由的地点和期限等相关情况。

第二，立即补办批准手续。在紧急情况下当场实施行政强制措施的，在返回行政机关后，立即向行政机关负责人报告并补办批准手续。一般的行政强制措施在紧急情况下当场被实施时，应当在 24 小时之内向行政机关负责人报告并补办批准手续，而紧急情况下实施限制公民人身自由的行政强制措施时补办批准手续的时间限制更为严格，要求行政执法人员返回行政机关后立即补办。

第三，法律规定的其他程序。如果单行法律对限制公民人身自由的行政强制措施的实施作出除上述程序之外的其他程序规定，行政执法人员也必须遵守。值得注意的是，此处特指“法律”所规定的其他程序，而不包括法规或者其他规范性文件所规定的程序。例如，《人民警察法》第 14 条规定，公安机关的人民警察对严重危害公共安全或者他人人身安全的精神病人，可以采取保护性约束措施，需要送往指定的单位、场所加以监护的，应当报请县级以上人民政府公安机关批准，并及时通知其监护人。此处的“报请县级以上人民政府公安机关批准”就属于“法律规定的其他程序”。

第四，解除程序。实施限制人身自由的行政强制措施不得超过法定期限。该“法定期限”由各单行法律规定。例如，《人民警察法》第 9 条规定：对被盘问人的留置时间自带至公安机关之时起不超过 24 小时，在特殊情况下，经县级以上公安机关批准，可以延长至 48 小时；在上述期间不能作出决定的，应当立即释放被盘问人。此外，当实施行政强制措施的目的已经达到或者条件已经消失时，应当立即解除。这不仅是保障相对人权益的需要，也是《行政强制法》第 5 条所规定的“适当原则”的体现。

第五，涉嫌犯罪的司法移送程序。违法行为涉嫌犯罪，应当移送司法机关的，行政机关应当将查封、扣押、冻结的财物一并移送，并书面告知相对人。

四、查封、扣押程序

查封、扣押是行政机关直接对相对人所有或使用的场所、设施或者财物进行暂时性限制的行政强制措施。查封、扣押是对相对人财产权的限制，而财产权是相对人最基本的权利之一，为了保障相对人的财产权不受非法侵害，《行政强制法》对于查封、扣押的实施程序作出了比一般行政强制措施的实施程序更为严格的规定。

（一）查封、扣押的实施主体

查封、扣押应当由法律、法规规定的行政机关实施，此外，法律、行政法规授权的具有管理公共事务职能的组织在法定授权范围内，可以以自己的名义实施查封、扣押行为。其他任何行政机关或者组织不得实施。

（二）查封、扣押对象的限定

行政强制措施的实施必须遵循“适当原则”，因此，查封、扣押必须限定在必要的限度内，即查封、扣押的对象应当限定于涉案的场所、设施或者财物，而不能毫无限制地任意查封、扣押。具体而言，对查封、扣押对象的限定包括三个方面：第一，不得查封、扣押与违法行为无关的场所、设施或者财物；第二，不得查封、扣押公民个人及其所扶养家属的生活必需品；第三，相对人的场所、设施或者财物已被其他国家机关依法查封的，不得重复查封。例如，《税收征收管理法》第 38 条规定，在纳税人不能提供纳税担保的情况下，税务机关可以扣押、查封纳税人的价值“相当于”应纳税款的商品、货物或者其他财产，但个人及其所扶养家属维持生活必需的住房和用品不在行政强制措施的范围之内。

（三）查封、扣押的实施程序

查封、扣押必须遵守《行政强制法》第 18 条所规定的有关行政强制措施实施的一般程序，例如，实施前向行政机关负责人报告并获批准程序、由两名以上行政执法人员实施、出示执法身份证件、通知相对人到场、当场告知相对人相关信息及权利、听取相对人意见、制作现场笔录、现场笔录签名或盖章等程序。除此之外，《行政强制法》第 24 条还规定，行政机关在决定实施查封、扣押时，应当制作并当场交付查封、扣押决定书和清单。查封、扣押决定书应当载明下列事项：相对人的姓名或者名称、地址；查封、扣押的理由、依据和期限；查封、扣押场所、设施或者财物的名称、数量等；申请行政复议或者提起行政诉讼的途径和期限；行政机关的名称、印章和日期。此外，查封、扣押清单应当一式二份，由相对人和行政机关分别保存。

（四）查封、扣押的期限

第一，一般期限。在一般情况下，查封、扣押的期限不得超过 30 日。法律对查封、扣押期限的起算日期没有作出明确规定。对此，学术界也存在着争议，有观点认为，查封、扣押的期限应当自查封、扣押决定作出之日（在查封、扣押决定书中载明）起开始计算；但也有观点认为，查封、扣押的期限应当自查封、扣押决定书送达相对人之日起开始计算。

第二，延长期限。情况复杂的，经行政机关负责人批准，查封、扣押的期限可以延长，但是只能延长一次，而且延长的期限不得超过 30 日。也就是说，查封、扣押的最长期限是 60 日。延长查封、扣押的决定应当及时书面告知相对人，并说明理由。

第三，特殊期限。对于查封、扣押的期限，如果法律、行政法规另有规定，则按照其规定执行。

第四，除外期限。对物品需要进行检测、检验、检疫或者技术鉴定的，查封、扣押的期间不包括检测、检验、检疫或者技术鉴定的期间。检测、检验、检疫或者技术鉴定的期间应当明确，并书面告知相对人。检测、检验、检疫或者技术鉴定的费用由行政机关承担。

（五）查封、扣押后财物的保管与处理

1. 查封、扣押后财物的保管

第一，妥善保管财物义务。对于已查封、扣押的场所、设施或者财物，行政机关应当妥善保管，不得使用或者损毁；造成损失的，应当承担赔偿责任。

第二，委托第三人保管。对于已查封的场所、设施或者财物，行政机关可以委托第三人保管，第三人不得损毁或者擅自转移、处置。因第三人的原因造成损失的，行政机关先行赔付后，有权向第三人追偿。

第三，保管费用的承担。因查封、扣押发生的保管费用由行政机关承担。

2. 查封、扣押后财物的处理

行政机关采取查封、扣押措施后，应当及时查清事实，在法定期限内作出处理决定。根据不同情况，行政机关可以依法选择作出以下三种处理决定：

第一，没收决定。对于违法事实清楚、依法应当没收的非法财物，行政机关应当作出没收决定，予以没收。

第二，销毁决定。对于法律、行政法规规定应当销毁的财物，行政机关应当依法销毁。

第三，解除查封、扣押决定。有下列情形之一的，行政机关应当及时作出解除查封、扣押决定：相对人没有违法行为；查封、扣押的场所、设施或者财物与违法行为无关；行政机关对违法行为已经作出处理决定，不再需要查封、扣押；查封、扣押期限已经届满；其他不再需要采取查封、扣押措施的情形。

解除查封、扣押后应当立即退还财物；已将鲜活物品或者其他不易保管的财物拍卖或者变卖的，退还拍卖或者变卖所得款项，变卖价格明显低于市场价格，给相对人造成损失的，应当给予补偿。

五、冻结程序

冻结存款、汇款不仅直接限制相对人的财产权，而且涉及金融机构的行为，因此，《行政强制法》对于冻结存款、汇款的程序作出特别的规定。

（一）冻结的实施主体

与查封、扣押由“法律、法规”规定的行政机关实施不同，冻结存款、汇款仅限于由“法律”规定的行政机关实施，其他任何行政机关或者组织不得冻结存款、汇款。从这点来看，冻结存款、汇款的实施主体比查封、扣押的实施主体要求更为严格。此外，冻结的实施权不得委托给其他行政机关或者组织。

（二）冻结的数额限定

首先，冻结存款、汇款的数额应当与违法行为涉及的金额相当；其次，已被其他国家机关依法冻结的，不得重复冻结。

（三）冻结的实施程序

冻结存款、汇款并非直接针对相对人，而是针对金融机构作出的，而且为了防止相对人转移资金，在实施冻结措施时不事先通知相对人到场。可见，冻结存款、汇款的实施程序与行政强制措施实施的一般程序有所不同，主要表现为冻结存款、汇款的实施不需要履行通知相对人到场、告知信息及权利、听取意见、现场笔录签名、邀请见证人到场等程序，而只需要履行实施前的内部批准程序、两名以上行政执法人员、出示执法身份证件、制作现场笔录的程序。此外，《行政强制法》针对冻结存款、汇款的特殊性还规定了特别程序。

第一，向金融机构交付冻结通知书。行政机关应当向金融机构交付冻结通知书，在冻结通知书中一般应当记载协助冻结的金融机构的名称、冻结的法律依据、冻结的财产所在机构的名称和地址、冻结数额、冻结的期限以及其他需要特别说明的事项等信息。

第二，金融机构协助冻结。金融机构在接到行政机关依法作出的冻结通知书后，应当协助行政机关，按照冻结通知书的要求立即冻结相关的存款、汇款，不得拖延，更不得在冻结前向相对人泄露信息。当然，对于法律规定以外的行政机关或者组织要求冻结相对人存款、汇款的，金融机构应当拒绝。

第三，向相对人交付冻结决定书。依照法律规定冻结存款、汇款的，作出决定的行政机关应当在 3 日内向相对人交付冻结决定书。在冻结决定书中，应当告知相对人有关冻结的情况以及相对人的救济权利和救济途径。具体而言，在冻结决定书中应当载明下列事项：相对人的姓名或者名称、地址；冻结的理由、依据和期限；冻结的账号和数额；申请行政复议或者提起行政诉讼的途径和期限；行政机关的名称、印章和日期。可见，这是一种事后性的告知程序。

（四）冻结的期限及延长

第一，一般期限。在一般情况下，冻结的期限不得超过 30 日。自冻结存款、汇款之日起 30 日内，行政机关应当作出处理决定或者作出解除冻结决定。

第二，延长期限。情况复杂的，经行政机关负责人批准，冻结的期限可以延长，但是只能延长一次，而且延长的期限不得超过 30 日。也就是说，冻结的最长期限是 60 日。延长冻结的决定应当及时书面告知相对人，并说明理由。

第三，特殊期限。对于冻结的期限，如果法律另有规定，则按照其规定执行。

（五）冻结的解除

冻结的解除从方式上看，包括行政机关作出解除冻结决定和法定期限届满后自动解除两种。

1. 行政机关作出解除冻结决定

有下列情形之一的，行政机关应当及时作出解除冻结决定：相对人没有违法行为；冻结的存款、汇款与违法行为无关；行政机关对违法行为已经作出处理决定，不再需要冻结；冻结期限已经届满；其他不再需要采取冻结措施的情形。

行政机关作出解除冻结决定后，应当及时通知金融机构和相对人。金融机构在接到通知后，应当立即解除冻结。

2. 法定期限届满后自动解除

行政机关逾期未作出处理决定或者解除冻结决定的，金融机构应当自冻结期限届满之日起解除冻结。

第五节 行政机关强制执行程序

行政强制执行是指对于不履行行政决定所确定的义务的相对人，行政机关或者由行政机关申请人民法院依法强制其履行义务或达到与履行义务相同的状态的行为。行政强制执行的程序对于保障相对人的合法权益以及提高行政强制执行的效率具有重要的意义。根据行政强制执行主体的不同，行政强制执行的程序可分为行政机关强制执行程序与申请人民法院强制执行程序。《行政强制法》以两章分别规定这两种行政强制执行的程序，在本节中仅阐述行政机关的强制执行程序，关于申请人民法院强制执行程序则在本章第六节讨论。

一、行政机关强制执行的一般程序

行政机关依法作出行政决定后，相对人在行政决定确定的期限内不履行义务的，具有行政强制执行权的行政机关依照法定程序强制执行。虽然各种类型的行政强制执行的程序并不完全相同，但其中也存在各种行政强制执行都必须遵循的共同程序。为此，《行政强制法》规定了行政强制执行的一般程序，大致可分为催告程序和执行程序两个阶段。

（一）催告程序

1. 强制执行前的催告与告知

行政机关作出强制执行决定前，应当事先催告相对人履行义务，在催告的同时对相对人进行说服和教育，再次给予相对人自觉履行义务的机会。催告应当以书面形式作出，并载明下列事项：履行义务的期限；履行义务的方式；涉及金钱给付的，应当有明确的金额和给付方式；相对人依法享有的陈述权和申辩权。

2. 催告书的送达

催告书应当直接送达相对人。相对人拒绝接收或者无法直接送达相对人的，应当依照《民事诉讼法》的有关规定送达。

3. 听取相对人意见

相对人收到催告书后有权进行陈述和申辩。对此，行政机关应当充分听取相对人的意见，对相对人提出的事实、理由和证据，应当进行记录、复核。相对人提出的事实、理由或者证据成立的，行政机关应当采纳。无论是否采纳相对人提出的事实、理由和证据，行政机关都必须告知相对人是否采纳的结果，不采纳时，还应当向相对人说明理由。

（二）执行程序

1. 强制执行决定或立即强制执行决定的作出

（1）强制执行决定的作出。

经督促催告，相对人在规定的期限内履行义务的，不再实施强制执行。如果经催告，相对人逾期仍不履行行政决定所确定的义务，且无正当理由的，行政机关可以作出强制执行决定。强制执行决定应当以书面形式作出，并载明下列事项：相对人的姓名或者名称、地址；强制执行的理由和依据；强制执行的方式和时间；申请行政复议或者提起行政诉讼的途径和期限；行政机关的名称、印章和日期。

（2）立即强制执行决定的作出。

在一般情况下，行政强制执行机关必须等到催告期间结束后，相对人仍不自觉履行行政决定时，才能作出强制执行决定。但如果在催告期间，有证据证明相对人有转移或者隐匿财物的迹象时，行政机关可以不用等待催告期间的结束，而作出立即强制执行决定。

2. 行政强制执行决定书的送达

行政强制执行决定书应当直接送达相对人。相对人拒绝接收或者无法直接送达相对人的，应当依照《民事诉讼法》的有关规定送达。

3. 强制执行

行政机关根据执行内容、标的等的不同，分别采取不同的强制执行方式，并遵循不同的程序规定。

4. 执行过程中的特殊情形

在一般情况下，行政强制执行以行政决定所确定的义务得到履行而结束。但在特殊情况下，有可能会出现中止执行、终结执行、执行回转、执行和解等特殊的情形。

（1）中止执行。

有下列情形之一的，执行机关应当中止执行：第一，相对人履行行政决定确有困难或者暂无履行能力的；第二，第三人对执行标的主张权利，确有理由的；第三，执行可能造成难以弥补的损失，且中止执行不损害公共利益的；第四，行政机关认为需要中止执行的其他情形。

中止执行只是暂时停止执行，并不代表着强制执行的结束。当中止执行的情形消失后，行政机关应当恢复执行。但是，考虑到社会的安定和对相对人权益的保护，对于没有明显社会危害，相对人确无能力履行，中止执行满 3 年未恢复执行的，行政机关不再执行。

（2）终结执行。

有下列情形之一的，执行机关应当终结执行：第一，公民死亡，无遗产可供执行，又无义务承受人的；第二，法人或者其他组织终止，无财产可供执行，又无义务承受人的；第三，执行标的灭失的；第四，据以执行的行政决定被撤销的；第五，行政机关认为需要终结执行的其他情形。终结执行即意味着强制执行的结束。

（3）执行回转。

在执行中或者执行完毕后，据以执行的行政决定被撤销、变更，或者执行错误的，应当恢复原状或者退还财物。不能恢复原状或者退还财物的，依法给予赔偿。

（4）执行和解。

实施行政强制执行，行政机关可以在不损害公共利益和他人合法权益的情况下，与相对人达成执行协议。执行协议可以约定分阶段履行；相对人采取补救措施的，可以减免加处的罚款或者滞纳金。

执行协议应当履行。相对人不履行执行协议的，行政机关应当恢复强制执行。

5. 文明执法的要求

现实行政过程中，行政强制执行带来了很多社会矛盾和冲突，特别是在房屋拆迁等行政强制执行过程中，矛盾和冲突尤为激烈。为此，《行政强制法》在确保行政强制执行效率的基础上，强调文明执法的理念，具体体现在以下几个方面：

第一，强制执行期日的限制。行政机关不得在夜间或者法定节假日实施行政强制执行，但是，情况紧急的除外。

第二，强制执行方式的限制。行政机关不得对居民生活采取停止供水、供电、供热、供燃气等方式迫使相对人履行相关行政决定。

第三，违法建筑物等强拆的程序限制。对于违法的建筑物、构筑物、设施等需要强制拆除的，应当由行政机关予以公告，限期相对人自行拆除。相对人在法定期限内不申请行政复议或者提起行政诉讼，又不拆除的，行政机关可以依法强制拆除。

二、金钱给付义务的执行程序

行政强制执行是指强制不自觉履行行政决定所确定的义务的相对人履行该义务或达到与履行义务相同的状态的行为。而行政决定所确定的义务包括了金钱给付义务和行为义务，对于其中的金钱给付义务的强制执行，《行政强制法》规定了特别的程序，即首先通过加处罚款或者滞纳金这种间接强制的方式促使相对人履行金钱给付义务，但相对人仍不履行的，再采取划拨存款、拍卖财物等直接强制的方式强制执行。

（一）金钱给付义务的间接强制执行——加处罚款或者滞纳金

行政机关依法作出金钱给付义务的行政决定，相对人逾期不履行的，行政机关可以依法加处罚款或者滞纳金。加处罚款或者滞纳金的强制执行方式在行政法学上又被称为“执行罚”，其目的是对相对人课予一定的金钱给付义务，以促使其履行义务，因而是一种较为间接、迂回的强制执行方式。具体而言，“加处罚款”主要针对不缴纳罚款的行为，而“加处滞纳金”主要针对不缴纳税费的行为。行政机关在依法作出加处罚款或者滞纳金的决定时，应当将加处罚款或者滞纳金的标准告知相对人。此外，根据行政强制的“适当原则”，加处罚款或者滞纳金的数额不得超出金钱给付义务的数额。

（二）金钱给付义务的直接强制执行

行政机关依法实施加处罚款或者滞纳金超过 30 日，经催告相对人仍不履行的，具有行政强制执行权的行政机关可以实施划拨存款、拍卖财物等直接强制执行的方式，直接对相对人的财产加以强制力，以实现行政决定所确定的金钱给付义务。

1. 划拨存款、汇款

对于拒不履行行政决定所确定的金钱给付义务的相对人，行政机关可以依法通过有关银行或其他金融机构将被执行的相对人账户上的存款、汇款直接划入权利人账户，以此来抵销相对人所负有的金钱给付义务。划拨存款、汇款应当由法律规定的行政机关作出决定，并书面通知金融机构。划拨存款、汇款的强制执行方式也可以与行政强制措施中的冻结存款、汇款相结合使用，即对已经冻结的存款、汇款进行划拨。

金融机构接到行政机关依法作出的划拨存款、汇款的决定后，应当立即划拨。法律规定以外的行政机关或者组织要求划拨相对人的存款、汇款的，金融机构应当拒绝。

2. 拍卖或者依法处理查封、扣押的场所、设施或者财物

对于拒不履行行政决定所确定的金钱给付义务的相对人，行政机关可以通过拍卖或者依法处理查封、扣押的场所、设施或者财物取得款项，并以该款项来履行相对人所负有的金钱给付义务。其中，依法拍卖财物，由行政机关委托拍卖机构依照《拍卖法》中的相关规定办理。

没有行政强制执行权的行政机关应当申请人民法院强制执行。但是，相对人在法定期限内不申请行政复议或者提起行政诉讼，经催告仍不履行的，在实施行政管理过程中已经采取查封、扣押措施的行政机关，可以将查封、扣押的财物依法拍卖以抵缴罚款。

3. 款项的管理

划拨的存款、汇款以及拍卖和依法处理所得的款项应当上缴国库或者划入财政专户。任何行政机关或者个人不得以任何形式截留、私分或者变相私分。

三、代履行程序

当相对人不自觉履行行政决定所确定的义务，而该义务从性质来看由他人代为履行可以达到与相对人本人履行相同状态时，行政机关可自行或请第三人代替相对人履行法定义务，并向相对人征收必要费用。这被称为“代履行”。代履行的特征在于义务的替代履行。基于代履行的这一特征，《行政强制法》对其实施程序作出了特别的规定。

（一）代履行的适用

《行政强制法》第 50 条规定，行政机关依法作出要求相对人履行排除妨碍、恢复原状等义务的行政决定，相对人逾期不履行，经催告仍不履行，其后果已经或者将危害交通安全、造成环境污染或者破坏自然资源的，行政机关可以代履行，或者委托没有利害关系的第三人代履行。该规定限定了代履行适用的范围、前提、情形、主体等，要求实施代履行必须满足

以下条件：

第一，代履行的适用范围。从理论上看，代履行可适用于他人可替代履行的义务，即他人替代履行该义务也能达到与相对人本人履行同样的状态。按照“他人可替代”这一判断标准，排除了金钱给付义务、不作为义务以及其他具有高度人身依附性的作为义务，因为这些都是他人无法替代，而必须由相对人本人履行的义务。而《行政强制法》第 50 条进一步采取狭义理解，将代履行的对象限定于行政机关作出的行政决定要求相对人履行排除妨碍、恢复原状等义务，从而将代履行的适用范围局限于对于要求相对人履行排除妨碍、恢复原状等义务的行政决定的强制执行。

第二，代履行的适用前提。代履行的前提是相对人不履行行政决定所确定的义务，而且经过催告程序，相对人仍不履行的。

第三，代履行的适用情形。代履行的实施必须是情况紧急，如果不履行，其后果已经或者将危害交通安全、造成环境污染或者破坏自然资源。

第四，代履行的适用主体。代履行的主体必须是行政机关自身或者由行政机关委托的、没有利害关系的第三人。行政机关可以自己实施代履行，也可以委托与强制执行没有利害关系的第三人代履行。

（二）代履行的实施程序

1. 代履行实施的一般程序

在一般情况下，代履行应当遵守以下法定程序。

第一，作出并送达代履行决定书。代履行前应当由行政机关作出并向相对人送达代履行决定书，代履行决定书中应当载明相对人的姓名或者名称、地址，代履行的理由和依据、方式和时间、标的、费用预算以及代履行人。

第二，催告程序。代履行 3 日前，行政机关应当催告相对人履行义务，给予相对人再次履行义务的机会。经催告，如果相对人自觉履行义务的，则应当停止代履行。

第三，代履行。经催告，相对人仍不履行义务的，由行政机关自身或者委托没有利害关系的第三人代履行。代履行时，作出决定的行政机关应当派员到场监督。在代履行过程中，不得采用暴力、胁迫以及其他非法方式。

第四，执行文书的制作和签名。代履行完毕后，行政机关到场监督的工作人员、代履行人和相对人或者见证人应当在执行文书上签名或者盖章。

第五，收取代履行费用。代履行的费用应当由相对人承担，在实施代履行的行为后，应当向相对人收取代履行费用，代履行的费用按照成本合理确定，代履行费用的数额以代履行中的实际支出为限，但是，法律对此另有规定的除外。

2. 代履行的立即实施程序

在一般情况下，代履行必须经过上述送达代履行决定书、催告等前期程序，但是在需要立即清除道路、河道、航道或者公共场所的遗洒物、障碍物或者污染物，相对人不能清除时，行政机关可以决定立即实施代履行。如果相对人不在场的，行政机关应当在事后立即通知相对人，并依法作出处理。这是代履行的立即实施程序，其适用受到严格的限定：第一，适用的对象被限定于清除道路、河道、航道或者公共场所的遗洒物、障碍物或者污染物的作为义务；第二，适用的情形被限定于需要立即清除道路、河道、航道或者公共场所的遗洒物、障碍物或者污染物，而且相对人自身没有能力清理的情况。

第六节　申请人民法院强制执行

行政强制执行是行政机关或者行政机关申请人民法院对不履行行政决定确定的义务的公民、法人或者其他组织，依法强制其履行义务或达到与履行义务相同的状态的行为。因此，从执行主体来看，行政强制执行包括两种类型：一是行政机关自己强制执行，二是申请人民法院强制执行。从行政强制执行的设定权来看，法律规定行政机关具有强制执行权时，由行政机关进行强制执行，法律没有规定行政机关具有强制执行权的，作出行政决定的行政机关应当申请人民法院强制执行，其程序不同于行政机关进行强制执行程序。基于此，《行政强制法》以单章进行了规定。

一、非诉行政执行的适用

《行政诉讼法》第 95 条、第 96 条和第 97 条分别规定了由人民法院进行强制执行的两种方式，即对人民法院行政判决或裁定的强制执行和非诉行政执行。因此，行政机关申请人民法院强制执行实际上包括两种类型：一是诉讼强制执行。在人民法院作出有关行政诉讼的判决、裁定、调解书后，相对人必须履行发生法律效力的判决、裁定、调解书，如果相对人拒绝履行判决、裁定的，行政机关可以向第一审人民法院申请强制执行。二是非诉行政执行。相对人对行政决定在法定期限内不申请行政复议或者提起行政诉讼而又不履行行政决定所确定的义务时，行政机关可以申请人民法院强制执行。

根据《行政诉讼法》第 101 条的规定，人民法院审理行政案件，关于执行等事项，如果在《行政诉讼法》中没有规定的，则适用《民事诉讼法》的相关规定。对于诉讼强制执行，《民事诉讼法》第三编对民事诉讼的强制执行作出了详细的规定。因此，行政诉讼的强制执行也可以参照这些规定实施。而非诉行政执行是行政法所特有的强制执行方式，对此，《行政强制法》作出了专门的规定。该法第 53 条规定，相对人在法定期限内不申请行政复议或者提起行政诉讼，又不履行行政决定的，没有行政强制执行权的行政机关可以自期限届满之日起 3 个月内，依法申请人民法院强制执行。从该条款的规定来看，非诉行政执行的适用必须符合以下几个方面的要求：

（一）非诉行政执行适用的前提条件

非诉行政执行适用的前提条件包括：第一，行政机关针对特定相对人作出了行政决定，而该行政决定确定了相对人特定的义务，要求相对人必须履行；第二，针对确定其义务的行政决定，相对人在法定期限内不申请行政复议或者提起行政诉讼；第三，相对人不履行行政决定所确定的义务。只有满足了这些前提条件，申请人民法院强制执行才有实际意义。

（二）非诉行政执行的主体

非诉行政执行由没有行政强制执行权的行政机关向人民法院提出申请，如果行政机关具备了行政强制执行权，那么就无须申请人民法院强制执行，而可以自行强制执行。可见，非诉行政执行的申请主体是没有行政强制执行权的行政机关，而实施主体是人民法院。

（三）非诉行政执行的申请期限

没有行政强制执行权的行政机关应当自期限届满之日起 3 个月内向人民法院提出强制执行的申请。

二、非诉行政执行的一般程序

非诉行政执行一般应当遵循以下法定程序。

（一）事先催告程序

行政机关申请人民法院强制执行前，应当催告相对人履行义务，给予相对人再次履行义务的机会。经催告，如果相对人自觉履行义务的，则无需向人民法院申请强制执行。

（二）向人民法院提出申请并提供材料

催告书送达10日后相对人仍未履行义务的，行政机关可以向所在地有管辖权的人民法院申请强制执行。如果执行对象是不动产的，行政机关应当向不动产所在地有管辖权的人民法院申请强制执行。

如上所述，非诉行政执行适用的前提条件包括对相对人课予义务的行政决定的作出、相对人没有申请行政复议或提起行政诉讼、相对人不履行义务等，因而行政机关作为申请人，需要向人民法院提供满足这些非诉行政执行适用的前提条件的证据。具体而言，行政机关向人民法院申请强制执行时，应当提供下列材料：强制执行申请书；行政决定书及作出决定的事实、理由和依据；相对人的意见及行政机关催告情况；申请强制执行标的情况；法律、行政法规规定的其他材料。其中，强制执行申请书应当由行政机关负责人签名，加盖行政机关的印章，并注明日期。

（三）人民法院受理

人民法院接到行政机关强制执行的申请后，应当在5日内受理，但是不属于本院管辖的不予受理。如果人民法院不予受理，而行政机关对人民法院不予受理的裁定有异议的，可以在15日内向上一级人民法院申请复议，上一级人民法院应当自收到复议申请之日起15日内作出是否受理的裁定。

（四）人民法院审查

行政机关申请人民法院强制执行其作出的行政决定，人民法院理应对申请进行必要的审查。审查的形式包括书面审查和实质审查两种。

1. 书面审查

人民法院受理行政机关强制执行的申请后，应当对行政机关强制执行的申请进行书面审查。书面审查是一种以行政机关提供的书面材料为主进行的形式审查，审查的内容包括：第一，行政机关提交的资料是否齐全；第二，是否满足对相对人课予义务的行政决定的作出、相对人没有申请行政复议或提起行政诉讼、相对人不履行义务等适用非诉行政执行的前提条件；第三，行政机关是否是在法定期限内提出的申请；第四，行政决定是否具备法定执行效力，只有行政决定合法且具备法定执行效力，才能成为人民法院强制执行的对象。

2. 实质审查

人民法院对于行政机关强制执行的申请一般以书面审查为主，但如果发现有下列情形之一的，必须在书面审查的基础上进行实质审查，在作出裁定前可以听取被执行人和行政机关的意见：第一，明显缺乏事实根据；第二，明显缺乏法律、法规依据；第三，其他明显违法并损害被执行人合法权益的情形。

（五）执行裁定的作出

1. 书面审查后执行裁定的作出

在一般情况下，人民法院对于行政机关强制执行的申请只进行书面审查，经书面审查，人民法院认为行政机关提交的申请材料形式合法，行政决定合法、有效，具备法定执行效力，而且没有发现存在明显缺乏事实根据或法律依据等实质性问题时，人民法院应当自受理之日起 7 日内作出执行裁定。如果人民法院经书面审查，认为行政机关提交的申请材料形式不符合法律规定或者行政决定违法而不具备法定执行效力时，应当作出不予执行的裁定。

2. 实质审查后执行裁定的作出

如果人民法院在审查行政机关强制执行的申请过程中，发现存在明显缺乏事实根据或法律依据等实质性问题时，必须进行实质审查。在这种情况下，人民法院应当自受理之日起 30 日内作出是否执行的裁定。

3. 不予执行裁定的送达及救济

人民法院裁定不予执行的，应当说明理由，并在 5 日内将不予执行的裁定送达行政机关。行政机关对人民法院不予执行的裁定有异议的，可以自收到裁定之日起 15 日内向上一级人民法院申请复议，上一级人民法院应当自收到复议申请之日起 30 日内作出是否执行的裁定。

（六）强制执行及费用承担

1. 强制执行

人民法院作出执行裁定后，应当及时实施强制执行。具体采取的强制执行方式由各单行法律规定。

2. 执行费用的承担

行政机关申请人民法院强制执行，不缴纳申请费。强制执行的费用由被执行人承担，具体的承担方式根据强制执行方式的不同而不同，例如，人民法院以划拨、拍卖方式强制执行的，可以在划拨、拍卖后将强制执行的费用扣除。

3. 款项的管理

依法拍卖财物，由人民法院委托拍卖机构依照《拍卖法》的规定办理。划拨的存款、汇款以及拍卖和依法处理所得的款项应当上缴国库或者划入财政专户，不得以任何形式截留、私分或者变相私分。

三、紧急情况下的立即执行

上述是行政机关申请人民法院强制执行的一般程序，但在情况紧急时，为了保障公共安全，行政机关可以申请人民法院立即执行。对此，人民法院必须及时作出裁定。经人民法院院长批准，人民法院应当自作出执行裁定之日起 5 日内执行。

第十六章　其他行政活动形式

上述行政行为是较为典型、在行政实践中较为常用的行政活动形式，因此，在传统行政法学中，一般对这些行政行为进行重点考察。但在现实中，行政活动的形式并不局限于上述几种行政行为，存在其他各种行政活动的形式。在这些形式中，有的属于狭义上的行政行为，如行政奖励、行政救助，有的却不属于狭义上的行政行为，如行政指导（不具有强制性）、行政协议（不具有单方性）等。在现代行政法学中，对于这些非典型的行政活动形式也必须进行考察。由于行政活动形式的种类繁多，在此选择其中的部分进行探讨，但这并不表示其他的行政活动形式仅限于以下几种类型。

第一节　行政计划

行政管理是一个具有持续性的长期过程，为此，行政主体在实施行政活动之前，预测以及事先安排，即制订行政计划。行政计划以及基于行政计划而展开的计划行政，被视为现代行政的重要特色之一。[①]

一、行政计划的概念

行政计划是现实行政活动中较为常见的一种活动形式，但学界对行政计划概念存在着争议。首先，对于“行政计划”或“行政规划”的称呼存在着争议。由于《城市规划法》（已失效）、《城乡规划法》等法律中使用“规划”的用语，近年来使用“行政规划”用语的学者增多，但也有学者区分行政计划与行政规划。对此，笔者认为，行政计划是一个更为宽泛的概念，行政计划是指行政主体为了实现特定行政目标或任务，在实施行政活动之前作出的在将来一定期限内预测并规范将要达到的行政目标或任务并安排实现该行政目标或任务的方式的活动。该定义包括以下含义：第一，行政计划的主体是行政主体；第二，行政计划的目的是实现特定行政目标或任务；第三，行政计划应当在实施行政活动之前确立，目的是指导行政活动的实施；第四，行政计划的内容是确定一定的行政目标并安排实现该目标的方式。

二、行政计划的特征

行政计划的概念比较宽泛，其中包括各种各样的计划，但总体而言，行政计划一般具有以下特点。

（一）预见性与可变动性

行政计划是对将来一定期限内行政目标的预测，而不是针对现时行政的活动。通常行政

---

① 参见姜明安主编：《行政法与行政诉讼法》，186页，北京，高等教育出版社，2002。

主体在作出具体的行政活动之前对行政活动的目标进行预测，并据此事先安排行政活动的方法、措施等。预测不可能完全符合将来的行政状况，而是具有一定的偏差，但预测并非盲目或恣意的猜想，而是根据现时行政的实际情况对将来行政的发展进行判断，具有一定的客观性。

由于行政计划只是对将来的一种预测，是一种针对未来的行为，所以，随着时间的经过，客观情况有可能发生改变，这就要求行政计划也必须进行相应的变动。此即行政计划并非一经作出就一成不变，根据客观情况的需要可以依法进行变更。

（二）法定性与裁量性

虽然行政计划仅仅是对将来一定期限内行政目标的预测，而且部分行政计划并不具有拘束力，但行政计划也必须依法制订。行政计划的法定性是依法行政原理在行政计划领域的具体要求，具体而言：第一，要求制订行政计划的主体必须是具有该行政权限的行政机关；第二，行政机关必须依据法律规定，根据现实情况进行预测，制订与现实情况相适应的行政计划；第三，行政机关必须按照法定程序制订行政计划。

但是，在制订行政计划的过程中，行政机关也具有较大的裁量性，主要表现为：行政机关在制订行政计划时有权自主决定计划的具体目标、内容、手段等，法律一般仅规定行政计划的总体目标或者策划制订时应考虑的因素，而将计划的具体内容委任给行政机关裁量决定。

（三）拘束性或指导性

制订行政计划的目的是确定一定的行政目标，以此为标准调整行政的内容和行动，从而影响行政活动的方向、方式、速度等。行政计划制订后，在该计划所确定的事项范围内具有拘束的效力，相关的行政主体或相对人必须遵守。但有的计划并不具有拘束性，而仅仅提供一些意见或建议，引导行政相对人在未来一定时间内采取相应的行为，以实现一定的行政目标和公共利益。这种计划有时又被称为“指导性行政计划”或“议案性行政计划”，仅仅具有指导、建议的性质，并无法律上的拘束力。

（四）内部性或外部性

行政计划是对行政机关的活动规定一定的目标或标准，主要是针对或直接针对行政机关作出的。这种内部行政计划是指行政机关对自我管理建设事务预先作出系统安排的行为，例如国务院的机构改革方案等。但行政计划有时也间接涉及相对人的权利、义务，例如在对文化、经济、科技、国防等建设事业预先制订行政计划时，要求行政机关以行政计划所确定的目标、方案、手段等实施行政管理，以实现特定行政目标，其中必然涉及相对人的权利、义务。

三、行政计划的程序

行政计划是行政机关行使职权的活动，必须依照法定程序进行。我国目前尚未制定统一的行政计划法，有关行政计划程序的规定散见于各单行法之中。一般而言，行政计划应当按照以下程序制订、实施。

（一）行政计划目标的确定

行政计划的目的是实现特定行政目标或任务，因此，在制订行政计划之前必须确定行政计划的目标。行政计划的目标必须结合本行政机关的任务以及现实行政中的具体情况，在本行政机关职权范围内确定。具体提案可以由权力机关、其他行政机关等外部主体提出，也可以由本行政机关内部的机构或工作人员等提出。

（二）行政计划草稿的拟定

行政计划草案的拟定是指根据已经确定的行政目标起草行政计划的方案，一般由行政机关内部的主管机构拟定。这要求负责草拟的机构应当配备一定的专业人员，有时也可以采用委托具备专业技术条件的研究机构或大专院校等民间机构草拟行政计划的草案。

此外，当行政计划的内容涉及其他行政机关的主管范围时，应当与该行政机关进行协商或共同起草行政计划草案。

行政计划的草案中应当明确行政计划的目的、法律依据、事实根据以及计划的步骤、时限、方式等。

（三）行政计划的论证

行政计划草案制定后，需要听取、考虑各方面的意见和建议。为此，应将草案发给相关的国家机关或向社会公布，征求各方面的意见。在行政计划的制订需要上级行政机关或权力机关批准时，必须将行政计划的草案报送有关机关，征求意见。在行政计划影响到特定相对人的权利或利益时，应当将草案告知相对人，并征求相对人的意见。在行政计划影响相对人的重大权利或利益，而相对人请求举行听证或者行政机关认为有必要举行听证时，也可以举行听证，听取各利害关系人对行政计划草案的意见。此外，在国外还存在委托专业评估机构对行政计划草案进行评估的方式，随着我国专业评估机构的发展，这种论证方式也会随之增多。

（四）行政计划的制订与公布

在行政计划进行论证后，在征求各方面意见的基础上，对行政计划草案进行修改。对于修改的草案也可以进行二次论证，在此基础上制订行政计划；需要上级国家机关批准时，必须送交上级国家机关批准。

内部性行政计划制订后，送交有关机关后即发生法律效力。外部性的行政计划一般需要采用公告等方式向社会公布，行政计划在公布后才能发生法律效力。

（五）行政计划的实施

行政计划正式制订后，各有关机关或相对人必须确实实施。对于指导性计划，有关机关或相对人具有一定的裁量权，可以根据实际情况决定是否遵循行政机关的指导。但如果是具有法律拘束力的行政计划，有关机关或相对人必须实施，否则，有权机关将进行强制执行。

此外，在行政计划的实施过程中，随着客观现实的发展，当行政计划明显不适合于客观情况时，必须对行政计划进行变更。对此，相关机关或相对人应当对制订行政计划的行政机关提出变更建议，制订行政计划的行政机关根据该建议或自主地进行行政计划的变更。

四、行政计划的救济

在现实中，对于行政计划是否可以提起行政复议或行政诉讼等救济还存在着争议。从现代行政救济理论来看，对于侵犯相对人合法权益的行政活动，必须为其提供行政救济的途径，因此，行政救济的范围也以是否侵犯（实质性影响）相对人的合法权益为标准。而行政计划是否侵犯相对人的合法权益不能一概而论，以此为标准，行政计划可以分为两种类型，即指导性行政计划与拘束性行政计划。对于指导性行政计划，由于该计划并没有在实质上影响相对人的权利或利益，所以，相对人对此不得提起行政救济；而对于拘束性行政计划，由于该计划对相对人具有拘束力，在实质上影响相对人的权利或利益，所以当相对人认为该计划侵犯其合法权益时，应当为其提供行政救济的途径。

此外，如上所述，行政计划具有可变动性，随着客观现实的发展，当行政计划不符合现实情况时，行政机关可以变更行政计划的内容，但由此给相对人造成损失时，必须对相对人进行补偿。

第二节 行政确认

行政主体在作出特定行政行为之前，应当对具体情况进行确认，在此基础上依据法律作出行政行为。此外，为了证明特定法律地位、法律关系或法律事实是否存在或是否真实，相对人也可以请求行政主体代表着公权力进行认定。行政主体对相关情况进行认定的行为即行政确认。行政确认在行政实践中经常使用，但行政确认在表面上并不直接侵害或赋予相对人权利或利益，因此，在传统行政法学中较少予以探讨。但行政确认对于后续的行政行为等产生影响，由此侵害相对人权益的事件也时有发生，因此，在现代行政法学中必须探讨并规范行政确认行为。

一、行政确认的概念

（一）行政确认概念的定义

行政确认是指行政主体依法对相对人特定的法律地位、法律关系以及相关法律事实是否存在、是否真实进行鉴别、判断，并对外作出表示的行为。该定义包含以下内容。

1. 行政确认的主体

与民间鉴定机构作出的鉴定不同，行政确认是以行政主体的名义作出的行为，虽然有时行政主体在确认前可以委托民间鉴定机构进行鉴定，但最终对外作出确认的必须是行政主体。值得注意的是，以往的观点往往将公证也作为行政确认，但根据《公证法》第6条的规定，“公证机构是依法设立，不以营利为目的，依法独立行使公证职能、承担民事责任的证明机构”，公证机构并不具有行政主体资格，公证也不属于行政确认的范畴。

2. 行政确认的对象

行政确认的对象是相对人的特定法律地位、法律关系以及相关的法律事实是否存在、是否真实。

3. 行政确认的内容

行政确认的内容是对上述对象进行鉴别、判断，并对外作出表示的行为。可见，行政确认仅仅是对现有情况的确认或证明，而非改变现有情况。

（二）行政确认与行政许可

行政确认与行政许可都是行政机关的活动形式，这两种行为在目的、针对对象、行为内容等方面存在着相似之处，但这两者并非相同的行为，具体而言，主要存在以下的区别与联系。

1. 区别

（1）对象不同。行政许可针对的对象是申请人是否具有从事特定活动的能力，而行政确认的对象是相对人的特定法律地位、法律关系以及相关的法律事实是否存在、是否真实。

（2）内容不同。行政许可是允许申请人从事特定活动，是对法律一般性禁止义务的解除；而行政确认是对相对人的特定法律地位、法律关系以及相关法律事实的确认。

（3）行为性质不同。行政许可是法律行为，行政机关在作出许可行为时即明确表示相对人可以从事特定活动，直接赋予相对人从事特定活动的权利，属于形成性行政行为；而行政确认仅仅是行政机关对特定事实进行证明的行为，因为不含有行政机关的效力意思表示而不属于法律行为。

（4）启动方式不同。行政许可是典型的依申请行政行为，只有在相对人申请的前提下行政机关才可作出许可，不得依职权直接作出许可；而行政确认既包括依申请的确认，也包括依职权的确认，例如，行政机关在对交通肇事者进行行政处罚前，应当依职权对交通事故的责任进行确认，而受害者为了得到损害赔偿，也可以申请行政机关进行鉴定。

（5）法律效果不同。行政许可的作出明确表示相对人可以从事特定活动，使相对人获得从事特定活动的权利；而行政确认仅仅是对特定事实的证明，并不意味着相对人必然获得某种权利，例如，通过国家统一法律职业资格考试获得法律职业资格（行政确认）后，仅仅证明该人具备从事律师所需要的专业知识，而要获得从事律师活动的资格还必须通过培训、实习等技能训练，申请获得律师执业资格（许可）之后才能从事律师活动。

此外，行政许可的法律效果指向许可之后，而不溯及许可之前，即相对人在许可之后具备从事特定活动的权利；而行政确认指向的是确认之前的事实状态，获得行政确认后表示特定事实在确认前就已经存在，即行政确认具有溯及既往的效力。

2. 联系

如上所述，行政确认与行政许可并不相同，但两者之间存在着联系：行政确认往往是行政许可之前阶段的一个行为，例如，在对特种行业进行营业许可之前必须对申请人的资格进行确认；申请律师执业资格（许可）必须以法律职业资格（确认）的获得为前提。此外，有时行政确认与行政许可有可能表现为同一行为，例如，颁发驾驶执照的行为，既是对相对人具备驾驶能力的行政确认，也是对相对人今后从事驾驶活动的行政许可，但这仅仅是行政机关以同一行为方式表示行政确认与行政许可的特殊例子，并不表明行政确认与行政许可是同一行为。

二、行政确认的性质

（一）准法律行为性

行政确认是指行政机关以公共的权威判断特定的事实或法律关系是否存在、是否真实并对外表示的行为，通过行政机关的判断赋予其效力，确定既存的事实或法律关系，使得以其为要件的法律关系安定化。可见，确认只不过是行政机关进行判断的对外表示行为，起到一种证明的作用，而不直接对相对人新的权利、义务进行赋予、剥夺或限制。在这种意义上，行政确认并非法律行为，而属于准法律行为性行政行为。法律行为性行政行为与准法律行为性行政行为的区分标准是该行为是否包含作为行为主体的行政机关的效力意思。与法律行为性行政行为包含效力意思相对，准法律行为性行政行为中不含有行政主体的效力意思，而仅仅是单纯的观念、认识的表示。这些行为一般并不直接影响相对方的权利、义务，但往往是相对人获得特定法律地位或权利、利益的前提条件，例如，对公务员地位的确认是私人获得公务员职位的前提。

（二）前阶段性

行政机关作出行政行为之前，一般需要对相关的法律关系或法律事实进行确认，根据确认的法律关系或法律事实，依据法律规定作出具体行政行为，例如，交通事故责任的认定是进行行政处罚的基础，企业是否具有一定的场所、人员、经费等条件的确认是作出营业许可的基础。经行政确认的法律关系或法律事实，能够直接成为行政行为的事实根据。可见，行政确认往往构成其他行政执法行为的基础。因此，从整个行政过程来看，如果将行政过程划分为若干阶段，行政确认作为其他行政行为之前阶段的行为，具有前阶段性。

当然，行政确认的前阶段性并不表示行政确认不具有独立性，在一定情况下，行政确认也可以不依赖其他行政行为而独立存在。例如，对交通事故责任的认定，当交通肇事者被认定为无责任时，行政机关也可以以发布交通事故责任认定书的形式结束该案件，而无须后续的行政处罚行为，此时，交通事故责任的认定是独立的行为。但有时行政确认行为也被包含在其他行政行为之中，例如，在行政许可过程中，行政机关对申请人的资格进行审查确认，此时一般不直接作出对该申请人资格的行政确认行为，而是基于该确认直接作出是否许可的行为，即行政确认行为包含于行政许可行为之中，此时的行政确认不具有独立性。

三、行政确认的类型与形式

（一）行政确认的类型

根据不同的标准可以对行政确认进行如下分类。

1. 以行政确认的启动方式为标准

根据行政确认启动方式的不同，行政确认可以分为依申请的行政确认与依职权的行政确认。依申请的行政确认是指行政机关必须依据相对人申请而进行的行政确认，而依职权的行政确认是指行政机关可以主动进行行政确认，不以相对人的申请为前提。

2. 以行政确认的内容为标准

根据行政确认内容的不同，行政确认可以分为对法律地位的确认、对法律关系的确认、对法律事实的确认。

3. 以行政确认的主体或涉及的领域为标准

根据行政确认的主体或涉及领域的不同，行政确认可以分为公安机关进行的公安行政确认、卫生行政机关进行的卫生行政确认、工商行政管理机关进行的工商行政确认等。

（二）行政确认的形式

行政确认在现实行政中存在很多表现形式，其名称各异，但大致可以分为以下类型。

1. 鉴定

鉴定是行政主体或行政主体委托鉴定部门对行政过程中的专门性问题进行检验、鉴别和评定，并发布具有法律效力的结论的行为，例如，交通事故责任的认定、医疗事故的鉴定、伤残等级的鉴定等。

2. 证明

证明是指行政主体对相对人具有特定法律地位、法律关系或法律事实进行证明的行为，例如，公安机关开具的无犯罪记录证明等。

3. 认可或认证

认可或认证是行政主体对相对人的法律地位、法律关系、法律事实等是否符合法律规定的要求或标准进行确认的行为，如产品质量认证等。

4. 登记

登记是指特定的行政主体根据相对人的申请，以登记在册的形式确认相对人的地位与资格等的行为，如户籍登记、结婚登记、离婚登记、房屋产权登记等。登记与证明往往一起进行，例如，相对人进行结婚登记时，行政机关在登记的同时也发给结婚证书。

5. 检查

检查是指行政主体对特定事实状态依法进行检查并作出结论的行为，如动植物检疫、健康检查、环境卫生检查等。

四、行政确认的程序

我国目前对行政确认并没有进行统一的规范，从散见于单行法中有关行政确认的规定来看，行政确认的程序一般包括提出、审查、决定与送达等程序。

（一）确认的提出

在依职权的行政确认中无须相对人提出确认申请，行政机关可以主动进行确认。在依申请的行政确认中，首先应当由相对人向具有行政确认权的行政机关提出确认申请，提出确认申请时，相对人应当向行政机关同时提交证明其身份以及与确认内容相关的材料。

（二）确认的审查

行政机关在收到相对人的确认申请或依职权决定进行行政确认后，根据确认内容的不同进行审查。审查的方式可分为形式审查与实质审查，必要时还应当进行现场勘察。对于需要专业技术鉴定的事项，也可以委托民间的专业鉴定机构进行鉴定。

行政机关在审查确认内容时，应当听取相对人以及利害关系人的意见，允许相对人或利害关系人提供有关的证据材料。

（三）确认决定的作出与送达

行政机关在审查的基础上作出确认决定，确认决定一般以书面形式作出，并以适当方式送达相对人。此外，某些依职权作出的行政确认决定未必向相对人送达，而是作为其他行政行为的前提，在作出其他行政行为时一起向相对人进行说明。例如，在行政机关因申请人的资金条件不符合法律规定而作出拒绝的许可决定时，应当在将拒绝许可的决定送达申请人的同时，向相对人说明拒绝许可的理由是申请人的资金条件不符合法律规定。

第三节　行政奖励

为了表彰先进，激励、引导公众的行为，调动、激发公众的创造性与积极性，行政机关有时采取行政奖励的方式。行政奖励虽然并非侵害性行政行为，但是否给予奖励直接涉及相对人的权益，因此，现代行政法要求，即使是属于给付行为的行政奖励也必须依法进行。

一、行政奖励的概念

我国目前尚无统一的行政奖励法，但《国家科学技术奖励条例》《教学成果奖励条例》《广东省见义勇为人员奖励和保障条例》《上海市科学技术奖励规定》等法规、规章具体规定了行政奖励的条件、方式等；此外，在各单行法中也有行政奖励的相关规定，例如《消防法》第7条第2款规定："对在消防工作中有突出贡献的单位和个人，应当按照国家有关规定给予表彰和奖励。"

行政奖励是指行政主体为了表彰先进，依法对符合法定条件的相对人给予物质或精神奖励的具体行政行为。该定义包括以下含义：第一，行政奖励的主体是行政主体，企业或事业单位进行的奖励并非行政奖励；第二，行政奖励的目的在于表彰和鼓励先进，调动和激发人们的创造性与积极性；第三，行政奖励的方式包括物质奖励与精神奖励，多数情况下将两种方式并用；第四，行政奖励是给予相对人一定的奖励，属于授益性行政行为。

二、行政奖励的类型

（一）精神奖励与物质奖励

根据奖励方式的不同，行政奖励可以分为精神奖励与物质奖励。精神奖励是指以表彰、授予荣誉称号、嘉奖或记功等方式进行的奖励，例如，《公务员法》第53条第1款规定："奖励分为：嘉奖、记三等功、记二等功、记一等功、授予称号。"这些都是精神奖励的方式。物质奖励是指以给予物品、金钱等方式进行的奖励，例如，《公务员法》第53条第2款规定："对受奖励的公务员或者公务员集体予以表彰，并对受奖励的个人给予一次性奖金或者其他待遇。"实践中，往往将两种方式结合使用，例如，《教学成果奖励条例》第6条规定："国家级教学成果奖分为特等奖、一等奖、二等奖三个等级，授予相应的证书、奖章和奖金。"其中的"证书、奖章"是精神奖励方式，而"奖金"是物质奖励方式。

（二）内部性行政奖励和外部性行政奖励

根据进行行政奖励的行政主体与获得奖励者之间是否具有组织上的隶属关系，可以将行政奖励分为内部性行政奖励和外部性行政奖励。内部性行政奖励是指行政主体对其组织内部的集体或者个人进行的奖励，例如《公务员法》中所规定的对公务员及公务员集体进行的奖励；外部性行政奖励是指行政主体对并非其组织内部成员的单位或者个人进行的奖励，例如《税收征收管理法》第13条规定的对于检举违反税收法律、行政法规行为的单位和个人进行的奖励。

此外，以行政奖励的内容为标准，可以将行政奖励分为科技奖、文化奖、体育奖等；以受奖励者为标准，可以将行政奖励分为个人奖励与集体奖励。

三、行政奖励的原则

行政奖励一般应当遵守下列原则。

（一）奖励法定原则

行政奖励是行政机关作出的行政行为，虽然行政奖励是一种授益性行政行为，但根据依法行政原理，行政奖励也必须依法进行。奖励法定原则具体包括以下要求：第一，主体合法，行政机关必须在职权范围内进行奖励，而不得超越自己的职权；第二，对象合法，要求受奖励者必须符合法定的奖励条件或标准；第三，奖励的方式合法，要求对受奖励者进行奖励的方式符合法律的规定，特别是给予受奖励者的奖金金额必须符合法律规定；第四，程序合法，行政机关必须按照法定程序决定受奖励者，作出奖励行为。

（二）公平、公正原则

行政奖励的决定一般是从多数人中选取先进的过程，因此，要求公平、公正地对待具有受奖励资格的每一个人或单位，在同等条件下，进行奖励的条件和标准应当一致。在程序上，应当采用民主测评或推选等民主方式决定受奖励人选，确保行政奖励过程的公平与公正。此外，奖励的程度必须与受奖励者的先进或贡献程度相一致，确保能够发挥奖励的激励、引导作用。

（三）精神奖励与物质奖励相结合

行政奖励的方式包括给予一定物品、金钱的物质奖励与授予荣誉称号的精神奖励，实践中，行政主体往往将这两种奖励方式结合使用。例如，《公务员法》第 51 条第 1 款规定，奖励坚持“精神奖励与物质奖励相结合、以精神奖励为主的原则”。在我国政府财政紧张的情况下，坚持以精神奖励为主的方式是必要的。

（四）奖励效益原则

奖励效益原则要求行政奖励必须以调动、激励人们的积极性、创造性为目的，并通过适当形式的行政奖励达到该目的。

四、行政奖励的程序

我国目前不存在统一的行政奖励法，从行政奖励的相关规定来看，行政奖励一般应当遵循以下程序。

（一）奖励建议或申请的提出

提出行政奖励的方式包括以下几种：

1. 推荐或提名

推荐或提名是指由有关单位或个人向行政机关推荐或者提名符合奖励条件和标准的人的方式，例如，《国家科学技术奖励条例》（2013）第 15 条规定：国家科学技术奖候选人由相关单位和个人推荐，2024 年通过修订《国家科学技术奖励条例》，将国家科学技术奖的提出方式由推荐制调整为提名制，规定候选者由符合规定的资格条件的专家、学者、组织机构和相关部门提名。

2. 评选

评选是指由群众在评价的基础上选定、推荐受奖励者的方式，例如，对公务员的奖励，由所在机关或部门在征求群众意见的基础上提出奖励建议，而征求群众意见的方式主要是由群众进行评选。

3. 相对人自己申请

当相对人认为自己符合奖励的条件或标准时，可以自己向行政机关申请奖励。例如，根据《北京市见义勇为人员奖励和保护条例》第 8 条的规定，见义勇为者可以向区民政部门申请奖励，区民政部门接到组织或者个人关于见义勇为情况的反映或者申请，应当及时组织核实、确认。了解情况的组织和公民应当积极配合核实和确认工作。相对人自己申请有时需要填写固定格式的申请书，有时也可以以口头方式申请，但一般都要求申请人提供有关的证明材料。

4. 行政机关自行提出

行政机关在发现应当予以奖励者时，也可以自行提出奖励建议。《水污染防治法》第 11 条第 2 款规定：县级以上人民政府及其有关主管部门对在水污染防治工作中做出显著成绩的单位和个人给予表彰和奖励。

（二）审查

行政机关对上述奖励建议或申请进行审查，审查的内容包括被推荐人或申请人是否具有法律所规定的应当给予奖励的先进事迹或贡献。

（三）决定

在审查的基础上，行政机关对于符合法定条件和标准的被推荐人或申请人作出行政奖励的决定，行政奖励的方式等必须与被推荐人或申请人的先进事迹或贡献相对应。在拟定决定的内容后，一般要求将拟定的行政奖励决定在一定范围内进行公示，接受公众的监督。对于公众的举报或提出的意见，行政机关必须认真审核，如果确实存在拟定授予奖励者存在不应当奖励的情节，应当取消已经拟定的奖励决定；如果公众的举报不实的，在法定公示期间过后，正式对外作出奖励决定。需要经过有关机关批准的，必须履行批准程序。例如，《国家科学技术奖励条例》第 21 条规定：“国务院科学技术行政部门对国家科学技术奖励委员会作出的各奖种获奖者和奖励等级的决议进行审核，报党中央、国务院批准。”此外，有时行政奖励决定的作出还必须征求有关机关的意见，例如，《公务员奖励规定》第 9 条规定：“审批机关给予公务员、公务员集体奖励，必要时，应当按照干部管理权限，征得主管机关同意，并征求纪检机关（监察部门）和有关部门意见。”

（四）颁发证书与奖金

根据奖励决定的内容，向受奖励者颁发证书与奖金。为了发挥奖励的激励、引导作用，一般在公众场合颁发证书与奖金。

（五）存档

行政奖励是个人或集体先进事迹或重大贡献的肯定，应当记录在案。例如，根据《公务员奖励规定》第 8 条第 2 款的规定，《公务员奖励审批表》存入公务员本人档案；《公务员集体奖励审批表》存入获奖集体所在机关文书档案。

第四节　行政救助

自从 2003 年发生“孙某刚事件”后，国务院废止了《城市流浪乞讨人员收容遣送办法》，并代之以《城市生活无着的流浪乞讨人员救助管理办法》。自此要求统一并健全行政救助制度的呼声也更加强烈。

一、行政救助的概念

行政救助是指行政主体对于有特殊困难或处于特定情况下的相对人，依法给予一定的物质帮助或人身保护的行为。该定义包括以下含义：第一，行政救助是行政主体进行的行为；

第二，行政救助的对象是有特殊困难或处于特定情况下的相对人，这种特殊困难或特定情况包括相对人年老、疾病、丧失劳动能力或遭受自然灾害等情况，相对人的生命、健康或生活、生产处于严重困难或危险之中，使行政救助成为必要；第三，行政救助的内容是给予相对人一定的物质帮助或人身保护，使相对人脱离困难或危险的状态。

二、行政救助的性质

行政救助从字面意思来看，是指行政机关进行的救助，包括“行政”与“救助”两个要素：“行政”表明了行政救助的职责性，而“救助”表明了行政救助的给付性。

（一）给付性

根据行政权与相对人权利的关系，可以将行政活动分为“规制行政”与“给付行政”。规制行政是指通过限制相对人的权利、自由而实现社会控制的行政活动，而给付行政是指赋予相对人以经济、社会、文化等权利或利益，为相对人提供便利或利益的行政活动。从行政救助的特征来看，行政救助具有给付性，属于给付行政。因此，行政救助也被视为广义的行政给付的一种类型。

（二）职责性

虽然行政救助是对相对人进行给付的行为，但并不意味着行政机关可以自由裁量是否进行行政救助。行政救助并非对相对人的恩赐，而是相对人法定的权利，《宪法》第 45 条规定：中华人民共和国公民在年老、疾病或者丧失劳动能力的情况下，有从国家和社会获得物质帮助的权利。国家发展为公民享受这些权利所需要的社会保险、社会救济和医疗卫生事业。国家和社会保障残废军人的生活，抚恤烈士家属，优待军人家属。国家和社会帮助安排盲、聋、哑和其他有残疾的公民的劳动、生活和教育。此外，《残疾人保障法》《老年人权益保障法》《妇女权益保障法》《劳动法》《森林法》《消防法》《义务教育法》等法律对相对人的行政救助请求权都作出了明确规定。可见，行政救助是相对人的法定权利，也是行政机关的法定职责。

三、行政救助的原则

行政救助的实施一般应当遵循以下基本原则。

（一）救助法定原则

行政救助是行政行为，必须依法进行，这是依法行政原理对行政救助的要求。救助法定原则的具体要求包括：第一，救助权限法定，要求进行行政救助的行政主体必须具有法定权限；第二，救助对象法定，要求行政救助的对象必须符合法律所规定的应当给予救助的条件；第三，救助形式法定，要求行政救助的形式必须符合法律的规定，并与相对人的困难或危险相对应；第四，救助程序法定，要求行政主体必须按照法定程序进行行政救助。

（二）公平、公正原则

行政救助往往涉及较多的救助对象，因此，行政主体应当平等地对待各需要救助的相对人，对其给予同等的救助；同时也应当注意各相对人存在的困难或危险程度的不同，采取与其困难或危险相适应的救助，确保救助过程的公平、公正。

（三）救助与自救相结合原则

行政救助仅仅是对相对人生活、生产的困难或生命、健康的安全进行的救助，一般具有临时性的特征，在相对人的困难或危险状态解除后，行政救助也应当停止。而且，相对于行政救助的外在性，相对人进行的自救才是最主要的。因此，行政主体应当在对相对人提供救助的同时，为相对人的自救提供必要的条件和帮助，例如，创造就业机会、帮助形成特定产业等。此外，行政救助也需要与社会救助相结合，鼓励、引导社会参与救助。例如《义务教育法》第 48 条规定：国家鼓励社会组织和个人向义务教育捐赠，鼓励按照国家有关基金会管理的规定设立义务教育基金。

四、行政救助的内容

《城市生活无着的流浪乞讨人员救助管理办法》第 7 条规定：救助站应当根据受助人员的需要提供下列救助：(1) 提供符合食品卫生要求的食物；(2) 提供符合基本条件的住处；(3) 对在站内突发急病的，及时送医院救治；(4) 帮助与其亲属或者所在单位联系；(5) 对没有交通费返回其住所地或者所在单位的，提供乘车凭证。可见，行政救助的内容主要包括对相对人提供一定的物质帮助、人身保护。

（一）物质帮助

物质帮助是指在相对人的生活或生产存在巨大困难时，行政主体向其提供一定数量的物品或金钱的行政救助形式。例如，《老年人权益保障法》第 31 条第 1 款和第 2 款规定："国家对经济困难的老年人给予基本生活、医疗、居住或者其他救助。老年人无劳动能力、无生活来源、无赡养人和扶养人，或者其赡养人和扶养人确无赡养能力或者扶养能力的，由地方各级人民政府依照有关规定给予供养或者救助。"《义务教育法》第 44 条第 2 款规定："各级人民政府对家庭经济困难的适龄儿童、少年免费提供教科书并补助寄宿生生活费。"

此外，与物质利益相关的行政救助还包括对相对人受教育、就业等的救助，例如，《劳动法》第 11 条规定："地方各级人民政府应当采取措施，发展多种类型的职业介绍机构，提供就业服务。"这些救助的目的是提供相对人获得物质利益的能力，因此属于广义上的物质帮助。

（二）人身保护

人身保护是指在相对人的人身、生命或健康处于危险状态时，行政机关对其进行救助的行为，例如：《人民警察法》第 21 条规定，人民警察遇到公民人身、财产安全受到侵犯或者处于其他危难情形，应当立即救助。《消防法》第 44 条第 4 款规定，消防队接到火警，必须立即赶赴火灾现场，救助遇险人员。《残疾人保障法》第 15 条第 2 款规定，各级人民政府和有关部门应当采取措施，为残疾人康复创造条件，建立和完善残疾人康复服务体系，并分阶段实施重点康复项目，帮助残疾人恢复或者补偿功能，增强其参与社会生活的能力。《突发公共卫生事件应急条例》第 43 条规定，县级以上各级人民政府应当提供必要资金，保障因突发事件致病、致残的人员得到及时、有效的救治。

第五节　行政裁决

从行政与司法的分权或分工来看，行政是执行法律进行行政管理的活动，而司法是适用法律解决纠纷的活动，因此，在当事人之间发生民事上的纠纷时，一般应当由司法机关进行裁决，而行政机关不得随意介入。但随着现代行政的发展，行政活动的领域也不断扩大，在民事纠纷解决方面表现为行政机关有时也介入与行政管理活动相关的民事纠纷，进行行政裁决。

一、行政裁决的概念

行政裁决的概念存在广义与狭义之分，广义上的行政裁决包括行政主体对民事争议与行政争议的裁决，而狭义的行政裁决仅指行政主体对民事争议的裁决。此处采用狭义的行政裁决概念，即行政裁决是指行政主体作为争议双方之外的第三者按照一定的准司法程序对与行政管理活动相关的民事争议进行协调或裁决的行政行为。该定义包括以下含义：第一，行政裁决的主体是行政主体。与司法裁决或民间裁决不同，行政裁决的裁决机关必须是依法具有行政裁决权限的行政主体。第二，行政裁决的对象是民事争议。民事争议是指民事法律主体之间的纷争，争议的双方都是民事法律主体，而非行政主体。第三，民事争议范围的限定。并非所有的民事争议都可以进行行政裁决，行政裁决仅适用于与行政机关的行政管理活动相关的民事争议。第四，行政裁决的内容是行政机关对民事争议进行协调，在协调不成时作出裁决。第五，行政裁决依据准司法程序进行。准司法程序是介于一般的行政程序与司法程序之间的一种程序，较一般的行政程序更为注重程序的公正性，但与司法程序相比，行政裁决的程序较为简易、迅速。第六，行政裁决属于具体行政行为，具有行政行为的外部性、单方性、强制性、法律效果性等特点。

二、行政裁决的性质

从行政裁决的字面意思来看，行政裁决是行政机关进行的裁决，被认为是行政司法行为，即行政裁决具有“行政性”与“司法性”的特点。行政裁决的行政性特点表现为：第一，行政裁决的主体是行政机关；第二，行政裁决的对象与行政管理活动相关；第三，行政裁决属于具体行政行为。而行政裁决的司法性主要表现为：第一，行政裁决的对象是民事争议；第二，行政裁决是行政主体以中间人的身份裁断特定的民事争议，其目的是解决该民事争议；第三，行政裁决的内容是对民事争议进行居中的协调、裁决；第四，行政裁决适用准司法程序，与司法程序相类似。可见，行政裁决兼有行政行为与司法行为的两种特点，但从本质上看，行政裁决仍属于行政行为，是行政司法行为或准司法性行政行为。

三、行政裁决的范围

行政裁决的范围是指可以适用行政裁决进行协调、裁决的民事争议的范围。从理论上来看，行政裁决适用于对与行政管理活动相关的民事争议的解决。但根据裁决法定原则，是否适用行政裁决必须由法律明确规定。而从我国相关法律规定来看，行政裁决主要适用于对以下民事争议的解决。

（一）权属争议

权属争议是指公民、法人或其他组织之间因财产的所有权或使用权发生的争议，例如关于土地、森林、草原、矿产等自然资源以及专利、商标等智力成果的所有权或使用权的争议。例如，《森林法》第 22 条第 1 款、第 2 款规定：单位之间发生的林木、林地所有权和使用权争议，由县级以上人民政府依法处理。个人之间、个人与单位之间发生的林木所有权和林地使用权争议，由乡镇人民政府或者县级以上人民政府依法处理。对于这些权属争议，原则上可以由自然资源等财产的主管部门或县级以上的人民政府进行行政裁决。这种行政裁决实质上是对财产的所有权或使用权的确定，是行政确权行为，属于行政确认的一种类型。

（二）侵权纠纷

侵权纠纷是指平等主体之间的一方当事人侵犯另一方当事人的合法权益而引起的纠纷。例如，《劳动合同法》第 77 条规定：劳动者合法权益受到侵害的，有权要求有关部门依法处理。《商标法》第 60 条规定，对于侵犯注册商标专用权行为引起的纠纷，可以请求工商行政管理部门处理。在侵权纠纷中往往涉及损害的赔偿责任以及侵权者的违法责任，因此，行政裁决机关往往在确认侵权行为的同时，责令侵权者停止侵权行为，并裁定行政赔偿的数额，必要时还可以对侵权者作出行政处罚的决定。

（三）损害赔偿争议

损害赔偿争议是指平等主体之间的一方当事人的合法权益遭受另一方当事人违法侵害时因损害赔偿而产生的争议，与上述的侵权纠纷存在着关联，但侵权纠纷的争议重点为是否构成侵权，而损害赔偿争议的重点在于确认侵权后是否应当赔偿损害以及如何赔偿的问题。例如，《水污染防治法》第 96 条第 1 款规定："因水污染受到损害的当事人，有权要求排污方排除危害和赔偿损失。"第 97 条规定，"因水污染引起的损害赔偿责任和赔偿金额的纠纷，可以根据当事人的请求，由环境保护主管部门或者海事管理机构、渔业主管部门按照职责分工调解处理"。据此，环境保护主管部门或者海事管理机构、渔业主管部门根据当事人的请求，对于因水污染引起的损害赔偿责任和赔偿金额的纠纷作出的裁决即为行政裁决。

（四）补偿争议

补偿争议主要出现在公益征收领域。例如，《国有土地上房屋征收与补偿条例》第 26 条第 1 款规定："房屋征收部门与被征收人在征收补偿方案确定的签约期限内达不成补偿协议，或者被征收房屋所有权人不明确的，由房屋征收部门报请作出房屋征收决定的市、县级人民政府依照本条例的规定，按照征收补偿方案作出补偿决定，并在房屋征收范围内予以公告。"

（五）劳动争议

根据《劳动法》第 91 条、《劳动合同法》第 85 条的规定，劳动者在没有依法获得劳动报酬、加班费等时，可以向劳动行政主管部门申请裁决，由劳动行政主管部门责令用人单位向劳动者支付劳动报酬、加班费或者经济补偿，并可以责令支付赔偿金。

（六）医疗事故争议

《医疗事故处理条例》第 38 条第 1 款规定：发生医疗事故争议，当事人申请卫生行政部门处理的，由医疗机构所在地的县级人民政府卫生行政部门受理。医疗机构所在地是直辖市的，由医疗机构所在地的区、县人民政府卫生行政部门受理。

(七) 专利使用费纠纷

《专利法》第62条规定：取得实施强制许可的单位或者个人应当付给专利权人合理的使用费……其数额由双方协商；双方不能达成协议的，由国务院专利行政部门裁决。

(八) 民间纠纷

司法部于1990年4月19日颁发了《民间纠纷处理办法》，该办法规定由基层人民政府负责处理民间纠纷的工作。这种民间纠纷即《人民调解委员会组织条例》规定的民间纠纷，是指公民之间有关人身、财产权益的纠纷和其他日常生活中发生的纠纷。

四、行政裁决的原则

如上所述，行政裁决被适用于各种与行政管理活动相关的民事争议领域，而各领域的行政裁决存在着很大的差异，但一般都应当遵守以下基本原则。

(一) 裁决法定原则

裁决法定原则要求行政裁决必须依法进行，具体要求包括：第一，主体法定。行政裁决的主体必须是具有行政裁决权的行政主体，由具有裁决权的行政主体在其职权范围之内进行裁决。第二，对象法定。可以适用行政裁决方式解决的民事争议的范围必须由法律明文规定。第三，依据法定。行政裁决时必须依据法律规定对民事争议进行协调，协调不成的，依法作出裁决决定。第四，程序法定。行政裁决必须按照法定程序进行。

(二) 公平、公正原则

行政裁决涉及民事争议双方当事人的权利、利益，行政裁决机关作为居中的第三者，必须平等地对待各方当事人，不得与其中的一方当事人存在利害关系。如果具有可能影响公正裁决情节时，必须回避，以确保裁决机关的中立性。行政裁决机关应当认真听取双方当事人的意见，为其提供抗辩的机会，依据客观事实与法律规定作出裁决决定。此外，为了实现裁决的公正，要求实行职能分离原则，即进行调查、审理的机构或人员和作出裁决的机构或人员相分离，避免调查或审理的机构或人员形成先入为主的观念，不利于裁决的公正。

(三) 效率原则

行政裁决程序与司法程序相比，较为简易，这是提高效率的需要。在确保裁决公正的基础上，裁决机关也必须注重裁决的效率，确保及时解决纠纷。此外，为了及时、有效地解决纷争，裁决机关在作出裁决决定之前一般都应当进行调解。民事争议是作为平等主体的双方当事人之间的争议，不涉及公共利益，因此，可适用调解。调解不仅能够及时解决纷争，而且是在双方当事人自愿的前提下解决纷争，比作出强制性的裁决决定更为有效。因此，行政裁决机关一般应当先行调解，调解不成的，才能进行裁决。

五、行政裁决的程序

行政裁决直接涉及民事争议双方当事人的权利、利益，因此，必须严格按照法定程序进行。从各单行法的规定以及行政裁决的实践来看，行政裁决主要应当遵循以下程序。

（一）申请

行政裁决是依申请行政行为，具有“不告不理”的特点。因此，当事人的申请是启动行政裁决程序的前提。申请是指当事人在发生民事争议时，向行政裁决机关提出请求裁决该争议的申请。申请人在提出裁决申请时，一般应当符合以下条件：第一，必须向具有行政裁决权限的行政主体提出；第二，必须在法定期限内提出；第三，一般应当以书面方式提出，在法律规定可以以口头方式提出申请的特殊情况下，可以口头提出申请。此外，提出申请的同时一般还应当提交相关的证据、证明等材料。

（二）受理

行政裁决机关在收到申请人的申请后，对该申请进行形式上的审查，经审查认为符合提出裁决申请的形式要件的，予以受理；对于不符合裁决申请条件的，作出不予受理决定，并告知申请人理由。

行政裁决机关在受理裁决申请后，确定审理裁决的人员，并审查该审理人员与该民事争议及相关当事人是否存在利害关系，必要时应当回避。

（三）审查

行政裁决机关受理裁决申请后，应当立即将申请书的副本送交对方当事人，要求对方当事人在法定期间内作出答复。在收到对方当事人的答复后（对方当事人不答复不影响裁决的进行），由具体负责裁决的人员审查申请书与答复书的内容，明确双方的争议焦点，必要时也可以自行调查取证。在分析各种材料的基础上，根据需要，行政裁决机关也可以组织听证，听取双方当事人的陈述、辩论或对质，以彻底查明案情。

（四）裁决

在查明争议的情况后，行政裁决机关应当对双方当事人进行调解，调解不成的，依照审查的事实与法律规定依法作出裁决决定，并将裁决决定送达双方当事人。在裁决决定中，不仅应当明确裁决的结果，而且应当向当事人说明裁决所认定的事实、依据的法律、裁决的理由以及救济的期限、途径等。

六、行政裁决的救济

行政裁决是由行政主体作为居中的第三者对作为平等主体的当事人之间的民事争议进行裁决的行为，在当事人对行政主体所作出的行政裁决不服时，就在原民事争议的基础上产生新的行政争议，由此形成两种不同性质的争议并存的现象，即同时存在当事人之间原本的民事争议以及当事人与行政裁决机关之间的行政争议。因此，在当事人对行政裁决不服申请救济时，应当针对何种争议采取何种救济方式进行救济，学界存在争议。

（一）行政裁决与行政复议

《行政复议法》第 11 条规定的可以申请复议的 15 项行政行为中，并没有明确规定行政裁决可以申请复议。但是，该条第 15 项同时规定，“认为行政机关的其他行政行为侵犯其合法权益”的，可以申请行政复议，而行政裁决是行政行为，涉及相对人的权利义务，现实中也有可能侵犯相对人的合法权益，因此，可以申请行政复议。值得注意的是，《行政复议法》第 12 条第 4 项所规定不属于行政复议范围的“行政机关对民事纠纷作出的调解”与行政裁决具有本质上的不同。调解以双方当事人自愿为前提，调解即使达成协议也是双方当事人意思一致的结果，而并非基于主持调解的行政机关意思而生效，因此，行政机关的调解行为并不是行政行为。而行政裁决是行政机关单方面作出的行政行为，具有强制性和法律效果性。

（二）行政裁决与行政诉讼

1989 年制定的《行政诉讼法》并没有明确规定行政裁决属于行政诉讼的受案范围，但也没有将行政裁决排除于行政诉讼的受案范围之外。从各相关单行法的规定来看，对于行政裁决一般都可以提起行政诉讼，例如，《专利法》第 65 条规定：“未经专利权人许可，实施其专利，即侵犯其专利权，引起纠纷的，由当事人协商解决；不愿协商或者协商不成的，专利权人或者利害关系人可以向人民法院起诉，也可以请求管理专利工作的部门处理。管理专利工作的部门处理时，认定侵权行为成立的，可以责令侵权人立即停止侵权行为，当事人不服的，可以自收到处理通知之日起十五日内依照《中华人民共和国行政诉讼法》向人民法院起诉。”明确规定对于有关专利侵权的行政裁决不服时可以提起行政诉讼。2014 年 11 月修订的《行政诉讼法》第 61 条规定：“在涉及行政许可、登记、征收、征用和行政机关对民事争议所作的裁决的行政诉讼中，当事人申请一并解决相关民事争议的，人民法院可以一并审理。”最高人民法院《关于适用〈中华人民共和国行政诉讼法〉的解释》第 140 条第 2 款规定：“人民法院审理行政机关对民事争议所作裁决的案件，一并审理民事争议的，不另行立案。”可见，《行政诉讼法》及其司法解释不仅明确了对行政裁决可以提起行政诉讼，而且针对在行政诉讼中只解决行政裁决的合法性问题并不能最终解决纠纷的所谓“案结事不了”的问题，专门设置了行政附带民事诉讼制度，规定相对人对于行政裁决不服，不仅可以提起针对行政裁决的行政诉讼，而且可以一并提起针对与行政裁决相关的民事争议的民事诉讼，这对于最终解决纠纷具有重要意义。

第六节　行政指导

行政指导作为一种非强制性的灵活手段被世界各国的行政机关运用，在欧美国家，行政指导被称为非强制性行政行为或非正式行政行为。“行政指导”的概念来源于日本，被认为是第二次世界大战后日本实现经济腾飞最为重要的行政调整手段，这也是行政指导引起各国普遍关注的原因。而在中国，在经济宏观调控等领域，行政指导也被广泛应用。因此，虽然具有非强制性特点的行政指导不属于严格意义上的行政行为范畴，但在行政法上对其进行研究同样具有重要意义。

一、行政指导的概念与特征

（一）行政指导的概念

行政指导是指为达成一定的行政目的，行政主体在其职权范围内，采取建议、指导、指示、劝告、鼓励、奖励、警告等非强制性手段，以相对人任意性协助为前提，促使相对人作出一定作为或不作为的活动。该定义包括以下含义：第一，行政指导的目的是达成一定的行政目的，通过促使相对人作出或不作出一定的行为实现行政目的，因此，行政指导的方式必须与该行政目的相一致；第二，行政指导的主体是具有行政指导权限的行政主体，行政指导也必须遵守职权法定原则；第三，行政指导的方式是建议、指导、指示、劝告、鼓励、奖励、警告等非强制性方式，这是行政指导的形式特征；第四，行政指导以相对人的任意性协助为前提，相对人是否服从行政指导可以按照自己的意愿决定；第五，行政指导本身并非行政行为，而是不具有法律拘束力的事实行为。

（二）行政指导的特征

从行政指导的概念来看，行政指导具有以下特征。

1. 行政性

行政指导由行政主体在其职权范围内作出，虽然行政指导不具有强制性，但行政主体也不得超越职权作出行政指导。

2. 非强制性

从“行政指导”中的“指导”可以看出其具有非强制性，行政指导采用建议、劝告等非强制性的手段，对相对人不具有法律上的拘束力，即相对人可以自由决定是否服从行政指导。这是行政指导最根本的特性。

有关行政指导的强制性问题，在学界存在着争议。理论上行政指导不具有强制性，但在现实中，行政指导毕竟代表了行政主体的意愿，而且行政主体往往运用多种方式确保行政指导的效果，即现实中的行政指导或多或少具有事实上的强制性。对此，不应当过分强调行政指导的非强制性，否则，不利于对相对人权益的救济。但至少从理论上来看，行政指导的本质性特征是其“指导性”，即非强制性。

3. 单方性

行政指导是行政主体的单方性行为，即一经行政主体作出便告成立，而无须相对人的同意。行政指导产生法律效果必须得到相对人的协助，但相对人是否协助在作出行政指导时是未知的，即行政指导的法律效果以相对人任意性协助为前提，但行政指导本身的成立不以相对人的同意或协助为要件。

4. 外部性

与在行政系统内部作出的内部性指导不同，行政指导是针对相对人作出的，目的是通过行政指导引导相对人的行为，以实现特定行政目的。

5. 事实行为性

行政指导的目的是通过引导相对人作出或不作出一定的行为，实现特定行政目的，即实现行政目的必须得到相对人的协助，而并非直接实现行政目的，因此，行政指导能否发生法律效果以相对人是否协助为前提。在这种意义上讲，行政指导不具有法律效果。而具有法律效果是法律行为的本质特征，不具有法律效果的行为是事实行为。行政法上的事实行为是指行政主体作出的不对相对人的权利、义务产生法律效果的行为，因此，不具有强制性与法律拘束力的行政指导并非严格意义上的行政行为。日本《行政程序法》第 2 条规定：“行政指导是指行政机关在其职权或其所管辖事务的范围内，为实现一定的行政目的，要求特定人为一定作为或不作为的指导、劝告、建议以及其他的不属于处分的行为。”这明确规定了行政指导是“不属于处分的行为”，而“处分”在日本几乎等同于行政行为的概念。在这种意义上，行政指导属于事实行为的范畴。

二、行政指导的形式与类型

（一）行政指导的形式

行政指导的具体形式各式各样，包括：指导、引导、辅导、帮助；通知、提示、提醒、提议；劝告、规劝、说服；劝诫、告诫、劝阻；建议、意见、主张；商讨、协商、沟通；赞同、表彰、提倡；宣传、推荐、示范、推广；激励、勉励、奖励；周旋、调解、调和、协调；指导性计划；导向性行政政策、纲要行政；发布官方信息、公布实情；等等。①

（二）行政指导的类型

上述行政指导的形式根据不同的标准可以划分为不同的类型，例如：以行政指导有无具体的法律依据为标准，可分为有法律根据的行政指导与无法律根据的行政指导；以行政指导的对象是否具体为标准，可分为抽象性行政指导与具体性行政指导。在行政法学中最为常见的是根据行政指导的目的或功能的不同，分为规制性行政指导、调整性行政指导、促进性行政指导三类。

1. 规制性行政指导

规制性行政指导是指行政主体为了维护和增进公共利益，通过建议、劝告、警告等方式对相对人妨碍社会秩序、危害公共利益的行为加以预防、规范、制约的行政指导，例如建筑指导、消防指导、交通指导等。

2. 调整性行政指导

调整性行政指导是指行政主体对于相对人之间发生的利害冲突进行调停，以求达成妥协的行政指导，是调整相对立当事人之间的利害关系而进行的行政指导，与行政调解很相似，例如在交通纠纷中对双方进行的调解等。

3. 促进性行政指导

促进性行政指导是指行政主体为了帮助、促进、保护相对人的利益而进行的行政指导，例如，为了执行产业政策而指导企业进行产业升级、指导农民种植新品种作物等。

三、行政指导的法律规制

行政指导是由行政主体作出的活动，因此，必须遵守行政合法性原则与行政合理性原则。但行政指导并非正式行政行为，而且依法行政原则具有多层含义，因此，行政指导应当在何种程度上遵守依法行政原则，即行政指导是否必须依据法律作出、行政指导时是否受到法律的规制等，行政法学界还存在争议。

（一）行政指导与法律依据

依法行政原理中的法律保留原则要求行政机关的活动必须依据法律进行，但学界对于法律保留的范围存在着争议。随着现代行政的发展，要求所有的行政活动都必须依据法律而作出的完全保留原则已经逐渐被废弃了，现代行政法学认为，不对相对人的权利、义务产生影响的行政活动未必适用法律保留原则。而行政指导是否必须依据法律的标准就在于行政指导

---

① 参见莫于川：《行政指导论纲——非权力行政方式及其法治问题研究》，140－147页，重庆，重庆大学出版社，1999。

是否直接对相对人的权利、义务造成影响。理论上，行政指导并非正式的行政行为，不具有强制性与法律拘束力，是否服从行政指导是相对人的自由，对相对人的权益不构成实质性的损害，因此，行政指导可以在没有法律依据的情况下作出。但在现实中，某些行政指导也可能在事实上构成对相对人的强制，对于这种行政指导，要求必须具有法律依据才可作出。

（二）行政指导与法律规制

行政主体关必须依法行政，这就要求行政机关的活动必须遵守法律的规定。行政指导是行政主体的行政活动，因此也必须遵守法律的规定，接受法律的规制。这种法律规制包括：第一，行政主体必须在法定职权范围内作出行政指导，越权无效。第二，在法律对行政指导的内容作出规定时，行政主体必须依据该规定作出行政指导。在法律没有相关规定时，行政主体可以在职权范围内裁量作出行政指导，但裁量并非随意，而是受到法律原则等的制约，确保行政指导的合理性。此外，行政指导的目的是实现特定行政目的，因此，要求行政指导的内容与目的之间必须具有对应性。行政指导包括劝告、建议、警告等各种方式，行政主体必须根据行政目的的需要选择适当的方式进行行政指导。第三，行政指导的作出必须遵守法定程序，行政指导的决策、实施等依照法定程序进行，遵守正当程序原则，并确保相对人的参与等。例如，日本《行政程序法》中就对行政指导的程序进行了详细的规定，要求确保行政指导程序的公开、透明、合理。

四、行政指导的实效性确保

由于行政指导具有非强制性特点，相对人是否服从具有任意性，这使得行政指导的法律效果处于不确定的状态。为了确保行政指导的实际效果，行政主体往往采取一些确保其实效性的措施。从日本的行政指导实践来看，这种行政指导的实效性确保措施主要包括：（1）在相对人不服从行政指导时，援用具有关联性的法律规定；（2）保留作出正式行政行为的权利；（3）拒绝提供原本应当提供的服务；（4）课予经济性负担；（5）公布相对人没有服从行政指导的情况，利用社会舆论促使相对人服从行政指导。例如，在“住友金属事件”中，日本通产省指导企业进行钢铁的减产，但住友金属公司不服从，于是通产省援用《进口贸易管理令》发出限制其进口煤炭数量的警告，结果住友金属公司不得不表示服从通产省的行政指导。而在“武藏野市建筑指导纲要事件”中，行政机关对于不服从行政指导的建筑业者拒绝供给自来水。

行政指导具有非强制的特征，上述实效性确保的措施在合法性上存在着问题。但不可否认，在现实中，行政指导或多或少具有一定事实上的强制性。对于事实上具有强制性的行政指导，要求其作出必须依据法律，而且为相对人提供必要的救济途径。

五、行政指导的法律救济

行政指导不具有强制性，因此，各国一般都将行政指导排除于行政诉讼的受案范围之外，例如最高人民法院《关于适用〈中华人民共和国行政诉讼法〉的解释》第1条第2款规定，“行政指导行为”不属于人民法院行政诉讼的受案范围。

行政诉讼的受案范围以对相对人的权益造成实质性影响的行政活动为标准，因此，对于作为不具有法律效果的单纯事实行为的行政指导不能提起行政诉讼。但在现实中为了使相对人服从行政指导而采取实效性确保措施的行政指导并非单纯的行政指导，对于单纯的行政指导本身不能提起行政诉讼，但对于具有强制性的实效性确保措施可以提起行政诉讼。例如在日本的判例中，法院认为，行政机关对《生活保护法》第 27 条保护的被保护者进行的指导，以课予义务的方式强制其实现，对此可以提起行政诉讼[①]；基于《横滨市船舶放置防止条例》进行的指导、劝告是以船舶的强制移动措施作为保障的，因此可以提起行政诉讼[②]；都道府县知事基于《医疗法》对于申请开设医院的人进行中止医院开设的劝告具有实质上中止医院开设的法律效果，因此提起行政诉讼。[③] 可见，对行政指导是否可以提起行政诉讼，应当以行政指导是否实质性地影响相对人的权利或利益作为标准判断。

除行政诉讼外，行政机关违法进行行政指导造成相对人损害的，相对人可以要求进行国家赔偿。即使是合法的行政指导，如果相对人服从该指导遭受了巨大损害的，行政机关也应当基于信赖保护原则给予一定的补偿。

第七节　行政协议

行政机关在行政管理过程中一般行使行政职权作出具有特定法律效力的行政行为，以确保行政目的的实现。这种行政行为的作出无须相对人的同意，具有单方性、强制性等特点。但有时行政机关也可以采用协议的形式实现行政目的，这种行政协议是在与相对人协商一致的情况下签订的协议，不同于行政行为的单方性、强制性，与民法中的合同也存在差异。

一、行政协议的概念与类型

（一）行政协议的概念

行政协议又被称为行政合同、行政契约、政府合同、公法契约等，《行政诉讼法》通过 2014 年的修订在受案范围中增加“认为行政机关不依法履行、未按照约定履行或者违法变更、解除政府特许经营协议、土地房屋征收补偿协议等协议的”，由此“行政协议”成为行政法学理论界和实务界统一使用的概念。2019 年，最高人民法院出台《关于审理行政协议案件若干问题的规定》，对行政协议的内涵作出了界定，其中第 1 条规定：“行政机关为了实现行政管理或者公共服务目标，与公民、法人或者其他组织协商订立的具有行政法上权利义务内容的协议，属于行政诉讼法第十二条第一款第十一项规定的行政协议。”根据这一规定，行政协议的概念中包括四个要素：第一，主体要素，行政协议必然有一方当事人是行政机关，另一方当事人是公民、法人或者其他组织，因此，行政机关之间以及民事主体之间签订的协议都不属于行政协议；第二，目的要素，行政协议必须是为了实现行政管理或者公共服务目标，与行政管理或者公共服务无关的协议不属于行政协议；第三，内容要素，行政协议的内容必须具有行政法上的权利义务内容；第四，意思要素，行政协议必须经行政机关和相对人协商一致而订立，这体现了行政协议的双方性、合意性特征，与具有单方性、权力性的行政处罚、行政许可等行为相区别。

---

① 参见日本秋田地方裁判所 1993 年 4 月 23 日行集，第 44 卷第 4－5 号，325 页。

② 参见日本横滨地方裁判所 2000 年 9 月 27 日《判例自治》，第 217 号，69 页。

③ 参见日本最高裁判所（法院）2005 年 7 月 15 日《判例時報》，第 1905 号，50 页。

（二）行政协议的类型

《行政诉讼法》第 12 条第 1 款第 11 项将“政府特许经营协议、土地房屋征收补偿协议等协议”明确规定为属于行政协议。其中，除了明确列举的“政府特许经营协议”和“土地房屋征收补偿协议”外，还涵盖了“其他行政协议”。最高人民法院《关于审理行政协议案件若干问题的规定》第 2 条列举了六种类型的行政协议：（1）政府特许经营协议；（2）土地、房屋等征收征用补偿协议；（3）矿业权等国有自然资源使用权出让协议；（4）政府投资的保障性住房的租赁、买卖等协议；（5）符合本规定第 1 条规定的政府与社会资本合作协议；（6）其他行政协议。依据上述法律和司法解释的规定，结合我国的行政实践，行政协议主要包括以下类型。

1. 政府特许经营协议

政府特许经营协议是指行政主体对于涉及公共利益的特定事业，与有关企业签订准予其从事经营的协议。特定事业与公共利益相关，而行政主体又不适合自己直接经营、管理，因此，特许相关企业经营，但对经营的方式、价格等进行一定的限制，例如，为了保障对居民的供水而与供水公司签订的供水协议。

2. 行政补偿协议

行政补偿协议是指行政主体合法的行政行为造成了相对人的损害，行政机关依法进行补偿，与相对人就补偿的数额、条件、方式等协商一致而签订的协议，其中包括公益征收或征用的补偿协议，公益征收或征用是单方性的行政行为，但其补偿可以在双方协商一致的情况下以签订协议的形式进行。此外，行政补偿协议还包括行政主体基于优先权而变更或撤销行政协议给相对人造成损害时，就损害补偿的数额、条件、方式等与相对人协商一致而签订的协议。

3. 国有自然资源使用权出让协议

《宪法》第 9 条规定：“矿藏、水流、森林、山岭、草原、荒地、滩涂等自然资源，都属于国家所有，即全民所有；由法律规定属于集体所有的森林和山岭、草原、荒地、滩涂除外。”因此，单位或个人需要使用矿藏、水流、森林、山岭、草原、荒地、滩涂等自然资源的，必须与国家（由行政主体代表）签订国有自然资源使用权出让协议。可见，国有自然资源使用权出让协议是指由行政主体代表国家与相对人签订的将自然资源使用权在一定期限内出让给相对人，相对人支付出让金并按协议的规定开发利用自然资源的协议。例如，《森林法》第 17 条规定：“集体所有和国家所有依法由农民集体使用的林地实行承包经营的，承包方享有林地承包经营权和承包林地上的林木所有权，合同另有约定的从其约定。”集体或者个人承包国家所有的宜林荒山荒地时，必须与行政主体签订承包协议，这种承包合同属于自然资源使用权出让协议。

4. 政府投资的保障性住房的租赁、买卖等协议

保障性住房有别于由市场机制形成价格的商品房，是指政府为中低收入住房困难家庭所提供的限定标准、限定价格或租金的住房，包括廉租住房、经济适用住房、政策性租赁住房、定向安置房等。近年来，政府坚持房子是用来住的、不是用来炒的定位，突出住房的民生属性，大力推进保障性住房建设。保障性住房由政府投资建设，建成后再通过协议的方式租售给城市低收入群体居住。这种由政府和城市低收入群体签订的保障性住房的租赁、买卖等协议，以缓解住房租赁市场结构性供给不足、有效改善城镇户籍困难群众住房条件为目

的，与普通的商品房租赁、买卖合同不同，故属于行政协议的范畴。

5. 政府与社会资本合作协议

为了推进经济结构战略性调整，进一步创新投融资机制，充分发挥社会资本特别是民间资本的积极作用，国务院发布了《关于创新重点领域投融资机制鼓励社会投资的指导意见》（国发〔2014〕60号），要求建立健全政府和社会资本合作机制。政府和社会资本合作（PPP）协议是指政府为增强公共产品和服务供给能力、提高供给效率，通过特许经营、购买服务、股权合作等方式，与社会资本之间就建立的利益共享、风险分担及长期合作关系而签订的协议。协议的目的是引入社会力量参与公共服务供给，具有行政性，属于行政协议的范畴。

6. 国有企业承包协议

国有企业承包协议是指由行政主体作为发包方，将特定国有企业按照一定方式承包给某组织或个人经营而签订的承包经营协议。与一般的承包经营协议不同，行政主体是为了提高经济效益、促进经济发展而签订的协议，在协议的履行中行政主体具有优先权。

7. 国家科研协议

国家科研协议是行政主体为了完成国家确立的科研项目，与科研单位或个人签订的由国家向其提供条件与资助，科研单位或个人在一定期限内上交科研成果的协议。与《民法典》第三编第二十章所规定的技术开发、技术转让、技术许可、技术咨询、技术服务等技术合同不同，国家科研协议以公共利益为目的，其中的科研项目与公共利益具有重大关系，直接关系到国计民生，因此，有必要由行政主体来组织完成。

8. 国家征购协议

国家征购协议是指行政主体基于公共利益的需要，与相对人签订的征购粮食等产品或物资的协议。国家征购协议与行政主体购买办公用品的协议不同，直接涉及国防、经济安全等公共利益，因此，国家的征购具有一定的强制性，但双方在征购的价格、方式等方面可以进行协商，如国家对粮食或军用物资的征购等。

9. 公共工程承包协议

公共工程承包协议是行政主体为了公共利益的需要与建筑企业签订的建设某项公共设施的协议。和行政主体以民事主体身份与建筑公司签订建造办公大楼的民事协议不同，公共工程承包协议的标的是公共设施的建造，涉及公共利益，因此属于行政协议，例如修建供水、供电、供气工程等的工程协议。

10. 行政委托协议

行政委托协议是指行政主体依法将自己的行政职权委托给另一行政机关或相对人行使而与另一行政机关或相对人签订的协议。

11. 行政赔偿协议

行政赔偿协议是指行政主体因其违法的行政行为造成相对人实际损失时，根据《国家赔偿法》等的相关规定，与相对人就赔偿数额、条件、方式等协商一致而签订的协议。

以上是在我国较为常见的行政协议类型。此外，行政协议还被运用于环境保护、安全生产、人事任用以及行政机关的内部管理等方面。随着行政体制改革的深化，行政协议作为非强制性的管理方式在现代行政中的应用将会越来越广泛。

二、行政协议的性质

从“行政协议”的字面意思来理解，其中的“行政”表明了其“行政性”，而“协议”原本是民法中的概念，是指双方协商一致而签订的合同，表明了其“协议性”。可见，行政协议兼具行政性与协议性特征，与具有单方性、权力性的传统行政行为方式以及民事合同并不完全相同，是介于传统行政行为方式与民事合同之间的一种行政活动形式。

（一）行政性

从行政协议与民事合同的区别来看，行政协议的行政性主要表现在以下方面：第一，行政协议中至少有一方当事人是行政主体，该行政主体并非以民事主体身份签订行政协议，而是以行政主体身份行使行政职权签订行政协议，而民事合同中不存在行政主体，行攻机关签订民事合同应当以民事主体身份进行；第二，行政协议是为了实现特定行政目的，基于行政管理的需要而签订，而民事合同是为了实现交易等民事目的；第三，行政协议的内容并非都是由双方当事人商定的，而是由行政主体首先根据行政目的的需要，依法确定行政协议的主要内容，相对人同意这些内容后签订协议，即并非所有的行政协议内容都可以由双方当事人协商，其内容必须符合法律规定，而法律对民事合同的内容的限制较小，一般由双方当事人协商自由决定协议内容；第四，行政协议的双方当事人地位并不完全平等，行政主体与相对人的关系是行政管理关系，行政主体对于协议的变更、解除具有优先权，而民事合同的当事人之间地位平等，变更或解除合同必须得到双方当事人的同意。

（二）协议性

从行政协议与传统行政行为的区别来看，行政协议的协议性主要表现为行政协议必须通过双方的协商并且得到相对人的同意才可成立，即行政协议是双方合意行为，而传统行政行为具有单方性、权力性等特点，行政主体可以不经相对人的同意而依据法定权限单方面作出行政行为，行政行为一经作出并送达相对人后即发生公定力、确定力、拘束力、执行力等法律效力。

（三）行政协议的本质属性

行政协议同时具有行政性与协议性的特性，这在学界并无争议，但对于这两种性质中哪一种才是行政协议的本质属性，目前学界还存在着争议。民法学界的学者多数认为协议只有民事协议一种类型，行政协议只不过是一种具有特殊性的协议，但具有特殊性的协议还是民事协议，即协议性是行政协议的本质属性。而在行政法学界，一般认为行政协议是行政活动的形式之一，因此，行政性是行政协议的本质属性，行政协议与民事协议存在着本质上的差异。行政协议是行政主体为了缓和行政管理中的强制性而在得到相对人同意的基础上作出的行政活动，这种非强制性的行政活动形式在现代行政中不断增多。因此，现代行政法学不能将视野仅仅局限于传统的行政行为，而应当扩展到行政主体为实现行政目的所进行的所有的行政活动形式，其中包括对行政协议的考察。

三、行政协议的缔结与履行

（一）行政协议的缔结

1. 行政协议的缔结原则

行政协议是法律行为，签订后对双方当事人具有法律上的拘束力，因此，行政协议的缔结必须遵守依法行政原理，即行政协议缔结的法定原则。具体而言包括以下含义：第一，主体法定，要求行政主体必须在行政职权范围内签订行政协议，而相对人必须具备行政协议所要求的资格，例如，公共工程承包协议中的相对人必须具备一定的建筑资质、国家科研协议中的相对人必须具有一定的科研条件和能力等；第二，内容法定，行政协议的内容必须合法，而且内容与行政协议的目的之间具有对应性；第三，形式合法，行政主体与相对人之间的协议必须以法定的方式缔结，一般要求适用公开竞争原则，以招投标、拍卖等方式缔结；第四，程序合法，行政协议必须按照法定程序缔结，一般要求遵循公开、竞争、说明理由、回避等程序。

2. 行政协议的缔结方式

行政协议的缔结要求采用公开竞争的方式进行，从实践来看，主要包括以下方式。

（1）招投标。招投标包括了行政协议缔结过程中的两个步骤：招标是指行政主体为了实现特定行政目的，通过向相对人发布招标公告或者招标邀请书等方式，公布特定的标准和条件，邀请相对人参加投标，行政主体按照法定的程序从参加投标的相对人中确定对象并与之签订协议的行为。而投标是指相对人按照行政主体的要求和条件提出自己的报价及相应条件经行政主体按照法定程序确定为中标者后与行政主体签订协议的行为。招投标是行政协议缔结中最常见的方式，这种方式可以确保行政协议缔结过程的透明性，防止暗箱操作以及腐败问题，同时确保选择最优者签订行政协议。

（2）拍卖。拍卖是指行政主体或其委托机构以公开竞价的方式，将特定的物品或财产权利转让给最高应价或条件最优的相对人而与之签订协议的方式。行政主体首先向公众发出订立行政协议的意思表示，并将行政协议的条件等同时公布，符合条件的相对人参加竞拍，在得到行政主体的同意后签订行政协议。这种方式适用于国有资产的出让。

（3）邀请发价。邀请发价是指行政主体根据特定行政目的的需要，向相对人发出设定了一定条件的要约邀请，在相对人发价后，由行政主体综合考虑资格、能力、资金、技术等方面的因素，选择最为合适的相对人签订协议的方式。相对于上述的招投标与拍卖，邀请发价的相对人范围比较小，但邀请发价的过程也要求公开。

（4）直接磋商。直接磋商是指行政主体为了实现特定行政目的，直接与特定相对人进行协商，在协商一致的基础上签订协议的方式。在这种方式中几乎不存在相对人之间的竞争，因此适用范围较小，主要适用于对相对人的资格或能力要求较高的行政协议，如国家科研协议等。

（二）行政协议的履行

行政协议一经签订即产生法律效力，对双方当事人均具有法律约束力，双方当事人必须按照协议内容严格履行。为了确保行政协议的履行，一般要求行政协议的履行必须遵守以下原则。

1. 全面履行原则

全面履行原则是指行政协议依法成立之后，行政主体和行政相对人一方必须根据协议约定的权利和义务全面履行协议的条款。一方面，全面履行不仅要求当事人履行协议的所有内容，而且要求当事人必须以适当的方式及时地履行协议的内容。另一方面，尽管行政机关可以依法行使行政优益权，但在不具备可以行使的法定情形时，行政机关不能单方变更协议内容，而应当严格按照行政协议约定全面履行义务，否则应当依法承担违约责任。行政协议的全面履行是行政协议依法成立的必然结果，并构成行政协议法律效力的核心内容和行政协议消灭的主要原因。

2. 自己履行原则

行政协议的履行往往要求具备特殊的资格、条件或能力，行政协议的签订往往也是行政主体对相对人进行选择、确定最优履行人的过程，因此，行政协议一般要求必须由当事人自己履行，而不得委托他人代为履行。在特殊情况下，当事人确实不能自己履行，而且被委托者具备履行行政协议所要求的资格、条件或能力，由被委托者履行不会损害公共利益或影响到行政目的的实现，在得到行政主体同意的基础上，可以委托他人履行。

四、行政协议的内容

行政协议的内容是指行政协议中双方当事人的权利、义务。在不同的行政协议中，当事人的权利义务不尽相同，但一般而言，行政主体与相对人在行政协议中分别具有以下权利、义务。

（一）行政主体的权利、义务

从行政协议的整个过程来看，行政主体具有以下权利、义务。

1. 行政主体的权利

（1）行政协议主要内容的签订权。行政协议是为了实现特定行政目的，因此，协议的内容必须由行政主体在签订协议之前根据协议的目的依法大致确定。对于这些内容，协议的双方当事人不得随意变更。

（2）相对人的选择权。行政协议的签订过程中最关键的是行政主体选择合适的相对人作为协议另一方当事人，选择一般以公开竞争的方式确定。相对人必须具备履行协议所需的条件，但最终选择权在行政主体一方。

（3）协议履行的监督指挥权。行政主体是行政协议的一方当事人，在协议签订后，有权对相对人履行协议的状况进行监督，对于某些具体措施还享有指挥权，对此，相对人必须服从。

（4）协议的变更与解除权。一般情况下，行政协议签订即生效，要求协议双方当事人都必须切实履行协议所确定的内容。但也存在特殊情况，当情势变更，例如国家法律、法规、政策或计划发生变化以及社会经济形势发生变迁等，履行协议已经不能实现特定行政目的而需要变更或解除协议时，行政主体可以在未经相对人同意的情况下单方面变更或解除协议，由此对相对人造成损害的，必须给予补偿。也即行政主体在变更或解除行政协议方面具有优先权。

（5）对违反协议的相对人的制裁权。行政协议在签订后即生效，相对人必须切实履行协议，对于不履行或不适当履行协议义务的相对人，行政主体具有制裁权。

2. 行政主体的义务

对于行政主体来说，行政职权既是权利也是义务，因此，行政协议中行政主体的上述权利也是行政主体的义务，例如，行政主体具有选择相对人的权利，同时也具有选择相对人的义务。除上述义务外，行政主体还负有以下义务：第一，依法履行协议的义务，行政主体也必须切实履行协议；第二，按照法定或约定给予相对人以优惠或照顾的义务；第三，按照协议约定支付价金的义务；第四，在违法造成相对人损害时给予赔偿的义务，在行使优先权变更或解除协议而造成相对人损失时给予补偿的义务。

（二）相对人的权利、义务

1. 相对人的权利

（1）报酬获得权。行政协议并非无偿的，相对人履行行政协议后，行政主体应当依协议支付相应的报酬。

（2）优惠获得权。行政主体为了确保相对人能够切实履行行政协议，实现行政目的，通常为相对人履行协议提供一定的优惠条件，例如，特定设备的利用、特定资金的提供等，相对人享有这些法定或约定的优惠条件的获得权。

（3）赔偿或补偿请求权。由于行政主体的违法行为相对人遭受损害的，相对人有权要求行政主体赔偿。由于行政主体行使优先权单方面变更或解除协议相对人遭受损失的，相对人有权要求行政主体补偿。

2. 相对人的义务

相对人的义务表现在：第一，在签订行政协议后，负有全面、适当、及时履行行政协议的义务；第二，接受行政主体的监督、指挥的义务；第三，当行政主体行使优先权变更或解除协议时，相对人负有接受的义务。

五、行政协议的变更与解除及其法律后果

（一）行政协议的变更与解除

行政协议签订后必须履行，但由于情势变更，也可能出现变更或解除协议的现象。从实践来看，引起行政协议的变更或解除的原因包括以下方面：第一，客观情况的变化；第二，缔结协议所依据的法律规定或国家计划变更或取消；第三，客观情况变化，履行行政协议已经不能实现行政目的；第四，相对人倒闭、破产等；第五，不可抗力。

从行政协议变更或解除的方式来看，可以分为自然终止、双方协议变更或解除、行政主体单方面变更或解除三种方式。自然终止是指由于客观情况的变化，行政协议履行已经不可能，行政协议的效力也自然丧失的情形，例如由于不可抗力致使协议不能履行；双方协议变更或解除是指在双方当事人协商一致的基础上变更或解除行政协议的情形；行政主体单方面变更或解除是指行政主体基于行政优先权单方面变更或解除行政协议的情形。

（二）行政协议变更或解除的法律后果

行政协议变更后，原协议即终止，双方当事人按照变更后的协议内容确定双方当事人的权利、义务。行政协议解除后，双方当事人之间的协议关系终止，彼此之间不再享有协议所规定的权利，当然也不负有协议所规定的义务。行政主体单方面变更或解除行政协议对相对人造成损失的，应当对相对人的损失进行补偿。

六、行政协议的救济

行政协议是以当事人双方的合意为基础的行政活动形式，对此相对人是否可以运用行政复议、行政诉讼的救济途径来救济自己的权利，在《行政复议法》和《行政诉讼法》中并没有明确的规定，因此，学界也存在着争议。有观点认为对行政协议不适合进行行政诉讼，但也有观点认为“在行政契约纠纷进行司法救济上，则应肯定行政诉讼制度是唯一的司法救济

途径，这是我国根据法律关系性质而区别救济途径的制度下，行政契约作为行政法上的争议从性质上排斥其他司法救济途径的结果”①。对此，《行政诉讼法》作出了明确的规定，该法第 12 条第 1 款第 11 项规定，“认为行政机关不依法履行、未按照约定履行或者违法变更、解除政府特许经营协议、土地房屋征收补偿协议等协议的”，公民、法人或其他组织可以提起行政诉讼，由此正式将行政协议纳入了行政诉讼的受案范围之中。

由于行政协议的合意性，任何一方都有可能不履行协议。当相对人不履行协议时，如若因其不履行协议，对公共利益造成损害，行政机关可通过行使行政优益权进行救济。当相对人不履行协议无涉公共利益时，最高人民法院《关于审理行政协议案件若干问题的规定》作出了明确的解释，其第 24 条规定：“公民、法人或者其他组织未按照行政协议约定履行义务，经催告后不履行，行政机关可以作出要求其履行协议的书面决定。公民、法人或者其他组织收到书面决定后在法定期限内未申请行政复议或者提起行政诉讼，且仍不履行，协议内容具有可执行性的，行政机关可以向人民法院申请强制执行。法律、行政法规规定行政机关对行政协议享有监督协议履行的职权，公民、法人或者其他组织未按照约定履行义务，经催告后不履行，行政机关可以依法作出处理决定。公民、法人或者其他组织在收到该处理决定后在法定期限内未申请行政复议或者提起行政诉讼，且仍不履行，协议内容具有可执行性的，行政机关可以向人民法院申请强制执行。”

① 余凌云：《行政契约论》，184 页，北京，中国人民大学出版社，2000。

第四编

行政程序法

传统行政法学总论的体系由行政组织法、行政行为法、行政救济法三部分构成，而将行政程序法作为行政行为法的一部分进行考察。行政程序是行政行为的法律要件之一，因此，这种三分法的体系具有一定的合理性。但在现代行政法学越来越重视行政程序法的背景下，有必要对行政程序的独立价值、正当法律程序原则、行政程序规则等进行详细的探讨。在这个意义上，本书将行政程序法单独列为与行政活动法相并列的一编。

第十七章　行政程序法

传统大陆法系的行政法学重视对相对人在遭受行政主体的违法侵害后进行的救济，但这种事后的救济方式并不能充分保障相对人的合法权益。为此，现代行政法学逐渐开始重视对行政活动过程进行事前、事中的程序控制。自 20 世纪 90 年代以来，我国行政法学界对于行政程序的认识逐渐清晰，要求制定统一的“行政程序法”的呼声也越来越强烈。国务院在 2004 年 3 月 22 日发布的《全面推进依法行政实施纲要》中也明确指出要“理顺行政执法体制，加快行政程序建设，规范行政执法行为”。党的二十大报告强调要“加大关系群众切身利益的重点领域执法力度，完善行政执法程序”。而在行政程序立法方面，2003 年“行政程序法”被列入第十届全国人大常委会五年立法规划，学者也拟定了多个版本的草案，但由于行政程序立法的复杂性，该项立法至今尚未启动。值得注意的是，2008 年 4 月 17 日，湖南省人民政府首先颁布了《湖南省行政程序规定》（2018 年、2022 年修改），这对于我国行政程序的立法起到了促进作用。此后，山东省、浙江省、江苏省、宁夏回族自治区等省级地方人民政府均制定了有关行政程序的规章。2022 年江苏省人大常委会更是在省级地方政府规章的《江苏省行政程序规定》基础上，以地方性法规的形式制定了《江苏省行政程序条例》。

第一节　行政程序原理

行政程序是指行政活动的步骤、顺序等过程，而行政行为仅仅是行政活动过程的结果。现代行政法不仅要求作为结果的行政行为必须合法，而且要求作为过程的行政程序也必须合法且“正当”。

一、行政程序的概念

行政程序是指行政主体按照一定的步骤、方式、时限和顺序行使行政职权进行行政活动的过程。该定义包括以下含义：第一，行政程序是行政主体行使行政职权进行行政活动的过程，但其中也涉及相对人的参与等相对人的行为。第二，行政程序是行政主体行使行政职权进行行政活动的过程，不仅包括行政主体作出行政行为的过程，而且包括行政主体进行行政行为之外的其他活动的过程。第三，行政程序的要素包括步骤、方式、时限、顺序等。步骤是指行政活动的若干阶段，方式是指行政活动的形式，时限是指作出行政活动的期间限制，顺序是指行政活动的若干步骤之间的先后关系。第四，行政程序在整体上表现为一个过程。行政程序可以分解为各个步骤、阶段等，但在整体上行政程序就表现为行政主体运用行政职权进行行政活动的过程，例如，行政许可的程序具体又可划分为申请程序、受理程序、审查程序、决定程序，但各程序具有连续性，在整体上就表现为行政主体作出行政许可的过程。

二、行政程序的类型

行政程序是行政活动的程序，而行政活动的形式多样，因此，行政程序也具有多样性。从不同的标准可以对其进行不同的分类，在行政法学中一般进行如下分类。

（一）事前行政程序与事后行政程序

以作出行政行为决定、实施为分界线，可以将行政程序分为事前行政程序与事后行政程序。广义上的行政程序包括这两种程序，而狭义上的行政程序就是指事前行政程序。事前行政程序是指作出行政行为决定并加以实施的过程，例如，罚款决定的作出以及收缴的程序；事后行政程序是指在行政行为决定作出并实施后，对行政行为进行监督或救济的程序，例如，相对人对罚款决定不服提起行政诉讼的程序。在事前行政程序中，行政主体占据主导地位，运用行政职权进行行政活动，而在事后行政程序中行政主体处于被动地位，被有权机关与相对人审查行政活动的合法性。传统行政法学比较注重事后行政程序，而忽视事前行政程序。而在现代行政法学中事前行政程序逐渐得到重视，对事前行政程序的规范对于确保行政活动的合法性、保障相对人的合法权益具有重要意义。

（二）内部行政程序与外部行政程序

以行政程序所涉及的对象和范围为标准，可以将行政程序分为内部行政程序和外部行政程序。内部行政程序是指行政主体对内部事务进行管理或运作时进行活动的程序，例如，上级行政机关对下级行政机关进行检查、监督的程序；外部行政程序是指行政主体行使行政职权对相对人作出行政行为的程序，例如，行政机关针对相对人的申请作出许可决定的程序。内部行政程序对相对人的权利、义务并无直接影响，而外部行政程序涉及相对人的权利、义务，因此从法律规制的角度来看，对外部行政程序的法定化要求更高。

（三）法定行政程序与裁量行政程序

以行政程序是否存在法律的明确规定为标准，可以将行政程序分为法定行政程序和裁量行政程序。法定行政程序是指法律对行政主体进行行政活动的步骤、方式、时限、顺序等作出明确规定的程序，因此，行政主体进行行政活动时必须遵守法定程序，否则即违法；裁量行政程序是指法律对于行政主体进行行政活动的程序并没有作出明确规定，而是要求行政主体根据行政活动的具体情况裁量进行的程序。

（四）微观行政程序与宏观行政程序

根据层次的不同，可以将行政程序分为微观行政程序与宏观行政程序两个不同的层次①：微观行政程序是指行政机关在实施具体的行政行为时所应当遵循的方式、步骤、时限和顺序，例如，行政机关在作出行政处罚时必须经过听证或听取意见等程序。而宏观行政程序是指由微观行政程序所构成的一系列行政活动的程序，例如，在上述行政机关作出行政处罚时，首先必须由行政机关针对某些违反行政法规的行为制定进行制裁的法规，即行政立法；行政机关在作出处罚之前，必须进行一定的调查；在依据处罚的微观行政程序作出处罚决定后，如果相对人不履行义务，还必须强制执行；相对人对行政机关的行为不服时，还有可能提起行政复议或行政诉讼。可见，这一系列行政活动是紧紧围绕着同一行政目的的实现

---

① 参见［日］塩野宏：《行政法Ⅰ》，4版，242页，东京，有斐阁，2004。

而连续地展开的，为实现同一行政目的连续进行的各行政活动的过程共同构成了宏观行政程序。如果不将这种宏观的程序纳入视野，就不能全面把握行政法现象。“现代行政法学的核心课题之一，在于将行政行为理解为宏观意义上的过程，并设计存在于其中各个阶段的微观过程，进而分析其特征，予以体系化。”①

（五）行政许可程序、行政处罚程序等

根据行政活动形式的不同，在行政行为定型化的基础上，可以将行政程序划分为行政立法程序、行政计划程序、行政许可程序、行政处罚程序、行政强制程序、行政裁决程序、行政指导程序、行政协议程序等。由于各种行政活动的程序各不相同，这种分类具有一定的实际意义。

三、行政程序的价值

程序合法是行政行为的合法性要件之一，《行政诉讼法》第 70 条第 3 项也将“违反法定程序”作为人民法院判决撤销行政行为的根据之一。传统行政法学将行政程序作为行政实体的辅助或补充，认为行政程序是为行政实体服务的工具，但现代行政法学越来越重视行政程序的独立价值。

（一）行政程序价值的独立性

对于程序的价值，在历史上存在着程序工具主义与程序本位主义的争议。

程序工具主义认为程序是实体的附属或辅助，程序为实体服务、以实体内容的实现为目的，评价程序好坏的标准就在于程序实现良好结果的有效性，因此，程序是实现实体内容的工具或手段。将该理论具体化到行政法中，即行政程序是为行政实体服务的，设定行政程序是为了作出合法的行政行为，行政程序是作出合法行政行为的工具或手段。

而程序本位主义认为，程序不仅是实现实体内容的工具或手段，而且程序本身也具有独立的价值。评价程序的价值标准除了程序最终是否能够确保实体内容的有效实现外，还在于程序本身是否具有独立于结果的“内在品质”，即独立于结果有效性的过程价值有效性。在这种意义上，程序本位主义又被称为“程序正义”理论。该理论具体化到行政法中，即设置行政程序不仅是为了作出合法的行政行为，作出行政行为的过程本身也具有独立的法律价值，行政程序好坏的标准不仅在于行政行为的作出是否合法，而且在于行政程序本身是否体现了对相对人权益的尊重等“内在品质”。可见，行政程序具有独立于行政实体的意义，行政程序即使不对行政实体产生影响，其本身也具有存在的价值。例如，铁路部门在作出火车票涨价的决定之前，应当举行由相关人员参加的听证会，虽然在举行了听证会之后铁路部门仍作出了涨价决定，即听证程序并没有影响到行政行为的结果，但听证本身也具有价值：听证程序体现了行政主体对相对人权益的尊重，从而确立行政行为在程序方面的合法性。

在现代行政法中，不仅注重行政程序对作为行政过程结果的行政行为的工具性价值，而且强调行政程序本身独立的价值。

（二）行政程序的法律价值

1. 确保相对人在行政法律关系中的对等地位

从程序本位主义来看，行政程序中相对人参与等程序的设置体现了对相对人权益的尊

① ［日］塩野宏：《行政過程とその統制》，20 页，东京，有斐阁，1989。

重。在行政法律关系中，行政主体凭借其行政职权占据主导地位，而行政程序的价值就在于对行政主体行使行政职权的过程进行一定的限制，并通过相对人的参与，平衡行政主体与相对人在行政法律关系中的权利、义务，确保相对人在行政法律关系中具有与行政主体相对等的地位，从而体现了形式上的正义。

2. 保障行政相对人的合法权益

行政程序的设定规范了行政主体进行行政活动的过程，避免因行政主体的恣意而侵害相对人的权益，而相对人的听证权、陈述权、申诉权等程序性权利的行使可以更好地保障其权益。在行政主体违法侵害相对人的权益后，行政复议、行政诉讼等程序又为相对人提供了事后救济的途径。

3. 监督行政活动的合法性

行政主体必须依法进行行政活动，所依据的法律不仅是实体行政法，而且包括程序行政法。程序合法是行政行为的合法性要素之一，通过对行政活动程序的设置，可以进一步对行政活动进行法律规制。行政过程中听证、陈述等相对人程序性权利的行使，也有利于行政主体查明事实真相，作出正确的行政决定。而行政复议、行政诉讼等事后程序又为监督行政活动的合法性提供了途径。可见，行政程序的设置对于控制行政主体的违法、监督行政活动的合法性具有重要意义。

4. 提高行政效率

行政程序的设置可以对行政活动的步骤、方式、时限、顺序等进行合理的规定，在保障相对人权益的前提下，使行政主体以紧凑的步骤、合理的顺序、适合的方式、一定的时限进行行政活动，从而提高行政活动的效率。例如，简易程序、当场执行等程序的设置就体现了行政效率的要求。

四、正当法律程序原则

正当程序原则起源于英国法中的“自然正义原则”（nature justice），其核心思想由两条根本规则构成，即：一个人不能在自己的案件中做法官；人们的抗辩必须公正地听取。[①] 在此基础上，1791 年通过的美国宪法第五修正案规定：“不经正当法律程序，不得被剥夺生命、自由和财产。”由此确立了“正当法律程序原则”（due process of law）。此后，许多国家的法律继受了正当法律程序原则并先后进行了行政程序立法。在现代行政法中，该原则已经成为行政法基本原则之一。

正当法律程序的最初含义是指“要求一切权力的行使在剥夺相对人的生命、自由或财产时，必须听取当事人的意见，当事人具有要求听证的权利”[②]，但发展到现代社会，正当法律程序原则的内容也越来越广泛，有学者认为正当法律程序原则的要求包括正当过程、中立性、条件优势、合理化。[③] 从现代行政法学来看，正当法律程序原则要求行政主体行使行政职权必须符合最基本的程序正义标准，具体包括公开、告知、听证、说明理由、回避、救济等。

---

① 参见［英］韦德：《行政法》，徐炳等译，95 页，北京，中国大百科全书出版社，1997。

② 王名扬：《美国行政法》，383 页，北京，中国法制出版社，1995。

③ 参见季卫东：《法治秩序的建构》，23 页，北京，中国政法大学出版社，1999。

第二节　行政程序立法

行政法在形式上的特征在于其并不存在一部完整的行政法典，这是因为行政法对象的复杂性、多样性、易变性等，很难在一部法典中进行统一规范。但在行政程序方面，各种行政活动之间存在着共同的程序规则，因此，在行政程序方面存在着法典化的可能性。

一、我国行政程序立法的现状

行政程序法是指调整和规范行政主体进行行政活动的步骤、方式、时限、顺序等过程的法律规范的总称，是对行政程序进行法制化的结果。行政程序法的存在方式有两种：一种是集中式的行政程序法典，例如德国《行政程序法》等。另一种则是分散式，即行政程序法律规范散见于各单行法之中，例如我国目前尚未制定统一的行政程序法典，行政程序法律规范散见于《行政处罚法》《行政许可法》《立法法》等法律之中。但行政处罚、行政许可等行政活动的行政程序之间存在着共同的部分，对于这些共同的行政程序应当制定统一的法律进行规范。为此，“行政程序法”在 2003 年被列入第十届全国人大常委会五年立法规划。2004 年 11 月，行政立法研究组向全国人大常委会法工委移交《行政程序法（试拟稿）》。由于多种原因，“行政程序法”至今尚未通过。而在地方，2008 年 4 月 17 日湖南省人民政府颁布了《湖南省行政程序规定》，该规章详细规定了行政程序中的主体、行政决策程序、行政执法程序、特别行为程序、应急程序、行政听证、行政公开、行政监督、责任追究等程序，其制定与实施的经验为制定全国统一的行政程序法典提供了借鉴。

二、行政程序法的目标模式

目标模式是指立法机关对各种行政法的法律价值进行取舍后为了实现其选择的某种价值目标而进行立法的方式。行政程序法目标模式的选择对于行政程序法基本原则的确立、基本制度的建立等具有重要意义。

（一）行政程序法目标模式的观点

对于行政程序法的目标模式，学界存在着不同的观点，大致将行政程序法的目标模式分为以下类型：控制模式、效率模式和权利模式；保权模式、控权模式和效率模式；公正（权利）模式和效率模式；维护模式和保护模式。[①] 上述四种观点中，“控制”“权利”，“保权”“控权”，“维护”“保护”都是行政法的立法目标而非法律价值，这些目标模式不能等同于价值模式，而公正与效率是现代行政法的基本法律价值，因此，应当将行政法价值模式分为公正模式与效率模式，而且可以将以上各种不同的目标模式归结为公正模式和效率模式两类。权利模式、保权模式、控权模式和保护模式都是为了控制行政权和保障公民权利，实现公民权利与行政权之间的平等地位，都侧重于行政法的公正价值，因此，这些模式都可以归结为公正模式；而控制模式是指以控制下级行政机关，防止其偏离统治者的意志为目的的模式[②]，即其价值取向在于提高行政管理的效率，可归结为效率模式。当然，单纯维护行政机

① 参见王万华：《行政程序法研究》，87－88 页，北京，中国法制出版社，2000。

② 参见罗豪才：《行政法学》，274 页，北京，中国政法大学出版社，1999。

关依法行使行政职权或者单纯保护公民权益的目标模式是不存在的，世界各国的行政程序法典都包含上述两个目的，所不同的只是以哪一个为首要目的罢了。[①] 可见，无论是公正模式还是效率模式，都认为公正与效率是行政程序法的基本法律价值，都注重在行政程序法中兼顾公正与效率价值。这两种模式的区别主要在于当公正与效率价值发生冲突时如何进行取舍，即何者优先。

1. 公正模式

公正模式是指行政程序法以控制行政权和保障公民权利为主要价值取向，在保证公正价值的基础上兼顾提高行政效率的模式，当公正与效率价值发生冲突时，主张公正价值优先。因此，公正模式的特征在于注重听取公民的意见并为公民提供参与的机会，重视对公民权利的救济。根据侧重点的不同，公正模式又可细分为权利模式、民主模式、控权模式、保权模式、保护模式等。

2. 效率模式

效率模式是指行政程序法以提高行政效率价值为主要价值取向，在保证效率价值的前提下兼顾控制行政权和保障公民权利的公正价值的模式，当公正与效率价值发生冲突时，主张效率价值优先。效率模式的特征在于强调程序的协调、迅速、便利，行政活动的过程、步骤力求紧凑，重视行政程序的可操作性，实行较多的简易程序和紧急程序。

（二）我国行政程序法目标模式的选择

从我国行政法的现状来看，应当选择公正模式作为行政程序法的目标模式，即行政程序法主要应当注重程序对行政权的控制和对相对人权利的保障。在此基础上，注重保障行政活动的顺利进行，促进行政效率的提高。

三、行政程序法的基本原则

行政程序法的基本原则是指行政主体进行行政活动过程中，在程序上所应遵循的基本准则，对所有的行政程序具有普遍适用性和指导性。从行政程序法的公正模式来看，行政程序法中应当体现公开原则、公正原则、参与原则、效率原则。

（一）公开原则

公开原则要求行政主体在进行行政活动的过程中，通过特定制度让相对人以及利害关系人了解有关该行政活动的情况。原则上，除涉及国家秘密、商业秘密以及个人隐私外，行政活动的情况都应向相对人以及社会公开，以保护相对人的合法权益，监督行政职权的行使。公开原则是相对人知情权的要求，行政公开为相对人了解行政过程提供了机会，也是相对人参与行政活动、对行政活动的合法性进行监督的前提。

公开原则的要求包括：第一，行政活动据以作出的法律、法规、规章以及规章以下的规范性文件等依据必须事前公开，未经公开的法律规范不得成为行政活动的依据；第二，行政活动过程中的信息必须公开；第三，行政决定必须公开。

为实现公开原则的行政程序制度包括信息公开制度、告知制度、说明理由制度、表明身份制度、听证制度等。

---

① 参见应松年主编：《比较行政程序法》，44 页，北京，中国法制出版社，1999。

（二）公正原则

公正原则要求行政主体应当公正、适当地行使行政职权，在行政活动过程中排除偏见，平等地对待当事人。公正原则的要求包括：第一，行政主体必须依法、公正、适当地行使行政职权，正确认定事实、适用法律，从而确保行政决定的公正；第二，行政主体必须听取相对人及利害关系人的意见，提供相对人及利害关系人提出意见的机会，并认真考虑所提出的意见；第三，行政主体必须平等地对待行政过程中的当事人，不得偏私或存在偏见。

为实现公正原则的行政程序制度包括回避制度、听证制度、案卷排他制度、职能分离制度等。

（三）参与原则

参与原则要求行政主体必须为相对人参与行政活动提供机会和条件，重视相对人在行政活动中的作用，这是行政过程民主性的体现。行政行为具有单方性的特点，行政主体凭借行政职权，可以无须相对人同意而作出行政行为。但为了保障相对人的权益，保证行政行为的合法性，行政主体应当尽量吸引相对人及利害关系人参与行政过程，并为相对人的参与提供必要的条件；在相对人参与后，应当充分尊重相对人的人格与行为，对于相对人参与行政过程中提出的意见应当认真听取。

最能体现参与原则的行政程序制度就是听证制度，现代行政法一般要求对于侵害相对人权益的行政行为，在作出之前必须举行听证，从而赋予相对人参与行政过程表达自己意见的权利。

（四）效率原则

效率原则要求行政程序中步骤、方式、时限、顺序的设置必须合理、紧凑，在保障相对人权益的前提下，尽量提高行政效率。公正与效率都是行政程序法的法律价值，因此，行政程序法在实现公正价值的前提下，也必须考虑效率价值的实现。为实现效率价值的行政程序制度包括时效制度、简易程序制度、紧急程序制度、委托代理制度等。

第三节　行政程序法的主要制度

根据行政程序法的目标模式与基本原则的不同，各国行政程序法中的程序制度不尽相同，但一般包括以下主要的行政程序制度。

一、听证

（一）听证的概念

听证又称为听取意见，是指行政主体在作出影响相对人的权利、义务的决定前听取相对人意见的程序。狭义上的听证制度是指行政主体听取相对人的意见，而广义上的听证包括与听取意见相关的通知、回避、辩论、委托代理、案卷排他等制度。听证制度是现代行政程序法中最为重要的制度之一，也是实现公正原则与参与原则的核心制度。

（二）听证的适用范围

在我国的行政法中，1996 年制定的《行政处罚法》最初设置了听证程序，规定对于“责令停产停业、吊销许可证或者执照、较大数额罚款等行政处罚”，相对人有权要求听证。

其后，《立法法》规定“行政法规”的起草，《价格法》规定“制定关系群众切身利益的公用事业价格、公益性服务价格、自然垄断经营的商品价格等政府指导价、政府定价”，《城乡规划法》规定“城乡规划草案”，《行政许可法》规定“法律、法规、规章规定实施行政许可应当听证的事项，或者行政机关认为需要听证的其他涉及公共利益的重大行政许可事项”以及“行政许可直接涉及申请人与他人之间重大利益关系的”，《治安管理处罚法》规定“公安机关作出吊销许可证以及处二千元以上罚款的治安管理处罚决定”等，相对人有权要求听证。可见，听证程序目前已经被广泛应用于行政立法、行政决策、具体行政行为等领域。从这些有关听证的法律规范来看，听证主要适用于对相对人权益影响重大的行政活动。

（三）听证的主要内容

1. 听证主持人

听证程序的主持人的确定应当遵循职能分离的原则，例如，在行政许可的听证中，行政机关应当指定审查该行政许可申请的工作人员以外的人员为听证主持人，申请人、利害关系人认为主持人与该行政许可事项有直接利害关系的，有权申请回避。

听证主持人的职责和义务包括：听证决定的通知，有关材料的送达，做好听证笔录；根据听证的证据，依据事实、法律法规，对案件独立地、客观地、公正地作出判断。

2. 听证当事人以及其他参加人

听政程序的当事人包括代表行政主体的直接参与案件调查取证的人员或部门以及行政行为的相对人或利害关系人，与听证的处理结果有直接利害关系的第三人也有权要求参加听证。在听证过程中，相对人可以委托代理人参加听证，以维护自己的合法权益。

3. 听证程序

听证程序一般采取以下步骤。

（1）组织听证。行政主体告知相对人具有要求举行听证的权利，相对人要求后，行政机关组织听证。要求听证是免费的，申请人、利害关系人不承担行政机关组织听证的费用。当然，行政主体也可以主动要求听证，直接由行政主体组织听证。组织听证包括听证主持人的指定、听证场所的安排、日期的确定等。

（2）听证通知。行政主体在听证举行前的一定期间将举行听证的时间、地点通知申请人、利害关系人，必要时还应当予以公告。

（3）举行听证。举行听证时，首先由行政主体一方宣布行政决定及其理由，并提供相关的证据；然后相对人及利害关系人进行答辩，可以提出证据，并进行申辩和质证。证据包括证言、物证、书证、当事人陈述、勘验笔录、视听材料等。所有与案件主要事实认定有关的全部证据都必须在听证中出示并经认定、鉴定和辩论，否则，不得作为主持人认定案件的事实依据。

听证会一般应该公开举行，但公开举行听证有可能损害公共安全和被告的合法权益，或者有法律、法规规定的其他情况，行政主体也可以作出不公开举行听证的决定。

（4）制作听证笔录。听证主持人在经双方辩论后，制作听证笔录。听证笔录应当交听证参加人确认无误后签字或者盖章。

（5）作出行政决定。听证后听证主持人应当向实施行政行为的行政主体提出行政决定建议，行政主体根据听证笔录作出行政决定。

（四）案卷排他制度

行政主体是否必须根据听证笔录作出行政行为，各法律中的规定并不一致。《行政许可法》第 48 条第 2 款规定："行政机关应当根据听证笔录，作出行政许可决定。"由此确立了案卷排他制度。但 1996 年制定《行政处罚法》等法律对于听证笔录的法律效力并没有明确规定，此时，行政主体作出行政处罚等行为时并不受听证笔录的限制。此后，2021 年修订的《行政处罚法》第 65 条规定："听证结束后，行政机关应当根据听证笔录，依照本法第五十七条的规定，作出决定。"由此确立了行政处罚听证程序中的案卷排他制度。案卷排他制度是指行政机关的任何行为都只能以行政案卷作为根据，不能在案卷之外以相对人所未知或未质证的事实作为根据。是否实行案卷排他制度直接决定了听证笔录的效力，因此，该制度被视为听证的核心制度。

二、告知与说明理由

告知是指行政主体在进行行政活动的过程中，将行政活动的信息通过一定的方式使相对人知晓、了解的程序制度。在法律规范中，告知表现为"告知""通知""告示""公告""教示"等，例如，《行政处罚法》第 44 条规定，行政机关在作出行政处罚决定之前，应当告知当事人拟作出的行政处罚内容及事实、理由、依据，并告知当事人依法享有的陈述、申辩、要求听证等权利。告知是为了满足相对人的知情权，是实现公开原则的主要制度。告知的内容包括与行政活动相关的信息，相对人享有的权利，行政决定的内容以及作出行政决定的事实、理由、依据等。告知一般以书面方式进行，特殊情况下可以采取口头方式。

告知包括说明理由，说明理由是指行政主体在对相对人作出侵害其权益的行政行为时，必须向相对人说明作出该行政行为的事实、理由以及法律依据。

三、信息公开

信息公开是指行政主体在进行行政活动时，主动或依相对人的申请公开有关信息资料的程序制度。信息公开中的"信息"是一个较为宽泛的概念，是指"行政机关在履行行政管理职能过程中制作或者获取的，以一定形式记录、保存的信息"。信息公开的方式包括行政机关依据职权的主动公开与行政机关依据相对人申请的应答公开。《政府信息公开条例》确立了"以公开为常态、不公开为例外"的原则，规定对涉及公众利益调整、需要公众广泛知晓或者需要公众参与决策的政府信息，行政机关应当主动公开，除行政主体主动公开信息外，只要不属于法定保密的范围，相对人有权请求行政主体公开其所掌握的记录和资料。对于这些记录和资料，相对人具有查阅和复制的权利。与告知同样，信息公开也属于实现相对人知情权以及行政公开原则的程序制度，对于保障公民、法人和其他组织依法获取政府信息，提高政府工作的透明度具有重要意义。

四、表明身份

表明身份是指行政主体及其工作人员在作出行政行为前，向相对人出示证件或公务标志等，以证明其享有某种职权的程序制度。例如，《行政处罚法》第 52 条规定：执法人员当场作出行政处罚决定的，应当向当事人出示执法证件。《人民警察法》第 9 条规定：公安机关的人民警察对有违法犯罪嫌疑的人员，经出示相应证件，可以当场盘问、检查。表明身份是为了防止有人冒充国家机关工作人员或者以其他虚假身份招摇撞骗。当然，表明身份制度也有例外，在法律规定应当保密的情况下，不得表明身份。

五、回避

回避制度来源于英国的“自然正义”原则。在行政法中，回避是指为了防止徇私舞弊或发生偏见，行政主体的工作人员在处理与自己具有利害关系的行政案件时，依法终止其职务的行使并由他人代替进行的程序制度。从《公务员法》的相关规定来看，回避包括以下三种类型。

（一）职务回避

职务回避又称为任职回避，是指对于有法定亲属关系的公务员，在担任某些关系比较密切的职务方面作出的限制。其目的在于将工作关系与亲属关系相分开，以使公务员之间形成比较和谐、单纯的工作关系。《公务员法》第 74 条第 1 款规定：“公务员之间有夫妻关系、直系血亲关系、三代以内旁系血亲关系以及近姻亲关系的，不得在同一机关双方直接隶属于同一领导人员的职位或者有直接上下级领导关系的职位工作，也不得在其中一方担任领导职务的机关从事组织、人事、纪检、监察、审计和财务工作。”实行职务回避，有利于防止亲属间相互干扰、相互利用，有利于实现机关的科学管理，使公务员做到秉公办事。但有时因地域或者工作性质特殊，需要变通执行职务回避。此时，省级以上公务员主管部门可以根据具体情况作出例外性的规定。

（二）地域回避

地域回避是对公务员在原籍任职方面所作的限制规定，是指担任一定领导职务的公务员不得在自己的原籍及其他不宜任职的地区，担任一定级别的公职。规定地域回避制度，其目的在于避免亲属、宗族关系、友情对工作的干扰，为公务员创造一个良好的工作环境。《公务员法》第 75 条规定：“公务员担任乡级机关、县级机关、设区的市级机关及其有关部门主要领导职务的，应当按照有关规定实行地域回避。”也即担任县、乡机关及其有关部门主要领导职务的，例如县长、乡长、公安局局长等，均不得在原籍任职。

（三）公务回避

公务回避是指公务员在行使职权过程中，因其与所处理的事务有利害关系，为保证实体处理结果和程序的公正性，依法终止职务行为而由其他公务员来行使相应的职权。《公务员法》第 76 条规定：“公务员执行公务时，有下列情形之一的，应当回避：（一）涉及本人利害关系的；（二）涉及与本人有本法第七十四条第一款所列亲属关系人员的利害关系的；（三）其他可能影响公正执行公务的。”其中的“利害关系”是指公务处理的结果将会涉及增加或减损处理公务的公务员的金钱、名誉、亲情、友情等的关系。

六、职能分离

职能分离是指将行政主体审查案件的职能与对案件进行裁决的职能分别授予不同的机构或人员来行使的程序制度。职能分离制度以分权理论为基础，是行政主体内部的权力制约机制，希望通过分权达到不同机构或人员之间相互制衡，从而保障相对人合法权益的目的。

一般情况下，职能分离仅限于行政主体内部机构或人员之间的分离，相互分离的各机构或人员隶属同一行政主体。例如，在听证程序中，一般要求听证主持人必须是参与调查、审查、决定具体行政行为之外的人员。《行政处罚法》第 64 条规定听证由“非本案调查人员主持”；《行政许可法》第 48 条第 1 款第 3 项规定，“行政机关应当指定审查该行政许可申请的工作人员以外的人员为听证主持人”；等等。此外，还有一种审裁完全分离的制度，即审查案件的职能与裁决案件的职能，分别交给两个相互完全独立的行政机关来行使的制度。但这种制度过于强调审裁的分离。考虑到案件的专业性等问题，审裁完全分离制度的运用并不多见。

七、时效

时效是指行政主体与相对人在行政活动中必须遵守的期间限制，超越期限将引起某种法律后果的程序制度。“迟到的正义非正义”，现代行政法在注重保障相对人合法权益的同时，也注重提高行政效率，要求行政主体与相对人都必须及时行使自己的权利，否则，应当承担不利的法律后果。具体而言，首先，要求行政相对人在法定的时限内履行自己的义务或者主张维护自己的权利，逾期则产生相应的不利后果，对其进行强制执行或者不对其主张的权利进行保护，例如，《行政处罚法》第 67 条第 3 款规定，当事人应当自收到行政处罚决定书之日起 15 日内，到指定的银行或者通过电子支付系统缴纳罚款。其次，要求行政主体在法定的时限内必须履行行政职责、作出行政决定，逾期不处理将作出对相对人有利的推定或者要求行政机关及其工作人员承担相应的法律责任。例如，《行政许可法》第 32 条规定，当申请人提出的申请材料不齐全或者不符合法定形式时，行政机关应当当场或者在 5 日内一次告知申请人需要补正的全部内容，逾期不告知的，自收到申请材料之日起即为受理。《行政许可法》第 50 条第 2 款规定：“行政机关应当根据被许可人的申请，在该行政许可有效期届满前作出是否准予延续的决定；逾期未作决定的，视为准予延续。”《湖南省行政程序规定》第 86 条、第 168 条规定，行政机关在法定期限内，非因法定或者正当事由，虽启动行政执法程序但是未及时作出行政执法决定的，属于拖延履行法定职责，对拖延履行法定职责的行政机关及其工作人员应当追究责任。可见，合理的时效制度不仅是为了提高行政效率，也是为了保障相对人的合法权益。

第五编

行政救济法

上述行政组织法、行政活动法、行政程序法分别从行政活动的主体、内容与形式、程序等方面对行政活动的合法性进行规制，并由此保障行政过程中相对人的合法权益。但在现实行政中，不可避免地存在行政主体违法行使行政职权而侵害相对人合法权益的事件。对此，行政法为权益受到侵害的相对人提供了各种救济途径，其中最为主要的救济途径包括行政复议、行政诉讼、行政赔偿等。行政救济是相对于行政相对人而言的，对于行政机关而言，行政救济就意味着监督，习近平总书记特别强调要健全严密的法治监督体系，重点强化对行政权力的制约和监督，确保有权必有责、用权受监督、违法必追究。

与行政救济相对应，行政救济法是有关行政救济的法律，是指在行政行为侵害或将要侵害相对人的权利或利益时，通过排除侵害行为、填补行政行为造成的损害或损失而救济相对人的法律，由行政争诉法与行政赔偿法组成。其中，行政争诉法在我国又可分为《行政复议法》与《行政诉讼法》，而行政赔偿由《国家赔偿法》规范。本书对于《行政复议法》与《国家赔偿法》中的行政赔偿部分，将分别在以下部分进行论述，而对于《行政诉讼法》的内容，根据出版计划的安排，将在另一册书中探讨。

第十八章　行政救济

行政救济不仅是对行政相对人合法权益的补救，对于监督行政合法性也具有重要意义。为此，在现代行政法中设置了各种行政救济方式，力求为相对人提供一个较为完善的救济体系。

第一节　行政救济概述

从字面意思来看，"行政救济"并非由"行政"进行的"救济"，而是对"行政"进行的"救济"。可见，行政救济是以行政争议为对象的权利救济。

一、行政救济的概念

行政救济是指在相对人认为行政主体违法行使职权侵害或将要侵害自己的合法权益而向有权国家机关提出申请时，有权国家机关通过制止或纠正该违法或不当的行政行为，排除侵害并填补行政行为造成的损害或损失，而对相对人的合法权益进行救济的行为。该概念包含以下含义：第一，行政救济的前提是行政行为侵害或将要侵害相对人的合法权益，对被行政行为侵害合法权益的相对人进行救济是行政救济最主要的目的；第二，行政救济的主体是有权国家机关，是指具有行政救济权限的国家机关，包括作为国家权力机关的人大及其常委会、专职廉政建设和反腐败的国家监察机关、作出行政行为的行政机关上级行政机关、专门针对行政机关及其工作人员的财政经济活动进行监督的审计机关、作为司法机关的人民法院和人民检察院等[①]；第三，行政救济以相对人提出申请为前提，行政救济与主动地依职权进行行政法制监督不同，采取"不告不理"原则，只有在相对人提出申请时才可进行相应的行政救济，而不能主动为之；第四，行政救济的方式包括制止或纠正该违法或不当的行政行为、填补行政行为造成的损害或损失等，以达到恢复或弥补相对人合法权益的目的。

二、行政救济的特征

从上述定义来看，行政救济具有以下特征。

（一）以行政争议为对象

行政争议是在行政管理过程中，相对人认为行政主体违法行使职权侵犯其合法权益，而与行政主体之间形成的法律上的争议。在行政争议中行政行为的合法性或适当性往往是争议的焦点。行政争议的发生是相对人请求行政救济的前提，而行政救济就是通过对行政争议中

---

① 也有学者采用狭义上的行政救济概念，认为行政救济的主体仅仅是行政机关。参见韩德培总编：《人权的理论与实践》，699页，武汉，武汉大学出版社，1995。但学界一般采用广义上的行政救济概念。

行政行为的合法性或适当性进行审查并作出裁决，解决行政争议，从而达到救济相对人合法权益的目的。

（二）以权利救济为目的

救济是指对损害进行的补救，行政救济就是对相对人遭受违法或不当行政行为侵害的合法权益进行补救的活动，因此具有事后性的特点。行政救济的目的是对违法或不当的行政行为所造成的损害后果进行补救，保护行政相对人的合法权益，可见，在行政救济中，行政争议是前提，而权利救济是目的。

此外，与行政行为中行政主体占据优势地位不同，行政救济是对相对人权益所遭受的侵害的救济，而行政主体的行政行为在行政救济过程中处于被审查的地位，由此体现行政救济的权利救济性质。

（三）公力救济属性

根据救济主体的不同，可以将救济分为私力救济与公力救济两种形式。私力救济是指权利主体在法律许可范围内，依自身实力通过实施自卫或自助行为救济被侵害的权利，是不通过国家机关和法定程序而依靠自身力量或私力解决纠纷的方式。而公力救济是指相对人请求有关国家机关依据其职权对被侵害权利实施救济的方式。行政争议中涉及具有公共性质的行政职权，行政争议属于公法上的争议，因此，不能适用民法中的私力救济。

三、行政救济的目的

行政救济以保障相对人的合法权益为目的，对此学界没有异议，但对于行政救济是否还应当以保障行政的合法性为目的，学界存在争议。

（一）唯一目的说

唯一目的说认为行政救济的唯一目的在于保护相对人的权利或利益，因此又被称为权利保护主义说。行政救济的根本目的是救济相对人的合法权益，即使行政救济在结果上具有监督行政机关依法行政的功能，但这只不过是通过救济相对人权益产生的结果而已。可见，唯一目的说区分行政救济的目的与功能，将权益保护作为行政救济的目的，而将行政的合法性保障作为行政救济的功能或实现权利保护目的的结果。

（二）二重目的说

二重目的说认为保障相对人的合法权益与监督行政的合法性都是行政救济的目的，其理由在于：第一，无论相对人申请行政救济是为了自己的权益还是为了监督行政的合法性，行政救济在客观上都发挥着监督行政合法性的作用。第二，行政法以法治主义为基本原理，而从法治主义保障的观点来看，要求行政救济以监督行政合法性为目的，通过对行政行为的合法性进行审查，保障法治主义的实现。第三，从行政救济的范围来看，采二重目的说可以扩大行政救济的范围，即对任何行政行为都可以进行行政救济，而不以侵犯相对人权利或利益的行政行为为限。第四，从我国有关行政救济的法律规定来看，采用了二重目的说。例如，《行政诉讼法》第1条规定："为保证人民法院公正、及时审理行政案件，解决行政争议，保护公民、法人和其他组织的合法权益，监督行政机关依法行使职权，根据宪法，制定本法。"可见，"保护公民、法人和其他组织的合法权益"与"监督行政机关依法行使职权"同时为行政诉讼的目的。

第二节　行政救济原理

从上述行政救济的目的来看，无论是唯一目的说还是二重目的说，都不否认保障相对人的合法权益是行政救济最根本的目的。可见，行政救济的理论基础就在于相对人申请救济的权利，并以为相对人提供概括性、实效性权利的救济为基本原则。

一、行政救济与法治主义

（一）行政救济与法治主义的关系

从行政救济制度的历史沿革来看，行政救济制度是从近代法治国家的依法行政原理中当然产生的，是对其进行程序性担保的制度。① 可见，法治主义是行政救济制度成立的基础理念，也是行政救济制度的理论基础，行政救济则是保障法治主义实现的具体制度。

1. 法治主义是行政救济制度的理论基础

法治主义原理说认为，法治主义在要求行政必须依据法律进行活动（依法行政原理）的同时，为了保障依法行政原理的有效性，必须保障由于违法的行政行为而权利受到侵害的相对人申请法院进行救济的权利。② 据此可以将法治主义原理分为“依法行政原理”与“现代行政救济法原理”两个层面。为了维护和监督行政机关依法行政、保障相对人的合法权益，不仅应当通过法律规范和限制行政活动，而且事后由独立于行政的裁判机关审查行政活动的合法性并救济相对人遭受的损害是必要的，这种观点就被称为“现代行政救济法原理”，该原理与“依法行政原理”共同构成法治主义原理的主要内容，成为现代行政行政法学理论和行政法律制度的基础。可见，法治主义原理是现代行政救济制度的理论基础，行政救济制度是依法行政原理的必然结果。

2. 行政救济是保障法治主义的制度

行政救济在救济相对人权利或利益的同时，在客观上能够起到监督行政活动合法性的作用。从行政救济的目的来看，法治主义原理决定了行政救济的双重目的，保障法治主义的实现是行政救济的功能之一。法治主义原理不仅要求行政救济制度能够为相对人的权利或利益提供有效的救济，还要求行政救济必须发挥保障行政活动的合法性以及法律秩序的功能。

当然，行政救济制度只是实现法治主义的事后性措施，此外，实现法治主义的措施还有事前的立法制度、事中的行政程序制度等。但在现代法治国家中，行政救济制度是终局性担保法治行政的必不可缺的法律制度。③

（二）法治主义对行政救济的要求

法治主义根据其发展阶段的不同可以分为形式法治主义与实质法治主义，这两种法治主义的内涵不同，当然对行政救济的要求也不相同。

---

① 参见［日］和田英夫：《行政法講義》，上卷，390－391页，东京，学阳书房，1982。

② 参见［日］織田萬：《日本行政法原理》，641页，东京，有斐阁，1934。

③ 参见［日］原田尚彦：《行政訴訟総説》，载［日］雄川一郎、塩野宏、園部逸夫：《現代行政法大系 4 行政争訟Ⅰ》，103页，东京，有斐阁，1983；［日］原田尚彦：《行政判例の役割》，60页，东京，弘文堂，1991。

1. 形式法治主义与行政救济——在行政救济中的法律保留

形式法治主义要求国家介入或侵害相对人的“自由与财产”时必须具备法律依据，由立法规定行政机关活动的界限。因此，在行政救济中由法律规定了通过行政救济保障相对人权利或利益的范围、程度等，而不问这些法律规定的实质性内容。可见，形式法治主义要求行政机关严格地依法行政，而不问法律的内容是否公正。此时，法治主义对行政救济的要求就是符合法律，而不论行政救济制度是否能够充分救济相对人的权利或利益。

2. 实质法治主义与行政救济——概括性权利救济的宪法要求

在现代行政法中，法治主义也逐渐向实质法治主义过渡。实质法治主义不仅要求行政活动必须符合法律，而且也要求立法的内容符合宪法以及基本的人权。对于行政救济，实质法治主义不仅要求行政救济应当符合法律，而且要求行政救济制度必须能够充分救济相对人的权利或利益。①

根据实质法治主义可以推导出概括性权利救济的要求，其理由在于：实质法治主义以保障公民基本权利为目的，依法行政、行政救济等不过是实现该目的的手段，这是实质法治主义与形式法治主义区分之所在。

二、相对人的行政救济权利

在现代行政法中，申请行政救济是相对人的一项基本权利，而且从某种意义上看，行政救济是相对人在行政法上获得法律帮助的最后机会。但对于相对人的行政救济权利存在的理论依据，学界存在着不同的观点。

（一）基本权利说

有观点认为，救济权是“原权”的对称，又称“第二权”，是指在原权受侵害时所生的权利，如恢复原状请求权、损害赔偿请求权。② 体现在行政救济方面，申请行政救济的权利是“为保障基本权利的基本权利”③，即申请行政救济的权利是保障生命权、健康权、财产权等基本人权的权利，该权利本身也属于基本人权的范畴。在继承并发展这种观点的基础上，“基本权利说”认为基本权利是具有实效性的法律权利，因此，在其受到侵害时必须保障必要的救济途径。

根据该观点，申请救济的权利是对实体性基本权利进行救济的程序性基本权利，因此，即使在法律中没有明文规定可以申请行政救济，由于涉及对基本人权的保护，无须法律的明文规定就可以申请救济。该观点将申请行政救济的权利与基本权利相联系起来考虑，其中包含了某些自然法的精神。但该观点的问题在于仅限于论及基本权利，而没有涉及在基本权利以外的其他权利受到侵害时进行行政救济的问题。

（二）正当法律程序说

正当法律程序原则要求在作出侵犯公民权利行为的同时必须对其提供相应的救济途径，“有权利必有救济”“有侵害必有救济”，申请行政救济的权利是在行政过程中适用正当法律

---

① 以下部分参见［日］高田敏：《法治主義と行政訴訟・憲法訴訟》，载［日］佐藤幸治、清永敬次：《園部逸夫先生古稀記念憲法裁判と行政訴訟》，385－392页，东京，有斐阁，1999。

② 参见张光博主编：《简明法学大词典》，1524页，长春，吉林人民出版社，1991。

③ ［日］鵜飼信成：《新版憲法》，140页，东京，弘文堂，1968。

程序原则的必然要求，而且行政救济的程序也必须符合正当法律程序的要求。

该观点将“申请行政救济的权利”与正当法律程序原则相联系起来考虑，其中也包含“自然正义”“程序正义”等自然法的思想。在该观点中，相对人有关行政救济的权利包括申请行政救济的权利与在行政救济过程中享有的程序性权利。

三、概括性、实效性权利救济原则

根据法治主义以及相对人申请救济权利的要求，在行政法中必须为相对人提供救济的方式或途径；此外，现代行政法对于行政救济的范围、有效性等也进行了严格规范，要求为相对人提供概括性、实效性的权利救济。

（一）概括性、实效性权利救济原则的含义

无论是基本权利说还是正当法律程序说，都认为对相对人提供救济是现代行政法治主义的基本要求，在此基础上，还要求对相对人提供的行政救济必须全面、有效，这被称为“概括性、实效性权利救济原则”。在行政救济中，“概括性的权利救济原则”要求在相对人与行政主体之间发生了行政争议时，相对人可以向法院等有权机关请求权利保护或救济；而“实效性的权利救济原则”要求在相对人的权利或利益受到侵害时，必须确保通过行政救济能够有效救济相对人的权利或利益，即确保行政救济的实效性。前者是指申请行政救济的范围必须全面，是对行政救济“入口”的要求；而后者是指对权利或利益的救济必须有效，是对行政救济结果的要求。

（二）概括性、实效性权利救济原则的要求

概括性、实效性权利救济原则具体由救济领域无欠缺原则、救济完全原则与救济实效原则构成。

1. 救济领域无欠缺原则

该原则要求，不论通过何种救济途径，必须为相对人的权利或利益提供救济的可能性。换言之，对于相对人的权利或利益的行政救济必须覆盖所有的领域，不得存在行政救济方式所不能救济的“空白”领域。虽然各种救济途径各有分工，但所有的救济途径整体而言必须能够为相对人所有的权利或利益提供救济，因此，该原则是对所有救济途径的整体性要求。值得注意的是，每一种行政救济方式本身存在着适用范围的界限，例如，在行政诉讼的司法救济中存在着国家行为等司法权所不能救济的领域，但根据现代实质法治主义与人权保障理论的要求，不论是何种领域，都应当为相对人提供适当的救济途径。

2. 救济完全原则

除了对救济途径的整体要求无欠缺的救济领域外，在各种救济途径的领域内，也应当对相对人的权利或利益进行完全的救济。例如，在行政救济中存在着行政复议、行政诉讼等救济方式，救济完全原则要求在各种行政救济类型中对相对人权利或利益的救济应当完全。因此，该原则具体又包括行政复议完全原则、行政诉讼完全原则等，要求行政复议或行政诉讼对相对人的权利或利益所提供的救济必须完全，一般而言，要求确定行政复议或行政诉讼的受案范围时不得以列举式限定救济的范围，而应当以概括式进行确定。

3. 救济实效原则

该原则不仅要求为相对人的权利或利益提供行政救济的途径，而且要求这种救济必须是

有效的，确实能够对相对人的合法权益起到救济效果。相对人申请行政救济的权利并非形式上的权利，而具有实质上的要求，即对行政救济有效性的要求。从行政救济法律制度来看，该原则要求行政救济必须符合合法、公开、公平、公正、效率等原则，确保行政救济依法进行，并在最终结果上保障相对人的合法权益能够得到有效救济。

第三节　行政救济的途径

行政救济的途径是指当相对人的合法权益受到违法行政行为侵犯时进行救济的方式。从不同的角度分析，对行政救济的途径可以进行不同类型的分类，例如，根据行政救济机关性质的不同，可以将行政救济的途径分为权力机关进行的救济、监察机关进行的救济、行政机关进行的内部救济和司法机关进行的救济等方式。

一、权力机关的救济

国家权力机关对行政过程中的相对人进行救济的方式包括两种：其一是在行政活动之前制定相关的法律，规范行政职权的行使，从而保障相对人的合法权益；其二是在相对人的合法权益受到违法的行政行为侵犯后，权力机关通过对行政活动的监督，达到救济相对人合法权益的目的。对于这种监督的方式，全国人大常委会于 2006 年制定了《各级人民代表大会常务委员会监督法》，该法具体规定了以下监督方式：听取和审议人民政府、人民法院和人民检察院的专项工作报告；审查和批准决算，听取和审议国民经济和社会发展计划、预算的执行情况报告，听取和审议审计工作报告；法律、法规实施情况的检查；规范性文件的备案审查；询问和质询；特定问题调查；撤职案的审议和决定。这对监督行政机关依法行使职权具有重要意义。

当然，权力机关对行政机关的监督仅仅是在结果上间接地救济相对人的合法权益，而相对人并不能直接要求权力机关对自己的合法权益进行救济。从这种意义上来说，权力机关对行政机关的监督并非严格意义上的行政救济。但我国《宪法》第 41 条规定，中华人民共和国公民“对于任何国家机关和国家工作人员的违法失职行为，有向有关国家机关提出申诉、控告或者检举的权利”。也即对于行政机关违法发布的决定、命令，相对人可以向权力机关提出申诉、控告或者检举，建议权力机关对行政机关的违法行为进行监督，权力机关接受相对人的建议后，经审查认为行政机关发布的决定、命令超越法定权限，同法律、法规的规定相抵触或有其他不适当的情形时予以撤销，此时，对于相对人来说就是对其权利或利益的救济。在这种意义上，立法监督也是行政救济的一种方式。

二、监察机关的救济

2016 年 11 月，中共中央办公厅印发《关于在北京市、山西省、浙江省开展国家监察体制改革试点方案》，部署了在三省市设立监察委员会的方案。2016 年 12 月，第十二届全国人大常委会第二十五次会议通过了《关于在北京市、山西省、浙江省开展国家监察体制改革试点工作的决定》，从法律层面对试点方案进行落实。上述方案和决定都要求“在北京市、山西省、浙江省及所辖县、市、市辖区设立监察委员会，行使监察职权。将试点地区人民政府的监察厅（局）、预防腐败局及人民检察院查处贪污贿赂、失职渎职以及预防职务犯罪等部门的相关职能整合至监察委员会”；同时，要求“在北京市、山西省、浙江省暂时调整或者暂时停止适用《中华人民共和国行政监察法》”，“其他法律中规定由行政监察机关行使的监察职责，一并调整由监察委员会行使”。在以上三省市改革试点的基础上，党的十九大要求“深化国家监察体制改革，将试点工作在全国推开”。为了贯彻落实这一精神，2017 年 10 月，中共中央办公厅印发《关于在全国各地推开国家监察体制改革试点方案》，要求在“其他 28 个省（自治区、直辖市）设立省、市、县三级监察委员会，整合反腐败资源力量，完成相关机构、职能、人员转隶，明确监察委员会职能职责”。在此基础上，2017 年 11 月 4 日，第十二届全国人民代表大会常务委员会第三十次会议审议通过了《关于在全国各地推开国家监察体制改革试点工作的决定》，要求自 2017 年 11 月 5 日，“在全国各地推开国家监察体制改革试点工作”。与之前的三省市的试点方案同样，该《方案》和《决定》也要求“在各省、自治区、直辖市、自治州、县、自治县、市、市辖区设立监察委员会，行使监察职权。将县级以上地方各级人民政府的监察厅（局）、预防腐败局和人民检察院查处贪污贿赂、失职渎职以及预防职务犯罪等部门的相关职能整合至监察委员会”；同时，要求将“在试点工作中，暂时调整或者暂时停止适用《中华人民共和国行政监察法》”，“其他法律中规定由行政监察机关行使的监察职责，一并调整由监察委员会行使”。2018 年 1 月，党的十九届二中全会审议通过了《中共中央关于修改宪法部分内容的建议》，强调国家监察体制改革是事关全局的重大政治体制改革。2018 年 3 月 11 日，第十三届全国人民代表大会第一次会议通过了《中华人民共和国宪法修正案》，在第三章“国家机构”中增加一节，即第七节“监察委员会”，对监察委员会的性质、地位、组成人员、领导体制等作出了原则性的规定。依据该规定，2018 年 3 月 20 日，第十三届全国人民代表大会第一次会议又通过了《中华人民共和国监察法》，共 9 章 69 条，详细规定了监察工作各方面的事项。

在国家监察体制改革前，《行政监察法》（现已失效）所规定的行政监察机关隶属于人民政府，是专门对行政机关及其工作人员进行执法监察、廉政监察、效能监察的监督机关。但是，监察委员会组建后，成为由人大产生的与政府、人民法院和人民检察院相并行的国家机关，我国的国家机构也由人大之下的“一府两院”演变为“一府一委两院”。各级监察委员会是专职廉政建设和反腐败的监督机关，按照管理权限，对本地区所有行使公权力的公职人员依法实施监察，其中也包括对隶属于行政机关的公职人员实施的监察。由于监察委员会独立于人民政府而存在，监察委员会对行政机关公职人员的监督就成为外部监督。各级监察委员会具有监督、调查、处置的职责，调查中可采取谈话、讯问、询问、查询、冻结、调取、查封、扣押、搜查、勘验检查、鉴定、留置等措施，对于违法的行政机关公职人员可以依法作出警告、记过、记大过、降级、撤职、开除等处分决定；对监察对象所在单位廉政建设和履行职责存在的问题等提出监察建议；对不履行或者不正确履行职责的，依照权限对负有责任的领导人员直接作出问责决定，或者向有权作出问责决定的机关提出问责建议；对涉嫌职务犯罪的，将调查结果移送检察机关依法提起公诉。监察委员会对于行政机关公职人员而言是监督，但从相对人的角度来看，对于违法的公职人员的查处就相当于对相对人权益的救济。

三、行政机关的内部救济

行政机关的内部救济是指相对人在受到行政机关违法行为的侵害时请求特定行政机关给予救济的方式。由于侵犯相对人的权益的主体与对相对人的权益进行救济的主体都属于行政系统，所以行政机关的救济具有内部救济的性质。行政机关救济的方式比较多，包括行政复议、行政机关层级监督、审计监督、信访等方式。其中，行政机关层级监督与审计监督是行政机关内部进行监督的主要方式，当然，相对人也可以向上级行政机关或者审计机关提出层级监督或审计监督的建议。在上述的行政机关内部救济方式中，从行政机关来看，以行政机关层级监督和审计监督为主，但是对于相对人来说，行政机关救济的主要方式是行政复议与信访。

（一）行政复议

行政复议是指相对人认为行政主体违法或不当行使职权侵犯其合法权益，依法向行政复议机关提出复议请求，复议机关依法受理申请，经审查作出复议决定的一种行政救济制度。这是行政机关内部救济最主要的方式，对此将在后面详细论述。

（二）行政机关层级监督

层级监督是指上级行政机关对其所属的下级行政机关进行的监督。《宪法》第 89 条规定，国务院统一领导全国地方各级国家行政机关的工作。《地方各级人民代表大会和地方各级人民政府组织法》第 83 条规定，省、自治区、直辖市的人民政府的各工作部门受人民政府统一领导，并且依照法律或者行政法规的规定受国务院主管部门的业务指导或者领导。自治州、县、自治县、市、市辖区的人民政府的各工作部门受人民政府统一领导，并且依照法律或者行政法规的规定受上级人民政府主管部门的业务指导或者领导。可见，在我国的行政组织体系中，上级行政机关对于下级行政机关具有领导或者业务指导的权力，其中当然也包括监督权。例如，《宪法》第 89 条规定，国务院有权改变或者撤销各部、各委员会发布的不适当的命令、指示和规章以及改变或者撤销地方各级国家行政机关的不适当的决定和命令。《宪法》第 108 条以及《地方各级人民代表大会和地方各级人民政府组织法》第 73 条规定，县级以上的地方各级人民政府领导所属各工作部门和下级人民政府的工作，有权改变或者撤销所属各工作部门和下级人民政府的不适当的决定。上级行政机关对下级行政机关的行政活动进行监督，发现有违法行为侵害相对人的合法权益时，予以撤销或者改变，起到了救济相对人权益的作用。此外，上级行政机关对于下级行政机关的监督虽然是主动进行的，但是当公民、法人或者其他组织发现下级行政机关违法时，也有向上级行政机关检举、揭发、申诉、控告等权利。对此，上级行政机关必须认真对待，同时也鼓励公民、法人或者其他组织对于上级行政机关的监督活动进行舆论监督。

除了上述行政系统内部上级行政机关对其所属的下级行政机关的一般监督外，还包括专门性监督。例如，2020 年 12 月，为保障政令畅通，提高行政效能，推进廉政建设，国务院发布《政府督查工作条例》，进一步完成政府督查这项行政监督制度。政府督查是指县级以上人民政府在法定职权范围内根据工作需要组织开展的监督检查。政府督查的对象包括本级人民政府所属部门、下级人民政府及其所属部门，也包括法律、法规授权的具有管理公共事务职能的组织和受行政机关委托管理公共事务的组织。政府督查的内容包括：党中央、国务院重大决策部署落实情况；上级和本级人民政府重要工作部署落实情况；督查对象法定职责履行情况；本级人民政府所属部门和下级人民政府的行政效能。县级以上人民政府在政府督查工作结束后应当作出督查结论，督查结论应当事实清楚，证据充分，客观公正，与督查对象有关的督查结论应当向督查对象反馈。此外，党的二十大报告强调要“强化行政执法监督机制和能力建设，严格落实行政执法责任制和责任追究制度”。行政执法监督是指上级行政机关对下级行政机关行政执法工作的内部层级监督，2024 年 5 月，中共中央办公厅、国务院办公厅印发《关于加强行政执法协调监督工作体系建设的意见》，要求“持续完善监督制度、严格落实监督职责、不断创新监督方式”，同时也要求“健全行政执法监督工作体制机制，推动行政执法监督与其他各类监督有机贯通、相互协调”。

（三）审计监督

审计监督是指在国家行政组织内部设立专门机构依法审核检查国家行政机关及企事业单位的财政财务收支活动、经济效益和遵纪守法情况。《宪法》第 91 条规定：“国务院设立审计机关，对国务院各部门和地方各级政府的财政收支，对国家的财政金融机构和企业事业组织的财务收支，进行审计监督。审计机关在国务院总理领导下，依照法律规定独立行使审计监督权，不受其他行政机关、社会团体和个人的干涉。”《地方各级人民代表大会和地方各级人民政府组织法》第 79 条第 2 款规定，县级以上的地方各级人民政府设立审计机关。地方各级审计机关依照法律规定独立行使审计监督权，对本级人民政府和上一级审计机关负责。1994 年 8 月 31 日，第八届全国人民代表大会常务委员会第九次会议通过《审计法》（于 2006 年 2 月 28 日第十届全国人民代表大会常务委员会第二十次会议、2021 年 10 月 23 日第十三届全国人民代表大会常务委员会第三十一次会议修订），对审计机关的人员、职责、权限以及审计程序等作出了详细的规定。审计机关的审计对于行政机关及其工作人员而言是一种经济监督，对于相对人而言也是一种救济方式。

（四）信访

信访是指公民、法人或者其他组织采用信息网络、书信、电话、传真、走访等形式，向各级机关、单位反映情况，提出建议、意见或者投诉请求，依法由有关机关、单位处理的活动。其中的“各级机关”包括行政机关。与行政复议以及行政诉讼等正式的行政救济制度不同，在信访中，信访人向行政机关提出意见、建议和投诉请求，通常由行政机关自己、上级部门或者专门机构负责处理，属于一种“下情上达”的机制，客观上起到了补充行政救济的作用；与我国香港的申诉专员制度、日本的苦情处理制度等相类似，属于非正式的行政救济制度。为了规范我国的信访工作，国务院于 2005 年颁布了《信访条例》。党的十八大以来，习近平总书记对做好信访工作作出一系列重要论述和重要指示批示，要求坚持和发展好新时代“枫桥经验”，把信访纳入法治轨道，加强矛盾纠纷的源头治理、多元化解。为此经 2022 年 1 月 24 日中共中央政治局会议审议批准，2022 年 2 月 25 日中共中央、国务院发布了《信访工作条例》，对信访的目的、性质、原则、工作体制以及信访事项的提出、受理、办理、监督和追责等作出了详细的规定。

1. 信访的理念和原则

信访工作是党的群众工作的重要组成部分，是党和政府了解民情、集中民智、维护民利、凝聚民心的一项重要工作，是各级机关、单位及其领导干部、工作人员接受群众监督、改进工作作风的重要途径。新时代的信访工作必须以习近平新时代中国特色社会主义思想为指导，坚守人民情怀，坚持底线思维、法治思维，服务党和国家工作大局，维护群众合法权益，化解信访突出问题，促进社会和谐稳定。

信访工作的基本原则包括：第一，坚持党的全面领导，把党的领导贯彻到信访工作各方面和全过程，确保正确政治方向；第二，坚持以人民为中心，践行党的群众路线，倾听群众呼声，关心群众疾苦，千方百计为群众排忧解难；第三，坚持落实信访工作责任，党政同责、一岗双责，属地管理、分级负责，谁主管、谁负责；第四，坚持依法按政策解决问题，将信访纳入法治化轨道，依法维护群众权益、规范信访秩序；第五，坚持源头治理化解矛盾，多措并举、综合施策，着力点放在源头预防和前端化解，把可能引发信访问题的矛盾纠纷化解在基层、化解在萌芽状态。

2. 信访工作体制

坚持和加强党对信访工作的全面领导，构建党委统一领导、政府组织落实、信访工作联席会议协调、信访部门推动、各方齐抓共管的信访工作格局。其中，各级党委和政府信访部门是开展信访工作的专门机构，履行下列职责：（1）受理、转送、交办信访事项；（2）协调解决重要信访问题；（3）督促检查重要信访事项的处理和落实；（4）综合反映信访信息，分析研判信访形势，为党委和政府提供决策参考；（5）指导本级其他机关、单位和下级的信访工作；（6）提出改进工作、完善政策和追究责任的建议；（7）承担本级党委和政府交办的其他事项。

3. 信访事项的提出

信访人提出信访事项，可以采用信息网络、书信、电话、传真、走访等形式；信访人采用书面形式提出信访事项，应当载明信访人的姓名（名称）、住址和请求、事实、理由。有关机关对采用口头形式提出的信访事项，应当记录信访人的姓名（名称）、住址和请求、事实、理由。信访人采用走访形式提出信访事项的，应当到有权处理的本级或者上一级机关、单位设立或者指定的接待场所提出。多人采用走访形式提出共同的信访事项的，应当推选代表，代表人数不得超过 5 人。

4. 信访事项的受理

各级党委和政府信访部门收到信访事项，应当予以登记，并区分情况，在 15 日内分别按下列方式处理：第一，对依照职责属于本级机关、单位或者其工作部门处理决定的，应当转送有权处理的机关、单位；情况重大、紧急的，应当及时提出建议，报请本级党委和政府决定。第二，涉及下级机关、单位或者其工作人员的，按照“属地管理、分级负责，谁主管、谁负责”的原则，转送有权处理的机关、单位。第三，对转送信访事项中的重要情况需要反馈办理结果的，可以交由有权处理的机关、单位办理，要求其在指定办理期限内反馈结果，提交办结报告。

5. 信访事项的办理

各级机关、单位及其工作人员办理信访事项，应当恪尽职守、秉公办事，查明事实、分清责任，加强教育疏导，及时妥善处理，不得推诿、敷衍、拖延。各级机关、单位应当按照诉讼与信访分离制度要求，将涉及民事、行政、刑事等诉讼权利救济的信访事项从普通信访体制中分离出来，由有关政法部门依法分类处理：第一，对信访人反映的情况、提出的建议意见类事项，有权处理的机关、单位应当认真研究论证。对科学合理、具有现实可行性的，应当采纳或者部分采纳，并予以回复。第二，对信访人提出的检举控告类事项，纪检监察机关或者有权处理的机关、单位应当依规依纪依法接收、受理、办理和反馈。第三，对信访人提出的申诉求决类事项，有权处理的机关、单位应当区分情况，分别按照下列方式办理：（1）应当通过审判机关诉讼程序或者复议程序、检察机关刑事立案程序或者法律监督程序、公安机关法律程序处理的，涉法涉诉信访事项未依法终结的，按照法律法规规定的程序处理；（2）应当通过仲裁解决的，导入相应程序处理；（3）可以通过党员申诉、申请复审等解决的，导入相应程序处理；（4）可以通过行政复议、行政裁决、行政确认、行政许可、行政处罚等行政程序解决的，导入相应程序处理；（5）属于申请查处违法行为、履行保护人身权或者财产权等合法权益职责的，依法履行或者答复；（6）不属于以上情形的，应当听取信访人陈述事实和理由，并调查核实，出具信访处理意见书。

对于上述第六种情形的处理，分为三个步骤：第一，办理。由信访部门调查核实并出具信访处理意见书，信访处理意见书应当载明信访人投诉请求、事实和理由、处理意见及其法律法规依据：请求事实清楚，符合法律、法规、规章或者其他有关规定的，予以支持；请求事由合理但缺乏法律依据的，应当作出解释说明；请求缺乏事实根据或者不符合法律、法规、规章或者其他有关规定的，不予支持。信访事项应当自受理之日起 60 日内办结；情况复杂的，经本机关、单位负责人批准，可以适当延长办理期限，但延长期限不得超过 30 日，并告知信访人延期理由。对重大、复杂、疑难的信访事项，可以举行听证。第二，复查。信访人对信访处理意见不服的，可以自收到书面答复之日起 30 日内请求原办理机关、单位的上一级机关、单位复查。收到复查请求的机关、单位应当自收到复查请求之日起 30 日内提出复查意见，并予以书面答复。第三，复核。信访人对复查意见不服的，可以自收到书面答复之日起 30 日内向复查机关、单位的上一级机关、单位请求复核。收到复核请求的机关、单位应当自收到复核请求之日起 30 日内提出复核意见。

四、司法机关的救济

在我国，司法机关包括人民法院和人民检察院，因此，司法机关对相对人权益的救济根据具体救济机关的不同，也可以划分为由人民法院通过行政诉讼进行的救济和由人民检察院通过检察监督进行的救济两种类型。

（一）人民法院进行的救济

人民法院进行的司法救济是指相对人在自己合法权益受到行政机关违法行为的侵害时请求人民法院给予救济的方式，主要是指行政诉讼以及行政赔偿诉讼。人民法院进行的司法救济与行政机关进行的内部救济相比较，存在着以下特点：

1. 人民法院司法救济的有限性

司法机关与行政机关存在着权力上的分权或分工。从司法权本身的性质来看，作为司法机关的法院的功能在于裁判法律上的争诉，为此规定了与其相适应的法院的组织、构造或诉讼程序、规则的界限。例如：欠缺“具体案件性”就不能成为司法审查的对象；欠缺“诉讼利益”就不能成为司法审查的对象；具有高度政治性的案件被排除于司法审查的对象之外。而从与行政权的关系来看，司法权与行政权之间存在着诸多不同之处，因此，司法权原则上不得侵犯行政机关的首次判断权，司法审查不涉及自由裁量事项。司法救济的有限性在行政法上表现为行政诉讼受案范围的限制。

2. 人民法院司法救济的最终性

司法救济的最终性是指在相对人的合法权益受到行政机关违法行政行为侵害时应当为其提供司法救济的途径，在众多的行政救济途径中，司法救济具有终局性的法律效力。相对于权力机关的救济、行政机关的内部救济而言，司法机关最主要的工作就是提供救济、解决纠纷，为此司法机关的组织、结构、程序等都按照救济的需要进行设置，应特别注意司法机关的独立性、程序的公正性等。相对人所具有的“申请行政救济的权利”主要是指申请司法机关进行行政救济的权利。司法救济的最终性在行政法上体现为行政复议与行政诉讼的关系，即相对人可以自由选择提出行政复议申请还是提起行政诉讼，在对行政复议决定不服时，可以向人民法院提起行政诉讼，继续寻求救济。我国的《行政复议法》与《行政诉讼法》基本上承认了上述原则，但也规定了例外性的复议前置与终局复议决定，而这涉及立法时政策选择的问题，并没有从根本上否认司法救济的最终性。

（二）人民检察院进行的救济

《宪法》第 134 条规定，人民检察院是国家的法律监督机关。作为法律监督机关，检察院也可以对行政机关的执法活动进行监督。行政执法检察监督是指检察机关在执法办案中，发现相关行政主管部门及其工作人员对于损害国家利益、社会公共利益的行为不履行或不正确履行法定职责的，通过督促起诉、检察建议等方式督促其履行法定职责的司法活动。行政执法检察监督对于监督行政机关及时纠正违法行为、正确履行职责，维护国家利益、社会公共利益以及公民法人和其他社会组织的合法权益具有重要意义。此外，2017 年 6 月 27 日第十二届全国人民代表大会常务委员会第二十八次会议通过了《关于修改〈中华人民共和国民事诉讼法〉和〈中华人民共和国行政诉讼法〉的决定》，增设了有关行政公益诉讼的条款，规定“人民检察院在履行职责中发现生态环境和资源保护、食品药品安全、国有财产保护、国有土地使用权出让等领域负有监督管理职责的行政机关违法行使职权或者不作为，致使国家利益或者社会公共利益受到侵害的，应当向行政机关提出检察建议，督促其依法履行职责。行政机关不依法履行职责的，人民检察院依法向人民法院提起诉讼”（第 25 条第 4 款）。行政公益诉讼也是检察院监督行政机关执法活动以及救济公共利益（其中包含公民、法人或者其他组织的个别利益）的方式。

第十九章　行政复议

行政诉讼与行政复议是两种最为主要的行政救济途径，对于化解行政争议、保障相对人合法权益以及监督行政机关依法行政都具有重要意义。为此，全国人民代表大会于 1989 年 4 月 4 日颁布了《行政诉讼法》。为了配合《行政诉讼法》的实施，在当时立法条件尚未成熟的情况下，国务院于 1990 年 12 月 24 日颁布了《行政复议条例》，正式确立了我国的行政复议制度。[①] 此后，在积累了有关行政复议的立法经验后，1999 年 4 月 29 日第九届全国人民代表大会常务委员会第九次会议通过了《行政复议法》，后经 2009 年 8 月 27 日第十一届全国人民代表大会常务委员会第十次会议、2017 年 9 月 1 日第十二届全国人民代表大会常务委员会第二十九次会议的两次修正。2023 年 9 月 1 日，为了充分发挥习近平总书记强调的行政复议公正高效、便民为民的制度优势和化解行政争议的主渠道作用，第十四届全国人民代表大会常务委员会第五次会议对《行政复议法》进行了全面修订。该法详细规定了行政复议的目的、基本原则、复议机关和复议机构、复议范围、复议申请、复议管辖、复议受理、复议证据、复议审理程序、复议决定以及法律责任等，标志着我国的行政复议制度进入了一个逐步完善的新阶段。本章以《行政复议法》为基础，探讨我国的行政复议制度的主要内容。

第一节　行政复议概述

行政复议是行政系统内部的救济形式，相对人可以通过行政复议进行权利救济，而行政复议机关也可以通过行政复议达到化解行政争议、监督行政机关依法行政的目的。

一、行政复议的概念

行政复议是指行政相对人认为行政主体违法或不当行使职权侵犯其合法权益，依法向复议机关提出撤销、变更违法行为或停止侵害、恢复原状等请求，复议机关依法受理申请，经审查作出复议决定的一种行政救济制度。

该定义包括以下含义：第一，行政复议因相对人向复议机关提出复议申请而开始，具有“不告不理”的被动性；第二，相对人提出复议申请的理由是行政主体违法或不当行使职权并侵犯自己的合法权益；第三，相对人的诉求是请求复议机关撤销、变更违法行为或要求行政主体停止侵害、恢复原状等；第四，受理、审理复议申请的复议机关是依法享有行政复议权的国家行政机关，通常是作出行政行为的行政机关的上级行政机关，可见，行政复议具有内部监督的性质；第五，复议机关审查的内容包括行政行为的合法性与合理性，即是否存在

① 国民政府曾于 1930 年颁布了《诉愿法》，诉愿制度与行政复议制度大致相同，但该法在中华人民共和国成立后被废除。

违法或不当；第六，行政复议是一种行政救济制度，当相对人的合法权益遭受行政机关的行政行为侵犯时，相对人可以申请行政复议，由行政复议机关经审查作出复议决定，从而纠正违法的或者不当的行政行为，救济相对人的合法权益。

二、行政复议的性质

行政复议是由属于行政机关的复议机关对相对人遭受行政行为侵害的权益进行救济的制度，是一种介于行政行为与司法行为之间的行政司法活动，同时兼具行政性与司法性。该特性主要表现在以下方面：

（一）复议目的的行政性与司法性

行政复议的目的是化解行政争议，救济相对人的合法权益，同时监督下级行政机关是否依法行政。其中，化解行政争议、救济相对人权益的目的体现了行政复议的司法性，而监督下级行政机关依法行政的目的体现了行政复议的行政性。

（二）复议机关的行政性与司法性

复议机关是行政系统内部的行政机关，由此表明行政复议的行政性。但复议机关在复议过程中，是以第三者的身份进行复议，与作出行政行为的行政机关之间存在一定的独立性；具体负责行政复议的专职行政复议人员必须具有一定的专业知识与业务能力。可见，行政复议机关具有一定的司法性。

（三）复议程序的行政性与司法性

从行政复议的申请、受理、审理、决定等程序来看，行政复议程序比一般的行政行为程序更为严格，具有准司法程序的性质。但是，行政复议并没有司法程序那么严格，例如，行政复议的审查并不以双方当事人的争议为限，即复议机关可以对复议申请以外的部分进行审查；此外，申请人在复议决定作出前要求撤回复议申请的，必须经过复议机关的同意才可撤回，从而体现了其行政性的特点。因此，复议程序有时又被称为“准司法程序”。

（四）复议决定的行政性与司法性

复议决定是指由复议机关对行政机关作出的行政行为的合法性与合理性进行审查，解决复议申请人与被申请人之间的争议，变更、撤销或者维持行政行为等的决定。从救济相对人权益和化解复议申请人与被申请人之间的行政争议的角度来看，复议决定具有司法性。但是，复议决定本身也属于行政行为的一种类型，对于行政复议决定不服，也可以提起行政诉讼，这体现了复议决定行政性的特点。

三、行政复议的基本原则

行政复议的基本原则是指贯彻于行政复议整个过程，对行政复议具有普遍的规范和指导意义的基本准则。《行政复议法》第 3 条要求行政复议遵循合法、公正、公开、高效、便民、为民的原则，坚持有错必纠，保障法律、法规的正确实施。由此确立了合法、公正、公开、高效、便民、为民共六项行政复议基本原则。

（一）合法原则

行政复议必须依法进行，这是依法行政原理在行政复议领域的体现。具体而言，合法原则对行政复议的要求包括以下方面：第一，主体合法，复议机关必须具有法定的行政复议权限，由专职行政复议人员进行复议审查；第二，复议行为合法，复议机关必须在查明案件事实的基础上，适用法律、法规或规章作出复议决定；第三，程序合法，复议机关必须依据法定程序进行审查决定。

（二）公正原则

公正是指公平、正义，不偏不倚，要求复议机关必须平等地对待行政复议的各方当事人，特别是不能因为与行政机关同属行政系统而偏向行政机关一方；必须同时考虑到相对人所处的相对弱势的地位，对相对人进行必要的保护。例如，为了平衡相对人与行政机关的举证能力，《行政复议法》规定，被申请人对其作出的行政行为的合法性、适当性负有举证责任，而申请人、第三人及其委托代理人可以按照规定查阅、复制被申请人提出的书面答复、作出行政行为的证据、依据和其他有关材料。

（三）公开原则

公开是指行政复议的过程、结果应当向复议当事人公布，使其了解。行政复议过程的公开内容包括复议过程中的复议申请书，答复书，相关的证据、依据、材料；行政复议决定的公开内容包括复议决定以及决定所依据的事实、理由与法律依据等。

（四）高效原则

高效原则要求行政复议必须提升效率，主要表现为对行政复议机关及复议当事人活动的各种程序的简化、时限的限制等。例如，对于事实清楚、权利义务关系明确、争议不大的案件，可以适用简易程序进行审理；要求行政复议机关收到行政复议申请后，应当在 5 日内进行审查。

（五）便民原则

便民原则要求为行政复议申请人提出复议申请以及参加复议活动提供便利，充分保证相对人申请和参与行政复议的权利得以实现。提出复议申请的便利表现为：申请人申请行政复议，可以书面申请，也可以口头申请；书面申请的，可以通过邮寄或者行政复议机关指定的互联网渠道等方式提交行政复议申请书，也可以当面提交行政复议申请书。参加复议活动的便利表现为：同一行政复议案件申请人人数众多的，可以由申请人推选代表人参加行政复议；申请人、第三人可以委托一至二名律师、基层法律服务工作者或者其他代理人代为参加行政复议。

（六）为民原则

习近平法治思想坚守“以人民为中心”的根本立场，行政复议工作当然也应当坚持复议为人民服务的理念和原则。《行政复议法》第 1 条将该法的立法目的定位于“防止和纠正违法的或者不当的行政行为，保护公民、法人和其他组织的合法权益，监督和保障行政机关依法行使职权，发挥行政复议化解行政争议的主渠道作用，推进法治政府建设”，其中特别强调保护相对人的合法权益，发挥行政复议化解行政争议的主渠道作用。因此，行政复议机关必须树立人民至上的理念，贯彻为民原则，把是否在实质上保护相对人的合法权益、发挥化解行政争议的主渠道作用作为判断复议工作是否成功的最终标准。

第二节　行政复议的范围

行政复议的范围是指行政复议的受案范围，是指相对人不服，可以据以提出行政复议申请的行政活动的范围。行政复议的范围直接关系到相对人是否可以请求行政复议，是涉及行政复议“入口”的前提性问题。对此，《行政复议法》采用了“概括＋列举”以及“肯定＋排除”的立法方式，详细地规定了行政复议的范围。

一、行政复议的肯定范围

（一）概括式

《行政复议法》首先采用“概括式”的立法方式，于第 2 条规定，公民、法人或者其他组织认为行政机关的行政行为侵犯其合法权益，可以向行政复议机关提出行政复议申请。也即对于“行政行为”，相对人只要认为该行为侵犯其合法权益，就可以提出行政复议申请。由此，可将行政复议的范围概括为“行政行为”。

（二）列举式

《行政复议法》第 11 条采用“列举式”的立法方式，将第 2 条“概括式”所规定的“行政行为”列举为以下 15 项不同的行政行为。

1. 行政处罚

行政处罚是指行政机关依法对违反行政管理秩序的公民、法人或者其他组织，以减损权益或者增加义务的方式予以惩戒的行为。《行政处罚法》不仅规定了行政处罚的概念定义，而且还列举了行政处罚的种类。因此，依据《行政处罚法》的规定属于行政处罚的行为，相对人都可以对其提出行政复议申请。

2. 行政强制措施和行政强制执行

行政强制措施是指行政机关在行政管理过程中，为制止违法行为、防止证据损毁、避免危害发生、控制危险扩大等情形，依法对公民的人身自由实施暂时性限制，或者对公民、法人或者其他组织的财物实施暂时性控制的行为。行政强制执行是指行政机关或者行政机关申请人民法院，对于不履行行政决定的公民、法人或者其他组织，依法强制其履行义务的行为。《行政强制法》分别规定了行政强制措施和行政强制执行的概念定义和具体类型。因此，对于依据《行政强制法》的规定属于行政强制措施和行政强制执行的行为，相对人都可以提出行政复议申请。

3. 行政许可

行政许可是指行政机关根据公民、法人或者其他组织的申请，经依法审查，准予其从事特定活动的行为。《行政许可法》不仅概括规定了行政许可的概念定义，而且还列举规定了行政许可的种类。相对人对于有关行政许可的决定都可以申请行政复议，具体包括：申请行政许可，行政机关拒绝或者在法定期限内不予答复；对行政机关作出的有关行政许可的其他决定，例如，变更、中止、撤销行政许可的行为等。

4. 行政确权行为

行政确权行为是指行政机关确认土地、矿藏、水流、森林、山岭、草原、荒地、滩涂、海域等自然资源的所有权或者使用权的行为。《宪法》第 9 条、第 10 条规定：城市土地、矿藏、水流、森林、山岭、草原、荒地、滩涂等自然资源属于国家所有；由法律规定属于集体所有的森林和山岭、草原、荒地、滩涂除外；农村和城市郊区的土地，除由法律规定属于国家所有的以外，属于集体所有。对于国家所有或集体所有的这些自然资源，相对人可以依法取得使用权，但需要经过行政机关的确认并核发证书。例如，《土地管理法》第 12 条确立了土地所有权和使用权登记制度，第 14 条规定“土地所有权和使用权争议，由当事人协商解决；协商不成的，由人民政府处理”。《森林法》第 22 条规定“单位之间发生的林木、林地所有权和使用权争议，由县级以上人民政府依法处理”。对土地、林木等的所有权和使用权发生争议时的处理涉及行政机关对相对人所享有的权利进行确认，属于行政确认的一种类型。相对人对这些行政确权行为不服时，可以申请行政复议。

5. 公益征收征用决定以及补偿决定

公益征收征用是指行政机关为了公共利益的需要，在正当补偿的前提下，依法以强制方式取得公民、法人或其他组织的财产所有权、使用权或劳务的行为。其中，征收是指强制取得相对人财产的所有权；征用是指强制取得相对人财产的使用权或劳务；补偿决定是指在征收或者征用机关与相对人不能通过协商达成补偿协议的情况下，由作出征收或者征用决定的行政机关依据职权就如何补偿作出的决定。无论是对征收或者征用决定不服，还是对补偿决定不服，相对人都可以申请行政复议。

6. 行政赔偿决定或者不赔偿决定

根据《国家赔偿法》第 9 条、第 24 条规定，行政机关及其工作人员行使行政职权侵犯相对人的合法权益造成损害时，遭受损害的相对人可以先向该行政机关提出赔偿要求，对此该行政机关应当作出是否赔偿的决定。无论对赔偿决定还是不予赔偿决定，相对人都可以申请行政复议。

7. 工伤认定相关行为

根据《工伤保险条例》的规定，当职工发生事故伤害或者按照职业病防治法规定被诊断、鉴定为职业病时，用人单位、工伤职工或者其近亲属、工会组织可以向统筹地区社会保险行政部门提出工伤认定申请，对此，统筹地区社会保险行政部门应当予以受理并且作出是否认定工伤的结论。对行政机关作出的不予受理工伤认定申请的决定或者工伤认定结论不服，相对人可以申请行政复议。

8. 侵犯经营自主权、农村土地承包经营权、农村土地经营权的行为

经营自主权是指企业等从事经营的主体在不违反国家法律的基础上所拥有的调配、使用自己的人力、物力、财力，自行组织生产经营，对所经营财产的占有、使用、收益和处分的权利。根据企业性质或经营主体的不同，经营自主权的内容也各不相同，但其最核心的内容是企业独立自主决定其经营事务的权利。经营自主权是企业等经营主体依法享有的权利，任何单位和个人都不得对其经营自主权非法干涉，因此，当行政机关违法侵犯时，经营者可以申请行政复议。

根据《农村土地承包法》的规定，农村集体经济组织成员有权依法承包由本集体经济组织发包的农村土地，承包方承包土地后，享有土地承包经营权，可以自己经营，也可以保留土地承包权，流转其承包地的土地经营权，由他人经营。国家保护承包方的土地承包经营权，同时也保护承包方依法、自愿、有偿流转土地经营权，保护土地经营权人的合法权益。对于行政机关违法干涉农村土地承包经营，变更、解除承包经营合同，干涉承包经营当事人依法享有的生产经营自主权，强迫、阻碍承包经营当事人进行土地承包经营权互换、转让或者土地经营权流转等侵犯农村土地承包经营权、农村土地经营权的行为，相对人可以申请行政复议。

9. 滥用行政权力排除或者限制竞争

《反垄断法》第五章规定了“滥用行政权力排除、限制竞争”的各种情形，例如：限定或者变相限定单位或者个人经营、购买、使用其指定的经营者提供的商品；通过与经营者签订合作协议、备忘录等方式，妨碍其他经营者进入相关市场或者对其他经营者实行不平等待遇，排除、限制竞争；通过对外地商品设定歧视性收费项目、实行歧视性收费标准等方式，妨碍商品在地区之间自由流通；以设定歧视性资质要求、评审标准或者不依法发布信息等方式，排斥或者限制经营者参加招标投标以及其他经营活动；采取与本地经营者不平等待遇等方式，排斥、限制、强制或者变相强制外地经营者在本地投资或者设立分支机构；强制或者变相强制经营者从事法律所规定的垄断行为；制定含有排除、限制竞争内容的规定。对于上述滥用行政权力排除或者限制竞争的行为，相对人可以申请行政复议。

10. 违法集资、摊派费用或者违法要求履行其他义务的行为

“违法集资”是指行政机关没有依照法定的程序经有关部门批准，以发行股票、债券、彩票、投资基金证券或者其他债权凭证的方式向社会公众筹集资金，并承诺在一定期限内以货币、实物及其他利益等方式向出资人还本付息给予回报的行为；“摊派费用”是指行政机关将特定支出的费用按照比例进行分配，由众人分担的行为；“违法要求履行其他义务”是指行政机关违法要求相对人承担上述两种行为之外的其他财产或劳务负担，例如行政征购等。这些行为的共同特点是行政机关以强制方式要求相对人履行特定义务，对此，相对人可以申请行政复议。

11. 不履行法定职责的相关行为

人身权利、财产权利和受教育权利都是宪法规定的公民基本权利，行政机关负有保护的法定职责。当相对人申请行政机关保护时，行政机关应当履行法定的保护职责。当相对人申请行政机关保护而行政机关没有依法履行法定职责时，具体包括行政机关明确拒绝履行法定职责、未依法履行以及不予答复等情形，相对人可以申请行政复议。

12. 行政给付相关行为

《宪法》第45条规定：“中华人民共和国公民在年老、疾病或者丧失劳动能力的情况下，有从国家和社会获得物质帮助的权利。国家发展为公民享受这些权利所需要的社会保险、社会救济和医疗卫生事业。国家和社会保障残废军人的生活，抚恤烈士家属，优待军人家属。”可见，申请抚恤金、社会保险待遇或者最低生活保障等社会保障是公民的基本权利，其中的“抚恤金”是指公民因公或因病致残或死亡时，由本人或其家属依法领取的生活费用；“社会保险金”是指公民在失业、年老、疾病、生育、工伤等情况发生时，向社会保障机构申请发放的社会救济金；“最低生活保障费”是指政府向家庭人均收入低于规定标准的居民发放的维持其基本生活需要的社会救济金。对于公民的上述申请，行政机关进行给付的行为属于行政救助行为。行政救助或者行政给付又被称为行政物质帮助，是指负有法定救助职责的行政机关在公民因年老、疾病或丧失劳动能力等情况或其他紧急事项危及其基本生存时，依法对其提供相应给付或者救助的行为。当负有给付或者救助义务的行政机关没有依法给付时，具体包括行政机关明确拒绝给付、给付不充分以及不予答复等情形，相对人可以申请行政复议。

13. 行政协议

行政协议是指行政机关为了实现行政管理或者公共服务目标，与公民、法人或者其他组织协商订立的具有行政法上权利义务内容的协议，包括政府特许经营协议、土地房屋等征收

征用补偿协议、矿业权等国有自然资源使用权出让协议、政府投资的保障性住房的租赁或者买卖等协议、政府与社会资本合作协议等。对于行政机关不依法订立、不依法履行、未按照约定履行或者违法变更、解除行政协议的行为不服，相对人可以申请行政复议。

14. 政府信息公开相关行为

《政府信息公开条例》规定，为了保障公民、法人和其他组织依法获取政府信息，提高政府工作的透明度，行政机关应当公开自己在履行行政管理职能过程中制作或者获取的，以一定形式记录、保存的信息，具体包括主动公开和依申请公开两种方式。对于政府不履行主动公开义务或者不受理、拒绝相对人的公开申请等在政府信息公开工作中侵犯相对人合法权益的行为，相对人可以申请行政复议。

15. 其他行政行为

《行政复议法》第 11 条除了列举上述十四种行为之外，还规定了“其他行政行为”作为兜底，即只要相对人认为行政机关的行政行为侵犯其合法权益，都可以申请行政复议。这是一个“兜底条款”。前面列举的行为涉及了常见的行政行为类型，但其实并不全面，而且，随着行政实践的发展，将会不断出现新型的行政行为的形式，为了充分、全面地保障相对人的合法权益，该项兜底性规定是必要的。同时，在立法技术上，该项兜底性规定与《行政复议法》第 2 条的概括式规定相对应：前面列举的十四种行政行为形式加上“其他行政行为”的兜底性规定，正好等于《行政复议法》第 2 条所规定的“行政行为”，在立法上实现前后呼应，充分发挥了概括式立法与列举式立法各自的优点。

二、行政复议的排除事项

《行政复议法》在对行政复议的肯定范围作出明确规定的基础上，还在第 12 条规定了行政复议的排除事项，明确了行政复议的否定范围。

（一）国家行为

国家行为，又被称为“统治行为”或者“政治行为”，是指运用国家自主权的行为，例如，国防、外交等行为，涉及国与国之间的关系，是国家主权的体现，具有高度的政治性，而且与国家利益直接关联，难以从法律的角度判断其合法性和适当性，因此被排除在行政复议的范围之外。

（二）行政立法行为

行政立法是指行政机关制定、修改、废止具有普遍约束力的行政法规、规章以及规章以下的规范性文件的活动。行政立法所制定的规范性文件是行政机关进行行政处罚等行政活动的依据，但是行政立法本身并没有直接确定或者改变相对人的权利义务，因此，不能直接针对行政立法行为提出行政复议申请。

（三）内部行政行为

内部行政行为是指行政机关针对下级行政机关或者其内设机构、人员所作出的行为，包括对下级行政机关或者其内设机构的批复、指示以及对行政机关工作人员的奖惩、任免等决定。由于作出行为的行政机关与行为所指向的对象同属于行政组织系统，这些行为属于内部行政行为，并不直接涉及外部相对人的权利义务，因此，不能对其申请行政复议，而应当通过内部途径进行救济，例如，针对公务员的人事处理行为，《公务员法》第十五章规定了复核、申诉、控告等行政系统内部的救济方式。

（四）民事调解行为

民事调解行为是指行政机关对民事纠纷居中进行的调解，是行政机关依法对属于本机关职权管辖范围内的民事纠纷，通过耐心的说服教育，使纠纷的双方当事人互相谅解，在平等协商的基础上达成一致协议，从而解决纠纷的活动。在有关民事纠纷的行政调解中，行政机关仅仅作为居中的调停人对民事纠纷的各方当事人进行说服教育，促使其达成和解协议，并不具有强制执行的法律效力，调解的结果要靠双方当事人自觉、自愿地遵守和执行，当事人不执行调解协议的，行政机关也不能强制执行。可见，行政机关进行的调解行为并不具有强制性，也不直接影响相对人的权利义务，因此，对其不能申请行政复议。

三、规范性文件附带审查的范围

制定行政规范性文件的行为属于行政立法的范畴，对此不服不得直接申请行政复议。但是，可以在针对行政行为提出复议申请的同时，针对作为该行政行为依据的规章以下的规范性文件（行政规定）一并提出附带审查的申请，因此，针对规范性文件提出的行政复议又被称为“附带审查”。

广义的行政立法是指行政机关针对不特定的对象作出的具有普遍约束力的决定和命令的行为。根据效力等级的不同，可以划分为制定行政法规、规章以及规章以下的规范性文件的行为。《行政复议法》第13条规定，对于规章以下的规范性文件，相对人可以一并提出附带审查申请，具体包括：（1）国务院部门制定的规范性文件；（2）县级以上地方各级人民政府及其工作部门制定的规范性文件；（3）乡、镇人民政府制定的规范性文件；（4）法律、法规、规章授权的组织的规范性文件。前款所列规范性文件不含国务院部、委员会制定的规章以及设区的市以上的地方人民政府制定的规章。规章的审查依照法律、行政法规的规定实施。

可以申请附带审查的规范性文件的范围被限定于规章以下的规范性文件，而行政法规、部门规章、地方政府规章被排除于行政复议的范围之外。其理由在于：第一，行政法规、部门规章、地方政府规章是分别由国务院、国务院部委、设区的市以上的人民政府制定的规范性文件，行政立法的层次较高，《立法法》《行政法规制定程序条例》《规章制定程序条例》对其制定的程序进行了严格的限制，违法的可能性较小；第二，《立法法》《法规规章备案条例》等对行政法规、规章规定了监督的程序，设置了一套比较严格的备案审查制度，在行政法规、规章违法的情况下，可以通过这些监督程序进行纠正；第三，行政法规、规章一般并不直接侵犯相对人的合法权益，只有在行政机关适用行政法规、规章作出行政行为时才可能侵犯相对人的合法权益，但此时完全可以通过对行政行为申请行政复议进行救济；第四，考虑到政策上、技术上、行政级别上的因素，复议机关审查行政法规、规章的合法性还存在着一定的难度。对于规章以下的规范性文件，《立法法》以及其他有关行政立法的法律、法规中都没有作出规定，缺乏有效的监督途径；而且，在现实中，某些行政机关违法制定“规定”的问题严重，甚至有行政机关依据自己违法制定的“规定”作出行政行为。而行政复议是救济相对人权益、监督行政机关依法行政的途径，因此，有必要对这些“规定”进行审查。

此外，从申请审查的形式来看，相对人不得单独提起对规章以下的规范性文件的行政复议申请，而必须在对行政行为提出行政复议申请的同时“一并”提出对规章以下的规范性文件的行政复议申请。其理由在于：规章以下的规范性文件属于抽象行政行为，针对的是不特定的人或事，如果没有具体适用于特定人或事，就不能产生实际的损害。没有受到实际损害的公民、法人或其他组织如果认为该规范性文件违法，可以向各级人大及其常委会、上级行政机关等有权机关提出审查建议，但不得提出行政复议申请，行政复议申请必须由权益受到侵害或实际影响的相对人提出，因此，对于规章以下的规范性文件，相对人不得单独提出行政复议申请，而只能与对行政行为的行政复议申请一并提出。

第三节　行政复议机关及管辖

对于相对人申请行政复议时应当向谁提出的问题，涉及行政复议机关及其管辖的确定等。

一、行政复议机关

行政复议是由行政复议机关通过对行政行为合法性以及行政争议的审查、决定而对相对人的权益进行救济的方式，因此，要求行政复议机关必须独立于行政争议的双方当事人之外，居中进行审查、决定。此外，由于行政复议审查的是行政机关的行为，为了确保行政复议决定的有效性，一般要求行政复议机关是作出行政行为的行政机关的上一级行政机关。

（一）行政复议机关的概念

行政复议机关是指受理行政复议申请，依法对被申请的行政行为进行审查并作出决定的行政机关，即具有行政复议权限、依法履行行政复议职责的行政机关。该定义包括以下含义：第一，行政复议机关是行政机关，而非立法机关或司法机关，这表明了行政复议的内部救济性质；第二，行政复议机关必须具有行政复议权限；第三，行政复议机关能以自己的名义行使行政复议权并对行为后果独立承担法律责任，具有法律主体的资格。

（二）行政复议机关的类型

从《行政复议法》的相关规定来看，行政复议机关包括以下三种类型：

1. 县级以上各级人民政府

县级以上各级人民政府是最主要的行政复议机关，包括县级以上各级地方人民政府与国务院，国务院一般不直接作为行政复议机关，但在特殊情况下可以作为二级复议的行政复议机关，此时，国务院的行政复议裁决具有终局性，对其作出的复议决定不服，不得提起行政诉讼。

2. 派出机关

省、自治区人民政府依法设立的派出机关，即省、自治区人民政府经国务院批准设立的行政公署，参照设区的市级人民政府的职责权限，管辖相关行政复议案件。

3. 国务院部门以及特定主管部门

国务院各部门是行政复议机关，负责针对本部门以及本部门依法设立的派出机构或者本部门管理的授权组织作出的行政行为不服而进行的行政复议。此外，对于海关、金融、外汇管理等实行垂直领导的行政机关、税务和国家安全机关的行政行为，向其上一级主管部门申请行政复议。此时，上一级主管部门是行政复议机关。依据原《行政复议法》的规定，针对县级以上地方各级人民政府工作部门的行政行为申请行政复议时，除了上一级的人民政府可以作为行政复议机关外，上一级主管部门也可以作为行政复议机关。但是，随着2023年《行政复议法》的修订，行政复议实行集中管辖，除了国务院部门以及特定主管部门外，公安、民政、市场监管等行政机关的上一级主管部门不再是行政复议机关。同理，依据原《行政复议法》的规定，县级以上地方各级人民政府工作部门管理的法律、法规、规章授权的组织的上一级行政机关是县级以上地方各级人民政府工作部门，但是，为了管辖的集中化，2023年新修订的《行政复议法》也将其归于本级人民政府管辖。

二、行政复议的机构

行政复议涉及审查行政行为的合法性、适当性等问题，需要一定的专业知识，因此，一般要求行政复议机关内部设立专门负责行政复议的机构，在该机构中要求配备具备专业知识和业务能力的人员。

（一）行政复议机构的概念

行政复议机构是指在行政复议机关中专门负责办理有关复议事项的机构。该定义包括以下含义：第一，行政复议机构设立在行政复议机关中，隶属于行政复议机关。第二，行政复议机构负责办理有关复议的事项，包括受理、审理、裁决复议申请以及有关复议的其他各种事项。第三，行政复议机构在办理行政复议过程中属于行政复议机关的办事机构，不具有独立的法律主体资格，虽然由其承担行政复议的实际工作，但只能以行政复议机关的名义作出复议决定，并且由行政复议机关承担复议决定的法律后果。第四，行政复议机构中有法律专业人才，初次从事行政复议工作的人员必须通过国家统一法律职业资格考试取得法律职业资格并参加统一职前培训，由于具有法律专业性，复议机构在承担复议工作的同时，也组织办理行政复议机关的行政应诉事项。

（二）行政复议机构的设置

行政复议机构是设置在行政复议机关中，隶属于行政复议机关的机构。具体而言，行政复议机构的设置分为两种类型。第一，各级人民政府设立专门的行政复议机构，一般称为行政复议局，与本级政府的司法行政部门合署办公。第二，国务院部门以及特定主管部门的行政复议机构并不统一，当设置了法制工作机构的部门作为行政复议机关时，由其法制工作机构作为行政复议机构；而没有设置法制工作机构的部门作为复议机关时，由其他机构承担行政复议工作。

（三）行政复议机构的管理体制

行政复议机构受到行政复议机关以及上级行政复议机构的双重管理。

首先，行政复议机关应当加强行政复议工作，支持和保障行政复议机构依法履行职责。行政复议机构与行政复议机关中的其他机构应当保持一定的独立性，直接对行政复议机关的首长负责。行政复议机构对行政复议机关负有切实、适当办理行政复议事项的义务，而行政复议机关负有领导并支持行政复议机构依法办理行政复议事项的义务，依照法律规定配备、充实、调剂专职行政复议人员，保证行政复议机构的人财物配置以及办案能力与工作任务相适应。

其次，上级行政复议机构对下级行政复议机构的行政复议工作进行指导、监督。国务院行政复议机构可以发布行政复议指导性案例，对所有行政复议机构的行政复议工作进行指导。

（四）行政复议机构的保障机制

为了确保行政复议机构顺利开展复议工作，《行政复议法》规定了对其在人员队伍、设施、经费、技术等方面的保障机制。

首先，在人员队伍方面，由于复议工作的专业性，要求行政复议机构必须配备专职的行政复议人员，建立专业化、职业化行政复议人员队伍。为了使从事复议工作的人员适应复议工作的需要，要求其必须具备与履行行政复议职责相适应的品行、专业知识和业务能力。具体而言，除了具备公务员的资格外，在行政复议机构中初次从事行政复议工作的人员，应当通过国家统一法律职业资格考试取得法律职业资格，并参加统一职前培训。国务院行政复议机构应当会同有关部门制定行政复议人员工作规范，加强对行政复议人员的业务考核和管理。同时，对在行政复议工作中做出显著成绩的单位和个人，按照国家有关规定给予表彰和奖励。

其次，在设施和经费方面，行政复议机关应当确保行政复议机构的人员配备与所承担的工作任务相适应，提高行政复议人员专业素质，根据工作需要保障办案场所、装备等设施。县级以上各级人民政府应当将行政复议工作经费列入本级预算。

最后，在技术方面，行政复议机关应当加强信息化建设，运用现代信息技术，方便公民、法人或者其他组织申请、参加行政复议，提高工作质量和效率。

三、行政复议的管辖

行政复议的管辖是指不同层级、职能、地域的各行政复议机关之间在受理行政复议案件上的分工，属于行政复议机关之间的复议权限分工。

（一）县级以上地方各级人民政府的管辖

县级以上地方各级人民政府管辖的行政复议案件包括对以下行政行为不服而申请的行政复议：第一，本级人民政府工作部门作出的行政行为；第二，下一级人民政府作出的行政行为；第三，本级人民政府依法设立的派出机关作出的行政行为；第四，本级人民政府或者其工作部门管理的法律、法规、规章授权的组织作出的行政行为。

除上述规定之外，县级以上地方各级人民政府的管辖还有三个特例：第一，省、自治区、直辖市人民政府管辖上述案件外，同时管辖对本机关作出的行政行为不服的行政复议案件，对于这种情况下省、自治区、直辖市人民政府作出的行政复议决定不服的，可以向人民法院提起行政诉讼，也可以向国务院申请裁决，但是国务院作出的是最终裁决，对此不服不得提起行政诉讼。第二，省、自治区人民政府依法设立的派出机关参照设区的市级人民政府的职责权限，管辖相关行政复议案件。第三，对县级以上地方各级人民政府工作部门依法设立的派出机构依照法律、法规、规章规定，以派出机构的名义作出的行政行为不服的行政复议案件，由本级人民政府管辖；其中，对直辖市、设区的市人民政府工作部门按照行政区划设立的派出机构作出的行政行为不服的，也可以由其所在地的人民政府管辖。

（二）国务院各部门的管辖

国务院各部门管辖对以下行政行为不服而申请行政复议的案件：第一，本部门作出的行政行为；第二，本部门依法设立的派出机构依照法律、行政法规、部门规章规定，以派出机构的名义作出的行政行为；第三，本部门管理的法律、行政法规、部门规章授权的组织作出的行政行为。其中，国务院各部门对自己所作出行政行为进行复议而作出复议决定，申请人不服的，可以向人民法院提起行政诉讼，也可以向国务院申请裁决，但是国务院作出的是最终裁决，对此不服不得提起行政诉讼。

（三）特定主管部门的管辖

对海关、金融、外汇管理等实行垂直领导的行政机关、税务和国家安全机关的行政行为不服的，不得向这些机关所隶属的本级人民政府申请复议，而应当向其上一级主管部门申请行政复议。

（四）司法行政部门的管辖

对履行行政复议机构职责的地方人民政府司法行政部门的行政行为不服的，可以向本级人民政府申请行政复议，也可以向上一级司法行政部门申请行政复议。

第四节　行政复议的参加人

行政复议参加人是指提出行政复议申请、被申请行政复议以及与争议的行政行为具有利害关系，在整个或部分行政复议过程中参加行政复议活动的人。

一、行政复议参加人的类型

行政复议参加人是指参加到整个或部分行政复议过程当中，对行政复议程序能够产生重大影响的人，包括当事人及其代理人。其中的“人”包括公民、法人、其他组织以及行政机关。

（一）复议当事人

复议当事人是指与行政行为有利害关系，因行政行为的合法性和适当性产生争议，以自己的名义参加复议，并受行政复议机关的决定拘束的主体。狭义的复议当事人特指申请人与被申请人，广义的复议当事人除此之外还包括第三人。当事人的特点在于：第一，与行政行为有利害关系，行政行为影响其权利、义务或者其本身就是作出行政行为的主体；第二，对行政行为发生争议，针对行政行为是否合法、适当等发生争议；第三，能够以自己的名义参加行政复议，并受到行政复议决定的拘束；第四，能够引起行政复议程序发生、变更或消灭。

（二）复议代理人

复议代理人是指在当事人授权范围内，以该当事人的名义代理该当事人进行行政复议行为，维护该当事人合法利益的人。申请人、第三人可以委托代理人代为参加行政复议。

此外，与行政复议参加人相关联的还有行政复议参与人的概念。行政复议参与人是指参与行政复议活动的人，范围比行政复议参加人更为广泛，除了行政复议参加人之外，还包括证人、鉴定人、翻译人、勘验人等。这些人的特点是在法律上与行政复议案件本身没有利害关系。

二、行政复议申请人

（一）行政复议申请人的概念

行政复议申请人是指认为行政机关违法行使职权侵犯自己的合法权益，而依法向行政复议机关申请行政复议的公民、法人或者其他组织。可见，行政复议申请人应当具备以下条件：第一，行政复议申请人是与行政机关相对的相对人，是行政机关作出的行政行为所针对的对象，具体包括受到行政行为影响的公民、法人或者其他组织；第二，行政复议申请人认为行政机关的行为违法或不当，并侵犯了自己的合法权益，当然，此处仅仅要求行政复议申请人"认为"即可；第三，行政复议申请人以自己的名义向行政复议机关提出行政复议申请。

（二）行政复议申请人的资格

依照《行政复议法》申请行政复议的公民、法人或者其他组织就是申请人，但在特定情况下，申请人的资格可能发生转移。

1. 公民的行政复议申请人资格

通常情况下，行政复议申请人就是有权申请行政复议的公民本人。公民作为申请人，要求具有权利能力、能够亲自参加行政复议活动的行为能力。因此，具备权利能力与行为能力的有权申请行政复议的公民就是行政复议申请人。但是，有权申请行政复议的公民死亡的，其近亲属可以申请行政复议，此时，该近亲属具有行政复议申请的资格，即行政复议申请人的资格发生了转移。此外，有权申请行政复议的公民为无民事行为能力人或者限制民事行为能力人的，其法定代理人可以代为申请行政复议。此时，法定代理人仅仅是"代为"申请行政复议，而行政复议申请人仍然是无民事行为能力或者限制民事行为能力的公民，即申请人资格没有发生转移。

2. 法人或其他组织的行政复议申请人资格

通常情况下，有权申请行政复议的法人或其他组织是行政复议申请人。但是，法人或其他组织的行政复议申请人资格也有可能发生转移，但有权申请行政复议的法人或者其他组织终止时，承受其权利的法人或者其他组织可以申请行政复议。

3. 行政复议申请人推选的代表人

同一行政复议案件申请人人数众多的，可以由申请人推选代表人参加行政复议。代表人参加行政复议的行为对其所代表的申请人发生效力，但是代表人变更行政复议请求、撤回行政复议申请、承认第三人请求的，应当经被代表的申请人同意。

三、行政复议第三人

（一）行政复议第三人的概念

行政复议第三人是指申请人之外，与被申请行政复议的行政行为或者行政复议案件处理结果有利害关系，为维护自己的合法权益并经行政复议机关同意参加行政复议的公民、法人或者其他组织。该定义包括以下含义：第一，行政复议第三人与被申请行政复议的行政行为或者行政复议案件处理结果之间具有利害关系，包括直接利害关系与间接利害关系；第二，行政复议第三人参加行政复议的时间必须是在复议申请已经被受理至复议活动尚未终结期间；第三，行政复议第三人参加复议必须得到行政复议机关的同意；第四，行政复议第三人以独立的身份参加复议，并不依附于申请人或被申请人，行政复议第三人参加复议就是为了维护自己的合法权益；第五，行政复议第三人在参加复议过程中享有与申请人基本相同的权利，但不具有撤回行政复议申请的权利。

（二）行政复议第三人参加复议的方式

行政复议第三人参加复议的方式包括“通知”参加与“申请”参加两种方式。第一，“通知”参加。行政复议期间，行政复议机关认为申请人以外的公民、法人或者其他组织与被审查的行政行为有利害关系的，可以通知其作为第三人参加行政复议。被通知作为第三人参加复议的公民、法人或其他组织可以自由决定是否参加复议。第三人不参加行政复议，不影响行政复议案件的审理。第二，“申请”参加。行政复议期间，申请人以外的公民、法人或者其他组织认为自己与被审查的行政行为有利害关系的，可以向行政复议机关申请作为第三人参加行政复议。该申请经行政复议机关审查批准后，公民、法人或者其他组织才可参加复议。可见，“申请”未必就意味着“参加”。

四、行政复议代理人

（一）行政复议代理人的概念

行政复议代理人是指在法律规定、复议机关指定或者该当事人授权范围内，以该当事人的名义代理该当事人进行复议行为，并维护该当事人合法利益的人。该定义包括以下含义：第一，行政复议代理人必须具有进行复议的行为能力，无行为能力者不能成为行政复议代理人；第二，行政复议代理人必须由法律规定、复议机关指定或者该当事人委托才可参加复议活动；第三，行政复议代理人以被代理人的名义进行复议活动，其目的是维护被代理人的合法权益；第四，行政复议代理人的代理权限来自于法律规定、法院指定或者该当事人委托，必须在该权限范围内进行复议活动，否则，不能产生法律效果；第五，行政复议代理人在代理权限范围内进行复议活动的法律后果由被代理人承担。

（二）行政复议代理人的类型

根据行政复议代理人获得代理权限的依据的不同，可以将行政复议代理人分为以下两种类型。

1. 法定代理人

法定代理人是指依据法律的规定获得行政复议代理权，代理无民事行为能力或者限制民事行为能力的公民进行行政复议的人。根据《行政复议法》第 14 条第 3 款规定，有权申请行政复议的公民为无民事行为能力人或者限制民事行为能力人的，其法定代理人可以代为申请行政复议。其目的是保护无民事行为能力和限制民事行为能力的人的合法权益。

2. 委托代理人

委托代理人是指受当事人的委托而获得行政复议代理权，代理当事人参加行政复议的人。根据《行政复议法》第 17 条的规定，申请人、第三人可以委托代理人代为参加行政复议。具体而言，申请人、第三人可以委托一至二名律师、基层法律服务工作者或者其他代理人代为参加行政复议。申请人、第三人委托代理人的，应当向行政复议机构提交授权委托书、委托人及被委托人的身份证明文件。授权委托书应当载明委托事项、权限和期限。申请人、第三人变更或者解除代理人权限的，应当书面告知行政复议机构。符合法律援助条件的行政复议申请人申请法律援助的，法律援助机构应当依法为其提供法律援助。

五、行政复议被申请人

（一）行政复议被申请人的概念

行政复议被申请人是指由申请人在行政复议申请中认为其行政行为违法侵犯申请人的合法权益，并经行政复议机关确认，通知其参加行政复议的行政机关或法律、法规授权的组织。行政复议被申请人具有以下特点：第一，被申请人是行使职权作出行政行为的行政机关或法律、法规授权组织；第二，被申请人认为，其违法行为侵犯了申请人的合法权益；第三，被申请人处于被动地位，只有在申请人提出行政复议申请，经行政复议机关确认并通知其参加行政复议时，才能成为被申请人；第四，被申请人以自己的名义参加行政复议。

（二）行政复议被申请人的资格

《行政复议法》第 19 条规定了确定行政复议被申请人资格的规则：

1. 原则性规定

公民、法人或者其他组织对行政机关的行政行为不服，申请行政复议的，作出行政行为的行政机关是被申请人。原则上，以“作出行政行为的行政机关”作为行政复议被申请人。

2. 共同被申请人

两个以上行政机关以共同的名义作出行政行为的，共同作出行政行为的行政机关是被申请人。

3. 被授权组织与受委托组织的被申请人资格

广义上的行政授权包括法律、法规的授权与行政机关依法将自己行政职权的部分或全部转让给其他组织的狭义行政授权。获得法律、法规或行政机关授权的被授权组织可以以自己名义在授权范围内作出行政行为，对该行政行为提出行政复议时应当以该组织为被申请人。

而受行政机关委托的组织并不具有行政主体的资格，必须以委托的行政机关的名义作出行政行为，行为的法律后果也由委托的行政机关承担，因此，对其行为不服，提出行政复议时应当以委托的行政机关为被申请人，受委托组织并不具有被申请人的资格。

4. 作出行政行为的行政机关被撤销后的被申请人

作出行政行为的行政机关被撤销后，该行政行为的法律后果由继续行使其职权的行政机关承担，因此，对该行为不服，提出行政复议时，应当以继续行使其职权的行政机关作为被申请人。

第五节 行政复议的申请与受理

行政复议程序是指行政复议活动所必须遵循的步骤、方式、时限、顺序等。行政复议程序是介于一般行政程序与司法程序之间的准司法程序，注重保障行政复议活动的公正性与合理性，同时也具有简易、高效、便民的特点。根据《行政复议法》第二章至第五章的规定，行政复议程序分为申请、受理、审理、决定、送达与执行等阶段，以下主要介绍行政复议的申请和受理程序。

一、行政复议的申请

行政复议申请是指相对人对行政机关的行政行为不服而向行政复议机关提出请求行政复议的申请的行为。行政复议具有“不告不理”的特点，相对人向行政复议机关提出复议申请是启动行政复议程序的前提。

（一）行政复议申请的期限

1. 行政复议申请的法定期限

根据行政复议高效原则，行政复议申请人必须在法定期限内提出行政复议申请，若超过法定期限就将丧失申请行政复议的权利。《行政复议法》第 20 条第 1 款规定：“公民、法人或者其他组织认为行政行为侵犯其合法权益的，可以自知道或者应当知道该行政行为之日起六十日内提出行政复议申请；但是法律规定的申请期限超过六十日的除外。”可见，“自知道或者应当知道该行政行为之日起六十日内”就是行政复议申请的法定期限。但如果单行法所规定的行政复议申请期限超过该法定期限，则以该单行法规定的期限为准；如果单行法规定的行政复议申请期限少于 60 日，则应当以《行政复议法》所规定的 60 日为准。可见，60 日是行政复议申请的最低期限。

2. 行政复议申请期限的计算

“知道或者应当知道该行政行为之日”是计算行政复议申请期限的起点，但是否“知道”具有一定的主观性，为此，应当按照以下规则来计算。

（1）作为性行政行为行政复议申请期限的计算。

对于行政机关作出的行政行为不服而提出行政复议申请的，申请期限按照以下规则计算：第一，当场作出行政行为的，自行政行为作出之日起计算。第二，载明行政行为的法律文书直接送达的，自受送达人签收之日起计算。第三，载明行政行为的法律文书邮寄送达的，自受送达人在邮件签收单上签收之日起计算；没有邮件签收单的，自受送达人在送达回执上签名之日起计算。第四，行政行为依法通过公告形式告知受送达人的，自公告规定的期限届满之日起计算。第五，行政机关作出行政行为时未告知公民、法人或者其他组织，事后补充告知的，自该公民、法人或者其他组织收到行政机关补充告知的通知之日起计算。第六，被申请人能够证明公民、法人或者其他组织知道行政行为的，自证据材料证明其知道行政行为之日起计算。此外，行政机关作出行政行为，依法应当向有关公民、法人或者其他组织送达法律文书而未送达的，视为该公民、法人或者其他组织不知道该行政行为。

（2）不作为性行政行为行政复议申请期限的计算。

申请行政机关履行法定职责，行政机关未履行的，行政复议申请期限依照下列规定计算：第一，有履行期限规定的，自履行期限届满之日起计算；第二，没有履行期限规定的，自行政机关收到申请满 60 日起计算。但是，公民、法人或者其他组织在紧急情况下请求行政机关履行保护人身权、财产权的法定职责，行政机关不履行的，行政复议申请期限不受前述规定的限制。

3. 行政复议时效的中止

行政复议时效的中止是指因不可抗力或者其他正当理由耽误法定申请期限的，行政复议时效中止，申请期限自障碍消除之日起继续计算。“不可抗力”是指不能预见、不能避免并不能克服的客观情况，如地震、水灾、战争等；“其他正当理由”包括申请人病重、代理人死亡或丧失民事行为能力等。时效的中止意味着自不可抗力或者其他正当理由发生之日起至其消除之日为止暂时停止计算日期，自障碍消除之日起继续计算，而非重新计算。

4. 行政机关的告知义务与行政复议申请期限的关系

行政机关作出行政行为时，未告知公民、法人或者其他组织申请行政复议的权利、行政复议机关和申请期限的，申请期限自公民、法人或者其他组织知道或者应当知道申请行政复议的权利、行政复议机关和申请期限之日起计算，但是自知道或者应当知道行政行为内容之日起最长不得超过 1 年。因不动产提出的行政复议申请自行政行为作出之日起超过 20 年，其他行政复议申请自行政行为作出之日起超过 5 年的，行政复议机关不予受理。

（二）行政复议申请的方式

行政复议申请的方式是指相对人提出行政复议请求的具体形式。根据《行政复议法》第 22 条的规定，行政复议申请遵循“一事一申请”原则，即针对一个行政行为不服时提出一次复议申请。如果申请人对两个以上行政行为不服的，应当分别申请行政复议。对于申请的方式，申请人申请行政复议时可以书面申请，书面申请有困难的，也可以口头申请。可见，行政复议申请包括书面申请与口头申请两种方式。

1. 书面申请

书面申请的，可以通过邮寄或者行政复议机关指定的互联网渠道等方式提交行政复议申请书，也可以当面提交行政复议申请书。行政机关通过互联网渠道送达行政行为决定书的，应当同时提供提交行政复议申请书的互联网渠道。

2. 口头申请

口头申请的，行政复议机关应当当场记录申请人的基本情况、行政复议请求、申请行政复议的主要事实、理由和时间。

（三）行政复议前置

有关行政复议与行政诉讼的关系，一般遵循当事人“自由选择”原则，即当事人对于行政机关作出的行政行为不服的，可以选择先申请行政复议，对复议决定不服时再向人民法院提起行政诉讼，也可以选择不经过行政复议直接向人民法院提起行政诉讼。但是，也有法律、法规规定必须先经过行政复议，对复议决定不服的，才能向人民法院提起行政诉讼。此时，行政复议就成了提起行政诉讼前必经的前置程序。根据《行政复议法》第 23 条的规定，有下列情形时，申请人应当先向行政复议机关申请行政复议，对行政复议决定不服的，可以再依法向人民法院提起行政诉讼：第一，对当场作出的行政处罚决定不服；第二，对行政机关作出的侵犯其已经依法取得的自然资源的所有权或者使用权的决定不服；第三，认为行政机关存在该法第 11 条规定的未履行法定职责情形；第四，申请政府信息公开，行政机关不予公开；第五，法律、行政法规规定应当先向行政复议机关申请行政复议的其他情形。对上述情形，行政机关在作出行政行为时应当告知公民、法人或者其他组织先向行政复议机关申请行政复议。

二、行政复议申请的受理

行政复议申请的受理是指申请人提出行政复议申请后，行政复议机关通过对复议申请的审查，认为该申请符合法定条件时，接受申请并予以立案的行为。行政复议申请的提出是行政复议程序启动的前提，但是行政复议申请只有在被行政复议机关受理之后才意味着行政复议程序的启动。

（一）受理行政复议申请的条件

根据《行政复议法》第30条的规定，行政复议机关收到行政复议申请后，应当在5日内进行审查。对符合下列规定的，行政复议机关应当予以受理：第一，有明确的申请人和被申请人，被申请人必须正确，如果错列被申请人的，行政复议机关应当告知申请人变更被申请人；第二，提出申请的人具有行政复议申请人的资格，与行政行为之间具有利害关系；第三，有具体的行政复议请求、申请行政复议的主要事实和理由；第四，在法定申请期限内提出；第五，属于行政复议的法定受案范围；第六，行政复议机关正确，即向具有管辖权的行政复议机关提出行政复议申请，复议的内容属于行政复议机关的职权范围；第七，行政复议机关未受理过该申请人就同一行政行为提出的行政复议申请，并且人民法院未受理过该申请人就同一行政行为提起的行政诉讼。

（二）对行政复议申请的处理

行政复议机关在收到申请人的行政复议申请后，应当在五日内对该申请进行审查，并作出相应的处理。

1. 受理决定

行政复议机关收到行政复议申请后，应当在5日内进行审查。对于符合受理条件的行政复议申请必须予以受理。而且，行政复议申请的审查期限届满，行政复议机关未作出不予受理决定的，审查期限届满之日起视为受理。

2. 不予受理决定

对于不符合《行政复议法》规定的行政复议申请，行政复议机关应当在审查期限内决定不予受理并说明理由；不属于本机关管辖的，还应当在不予受理决定中告知申请人有管辖权的行政复议机关。

3. 通知补正

行政复议申请材料不齐全或者表述不清楚，无法判断行政复议申请是否符合受理条件的，行政复议机关应当自收到该行政复议申请之日起5日内书面通知申请人补正。补正通知应当一次性载明需要补正的事项和合理的补正期限。申请人应当自收到补正通知之日起十日内提交补正材料。有正当理由不能按期补正的，行政复议机关可以延长合理的补正期限。无正当理由逾期不补正的，视为申请人放弃行政复议申请，并记录在案。补正申请材料所用时间不计入行政复议审理期限。行政复议机关收到补正材料后，应当在5日内进行审查。对符合规定的，行政复议机关应当予以受理。

4. 行政复议申请的转送

对当场作出或者依据电子技术监控设备记录的违法事实作出的行政处罚决定不服申请行政复议的，除了可以向行政复议机关直接申请行政复议外，也可以通过作出行政处罚决定的行政机关提交行政复议申请。行政机关收到行政复议申请后，应当及时处理；认为需要维持行政处罚决定的，应当自收到行政复议申请之日起五日内转送行政复议机关。

（三）驳回申请决定

行政复议机关受理行政复议申请后，发现该行政复议申请不符合《行政复议法》所规定受理条件的，应当决定驳回申请并说明理由。

（四）行政复议申请受理的救济和监督

法律、行政法规规定应当先向行政复议机关申请行政复议、对行政复议决定不服再向人民法院提起行政诉讼的，行政复议机关决定不予受理、驳回申请或者受理后超过行政复议期限不作答复的，公民、法人或者其他组织可以自收到决定书之日起或者行政复议期限届满之日起 15 日内，依法向人民法院提起行政诉讼。

公民、法人或者其他组织依法提出行政复议申请，行政复议机关无正当理由不予受理、驳回申请或者受理后超过行政复议期限不作答复的，申请人有权向上级行政机关反映，上级行政机关应当责令其纠正；必要时，上级行政复议机关可以直接受理。

第六节　行政复议的审理

行政复议审理是指行政复议机关对受理的行政复议案件进行合法性与适当性审查的过程，包括审查作出行政行为的事实是否清楚、适用法律是否正确、理由是否充分、内容是否合理等。

一、一般规定

行政复议根据案件的不同，分别适用普通程序和简易程序进行审理。但不论采取何种程序，在审理过程中都应当遵守以下一般性的规则：

（一）承办人员

行政复议具体由行政复议机构承担。在受理申请后，由行政复议机构审理行政复议案件，行政复议机构应当指定行政复议人员负责办理行政复议案件。行政复议人员对办理行政复议案件过程中知悉的国家秘密、商业秘密和个人隐私，应当予以保密。

（二）审理依据

行政复议机关依照法律、法规、规章审理行政复议案件。行政复议机关审理民族自治地方的行政复议案件，同时依照该民族自治地方的自治条例和单行条例。

（三）审理机关级别

上级行政复议机关根据需要，可以审理下级行政复议机关管辖的行政复议案件。下级行政复议机关对其管辖的行政复议案件，认为需要由上级行政复议机关审理的，可以报请上级行政复议机关决定。

（四）复议中止

行政复议期间有下列情形之一的，行政复议机关决定中止行政复议：第一，作为申请人的公民死亡，其近亲属尚未确定是否参加行政复议；第二，作为申请人的公民丧失参加行政复议的行为能力，尚未确定法定代理人参加行政复议；第三，作为申请人的公民下落不明；第四，作为申请人的法人或者其他组织终止，尚未确定权利义务承受人；第五，申请人、被申请人因不可抗力或者其他正当理由，不能参加行政复议；第六，依照本法规定进行调解、和解，申请人和被申请人同意中止；第七，行政复议案件涉及的法律适用问题需要有权机关作出解释或者确认；第八，行政复议案件审理需要以其他案件的审理结果为依据，而其他案件尚未审结；第九，对有关规范性文件进行附带审查申请；第十，需要中止行政复议的其他情形。行政复议中止的原因消除后，应当及时恢复行政复议案件的审理。行政复议机关中止、恢复行政复议案件的审理，应当书面告知当事人。行政复议期间，行政复议机关无正当理由中止行政复议的，上级行政机关应当责令其恢复审理。

（五）复议终止

行政复议期间有下列情形之一的，行政复议机关决定终止行政复议：第一，申请人撤回行政复议申请，行政复议机构准予撤回；第二，作为申请人的公民死亡，没有近亲属或者其近亲属放弃行政复议权利；第三，作为申请人的法人或者其他组织终止，没有权利义务承受人或者其权利义务承受人放弃行政复议权利；第四，申请人对行政拘留或者限制人身自由的行政强制措施不服申请行政复议后，因同一违法行为涉嫌犯罪，被采取刑事强制措施；第五，因作为申请人的公民死亡、丧失参加行政复议的行为能力，法人或者其他组织终止，尚未确定权利义务承受人而中止行政复议满 60 日，行政复议中止的原因仍未消除的。

（六）行政复议不停止执行原则

行政复议不停止执行原则是行政行为公定力理论的体现。行政行为的公定力是指行政行为除无效外，在具有正当权限的机关依据法定的程序予以撤销之前，被推定为合法、有效，相对人、人民法院或其他行政机关必须予以尊重。因此，《行政复议法》第 42 条规定“行政复议期间行政行为不停止执行”。但是，复议不停止执行也有例外，在有下列情形之一的应当停止执行：第一，被申请人认为需要停止执行的；第二，行政复议机关认为需要停止执行的；第三，申请人、第三人申请停止执行，行政复议机关认为其要求合理，决定停止执行的；第四，法律、法规、规章规定停止执行的其他情形。

二、行政复议证据

对于行政复议中的举证规则，《行政复议法》在以下方面分别作出了规定：

（一）行政复议证据类型

行政复议证据包括书证、物证、视听资料、电子数据、证人证言、当事人的陈述、鉴定意见、勘验笔录等类型。上述证据经行政复议机构审查属实，才能作为认定行政复议案件事实的根据。

（二）行政复议的举证责任

被申请人对其作出的行政行为的合法性、适当性负有举证责任。被申请人不按照《行政复议法》的规定提出书面答复、提交作出行政行为的证据、依据和其他有关材料的，视为该行政行为没有证据、依据，行政复议机关决定撤销、部分撤销该行政行为，确认该行政行为违法、无效或者决定被申请人在一定期限内履行，但是行政行为涉及第三人合法权益，第三人提供证据的除外。

但是，有下列情形之一的，申请人应当提供证据：第一，认为被申请人不履行法定职责的，提供曾经要求被申请人履行法定职责的证据，但是被申请人应当依职权主动履行法定职责或者申请人因正当理由不能提供的除外；第二，提出行政赔偿请求的，提供受行政行为侵害而造成损害的证据，但是因被申请人原因申请人无法举证的，由被申请人承担举证责任；第三，法律、法规规定需要申请人提供证据的其他情形。

（三）行政复议过程中调查取证的限制

根据“正当法律程序”原则，行政机关在作出行政行为之前，应当先调查取证，只有在证据确凿、认定事实无误的情况下，才可以作出行政行为。为了避免行政机关违反“正当法律程序”原则，在证据不充分、事实认定不清的情况下作出行政行为，而在被提出行政复议之后通过补充证据的方式证明行政行为的合法性，《行政复议法》第 46 条规定，行政复议期间，被申请人不得自行向申请人和其他有关单位或者个人收集证据；自行收集的证据不作为认定行政行为合法性、适当性的依据。行政复议期间，申请人或者第三人提出被申请行政复议的行政行为作出时没有提出的理由或者证据的，经行政复议机构同意，被申请人可以补充证据。而行政复议机关有权向有关单位和个人调查取证，查阅、复制、调取有关文件和资料，向有关人员进行询问。调查取证时，行政复议人员不得少于两人，并应当出示行政复议工作证件。被调查取证的单位和个人应当积极配合行政复议人员的工作，不得拒绝或者阻挠。

（四）申请人、第三人的查阅证据权

行政复议期间，申请人、第三人及其委托代理人可以按照规定查阅、复制被申请人提出的书面答复、作出行政行为的证据、依据和其他有关材料，除涉及国家秘密、商业秘密、个人隐私或者可能危及国家安全、公共安全、社会稳定的情形外，行政复议机构应当同意。

三、普通程序

普通程序与简易程序相对应，是审理复议案件的一般程序。

（一）发送行政复议申请书副本

行政复议机构应当自行政复议申请受理之日起 7 日内，将行政复议申请书副本或者行政复议申请笔录复印件发送被申请人。被申请人应当自收到行政复议申请书副本或者行政复议申请笔录复印件之日起 10 日内，提出书面答复，并提交作出行政行为的证据、依据和其他有关材料。

（二）听取当事人意见

听取当事人意见是指行政复议机构适用普通程序办理行政复议案件时，当面或者通过互联网、电话等方式听取当事人的意见，并将听取的意见记录在案，查明案件事实的审理过程。适用普通程序审理的行政复议案件，行政复议人员应当结合被申请人提交的答复书和证据材料，主要就案件事实和证据听取申请人意见。具体由行政复议人员通过当面或者通过互联网、电话等方式，将听取的意见记录在案。因听取当事人未提供联系方式或者提供的联系方式不能取得联系、当事人意见时被拒绝等当事人原因不能听取意见的，可以书面审理。听取申请人意见的重点内容包括：第一，与申请人本人行为有关的签字、录音录像、证人证言、执法笔录等证据是否真实；第二，行政行为对申请人涉案的资格资质、权利义务、行为能力等情况的认定是否准确；第三，行政行为对申请人人身权、财产权、受教育权等合法权益造成的具体损害；第四，行政行为作出过程中，申请人的知情、陈述、申辩、听证等程序性权利是否得到保障；第五，申请人在申请书等材料中所述，与被申请人证据材料反映的案件事实有矛盾的部分；第六，行政复议机构认为其他应当听取意见的。

（三）听证

行政复议听证是指行政复议机构适用普通程序办理行政复议案件时，组织涉案人员通过陈述、申辩、举证、质证等形式，查明案件事实的审理过程。审理重大、疑难、复杂的行政复议案件，行政复议机构应当组织听证，适用的情形具体包括：涉及国家利益、重大社会公共利益的；涉及群体性纠纷或者社会关注度较高的；涉及新业态、新领域、新类型行政争议，案情复杂的；被申请人定案证据疑点较多，当事人对案件主要事实分歧较大的；法律关系复杂的；其他重大、疑难、复杂案件。行政复议机构认为有必要听证，或者申请人请求听证的，行政复议机构可以组织听证。听证由一名行政复议人员任主持人，两名以上行政复议人员任听证员，一名记录员制作听证笔录。行政复议机构组织听证的，应当于举行听证的5日前将听证的时间、地点和拟听证事项书面通知当事人。申请人无正当理由拒不参加听证的，视为放弃听证权利。被申请人的负责人应当参加听证。不能参加的，应当说明理由并委托相应的工作人员参加听证。除了在固定的场所举行听证的方式外，在同时符合下列各项条件时，行政复议机构也可以采取线上视频方式举行听证：各方当事人均同意采取线上视频方式举行听证；案件不涉及国家秘密、商业秘密、个人隐私或者可能危及国家安全、公共安全、社会稳定的情形；听证参加人具备参与在线听证的技术条件和能力，包括具备上传和接收证据材料、进行线上电子签名确认等技术条件；不需要证人现场作证和鉴定人、勘验人现场发表意见；不存在必须通过现场核对相关证据材料才能够查清案件事实的情形。采用线上视频方式举行听证时，除应当按照听证的相关程序进行外，主持人、听证员还应当加强在线身份核实，并强化说明引导，维护当事人合法权益和听证秩序，确保线上听证顺利进行。

（四）行政复议委员会咨询

县级以上各级人民政府应当建立相关政府部门、专家、学者等参与的行政复议委员会，为办理行政复议案件提供咨询意见，并就行政复议工作中的重大事项和共性问题研究提出意见。行政复议委员会的组成和开展工作的具体办法，由国务院行政复议机构制定。审理行政复议案件涉及下列情形之一的，行政复议机构应当提请行政复议委员会提出咨询意见：第一，案情重大、疑难、复杂；第二，专业性、技术性较强；第三，省、自治区、直辖市人民政府审理对本机关作出的行政行为不服的行政复议案件；第四，行政复议机构认为有必要。行政复议机构应当记录行政复议委员会的咨询意见。

四、简易程序

与上述普通程序相对应，为了提高效率，《行政复议法》针对简单案件设置了简易程序。

（一）简易程序的适用范围

行政复议机关审理下列行政复议案件，认为事实清楚、权利义务关系明确、争议不大的，可以适用简易程序：第一，被申请行政复议的行政行为是当场作出；第二，被申请行政复议的行政行为是警告或者通报批评；第三，案件涉及款额3 000元以下；第四，属于政府信息公开案件。除上述规定以外的行政复议案件，当事人各方同意适用简易程序的，可以适用简易程序。

（二）简易程序的步骤和时限

适用简易程序审理的行政复议案件，行政复议机构应当自受理行政复议申请之日起3日内，将行政复议申请书副本或者行政复议申请笔录复印件发送被申请人。被申请人应当自收到行政复议申请书副本或者行政复议申请笔录复印件之日起 5 日内，提出书面答复，并提交作出行政行为的证据、依据和其他有关材料。适用简易程序审理的行政复议案件，可以书面审理。

（三）简易程序转普通程序的机制

适用简易程序审理的行政复议案件，行政复议机构认为不宜适用简易程序的，经行政复议机构的负责人批准，可以转为普通程序审理。

五、行政复议附带审查

（一）行政复议附带审查的方式

行政复议机关对规范性文件进行的审查包括以下两种方式：

1. 主动性审查

行政复议机关在对被申请人作出的行政行为进行审查时，不仅应当审查该行政行为的事实与理由，还应当审查其依据，如果认为其依据不合法，该复议机关有权处理的，应当在 30 日内依法处理；无权处理的，应当在 7 日内按照法定程序转送有权处理的国家机关依法处理。处理期间，中止对行政行为的审查。

2. 被动性审查

申请人在对行政行为提起行政复议时，可以一并申请行政复议机关对该行政行为所依据的“规定”（规章以下的规范性文件）进行审查。对此，行政复议机关对该规定有权处理的，应当在 30 日内依法处理；无权处理的，应当在 7 日内按照法定程序转送有权处理的行政机关依法处理，有权处理的行政机关应当在 60 日内依法处理。处理期间，中止对行政行为的审查。

（二）行政复议附带审查的程序

行政复议机关有权处理有关规范性文件或者依据的，行政复议机构应当自行政复议中止之日起 3 日内，书面通知规范性文件或者依据的制定机关就相关条款的合法性提出书面答复。制定机关应当自收到书面通知之日起 10 日内提交书面答复及相关材料。行政复议机构认为必要时，可以要求规范性文件或者依据的制定机关当面说明理由，制定机关应当配合。

（三）行政复议附带审查的决定

行政复议机关依照《行政复议法》的规定有权处理有关规范性文件或者依据，认为相关条款合法的，在行政复议决定书中一并告知；认为相关条款超越权限或者违反上位法的，决定停止该条款的执行，并责令制定机关予以纠正。依法接受转送的行政机关、国家机关应当自收到转送之日起 60 日内，将处理意见回复转送的行政复议机关。

六、复议过程中的调解和和解

为了加强行政复议调解工作对于推动行政争议实质性化解，深化行政争议源头治理，充分发挥行政复议公正高效、便民为民的制度优势和化解行政争议的主渠道作用，2023 年新修订的《行政复议法》确立了复议调解原则，高度重视调解工作，强化调解在行政复议中的运用，鼓励通过行政复议机关进行调解或者由当事人之间自行和解。

（一）复议过程中的调解

行政复议机关办理行政复议案件，可以进行调解。调解应当遵循合法、自愿的原则，不得损害国家利益、社会公共利益和他人合法权益，不得违反法律、法规的强制性规定。当事人经调解达成协议的，行政复议机关应当制作行政复议调解书，经各方当事人签字或者签章，并加盖行政复议机关印章，即具有法律效力。调解未达成协议或者调解书生效前一方反悔的，行政复议机关应当依法审查或者及时作出行政复议决定。

（二）复议过程中的和解

当事人在行政复议决定作出前可以自愿达成和解，和解内容不得损害国家利益、社会公共利益和他人合法权益，不得违反法律、法规的强制性规定。当事人达成和解后，由申请人向行政复议机构撤回行政复议申请。行政复议机构准予撤回行政复议申请、行政复议机关决定终止行政复议的，申请人不得再以同一事实和理由提出行政复议申请。但是，申请人能够证明撤回行政复议申请违背其真实意愿的除外。

第七节　行政复议的决定

行政复议决定是行政复议机关通过对行政复议案件中行政行为的合法性和适当性进行审查，最终作出的具有结论性质的法律文书。具体而言，行政复议机构应当对被申请人作出的行政行为进行审查，提出意见，经行政复议机关的负责人同意或者集体讨论通过后，以行政复议机关的名义作出复议决定。

一、行政复议决定的作出

（一）行政复议决定作出的程序

第一，对于一般复议案件，行政复议机关依照《行政复议法》审理行政复议案件，由行政复议机构对行政行为进行审查，提出意见，经行政复议机关的负责人同意或者集体讨论通过后，以行政复议机关的名义作出行政复议决定。

第二，对于经过听证的行政复议案件，行政复议机关应当根据听证笔录、审查认定的事实和证据，作出行政复议决定。

第三，对于提请行政复议委员会提出咨询意见的行政复议案件，行政复议机关应当将咨询意见作为作出行政复议决定的重要参考依据。

（二）行政复议决定作出的期限

适用普通程序审理的行政复议案件，行政复议机关应当自受理申请之日起 60 日内作出行政复议决定；但是法律规定的行政复议期限少于 60 日的除外。情况复杂，不能在规定期限内作出行政复议决定的，经行政复议机构的负责人批准，可以适当延长，并书面告知当事人；但是延长期限最多不得超过 30 日。适用简易程序审理的行政复议案件，行政复议机关应当自受理申请之日起 30 日内作出行政复议决定。

（三）制发行政复议意见书

行政复议机关在办理行政复议案件过程中，发现被申请人或者其他下级行政机关的有关行政行为违法或者不当的，可以向其制发行政复议意见书。有关机关应当自收到行政复议意见书之日起 60 日内，将纠正相关违法或者不当行政行为的情况报送行政复议机关。

二、行政复议决定的类型

根据《行政复议法》第 63 条至第 71 条的规定，行政复议机关根据审查结果的不同作出不同类型的复议决定。行政复议决定包括以下类型：

（一）变更决定

行政行为有下列情形之一的，行政复议机关决定变更该行政行为：第一，事实清楚，证据确凿，适用依据正确，程序合法，但是内容不适当；第二，事实清楚，证据确凿，程序合法，但是未正确适用依据；第三，事实不清、证据不足，经行政复议机关查清事实和证据。行政复议机关不得作出对申请人更为不利的变更决定，但是第三人提出相反请求的除外。

（二）撤销、部分撤销或者重作决定

行政行为有下列情形之一的，行政复议机关决定撤销或者部分撤销该行政行为，并可以责令被申请人在一定期限内重新作出行政行为：第一，主要事实不清、证据不足；第二，违反法定程序；第三，适用的依据不合法；第四，超越职权或者滥用职权。行政复议机关责令被申请人重新作出行政行为的，被申请人不得以同一事实和理由作出与被申请行政复议的行政行为相同或者基本相同的行政行为，但是行政复议机关以违反法定程序为由决定撤销或者部分撤销的除外。

（三）确认违法决定

行政行为有下列情形之一的，行政复议机关不撤销该行政行为，但是确认该行政行为违法：第一，依法应予撤销，但是撤销会给国家利益、社会公共利益造成重大损害；第二，程序轻微违法，但是对申请人权利不产生实际影响。

此外，行政行为有下列情形之一，不需要撤销或者责令履行的，行政复议机关确认该行政行为违法：第一，行政行为违法，但是不具有可撤销内容；第二，被申请人改变原违法行政行为，申请人仍要求撤销或者确认该行政行为违法；第三，被申请人不履行或者拖延履行法定职责，责令履行没有意义。

（四）履行决定

履行决定是指行政复议机关经审查认为被申请人不履行法定职责，责令其在一定期限内履行的决定。

（五）无效确认决定

行政行为有实施主体不具有行政主体资格或者没有依据等重大且明显违法情形，申请人申请确认行政行为无效的，行政复议机关确认该行政行为无效。

（六）维持决定

维持决定是指行政复议机关对被申请人作出的行政行为进行审查，认为行政行为认定事实清楚、证据确凿、适用依据正确、程序合法、内容适当的，行政复议机关作出予以维持的决定。

（七）驳回行政复议申请决定

行政复议机关受理申请人认为被申请人不履行法定职责的行政复议申请后，发现被申请人没有相应法定职责或者在受理前已经履行法定职责的，决定驳回申请人的行政复议请求。

（八）行政协议相关复议决定

被申请人不依法订立、不依法履行、未按照约定履行或者违法变更、解除行政协议的，行政复议机关决定被申请人承担依法订立、继续履行、采取补救措施或者赔偿损失等责任。被申请人变更、解除行政协议合法，但是未依法给予补偿或者补偿不合理的，行政复议机关决定被申请人依法给予合理补偿。

（九）行政赔偿决定

申请人在申请行政复议时一并提出行政赔偿请求，行政复议机关对依照《国家赔偿法》的有关规定应当不予赔偿的，在作出行政复议决定时，应当同时决定驳回行政赔偿请求；对符合《国家赔偿法》的有关规定应当给予赔偿的，在决定撤销或者部分撤销、变更行政行为或者确认行政行为违法、无效时，应当同时决定被申请人依法给予赔偿；确认行政行为违法的，还可以同时责令被申请人采取补救措施。申请人在申请行政复议时没有提出行政赔偿请求的，行政复议机关在依法决定撤销或者部分撤销、变更罚款，撤销或者部分撤销违法集资、没收财物、征收征用、摊派费用以及对财产的查封、扣押、冻结等行政行为时，应当同时责令被申请人返还财产，解除对财产的查封、扣押、冻结措施，或者赔偿相应的价款。

三、行政复议决定的形式

行政复议机关作出行政复议决定，应当制作行政复议决定书，并加盖行政复议机关的印章。行政复议决定书中应当记载以下事项：（1）申请人、被申请人、第三人的姓名、性别、年龄、职业、住址或者法人或其他组织的名称、地址、法定代表人或主要负责人的姓名等情况；（2）申请行政复议的主要请求和理由；（3）被申请人的答复意见以及第三人提出的意见；（4）行政复议机关认定的事实、理由，适用的依据；（5）行政复议决定的内容；（6）不服行政复议决定的救济途径以及期限；（7）作出行政复议决定的日期；（8）加盖行政复议机关的印章。

四、行政复议决定的送达和执行

（一）行政复议决定的送达

行政复议决定的送达是指行政复议机关依照法律规定的程序和方式，将行政复议决定书送交当事人的行为。行政复议决定的送达，依照《民事诉讼法》关于送达的规定执行。行政复议决定作出后，送达当事人知晓后即产生法律效力。

（二）行政复议决定的执行

行政复议决定生效后，双方当事人应自觉履行。在当事人不自觉履行时，依法予以强制执行。行政复议决定的执行是指由有权机关依法强制不履行已经发生法律效力的行政复议决定的当事人履行行政复议决定的活动，具体包括对申请人或第三人、被申请人的执行。

1. 责令被申请人履行

被申请人应当履行行政复议决定书、调解书、意见书。被申请人不履行或者无正当理由拖延履行行政复议决定书、调解书、意见书的，行政复议机关或者有关上级行政机关应当责令其限期履行，并可以约谈被申请人的有关负责人或者予以通报批评。

2. 对申请人或第三人的强制执行

申请人、第三人逾期不起诉又不履行行政复议决定书、调解书的，或者不履行最终裁决的行政复议决定的，按照下列规定分别处理：第一，维持行政行为的行政复议决定书，由作出行政行为的行政机关依法强制执行，或者申请人民法院强制执行；第二，变更行政行为的行政复议决定书，由行政复议机关依法强制执行，或者申请人民法院强制执行；第三，行政复议调解书，由行政复议机关依法强制执行，或者申请人民法院强制执行。

3. 行政复议决定的公开和抄告

行政复议机关根据被申请行政复议的行政行为的公开情况，按照国家有关规定将行政复议决定书向社会公开。县级以上地方各级人民政府办理以本级人民政府工作部门为被申请人的行政复议案件，应当将发生法律效力的行政复议决定书、意见书同时抄告被申请人的上一级主管部门。

第二十章　行政赔偿

行政主体作出的违法行政行为对相对人造成损害时，除了撤销违法行政行为或确认行政行为违法等针对违法行政行为的措施外，对于相对人的损害也必须在经济上予以赔偿。我国《宪法》第 41 条第 3 款规定：“由于国家机关和国家工作人员侵犯公民权利而受到损失的人，有依照法律规定取得赔偿的权利。”以该宪法规定为依据，1986 年制定的《民法通则》第 121 条进一步明确规定：“国家机关或者国家机关工作人员在执行职务中，侵犯公民、法人的合法权益造成损害的，应当承担民事责任。”将行政机关及其工作人员违法侵害相对人的法律责任界定为一种特殊的民事侵权责任，但《民法通则》也没有对赔偿责任的范围等作出具体规定。1989 年颁布的《行政诉讼法》第九章专门规定了“侵权赔偿责任”，开始将行政机关及其工作人员违法侵害相对人的法律责任与民法上所规定的民事侵权责任区分开来，界定为一种行政法上的行政赔偿责任，并初步确立了行政赔偿诉讼的法律程序。其后，1994 年 5 月 12 日第八届全国人民代表大会常务委员会第七次会议正式通过《国家赔偿法》，该法规定“国家机关和国家机关工作人员违法行使职权侵犯公民、法人和其他组织的合法权益造成损害的，受害人有依照本法取得国家赔偿的权利”（第 2 条），并在此基础上，详细规定了行政赔偿的赔偿范围、赔偿请求人和赔偿义务机关、赔偿程序、赔偿方式与计算标准等。1997 年 4 月 29 日，最高人民法院颁布了《关于审理行政赔偿案件若干问题的规定》（法发〔1997〕10 号），对《国家赔偿法》的适用进行了细化和补充。之后，2010 年 4 月 29 日第十一届全国人民代表大会常务委员会第十四次会议、2012 年 10 月 26 日第十一届全国人民代表大会常务委员会第二十九次会议分别对《国家赔偿法》进行了修改，进一步完善了我国的国家赔偿制度。2014 年 11 月 1 日，第十二届全国人民代表大会常务委员会第十一次会议对《行政诉讼法》进行了修改，修改之后的《行政诉讼法》取消了原本的第九章“侵权赔偿责任”的部分，但在个别的条款中涉及了有关行政赔偿的规定，例如，第 76 条规定：“人民法院判决确认违法或者无效的，可以同时判决责令被告采取补救措施；给原告造成损失的，依法判决被告承担赔偿责任。”2022 年 3 月 20 日，最高人民法院重新颁布了《关于审理行政赔偿案件若干问题的规定》（法释〔2022〕10 号），对行政赔偿案件的审理规则进行了完善。

第一节　行政赔偿

行政赔偿是国家对于因行政主体及其工作人员违法行使职权而遭受损害的相对人进行经济上赔偿的一种事后性救济手段，对于救济相对人的合法权益具有重要意义。

一、行政赔偿的概念

行政赔偿是指行政主体及其工作人员违法行使职权侵犯相对人合法权益造成损害时依法

进行赔偿的制度。该定义包括以下含义。

（一）行政赔偿的前提

行政赔偿的前提是行政主体及其工作人员违法行使职权，该前提包含以下三个要件：第一，主体必须是“行政主体及其工作人员”，其他主体或个人的行为不产生行政赔偿。第二，行为必须是“行使职权”的行为。如果系公务员进行的私人行为，不产生行政赔偿。第三，行为必须是“违法”的。如果是合法行为给相对人造成损失，则应当进行行政补偿，而非行政赔偿。

（二）行政赔偿的对象

行政赔偿的对象是相对人因行政主体及其工作人员的违法行为遭受的损害，无损害则无赔偿。损害的性质、程度也是计算赔偿金额的标准。

（三）行政赔偿的赔偿义务机关与责任主体

我国实行的是“国家责任、机关赔偿”制度，即行政赔偿由法定的赔偿义务机关承担赔偿义务，但责任主体是国家。《国家赔偿法》第7条规定，“行政机关及其工作人员行使行政职权侵犯公民、法人和其他组织的合法权益造成损害的，该行政机关为赔偿义务机关”。行政机关的工作人员并非赔偿义务的承担者，由于行政机关工作人员代表行政机关行使行政职权，其行为引起的行政赔偿责任应当由行政机关承担。此外，虽然行政机关是赔偿义务机关，但行政机关代表国家行使行政职权，从根本上讲，行政行为是一种国家行为，而且，从赔偿经费的来源来看，行政赔偿的费用来源于国家财政。可见，行政赔偿在名义上由作出行政行为的行政机关作为赔偿义务机关，但在实质上行政赔偿责任由国家承担，即行政赔偿的责任主体是国家。从《国家赔偿法》的法律名称来看，也是将行政赔偿作为国家赔偿的一种类型而进行规范。

二、行政赔偿的归责原则

行政赔偿的归责原则是指判断在何种情形下对于行政主体及其工作人员给相对人的合法权益造成的损害应当承担赔偿责任的基本规则。从理论以及世界各国的行政赔偿制度来看，行政赔偿的归责原则主要包括过错责任原则、无过错责任原则、违法责任原则等。

（一）过错责任原则

过错责任原则认为，对于行政主体及其工作人员给相对人的合法权益造成的损害是否应当承担赔偿责任的标准在于行政主体及其工作人员在行使职权时是否存在主观上的过错。“过错”是指行政主体及其工作人员在违法行使职权时的心理状态，分为故意与过失。“故意”是指行政主体及其工作人员明知自己的行为可能产生某种法律后果，但仍然行使职权进行该行为，在主观上有意识地促使特定违法后果发生的心理状态；“过失”是指行政主体及其工作人员对自己行使职权的行为可能产生的违法后果应当预见、能够预见而竟未预见到，或者虽然预见到了却轻信其不会发生，以致造成违法后果的心理状态。

过错责任原则区分了行政主体及其工作人员在行使职权时主观上的心理状态，被广泛应用于民事侵权责任与刑事犯罪的追究等领域。在行政赔偿中，世界各国也多数采用该原则，例如，日本《国家赔偿法》第1条第1款规定：“担任行使国家或公共团体公权力之公务员行使其职务故意或过失违反法令损害他人时，国家或公共团体负赔偿责任。”此外，英国、美国、德国等国家的行政赔偿中也适用该原则。但在现实中，由于过错是一种心理状态，判断行政主体或其工作人员是否存在过错具有一定的难度，特别是被侵害权益的相对人往往处于相对弱势的地位，适用过错责任原则有可能使行政主体以无过错为由逃避行政赔偿义务，不利于对相对人权益的保护。

（二）无过错责任原则

无过错责任原则认为，行政主体及其工作人员对相对人的合法权益造成损害时，无论主观上是否存在过错，都必须给予赔偿。该原则从损害的结果出发，主张只要造成实际损害就必须承担赔偿责任，有利于受害人举证、缩小国家不负责任的范围、加重行政机关责任，便于提高行政效率，保护受害人的合法权益。但该原则没有区分行政主体及其工作人员行使职权是否违法，混淆了行政赔偿与行政补偿的界限，也可能挫伤行政机关及其工作人员进行行政活动的积极性。

（三）违法责任原则

违法责任原则认为应当以行政主体及其工作人员行使职权的行为是否违法作为判断是否应当对相对人遭受的损害进行赔偿的标准。该原则为我国1994年制定的《国家赔偿法》所采用，该法第2条第1款规定："国家机关和国家机关工作人员违法行使职权侵犯公民、法人和其他组织的合法权益造成损害的，受害人有依照本法取得国家赔偿的权利。"2010年修改的《国家赔偿法》删除了本条规定中的"违法"二字，不再明确规定国家赔偿的归责原则，但是除了涉及刑事赔偿的《国家赔偿法》第17条、第18条的规定外，我国的国家赔偿仍然采用了违法责任原则。从《国家赔偿法》第3条、第4条有关行政赔偿范围的规定，《行政诉讼法》第76条有关行政诉讼确认违法或者无效判决与行政赔偿判决的衔接关系的规定，《行政复议法》第72条有关行政复议撤销决定、变更决定、确认违法决定、无效决定与行政赔偿决定的衔接关系的规定来看，行政机关及其工作人员的"违法"行使职权是行政赔偿的前提，违法责任原则仍然是我国行政赔偿的归责原则。与过错责任原则、无过错责任原则相比，违法责任原则的优点在于：第一，避免对过错主观性认定的困难，有利于对相对人权益的保护。第二，从依法行政原理来看，行政主体必须依法行使职权，对于其违法行使职权的行为必须承担相应的责任。可见，违法责任原则与依法行政原理也是对应的。第三，违法责任原则相对于过错责任原则更为严格，符合现代行政法充分保障相对人权益的趋势。

三、行政赔偿的构成要件

行政赔偿的构成要件是指构成行政赔偿责任的要素。行政赔偿是指行政主体及其工作人员违法行使职权而致使相对人的合法权益遭受损害时，依法应当承担的赔偿责任。由此可以分析出行政赔偿的行政主体、违法行为、损害后果、因果关系四个构成要件。

（一）行政主体

行政赔偿的原因在于行政主体及其工作人员违法行使职权给相对人造成了损害，该行政赔偿的义务机关即该行政主体。其中的工作人员包括行政机关、法律法规授权组织中具体负责行使职权的人员以及行政委托中代表受委托者行使职权的人员。此外，此处的"工作人员"并非行政主体所有的所属工作人员，而是在行政案件中具体行使行政职权的人员，作出的行为必须是行使职权的行为。如果是工作人员以私人身份作出的行为，则不属于行使职权的行为。例如，《国家赔偿法》第 5 条规定，对于“行政机关工作人员与行使职权无关的个人行为”，国家不承担赔偿责任。

（二）违法行为

违法行为是指行政主体及其工作人员行使职权作出的行为违法，这是违法责任原则的体现。违法是指违反宪法、法规、规章等行政法律规范的行为，对于行为是否“违法”需要由有关行政机关确认或者由人民法院在行政诉讼中认定。

（三）损害后果

行政赔偿的对象是相对人因行政主体及其工作人员违法行使职权所遭受的损害，损害的发生是行政赔偿责任产生的前提。损害必须是对相对人的合法权益所造成的损害，而不包括对相对人的违法权益造成的损害。从损害的形态来看，损害包括人身损害与财产损害、物质损害与精神损害、直接损害与间接损害等。

（四）因果关系

因果关系是指相对人遭受的损害与行政主体及其工作人员的违法行为之间存在着因果关系，即成为行政赔偿对象的相对人的损害必须是行政主体及其工作人员违法行使职权行为所造成的，对于其他原因造成的损害，不能进行行政赔偿。例如，《国家赔偿法》第 5 条第 2 项规定，“因公民、法人和其他组织自己的行为致使损害发生的”，国家不承担赔偿责任。

对于因果关系的密切程度，学界还存在着争议，一般认为应当是“直接因果关系”。直接因果关系是指行为与结果间存在着逻辑上的直接关系，行为未必是结果的必然或根本原因，但行为是导致结果发生的一个较近的原因。因果关系的情况比较复杂，在行政赔偿的现实中，需要根据具体行政案件的具体情况进行判断。

第二节　行政赔偿的范围

广义上的行政赔偿的范围包括相对人有权要求行政主体承担行政赔偿责任的行政侵权行为范围和相对人可以获得行政赔偿的损害范围，狭义上的行政赔偿的范围专指行政主体应当承担行政赔偿责任的行政侵权行为范围。为了区分的方便，在此分别将这两种行政赔偿范围称为“行政赔偿的行为范围”与“行政赔偿的损害范围”。

一、行政赔偿的行为范围及其问题

而《国家赔偿法》第 3 条、第 4 条、第 5 条分别规定了侵犯人身权的行政赔偿范围、侵犯财产权的行政赔偿范围与国家不承担赔偿责任的情形。

（一）行政赔偿的行为范围

1. 侵犯人身权的行政赔偿范围

《国家赔偿法》第 3 条规定，行政机关及其工作人员在行使行政职权时有下列侵犯人身权情形之一的，受害人有取得赔偿的权利：（1）违法拘留或者违法采取限制公民人身自由的行政强制措施的；（2）非法拘禁或者以其他方法非法剥夺公民人身自由的；（3）以殴打、虐待等行为或者唆使、放纵他人以殴打、虐待等行为造成公民身体伤害或者死亡的；（4）违法使用武器、警械造成公民身体伤害或者死亡的；（5）造成公民身体伤害或者死亡的其他违法行为。其中，（1）与（2）规定的是侵犯公民人身自由权的行为；（3）与（4）规定的是侵犯公民生命健康权的行为。

2. 侵犯财产权的行政赔偿范围

《国家赔偿法》第 4 条规定，行政机关及其工作人员在行使行政职权时有下列侵犯财产权情形之一的，受害人有取得赔偿的权利：（1）违法实施罚款、吊销许可证和执照、责令停产停业、没收财物等行政处罚的；（2）违法对财产采取查封、扣押、冻结等行政强制措施的；（3）违法征收、征用财产的；（4）造成财产损害的其他违法行为。（1）（2）（3）分别是行政处罚中的财产权处罚、财产强制措施、征收财物的行为。

根据最高人民法院《关于审理行政赔偿案件若干问题的规定》第 1 条的规定，《国家赔偿法》第 3 条的第 5 项和第 4 条的第 4 项中所规定的“其他违法行为”，包括不履行法定职责行为和行政机关及其工作人员在履行行政职责过程中作出的不产生法律效果，但事实上损害公民、法人或者其他组织人身权、财产权等合法权益的行为。

3. 国家不承担赔偿责任的情形

《国家赔偿法》第 5 条规定，属于下列情形之一的，国家不承担赔偿责任：（1）行政机关工作人员与行使职权无关的个人行为；（2）因公民、法人和其他组织自己的行为致使损害发生的；（3）法律规定的其他情形。“法律”是指全国人大及其常委会制定的法律，法律规定不承担赔偿责任的情形主要包括不可抗力、紧急避险、正当防卫等情形。最高人民法院《关于审理行政赔偿案件若干问题的规定》第 5 条规定：“公民、法人或者其他组织认为国防、外交等国家行为或者行政机关制定发布行政法规、规章或者具有普遍约束力的决定、命令侵犯其合法权益造成损害，向人民法院提起行政赔偿诉讼的，不属于人民法院行政赔偿诉讼的受案范围。”可见，“法律规定的其他情形”主要包括国家行为、行政立法行为等。

（二）行政赔偿行为范围的问题

《国家赔偿法》第 3 条、第 4 条分别规定了侵犯人身权与财产权的行政赔偿范围。第 35 条又规定，有本法第 3 条规定情形之一，致人精神损害的，应当在侵权行为影响的范围内，为受害人消除影响，恢复名誉，赔礼道歉；造成严重后果的，应当支付相应的精神损害抚慰金。可见，在《国家赔偿法》中，应当承担行政赔偿责任的行为限于侵犯人身权和财产权的行为，精神损害必须是由侵犯受害人人身权的行为所引发的才有可能获得赔偿，因此，行政赔偿的行为范围中并不包括单纯侵犯精神权的行为。此外，对于公有公共设施致害的赔偿责任，《国家赔偿法》也没有作出规定。而从世界各国的行政赔偿制度来看，一般将公有公共设施致害纳入行政赔偿的范围之内，例如，日本《国家赔偿法》第 2 条规定：“因道路、河川或者其他公共营造物之设置或者管理有瑕疵，致使他人受损害时，国家或公共团体负赔偿之责。”

可见，《国家赔偿法》中，我国行政赔偿的行为范围还比较狭窄。随着现代行政法治的发展以及保障相对人合法权益的需要，今后有必要在以上方面进一步拓宽行政赔偿的范围。

二、行政赔偿的损害范围

行政赔偿的损害范围是指在行政机关及其工作人员违法行使职权给相对人造成的损害中，能够获得行政赔偿的损害范围。损害按照一定标准可以划分为物质损害与精神损害、直接损害与间接损害，一般而言，物质损害与直接损害都是行政赔偿的范围，因此，关于行政赔偿损害范围的争议主要集中于精神损害与间接损害是否能够获得赔偿的问题。

（一）精神损害的行政赔偿问题

行政赔偿中的精神损害是指相对人因行政主体及其工作人员的违法行为在精神上受到的痛苦或创伤，包括姓名权、名称权、名誉权、荣誉权等人格权受到损害以及因暴力、伤残或特定财物的灭失等原因引起的受害人精神上的创伤。与物质损害的客观性、有形性相比，精神损害具有主观性、无形性的特点，因此，精神损害难以确定，但从损害程度来看，精神损害的程度未必小于物质损害的程度，实践中，精神损害往往比物质损害程度更为严重，计算为赔偿金时往往数额巨大。而正是因为精神损害难以确定以及赔偿数额巨大的特性，在实践中对精神损害是否应当赔偿的问题存在着争议。从 1994 年《国家赔偿法》所规定的赔偿方式与赔偿金的计算标准来看，并没有将精神损害纳入行政赔偿的范围。但从民事赔偿来看，《民法通则》第 120 条规定："公民的姓名权、肖像权、名誉权、荣誉权受到侵害的，有权要求停止侵害，恢复名誉，消除影响，赔礼道歉，并可以要求赔偿损失。"《民法通则》被废止后，《民法典》第 1183 条进一步明确规定"侵害自然人人身权益造成严重精神损害的，被侵权人有权请求精神损害赔偿"。《消费者权益保护法》第 50 条规定："经营者侵害消费者的人格尊严、侵犯消费者人身自由或者侵害消费者个人信息依法得到保护的权利的，应当停止侵害、恢复名誉、消除影响、赔礼道歉，并赔偿损失。"可见，在民事赔偿中存在着精神损害赔偿的规定。在行政赔偿中，从世界各主要国家的立法来看，多数将精神损害纳入赔偿范围。为了体现对受害人人格尊严的尊重，充分救济受害人的权益，2010 年修正的《国家赔偿法》增设了有关精神损害赔偿的规定，即将原第 30 条改为第 35 条，修改为："有本法第三条或者第十七条规定情形之一，致人精神损害的，应当在侵权行为影响的范围内，为受害人消除影响，恢复名誉，赔礼道歉；造成严重后果的，应当支付相应的精神损害抚慰金。"可见，在我国目前的行政赔偿中，已经将精神损害纳入了赔偿的范围。但是，第 35 条规定中的"严重后果""相应的精神损害抚慰金"都是较为抽象的、不确定的概念。对此，2022 年《最高人民法院关于审理行政赔偿案件若干问题的规定》第 26 条规定，有下列情形之一的，属于"造成严重后果"：（1）受害人被非法限制人身自由超过 6 个月；（2）受害人经鉴定为轻伤以上或者残疾；（3）受害人经诊断、鉴定为精神障碍或者精神残疾，且与违法行政行为存在关联；（4）受害人名誉、荣誉、家庭、职业、教育等方面遭受严重损害，且与违法行政行为存在关联。有下列情形之一的，属于"后果特别严重"：（1）受害人被限制人身自由 10 年以上；（2）受害人死亡；（3）受害人经鉴定为重伤或者残疾一至四级，且生活不能自理；（4）受害人经诊断、鉴定为严重精神障碍或者精神残疾一至二级，生活不能自理，且与违法行政行为存在关联。有关"相应的精神损害抚慰金"的标准，2014 年最高人民法院制定了《关于人民法院赔偿委员会审理国家赔偿案件适用精神损害赔偿若干问题的意见》，2021 年最高人民法院制定了《关于审理国家赔偿案件确定精神损害赔偿责任适用法律若干问题的解释》，一般按照人身自由赔偿金、生命健康赔偿金总额的一定比例酌定。

（二）间接损害的行政赔偿问题

行政赔偿中的直接损害是指行政主体及其工作人员的违法行为对相对人直接造成的损

害，表现为财产的减少、毁损、灭失或者为消除损害而支出的费用等，故又被称为积极损害或既得利益损害。间接损害是指行政主体及其工作人员的违法行为对相对人将来可能得到的利益的损害，具体表现为：（1）可得财产的法定孳息的丧失；（2）受害人可得的经营利润等的丧失；（3）受害人可得的收入，包括工资、奖金等的丧失；（4）受害人未来的可能的挣钱能力的丧失或者降低；等等。可见，间接损害并非受害者现有利益的损害，而是可预期利益的损害。这种可预期利益的特征在于：第一，受害者遭受违法行政行为侵犯时，该利益并不存在；第二，在通常情况下，如果没有遭受违法行政行为的侵犯，该利益必然或极有可能产生。因此，间接损害又被称为消极损害、可得利益损害或可预期利益损害。

从《国家赔偿法》的相关规定看，该法对于是否承担间接损害的赔偿进行区分，即对于侵犯财产权的行政赔偿，仅限于直接损害，对财产所受间接损害不予赔偿；而对于侵犯人身权的行政赔偿，《国家赔偿法》承认对间接损害的赔偿，包括误工费、残疾赔偿金、死亡赔偿金、作为间接受害人的“由受害人扶养的无劳动能力的人”的生活费，但误工费等以国家上年度职工年平均工资为标准计算，并非受害者实际遭受的间接损害，例如，对于受害者因为违法限制人身自由而遭受的营业损失等间接损害不予赔偿。可见，《国家赔偿法》对间接损害进行赔偿的范围过于狭小。间接损害虽然是一种预期利益的损害，但这种预期利益并非主观臆造的，而是具有一定的客观性，因此，为了充分救济受害者的权益，在对间接损害进行严格审查的基础上，行政赔偿也应当将间接损害纳入赔偿范围。

第三节　行政赔偿的程序

行政赔偿的程序是指行政赔偿请求人提出行政赔偿请求，由行政赔偿义务机关或人民法院对其进行审查并作出决定过程中所应当遵循的步骤、方式等。行政赔偿的程序对于受到行政机关及其工作人员违法行为侵害的相对人而言，是其依法取得行政赔偿的程序保障。

一、行政赔偿请求的提出

行政赔偿请求程序即行政赔偿请求的提出程序，是指遭受行政主体及其工作人员违法行为侵害的受害人向行政赔偿义务机关提出行政赔偿请求的程序。行政赔偿一般应当由受害人提出，因此，行政赔偿请求的提出是整个行政赔偿程序的起点。

（一）行政赔偿请求人

行政赔偿针对的是相对人的损害，因此，行政赔偿请求人应当是遭受损害的相对人，但有时行政赔偿请求人的资格可能发生转移。为此，《国家赔偿法》第 6 条规定：“受害的公民、法人和其他组织有权要求赔偿。受害的公民死亡，其继承人和其他有扶养关系的亲属有权要求赔偿。受害的法人或者其他组织终止的，其权利承受人有权要求赔偿。”可见，行政赔偿请求人是受害人以及当受害人不存在时继受其权利的人。

（二）行政赔偿请求提出的途径

《国家赔偿法》第 9 条第 2 款规定：“赔偿请求人要求赔偿，应当先向赔偿义务机关提出，也可以在申请行政复议或者提起行政诉讼时一并提出。”可见，行政赔偿请求的提出包括“单独提起”与“一并提起”两种途径，两种途径分别适用不同的程序。

1. 单独提起

“单独提起”是指赔偿请求人首先向赔偿义务机关提出赔偿请求，在对赔偿义务机关作出的行政赔偿决定不服时，可以向人民法院提起行政赔偿诉讼。“单独提起”是在行政机关及其工作人员的行政行为的违法性已经得到确认的前提下，赔偿请求人仅仅针对赔偿问题提出的请求。因此，赔偿请求人单独提起行政赔偿诉讼，须以赔偿义务机关先行处理为前提。根据《国家赔偿法》第 14 条的规定，赔偿义务机关在规定期限内未作出是否赔偿的决定，赔偿请求人可以自期限届满之日起 3 个月内，向人民法院提起诉讼。赔偿请求人对赔偿的方式、项目、数额有异议的，或者赔偿义务机关作出不予赔偿决定的，赔偿请求人可以自赔偿义务机关作出赔偿或者不予赔偿决定之日起 3 个月内，向人民法院提起诉讼。根据最高人民法院《关于审理行政赔偿案件若干问题的规定》第 13 条的规定，行政行为已经被确认为违法的情况下，赔偿请求人单独提起行政赔偿诉讼，应当符合下列条件：(1) 原告具有行政赔偿请求资格；(2) 有明确的被告；(3) 有具体的赔偿请求和受损害的事实根据；(4) 赔偿义务机关已先行处理或超过法定期限不予处理；(5) 属于人民法院行政赔偿诉讼的受案范围和受诉人民法院管辖；(6) 在法律规定的起诉期限内提起诉讼。

在“单独提起”的场合，赔偿请求人必须自行政主体及其工作人员行使职权时的行为被依法确认违法之日起 2 年内（被羁押期间不计算在内），向行政赔偿义务机关提出赔偿请求。当存在多个共同赔偿义务机关时，赔偿请求人可以向共同赔偿义务机关中的任何一个赔偿义务机关要求赔偿。赔偿请求原则上应当以书面方式提出，具体而言，要求赔偿应当递交申请书，申请书应当载明下列事项：(1) 受害人的姓名、性别、年龄、工作单位和住所，法人或者其他组织的名称、住所和法定代表人或者主要负责人的姓名、职务；(2) 具体的要求、事实根据和理由，当存在数项损害时，赔偿请求人根据受到的不同损害，可以同时提出数项赔偿要求；(3) 申请的年、月、日。赔偿请求人书写申请书确有困难的，可以委托他人代书；也可以口头申请，由赔偿义务机关记入笔录。在提交申请书的同时，赔偿申请人也可以提交与赔偿请求相关的行政复议决定书、行政诉讼判决书以及相关的证据等。

2. 一并提起

“一并提起”是指赔偿请求人在申请行政复议或行政诉讼的同时，一并提出行政赔偿的请求。可见，在“一并提起”方式中，赔偿请求人同时又是行政复议的申请人或行政诉讼的原告。事实上，赔偿请求人同时向同一机关提出了两项不同的请求：首先请求撤销、变更行政主体的违法行政行为或确认行政行为违法，在此基础上，请求对该违法行政行为造成的损害进行赔偿。可见，这两项请求之间具有先后关系，确认行政行为违法是进行行政赔偿的前提，而进行行政赔偿也是确认行政行为违法之后的进一步救济措施。因此，可以将这两项请求一并提起。

至于“一并提起”的程序，分别按照行政复议或行政诉讼程序进行，即在行政复议时一并提出赔偿请求的，按照行政复议程序进行；在行政诉讼时一并提出赔偿请求的，按行政诉讼程序进行。

二、行政赔偿处理程序

行政赔偿处理程序是指行政赔偿义务机关在收到赔偿申请人提交的申请书之后进行处理所适用的程序。

（一）行政赔偿义务机关

行政赔偿义务机关是指对受害人负有赔偿义务的机关。根据《国家赔偿法》第7条、第8条的规定，赔偿义务机关包括以下类型：（1）行政机关及其工作人员行使行政职权侵犯公民、法人和其他组织的合法权益造成损害的，该行政机关为赔偿义务机关。（2）两个以上行政机关共同行使行政职权时侵犯公民、法人和其他组织的合法权益造成损害的，共同行使行政职权的行政机关为共同赔偿义务机关。（3）法律、法规授权的组织在行使授予的行政权力时侵犯公民、法人和其他组织的合法权益造成损害的，被授权的组织为赔偿义务机关。（4）受行政机关委托的组织或者个人在行使受委托的行政权力时侵犯公民、法人和其他组织的合法权益造成损害的，委托的行政机关为赔偿义务机关。（5）赔偿义务机关被撤销的，继续行使其职权的行政机关为赔偿义务机关；没有继续行使其职权的行政机关的，撤销该赔偿义务机关的行政机关为赔偿义务机关。（6）经行政复议机关复议的，最初造成侵权行为的行政机关为赔偿义务机关，但行政复议机关的复议决定加重损害的，行政复议机关对加重的部分履行赔偿义务。原行政行为造成赔偿请求人损害，复议决定加重损害的，复议机关与原行政行为机关为共同被告。赔偿请求人坚持对作出原行政行为机关或者复议机关提起行政赔偿诉讼，以被起诉的机关为被告，未被起诉的机关追加为第三人。

（二）行政赔偿义务机关的处理

对于行政赔偿义务机关接到赔偿申请书后进行处理的程序，《国家赔偿法》中并没有作出具体规定。但从现实行政赔偿的过程来看，大致包括以下程序。

1. 受理

行政赔偿义务机关在收到赔偿申请人提出的申请书之后，应当首先对申请书的形式进行审查，审查申请书在形式上是否符合法律规定，如果发现申请书中欠缺法律规定应当记载的事项，应当通知申请人进行补正。在审查申请书符合形式要件时，受理赔偿申请。

2. 审查

行政赔偿义务机关受理赔偿申请人提出的申请后，应当按照法律的规定对申请书提出的赔偿要求进行审查，审查的内容包括：第一，申请是否超过了时效规定；第二，赔偿申请人是否具有法定资格；第三，赔偿申请人提出赔偿的事实、理由、法律依据是否充分，申请人的损害是否确实存在，损害是否由本行政机关及其工作人员的违法行为引起等；第四，请求赔偿事项是否符合《国家赔偿法》规定应予赔偿的情形之一。

3. 赔偿方式的选定与赔偿数额的计算

经审查，行政赔偿义务机关认为申请人的赔偿请求符合法律规定，应予赔偿时，依法选定赔偿的方式，计算出应予赔偿的数额。赔偿数额的确定包括两种方式：一种是由行政赔偿义务机关单方决定赔偿的方式与数额；另一种是由行政赔偿义务机关与请求人双方协商决定赔偿的方式与数额，当然，这种协商并非随意的，而是在法定范围内协商，协商不成的，由行政赔偿义务机关单方面决定。

4. 签订赔偿协议书或作出赔偿决定

经双方协商，就赔偿方式、数额、时间等达成协议的，应当制作行政赔偿协议书。行政赔偿请求人和行政赔偿义务机关都应当在协议书上签名或盖章，协议书经双方签名或盖章后即发生法律效力。达不成协议的，行政赔偿义务机关应当依据法律作出行政赔偿决定。行政赔偿义务机关经审查，认为行政赔偿请求人的申请不符合法律规定的行政赔偿条件的，应当予以拒绝，不予赔偿。

赔偿义务机关应当自收到申请之日起 2 个月内，作出是否赔偿的决定。赔偿义务机关在规定期限内未作出是否赔偿的决定，赔偿请求人可以自期限届满之日起 3 个月内，向人民法院提起诉讼。赔偿请求人对赔偿的方式、项目、数额有异议的，或者赔偿义务机关作出不予赔偿决定的，赔偿请求人可以自赔偿义务机关作出赔偿或者不予赔偿决定之日起 3 个月内，向人民法院提起诉讼。

三、行政赔偿后的追偿程序

（一）追偿的概念

追偿是指行政赔偿义务机关在依法赔偿行政赔偿请求人的损失后，依法责令存在故意或重大过失的工作人员、受委托的组织或个人承担部分或全部赔偿费用的责任追究程序。该定义包括以下含义：第一，追偿是在行政赔偿义务机关依法赔偿行政赔偿请求人的损失后进行的后续程序；第二，追偿的对象是行政机关的工作人员、受委托的组织或个人，与追偿的主体之间存在着隶属关系，即追偿是行政机关基于行政组织管理权而对其内部人员或者委托组织或个人进行的一种内部性制裁措施；第三，被追偿的对象必须存在主观上的重大过错，包括故意或重大过失，对于无过错或具有轻微过失的工作人员、受委托的组织或个人则不应当进行追偿；第四，追偿的效果是责令追偿对象承担部分或全部赔偿费用，追偿程度以行政赔偿义务机关向赔偿请求人赔偿的数额为限，追偿不能超过该数额。

（二）追偿的适用范围

从《行政诉讼法》与《国家赔偿法》的相关规定来看，追偿程序主要适用于对以下对象进行的追偿。

1. 对行政机关工作人员的追偿

《国家赔偿法》第 16 条第 1 款规定："赔偿义务机关赔偿损失后，应当责令有故意或者重大过失的工作人员或者受委托的组织或者个人承担部分或者全部赔偿费用。"行政机关的行为实际上是由其工作人员实施的，工作人员代表行政机关行使职权，在由于工作人员本身的故意或重大过失违法给相对人造成损害时，对相对人进行赔偿的虽然是行政机关，但行政机关在赔偿后可以对其工作人员进行追偿，这是一种组织内部的制裁措施。

2. 对受委托的组织或者个人的追偿

上述《国家赔偿法》第 16 条第 1 款的规定表明，《国家赔偿法》中规定的追偿对象不仅包括行政机关的工作人员，还包括受委托的组织或者个人。受委托的组织或者个人与行政机关之间虽然未必存在组织隶属关系，但基于行政委托协议，受委托的组织或者个人负有适当行使被委托的行政权力的义务，当受委托的组织或者个人本身存在故意或重大过失，违法造成相对人损害时，行政机关在赔偿后可以对其进行追偿。

3. 共同赔偿义务机关之间的追偿

《国家赔偿法》第 7 条第 2 款规定："两个以上行政机关共同行使行政职权时侵犯公民、法人和其他组织的合法权益造成损害的，共同行使行政职权的行政机关为共同赔偿义务机关。"第 10 条规定："赔偿请求人可以向共同赔偿义务机关中的任何一个赔偿义务机关要求赔偿，该赔偿义务机关应当先予赔偿。”但该法对于赔偿义务机关在先予赔偿之后是否可以向其他赔偿义务机关进行追偿并没有规定。从该条文来看，被赔偿请求人要求赔偿的赔偿义务机关应当“先予”赔偿，并非最终的赔偿，即先对赔偿请求人赔偿，之后由共同赔偿义务机关之间最终决定应当如何分担赔偿的问题，因此，从理论以及赔偿实践来看，共同赔偿义务机关之间的追偿也是可能的。

第四节　行政赔偿的方式与计算标准

行政赔偿的方式与计算标准直接影响行政赔偿对相对人救济的程度，因此，法律必须根据相对人所受损害的严重程度，严格规定相应的赔偿方式与计算标准。

一、行政赔偿的方式

行政赔偿的方式是指行政赔偿义务机关向赔偿请求人承担赔偿义务的具体形式。《国家赔偿法》第 32 条规定：“国家赔偿以支付赔偿金为主要方式。能够返还财产或者恢复原状的，予以返还财产或者恢复原状。”从该规定来看，行政赔偿的方式包括支付赔偿金、返还财产与恢复原状三种类型，返还财产与恢复原状的方式优先于支付赔偿金方式。

（一）支付赔偿金

支付赔偿金又称为金钱赔偿，是指行政赔偿义务机关以支付一定货币的形式向赔偿请求人承担赔偿义务的形式，即首先将赔偿请求人受到的损害按照一定的标准计算出赔偿金的额度，并以货币形式向赔偿请求人支付。应当支付的赔偿金包括：侵犯人身自由权、生命健康权的赔偿金；财产损坏的，赔偿修复所需费用；财产灭失的，按侵权行为发生时当地市场价格予以赔偿；财产已拍卖的，给付拍卖所得的价款；财产已变卖的，按合法评估机构的估价赔偿；造成其他损害的，赔偿直接损失。

支付赔偿金的方式与其他赔偿方式相比，具有简单易行、迅速有效等特点，因此，是行政赔偿中最为常用的方式，广泛应用于对赔偿请求人人身或财产损害的赔偿，特别是对于人身损害，由于不能通过返还财产或恢复原状等方式进行赔偿，一般都以支付赔偿金的方式赔偿。但赔偿请求人的人身、财产损害与赔偿金的金钱性质并不完全相同，因此，将损害计算为赔偿金的计算标准显得尤为重要。此外，在大部分行政赔偿中，赔偿请求人即使得到了赔偿金也未必能够恢复到被损害之前的状态，例如人身损害、特定物品的毁损等。因此，在能够返还财产或恢复原状的情况下，应当优先适用这两种赔偿方式。可见，与返还财产、恢复原状等方式相比，支付赔偿金虽然是行政赔偿的主要方式，但并非优先方式。

（二）返还财产

返还财产是指行政赔偿义务机关将违法占有或控制的赔偿请求人的财产进行返还的赔偿方式，例如，解除查封、扣押、冻结或退还罚款、罚没财物。返还财产的方式仅适用于对财产损害的赔偿，其中的“财产”包括金钱财产与物品财产，因此，返还财产也包括返还金钱与返还原物。返还金钱并不要求一定返回原金钱，而只要求返回等额的金钱。而返回原物要求必须返回原物品，因此，原物品本身必须存在，没有毁损或丧失，但如果原物品部分毁损，也可以在返还财产的基础上，对部分毁损的物品以支付赔偿金的方式进行赔偿。

此外，有观点认为返还财产必须以不影响公务的实施为前提，即某些被行政机关违法占有或控制的财产已经被用于公务，将这些财产进行返还有可能影响到的，不能适用返还财产的方式。但笔者认为，返还财产中的财产是被行政机关违法占有或控制的，即使返还财产可能影响到公务的实施，也必须返还，否则，行政机关想得到相对人所有的某财物时，就有可能利用首先违法占有然后支付赔偿金的方式来得到，这不利于违法行为的纠正。如果返还的财物确实是履行公务所必需的，行政机关应当在返还后进行公益征收。

（三）恢复原状

恢复原状是指行政赔偿义务机关对赔偿请求人的损害进行修复，以达到损害之前状态的赔偿方式。恢复原状对赔偿请求人的救济较为充分，但恢复原状仅适用于能够恢复的损害，此外，“能够恢复”还应当考虑到恢复的成本等，故适用范围比较狭窄。

此外，《国家赔偿法》第35条规定，行政赔偿义务机关“致人精神损害的，应当在侵权行为影响的范围内，为受害人消除影响，恢复名誉，赔礼道歉”。可见，除上述三种行政赔偿方式外，还存在消除影响、恢复名誉、赔礼道歉等赔偿方式。赔偿方式应当根据损害的性质进行选择，在可能的范围内，也应当考虑赔偿请求人的意愿，选择能够适当保障相对人合法权益的赔偿方式。

二、行政赔偿的计算标准

行政赔偿的计算标准是指行政赔偿义务机关针对赔偿请求人的损害以支付赔偿金方式进行赔偿时，将损害计算为赔偿金的标准。行政赔偿的计算标准一般特指支付赔偿金方式的计算标准，因为返还财产以原财产、恢复原状以损害前的原状态为基准，在返还财产、恢复原状的赔偿方式中一般并不涉及行政赔偿的计算标准问题。

（一）行政赔偿计算标准的类型

从行政赔偿的充分程度来看，行政赔偿的计算标准大致可以分为以下三种类型。

1. 惩罚性标准

惩罚性标准是指行政赔偿义务机关向赔偿请求人支付超过其损害价值的赔偿金的计算标准，即赔偿金的数额超过了受害人的实际损失。惩罚性赔偿金除了弥补受害人的损害外，对行政赔偿义务机关还具有惩罚性的功能，不仅可以充分保障受害人的权益，而且通过对作出违法行为的行政机关进行惩罚，确保其今后行为的合法性。但由于行政赔偿义务机关支付的赔偿金最终是由国家财政承担，这种标准加大了国家的财政负担。

2. 补偿性标准

补偿性标准是指行政赔偿义务机关向赔偿请求人支付与其损害价值大致相同的赔偿金的计算标准，即赔偿金的数额与受害人的损失大致相同，正好能够弥补受害人的损失。这种标准与民法上的赔偿标准相同，赔偿的目的是使受害人恢复到受害之前的状态。

3. 抚慰性标准

抚慰性标准是指行政赔偿义务机关向赔偿请求人支付低于其损害价值的赔偿金的计算标准，即赔偿金的数额低于受害人的实际损失。赔偿金并没有完全弥补受害人的损害，对受害人来说仅具有抚慰的性质。

从《国家赔偿法》的相关规定来看，我国目前的行政赔偿计算标准属于抚慰性标准，即赔偿金的数额远远低于受害人的实际损失。从理论上看，赔偿与补偿不同，赔偿针对的是违法行为造成的损害，应当对损害进行全额赔偿。而且，行政机关代表着公权力，其违法行使职权给相对人造成损害时，应当适用比民事赔偿标准更为严格的标准。从世界各主要国家的行政赔偿实践来看，采用惩罚性标准的居多。因此，我国也应当提高行政赔偿的计算标准。考虑到我国行政法治的发展状况以及国家的财政负担等因素，目前阶段可以适用补偿性标准，并逐渐发展为惩罚性标准。

（二）我国行政赔偿的计算标准

根据损害性质的不同，赔偿金的计算标准各不相同。《国家赔偿法》分别规定了侵犯人身自由权、生命健康权、财产权的赔偿金计算标准。

1. 侵犯人身自由权的赔偿金计算标准

《国家赔偿法》第 33 条规定："侵犯公民人身自由的，每日赔偿金按照国家上年度职工日平均工资计算。"其中的"上年度"是指行政赔偿义务机关、行政复议机关或者人民法院赔偿委员会作出赔偿决定时的上年度；行政复议机关或者人民法院赔偿委员会决定维持原赔偿决定的，按作出原赔偿决定时的上年度执行。国家上年度职工日平均工资数额应当以职工年平均工资除以全年法定工作日数的方法计算，年平均工资以国家统计局公布的数字为准。

这种以"国家上年度职工日平均工资"为标准的计算方式简单易行，只要将被侵犯人身自由的天数乘以国家上年度职工日平均工资就可以计算出赔偿金的数额；但该计算方式并没有考虑被侵犯人身自由者的实际损失，不论受害人在被侵犯人身自由的期间内实际遭受多少损失，一律平等地以国家上年度职工日平均工资为标准计算，并不能弥补受害人的实际损失。

2. 侵犯生命健康权的赔偿金计算标准

根据《国家赔偿法》第 34 条的规定，侵犯公民生命健康权的，赔偿金按照下列标准计算。

(1) 身体伤害的赔偿金计算。造成身体伤害的，应当支付医疗费、护理费，以及赔偿因误工减少的收入。减少的收入每日的赔偿金按照国家上年度职工日平均工资计算，最高额为国家上年度职工年平均工资的 5 倍。

(2) 部分或者全部丧失劳动能力的赔偿金计算。造成部分或者全部丧失劳动能力的，应当支付医疗费、护理费、残疾生活辅助具费、康复费等因残疾而增加的必要支出和继续治疗所必需的费用，以及残疾赔偿金。残疾赔偿金根据丧失劳动能力的程度，按照国家规定的伤残等级确定，最高额为国家上年度职工年平均工资的 20 倍。造成全部丧失劳动能力的，对其扶养的无劳动能力的人，还应当支付生活费。

(3) 死亡的赔偿金计算。造成死亡的，应当支付死亡赔偿金、丧葬费，总额为国家上年度职工年平均工资的 20 倍。对死者生前扶养的无劳动能力的人，还应当支付生活费。

其中的生活费的发放标准参照当地最低生活保障标准执行。被扶养的人是未成年人的，生活费给付至 18 周岁止；是其他无劳动能力人的，生活费给付至死亡时止。

侵犯生命健康权的赔偿金计算标准的特点在于规定了"最高额"的限制，即使受害人的损害超过"最高额"，也不能得到超过部分的赔偿。这是抚慰性标准的典型表现。

3. 侵犯财产权的赔偿金计算标准

《国家赔偿法》第36条规定，侵犯公民、法人和其他组织的财产权造成损害的，按照下列规定处理：(1) 处罚款、罚金、追缴、没收财产或者违法征收、征用财产的，返还财产；(2) 查封、扣押、冻结财产的，解除对财产的查封、扣押、冻结，造成财产损坏或者灭失的，依照本条第3和第4项的规定赔偿；(3) 应当返还的财产损坏的，能够恢复原状的恢复原状，不能恢复原状的，按照损害程度给付相应的赔偿金；(4) 应当返还的财产灭失的，给付相应的赔偿金；(5) 财产已经拍卖或者变卖的，给付拍卖或者变卖所得的价款；变卖的价款明显低于财产价值的，应当支付相应的赔偿金；(6) 吊销许可证和执照、责令停产停业的，赔偿停产停业期间必要的经常性费用开支；(7) 返还执行的罚款或者罚金、追缴或者没收的金钱，解除冻结的存款或者汇款的，应当支付银行同期存款利息；(8) 对财产权造成其他损害的，按照直接损失给予赔偿。其中，第6项规定的“停产停业期间必要的经常性费用开支”具体包括：1) 必要留守职工的工资；2) 必须缴纳的税款、社会保险费；3) 应当缴纳的水电费、保管费、仓储费、承包费；4) 合理的房屋场地租金、设备租金、设备折旧费；5) 维系停产停业期间运营所需的其他基本开支。第8项规定的“直接损失”具体包括：1) 存款利息、贷款利息、现金利息；2) 机动车停运期间的营运损失；3) 通过行政补偿程序依法应当获得的奖励、补贴等；4) 对财产造成的其他实际损失。

三、行政赔偿的费用

行政赔偿的费用是指行政赔偿义务机关依法向赔偿请求人支付赔偿金或恢复原状所需要的各种费用。虽然行政赔偿在形式上由行政赔偿义务机关进行赔偿，但行政赔偿在本质上是国家赔偿，行政赔偿的费用最终由国家承担。《国家赔偿法》第37条第1款规定：“赔偿费用列入各级财政预算。”为此，国务院在2010年制定了《国家赔偿费用管理条例》，对行政赔偿费用的申请、核拨以及监督与法律责任等作出了具体规定。该条例第3条、第4条规定：国家赔偿费用由各级人民政府按照财政管理体制分级负担。各级人民政府应当根据实际情况，安排一定数额的国家赔偿费用，列入本级年度财政预算。当年需要支付的国家赔偿费用超过本级年度财政预算安排的，应当按照规定及时安排资金。国家赔偿费用由各级人民政府财政部门统一管理。国家赔偿费用的管理应当依法接受监督。

图书在版编目（CIP）数据

行政法学 / 胡建淼，江利红著. --6 版. --北京：中国人民大学出版社，2025. 1. --(21 世纪高等院校法学系列精品教材). --ISBN 978-7-300-33416-5

Ⅰ. D922. 101

中国国家版本馆 CIP 数据核字第 2024SU8310 号

21 世纪高等院校法学系列精品教材

行政法学（第六版）

胡建淼　江利红　著

Xingzhengfaxue

出版发行	中国人民大学出版社		
社　　址	北京中关村大街 31 号	**邮政编码**	100080
电　　话	010－62511242（总编室）		010－62511770（质管部）
	010－82501766（邮购部）		010－62514148（门市部）
	010－62515195（发行公司）		010－62515275（盗版举报）
网　　址	http://www. crup. com. cn		
经　　销	新华书店		
印　　刷	北京七色印务有限公司	**版　　次**	2010 年 1 月第 1 版
开　　本	787 mm×1092 mm　1/16		2025 年 1 月第 6 版
印　　张	23 插页 2	**印　　次**	2025 年 5 月第 2 次印刷
字　　数	553 000	**定　　价**	65. 00 元

《　　　　　　》※任课教师调查问卷

为了能更好地为您提供优秀的教材及良好的服务，也为了进一步提高我社法学教材出版的质量，希望您能协助我们完成本次小问卷，完成后您可以在我社网站中选择与您教学相关的1本教材作为今后的备选教材，我们会及时为您邮寄送达！如果您不方便邮寄，也可以申请加入我社的**法学教师 QQ 群：436438859（申请时请注明法学教师）**，然后下载本问卷填写，并发往我们指定的邮箱（cruplaw@163.com）。

邮寄地址：北京市海淀区中关村大街甲 59 号文化大厦中国人民大学出版社 1202 室收

邮　　编：100872

再次感谢您在百忙中抽出时间为我们填写这份调查问卷，您的举手之劳，将使我们获益匪浅！

基本信息及联系方式：※

姓名：________ 性别：________ 课程：________________

任教学校：________________ 院系（所）：________________

邮寄地址：________________ 邮编：________________

电话（办公）：________ 手机：________ 电子邮件：________

调查问卷：※

1. 您认为图书的哪类特性对您选用教材最有影响力？（　　）（可多选，按重要性排序）
   A. 各级规划教材、获奖教材　　B. 知名作者教材
   C. 完善的配套资源　　D. 自编教材
   E. 行政命令
2. 在教材配套资源中，您最需要哪些？（　　）（可多选，按重要性排序）
   A. 电子教案　　B. 教学案例
   C. 教学视频　　D. 配套习题、模拟试卷
3. 您对于本书的评价如何？（　　）
   A. 该书目前仍符合教学要求，表现不错将继续采用
   B. 该书的配套资源需要改进，才会继续使用
   C. 该书需要在内容或实例更新再版后才能满足我的教学，才会继续使用
   D. 该书与同类教材差距很大，不准备继续采用了
4. 从您的教学出发，谈谈对本书的改进建议：________________

____

____

选题征集：如果您有好的选题或出版需求，欢迎您联系我们：

联系人：黄　强　联系电话：010-62515955

索取样书：书名：________________________

书号：________________________

备注：※ 为必填项。